欧亚历史文化文库

总策划 张余胜

兰州大学出版社

匈奴葬仪的考古学探索

——兼论欧亚草原东部文化交流

丛书主编 余太山

马健 著

图书在版编目(CIP)数据

匈奴葬仪的考古学探索:兼论欧亚草原东部文化交流/马健著.—兰州:兰州大学出版社,2011.3

(欧亚历史文化文库/余太山主编)

ISBN 978-7-311-03654-6

Ⅰ.①匈… Ⅱ.①马… Ⅲ.①匈奴—葬俗—研究②匈奴—葬礼—研究 Ⅳ.①K289

中国版本图书馆 CIP 数据核字(2011)第 032925 号

总 策 划 张余胜

书　　名 匈奴葬仪的考古学探索
——兼论欧亚草原东部文化交流

丛书主编 余太山

作　　者 马　健　著

出版发行 兰州大学出版社 (地址:兰州市天水南路 222 号 730000)

电　　话 0931-8912613(总编办公室) 0931-8617156(营销中心)
0931-8914298(读者服务部)

网　　址 http://www.onbook.com.cn

电子信箱 press@lzu.edu.cn

印　　刷 天水新华印刷厂

开　　本 710×1020 1/16

印　　张 23.75

字　　数 332 千

版　　次 2011 年 7 月第 1 版

印　　次 2011 年 7 月第 1 次印刷

书　　号 ISBN 978-7-311-03654-6

定　　价 76.00 元

图一 高勒·毛德 1 号墓地 M1 棺饰复原图

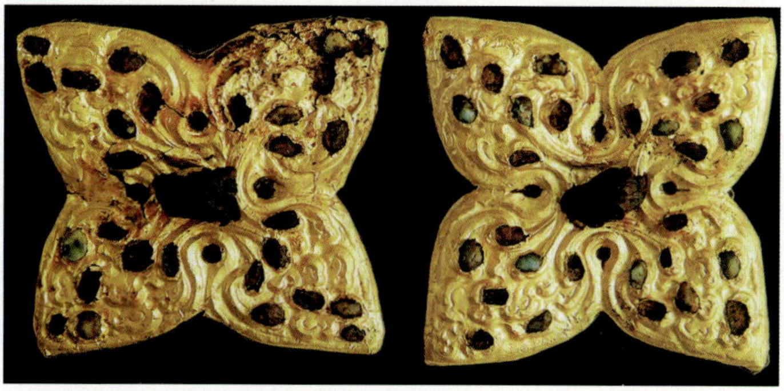

图二 高勒·毛德 1 号墓地 M20 棺饰

图五 高勒·毛德 11 号墓地小型“甲”字形墓葬

图十 伊里莫瓦墓地 M128 出土的“万事如意”织锦

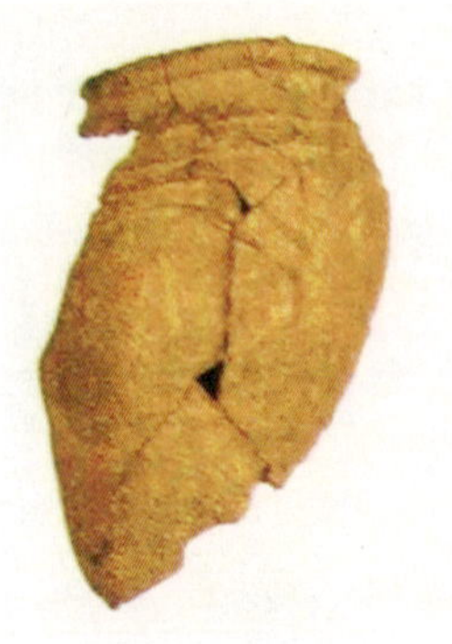

1. 铁鍑

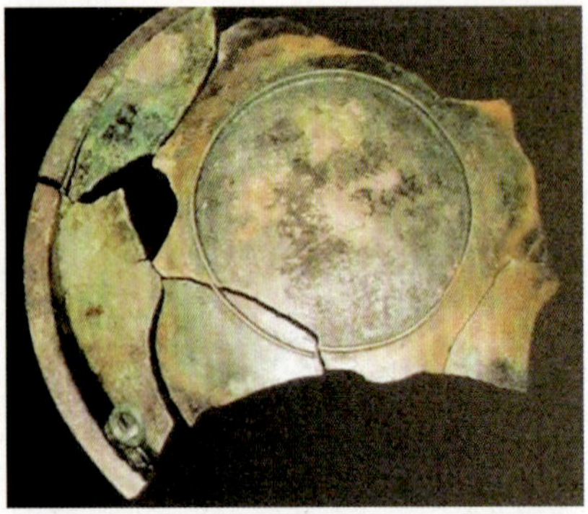

2. 铜盆

3. 铜盆铺首兽耳

4. 壶口沿金箔片

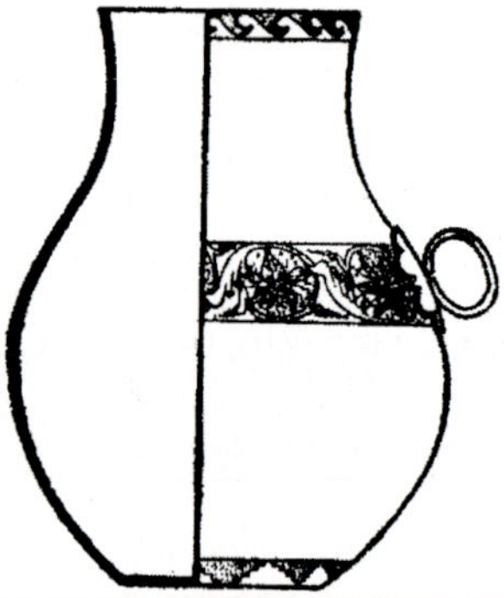

5. 包金银壶

6. 玉觽

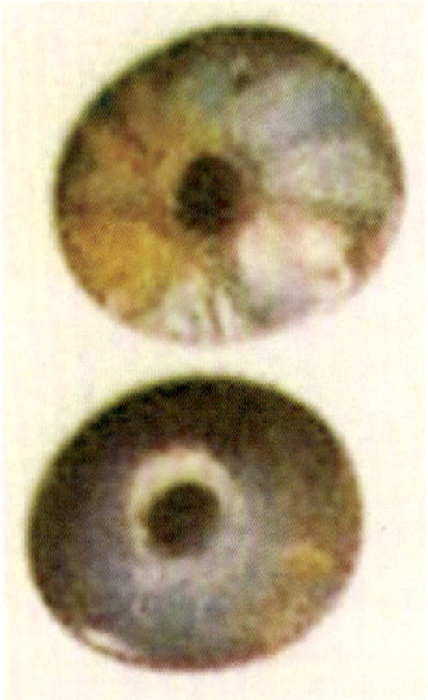

7. 彩色玻璃珠

8. 金饰件

9. 金饰件

10. 镶嵌绿松石金饰件

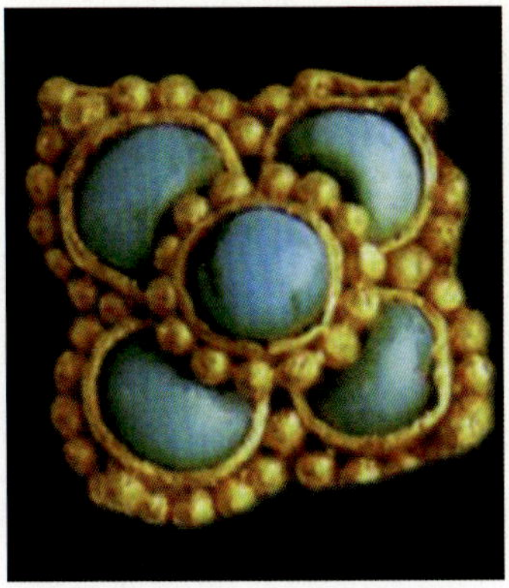

11. 镶嵌绿松石金饰件

12. 镶嵌绿松石金饰件

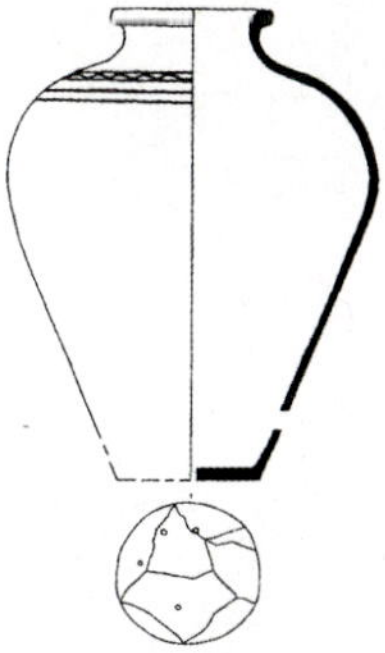

13. 陶容器

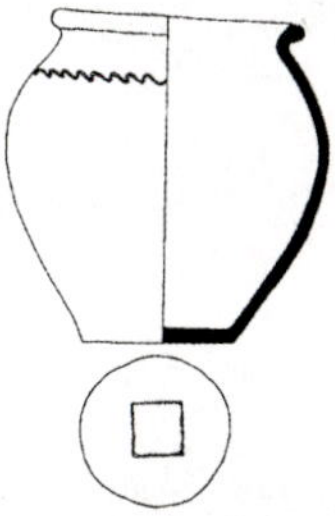

14. 陶容器

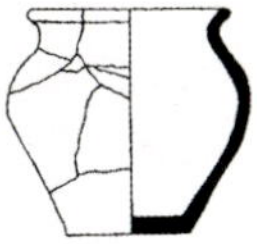

15. 陶容器

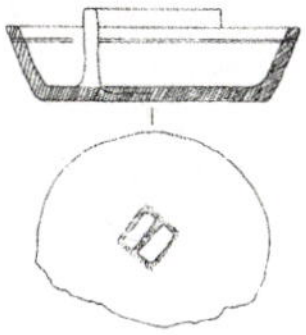

16. 陶灯

17. 铁鐎斗

18. 陶容器

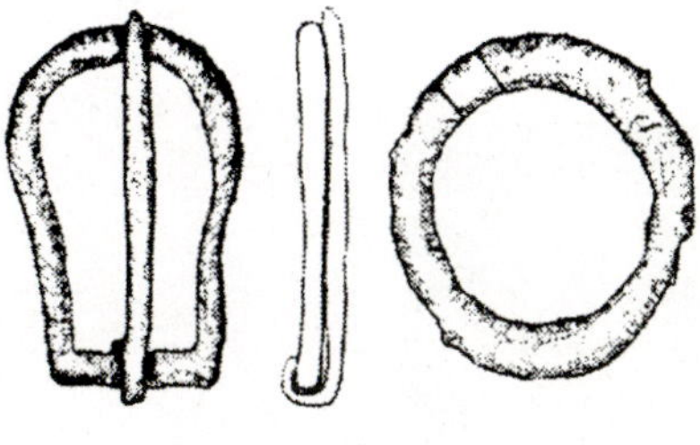

19. 铁带扣、环

图三 高勒·毛德 1 号墓地随葬品（一）

（1~4、6~8：M1；5. 上 孙 家 寨 乙 M3；9. 额 吉 河 M12；10~11.M20；12.tillia tepe M3；13~15.M74；16~17.M75；18. 高勒·毛德 1 号墓地出土；19.M44）

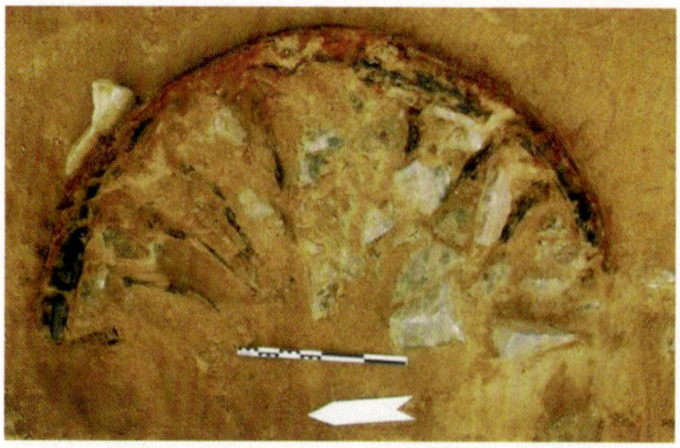

1. 漆木车轮

2. 青铜盖弓帽

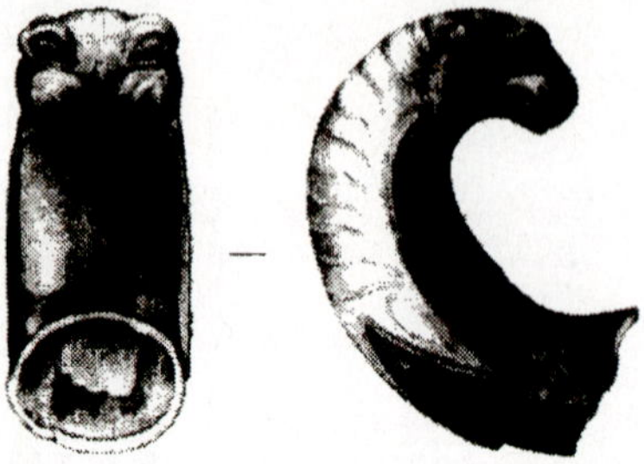

3. 青铜轭軥首

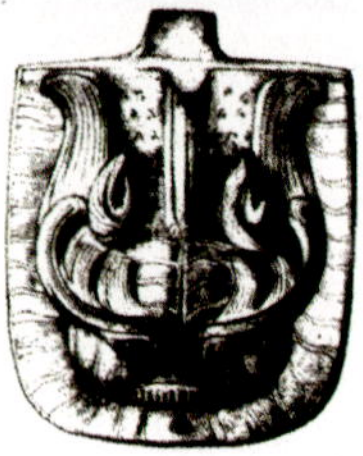

4. 青铜祕[illegible]

5. 青铜祕[illegible]

6. 铁辖及青铜軎

7. 青铜衡末

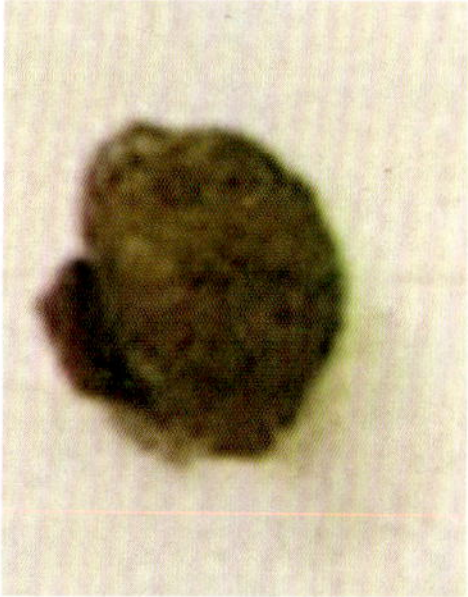

8. 青铜勒带泡

9. 鎏金银饰

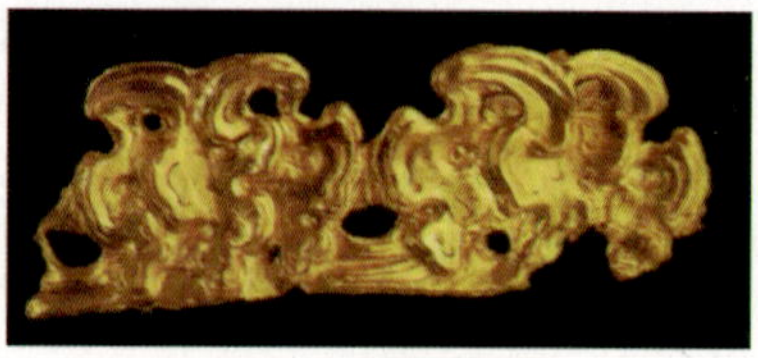

10. 金饰件

11. 金饰件

12. 鎏金铁镳　13. 鎏金铁镳、衔　14. 鎏金银饰

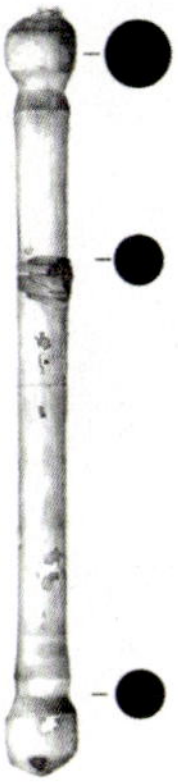

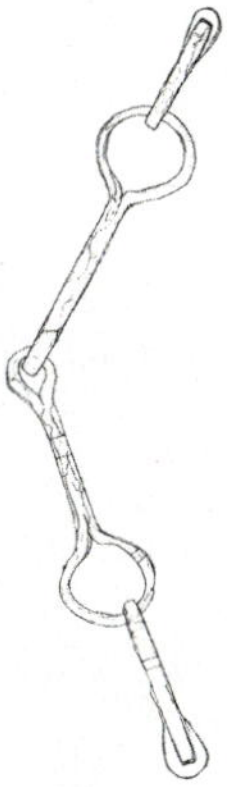

15. 铅铁合金鎏金杖　16. 铁杖　17. 铁镳　18. 青铜镳、衔　19. 铁衔

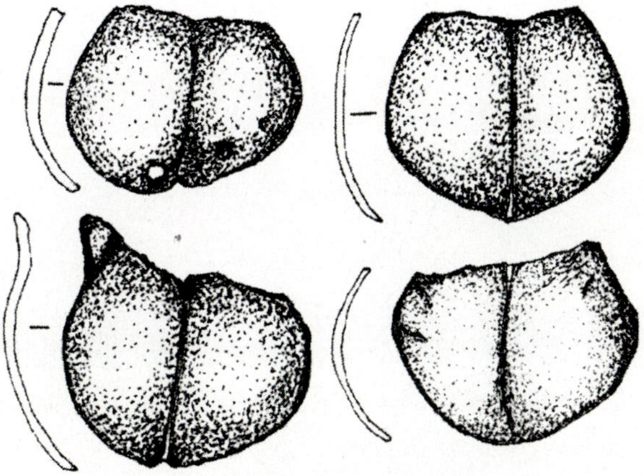

20. 青铜鱼鳞甲片

图四 高勒·毛德1号墓地随葬品(二)(1~4、6、9~11、14~15.M20；7~8、12~13、M1；5. 洛阳烧沟M632；16.M75；17、19.M44；18. 洛阳烧沟M1038；20.M32)

1.M109 封堆外景

2. 陶罐

3. 陶罐

4. 陶罐

5. 陶罐

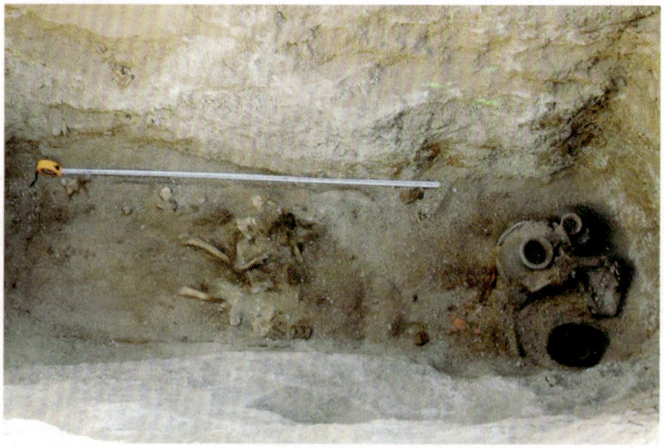

6.M160 墓室平面

7. 铁圈足青铜鍑

8. 陶器底部的方形印戳

9. 陶灯

10. 陶灯

11. 铁灯盘

12. 漆碗底部“宜子孙”铭文

13. “铜扣”漆碗

14. 漆耳杯的“黄耳”

15. 铁灯圈足

图六 塔米尔墓地墓葬形制及随葬品

（1.M109；2、14~15.M201；3~4、8~9.M100；7、10、12~13.M97）

1. 陶纺轮

2. 铁镬

3. 弩机

4. 骨镳铁衔

5. 铁布牌

6. 镶嵌绿松石的金耳环

7. 铜耳环

8. 玻璃串珠

9. 石珠

10. 穿五珠的铁芯

11. 成串的五珠

12. 五珠的正面

13. 四瓣花形铁棺饰

14. 毛织物

15. 铜镜

16. 铜镜

17. 铜镜

图七 塔米尔墓地随葬品

（1、5、7、9、17.M160；2.M201；3~4.M97；6、8、16.M109；13~15.M100；10~12.M201）

1. 木盒图案复制

2. 木盒原物

3. 铁刀

4. 铁刀

5. 骨筷

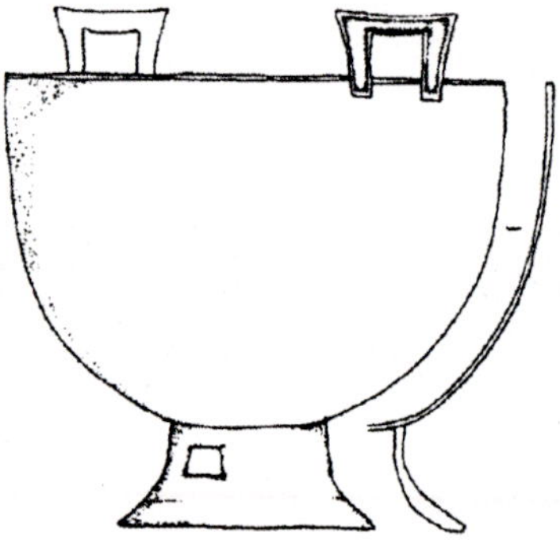

6. 铜鍑侧面

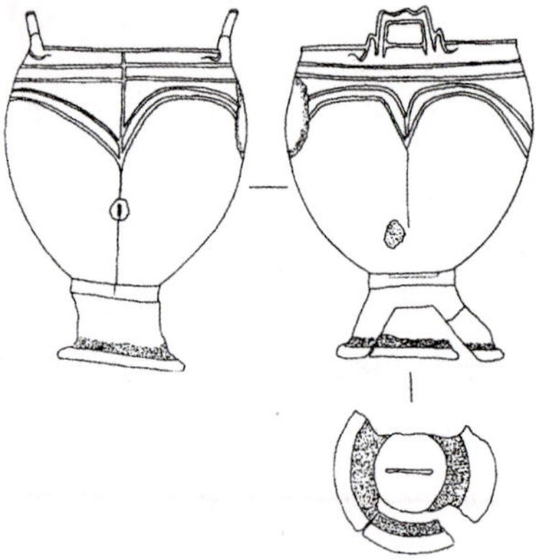

7. 铜鍑侧、底面

8. 铜鍑原物

图八 额吉河墓葬日用器

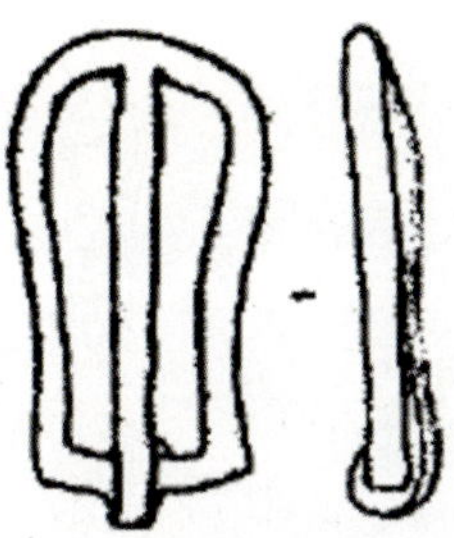

1. 青铜带扣

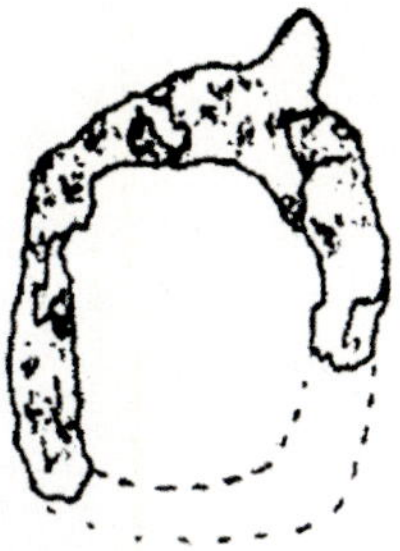

2. 铁带扣

3. 骨带扣

4. 铁包金带扣

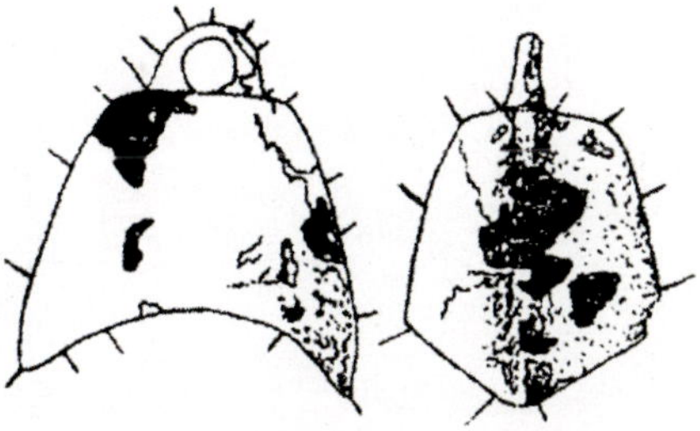

5. 青铜铃

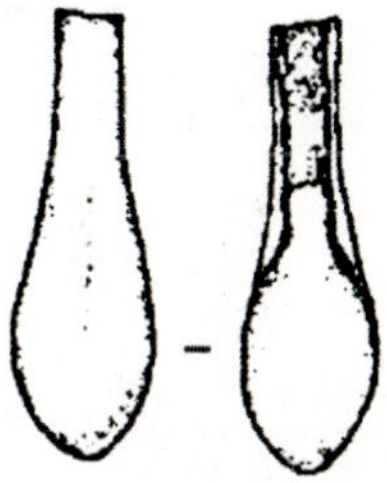

6. 青铜勺形饰

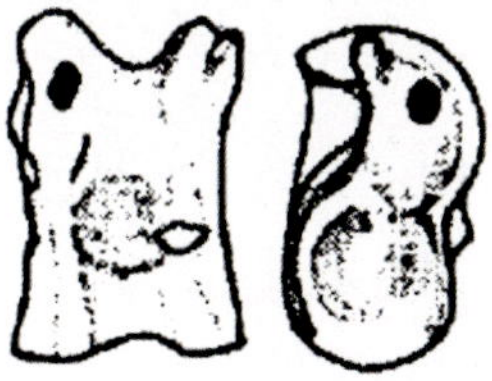

7. 穿孔羊拐

8. 铁棺饰

9. 金棺饰

10. 项链吊坠

图九 额吉河墓葬带具及装饰品

（BT–34；2.BT–53；3. 不明；4.BT–27；5.BT–9；6.BT–34；7.BT–33；8.BT–10；9.BT–27；10.BT–12）

1. 青铜行灯

2. 青铜行灯

3. 豆形铁灯

4. 盘形陶灯

5. 盘形陶灯

6. 盘形陶灯

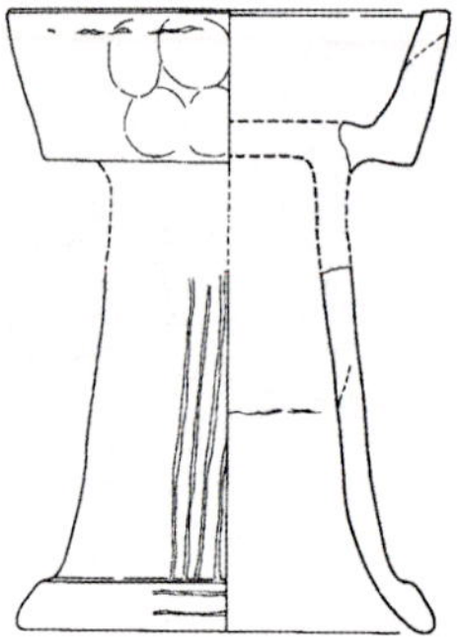

7. 豆形陶灯

图十一　匈奴葬出土的灯

（1. 苏珠克图 M25；2. 德尔利格 M2；3. 苏珠克图 M9；4. 伊里莫瓦墓地；5、6 塔米尔河墓地 M100、M97；7. 胡德金・托勒郭依墓地 M1）

出版说明

随着20世纪以来联系地、整体地看待世界和事物的系统科学理念的深入人心，人文社会学科也出现了整合的趋势，熔东北亚、北亚、中亚和中、东欧历史文化研究于一炉的内陆欧亚学于是应运而生。时至今日，内陆欧亚学研究取得的成果已成为人类不可多得的宝贵财富。

当下，日益高涨的全球化和区域化呼声，既要求世界范围内的广泛合作，也强调区域内的协调发展。我国作为内陆欧亚的大国之一，加之20世纪末欧亚大陆桥再度开通，深入开展内陆欧亚历史文化的研究已是责无旁贷；而为改革开放的深入和中国特色社会主义建设创造有利周边环境的需要，亦使得内陆欧亚历史文化研究的现实意义更为突出和迫切。因此，将针对古代活动于内陆欧亚这一广泛区域的诸民族的历史文化研究成果呈现给广大的读者，不仅是实现当今该地区各国共赢的历史基础，也是这一地区各族人民共同进步与发展的需求。

甘肃作为古代西北丝绸之路的必经之地与重要组

成部分，历史上曾经是草原文明与农耕文明交汇的锋面，是多民族历史文化交融的历史舞台，世界几大文明（希腊—罗马文明、阿拉伯—波斯文明、印度文明和中华文明）在此交汇、碰撞，域内多民族文化在此融合。同时，甘肃也是现代欧亚大陆桥的必经之地与重要组成部分，是现代内陆欧亚商贸流通、文化交流的主要通道。

基于上述考虑，甘肃省新闻出版局将这套《欧亚历史文化文库》确定为2009—2012年重点出版项目，依此展开甘版图书的品牌建设，确实是既有眼光，亦有气魄的。

丛书主编余太山先生出于对自己耕耘了大半辈子的学科的热爱与执著，联络、组织这个领域国内外的知名专家和学者，把他们的研究成果呈现给了各位读者，其兢兢业业、如临如履的工作态度，令人感动。谨在此表示我们的谢意。

出版《欧亚历史文化文库》这样一套书，对于我们这样一个立足学术与教育出版的出版社来说，既是机遇，也是挑战。我们本着重点图书重点做的原则，严格于每一个环节和过程，力争不负作者、对得起读者。

我们更希望通过这套丛书的出版，使我们的学术出版在这个领域里与学界的发展相偕相伴，这是我们的理想，是我们的不懈追求。当然，我们最根本的目的，是向读者提交一份出色的答卷。

我们期待着读者的回声。

总序

本文库所称“欧亚”(Eurasia)是指内陆欧亚,这是一个地理概念。其范围大致东起黑龙江、松花江流域,西抵多瑙河、伏尔加河流域,具体而言除中欧和东欧外,主要包括我国东三省、内蒙古自治区、新疆维吾尔自治区,以及蒙古高原、西伯利亚、哈萨克斯坦、乌兹别克斯坦、吉尔吉斯斯坦、土库曼斯坦、塔吉克斯坦、阿富汗斯坦、巴基斯坦和西北印度。其核心地带即所谓欧亚草原(Eurasian Steppes)。

内陆欧亚历史文化研究的对象主要是历史上活动于欧亚草原及其周邻地区(我国甘肃、宁夏、青海、西藏,以及小亚、伊朗、阿拉伯、印度、日本、朝鲜乃至西欧、北非等地)的诸民族本身,及其与世界其他地区在经济、政治、文化各方面的交流和交涉。由于内陆欧亚自然地理环境的特殊性,其历史文化呈现出鲜明的特色。

内陆欧亚历史文化研究是世界历史文化研究中不可或缺的组成部分,东亚、西亚、南亚以及欧洲、美洲历史文化上的许多疑难问题,都必须通过加强内陆欧亚历史文化的研究,特别是将内陆欧亚历史文化视做一个整体加以研究,才能获得确解。

中国作为内陆欧亚的大国，其历史进程从一开始就和内陆欧亚有千丝万缕的联系。我们只要注意到历代王朝的创建者中有一半以上有内陆欧亚渊源就不难理解这一点了。可以说,今后中国史研究要有大的突破,在很大程度上有待于内陆欧亚史研究的进展。

古代内陆欧亚对于古代中外关系史的发展具有不同寻常的意义。古代中国与位于它东北、西北和北方，乃至西北次大陆的国家和地区的关系,无疑是古代中外关系史最主要的篇章,而只有通过研究内陆欧亚史,才能真正把握之。

内陆欧亚历史文化研究既饶有学术趣味,也是加深睦邻关系,为改革开放和建设有中国特色的社会主义创造有利周边环境的需要，因而亦具有重要的现实政治意义。由此可见,我国深入开展内陆欧亚历史文化的研究责无旁贷。

为了联合全国内陆欧亚学的研究力量，更好地建设和发展内陆欧亚学这一新学科,繁荣社会主义文化,适应打造学术精品的战略要求,在深思熟虑和广泛征求意见后,我们决定编辑出版这套《欧亚历史文化文库》。

本文库所收大别为三类:一,研究专著;二,译著;三,知识性丛书。其中,研究专著旨在收辑有关诸课题的各种研究成果;译著旨在介绍国外学术界高质量的研究专著;知识性丛书收辑有关的通俗读物。不言而喻,这三类著作对于一个学科的发展都是不可或缺的。

构建和发展中国的内陆欧亚学,任重道远。衷心希望全国各族学者共同努力,一起推进内陆欧亚研究的发展。愿本文库有蓬勃的生命力,拥有越来越多的作者和读者。

最后,甘肃省新闻出版局支持这一文库编辑出版,确实需要眼光和魄力,特此致敬、致谢。

余太山

2010年6月30日

前　言

匈奴是继斯基泰（Scythian）或塞种之后在欧亚草原最为强大、最有影响力的游牧民族之一。就像中世纪以前的其他游牧民族一样，匈奴人"勿文字，以语言为约束"。他们的历史、语言、民族、生活习俗、宗教礼仪只见于农业文明的不完全记载，充满了未知的谜团，因而成为国际学术界两百年来经久不衰的热门话题。在国内外历史学、考古学、民族学、语言学等诸多学科学者的不懈努力下，匈奴研究在200年间发生了翻天覆地的变化。尤其是近10年来，多支考察队在蒙古高原、东天山北麓以及长城沿线调查、发掘出大量珍贵的匈奴遗存。这无疑是馈赠研究者莫大的一笔学术财富。

匈奴自楚汉之际在阴山崛起，在不断裹挟周邻民族的过程中，建立了东起大兴安岭、西逾葱岭、北迄外贝加尔、南抵阴山的庞大游牧帝国。从18世纪末俄国人类学家塔里克—格林采维奇（Ю. Д. Талько－Грынцвич）在外贝加尔地区调查、发掘匈奴墓葬至今，匈奴墓地已发现70多处，总数超过4000座，城址也有十几处。它们分别发现于蒙古国、外贝加尔地区、俄罗斯图瓦共和国、阿尔泰共和国以及中国北方的新疆、甘肃、青海、陕西诸省。不得不承认，资料收集是个缓慢的过程。本书作者在硕士、博士期间，对这些资料的收集与整理主要做了以下工作：

一、对于中国境内出土的考古资料，除了查阅国内已发表的期刊、报告、专著与图录，作者在考古调查与发掘中也获取了一些一手考古资料。这包括：（1）2003年9—10月，我在内蒙古察哈尔右翼前旗、呼和浩特、包头、临河、东胜、陕西神木、榆林、绥德、米脂等地区对沿途遗址和博物馆的考察；（2）2005年7—8月，参与新疆哈密巴里坤地区早期游牧民的居址、墓葬、岩画等遗存的田野调查工作；（3）2006年、2009

年、2010 年，参加新疆哈密巴里坤东黑沟（石人子沟）遗址石筑高台、石围居址、墓葬等遗迹的考古发掘工作。

二、境外出土、刊布的考古资料的来源，主要包括三部分：(1) 2001—2009 年，我在北京大学求学期间收集的外文报告和研究专著，导师林梅村、学姐单月英、学长陈凌、努尔兰、孙危等人提供的原版报告及相关论著；(2) 2007—2008 年，我在德国留学期间，在慕尼黑拜仁州州立图书馆、慕尼黑大学汉学系图书馆、德国考古所图书馆收集的资料；波恩大学乌苏拉·布鲁赛德（Ursula Brosseder）博士提供的大批俄语、新蒙文报告及研究专著；(3) 2008 年 10 月，我在参加乌兰巴托“匈奴考古国际研讨会”期间的听会笔记、与会研究者提供的考古学资料以及我在会上购买的报告、专著。

与欧美国家相比，我国关注边疆、从事跨文化研究的考古学者不多。主要有两大难点：一是研究所需的境外资料获取不易，二是国外报告、专著体例、规范与我国不尽相同，翻译、引用不便。因而本书写作的主要目的之一，就是将这批资料汇集起来，用中国考古学界惯用的体例重新梳理、介绍出来，以供研究者方便参考。

我对游牧文化产生兴趣始于 2002 年秋，导师林梅村先生当时开设了一门名为“中亚草原考古”的课程。学习中我被游牧民族独特的生活习俗、造型艺术和他们谜一样的行踪所吸引。几年来，在资料收集和亲身调查、发掘经验不断积累的过程中，我深刻地感觉到包括匈奴在内的游牧文化研究领域仍有许多问题值得思考：

1. 游牧民族的考古学文化究竟与农业文明的考古学文化存在怎样的差异？如何理解这些差异？以农业文明本位思想去观察、描述游牧民族的生活习俗、宗教礼仪存在怎样的偏差？如何穿透这层文化的隔膜，更客观地复原古代游牧文化？

2. 与农业文明相比，早期游牧文化断裂性强。同时逐水草、随季节转场生活习俗使得游牧遗存表现出堆积浅、出土陶器数量少的特点。农业文明考古惯用的陶器类型学研究方法显然不适宜分析游牧文化演化的情况。那么，我们该如何去确定典型的游牧文化特征？

3. 民族的本质是什么，如何将考古学文化与历史族名联系起来？

本书不揣浅陋，想将自己对这些问题的一些不成熟的认识拿出来，以期抛砖引玉，请诸方家赐教。

本书是在我博士论文的基础上修改完成的。我在资料收集和写作过程中得到了许多老师、朋友的帮助和鼓励。首先要感谢我的导师林梅村先生，他在治学与为人处世方面对我时时耳提面命、谆谆教诲，令我受益终生。我还要感谢北京大学的李零、赵化成、高崇文、杭侃、韦正、唐晓峰，人民大学的王炳华先生、魏坚老师，西北大学的王建新老师，新疆文物考古研究所的吕恩国、于志勇、于建军老师，慕尼黑大学汉学系的贺东劢（Thomas O. Höllmann）教授、王霄冰、宋新、Maria Khayutina 老师，德国考古研究所帕尔青格（Hermann Parzinger）、王睦（Mayke Wagner）教授，波恩大学乌苏拉·布鲁赛德（Ursula Brosseder）女士、北京大学文博学院的陈凌、单月英、黄姗、筱原典生、祝诣博、杨冠华、文明、吕恒立、袁锴，西北大学的任萌、习通源、慕尼黑大学的 Thomas Kaiser、Nicole Groschner、Catrin Kost、Eva Kraenkl、Rebecca Ehrenwirth、Tanja Winkovics、刘玲，他们在本书选题、资料收集以及修改方面提供了许多宝贵的意见。

“蓼蓼者莪，匪藏伊蒿，哀哀父母，生我劬劳。”感谢祖父马常纲、父亲马明、母亲张彩凤三十年来对我的养育和教诲；感谢妻子赵菲对我的关照与鼓励，她在本文法文资料的勘核上给予我很大的帮助。

一直以来，指导、关心、支持和帮助过我的老师、亲友还有很多，恕不能一一列举，在此一并致以最衷心的感谢。

当然，限于时间仓促，书中存在不少疏漏、错误之处，这些都应由我自己负责。

马　健

西北大学文化遗产学院

2010 年 9 月 6 日

……[illegible]……我们对于[illegible]……

……[illegible]……首先要感谢我的导师林

……[illegible]……

……[illegible]……文化、历史、民……

……[illegible]……西北大学的……[illegible]……

……[illegible]……感谢德国……

目录

1 发现与研究 / 1

1.1 匈奴研究简史 / 1

1.2 研究范畴与方法 / 19

2 匈奴墓葬的分区 / 30

2.1 汉典籍记载匈奴的活动范围 / 30

2.2 自然地理概况 / 34

2.3 匈奴墓葬分区 / 35

3 匈奴中心区域墓葬分区与分期 / 41

3.1 色楞格河及鄂尔浑河中上游地区（中心西区）/ 43

3.2 诺彦山及土拉河地区(中心中区) / 87

3.3 鄂嫩河中游地区(中心东区) / 121

3.4 色楞格河及鄂尔浑河下游地区
(中心北区) / 128
3.5 中心区匈奴考古学文化区系特征及
分期 / 165
4 匈奴边疆区与互动区 / 178
4.1 外贝加尔地区 / 178
4.2 米努辛斯克盆地 / 184
4.3 蒙古西部与南部地区 / 189
4.4 萨彦—阿尔泰地区 / 196
4.5 中亚地区 / 203
4.6 中国新疆地区 / 206
5 汉地的匈奴及其相关遗存 / 216
5.1 不同性质匈奴遗存的区分 / 216
5.2 长城沿线匈奴相关遗存分类 / 217

5.3　匈奴及其相关遗存的分区与分期小结 / 224
6　匈奴葬仪的多种文化因素及社会等级制度研究 / 231
6.1　匈奴葬仪起源研究存在的问题 / 231
6.2　匈奴葬仪融合的多种文化因素 / 235
6.3　匈奴葬仪的特点及墓葬等级划分 / 259
6.4　匈奴葬仪所反映的社会等级制度的形成与发展 / 278
7　考古所见匈奴习俗与礼仪 / 283
7.1　匈奴的生活器具 / 283
7.2　匈奴的武器 / 290
7.3　匈奴的交通 / 299
7.4　匈奴的装束与饰物 / 309
7.5　考古所见匈奴的对外关系 / 324

附录一　西里尔文用拉丁文转写标准 / 326

附录二　地名对照表 / 328

附录三　外文人名译名表 / 330

参考文献 / 333

索引 / 358

1　发现与研究

1.1　匈奴研究简史

匈奴作为秦汉时期蒙古高原最强大、分布地域最广阔的民族，他们的历史、语言、文化、种属是百年来国际学术界经久不衰的热门话题。随着学科发展和研究方法、手段的革新，匈奴研究在各个历史时期呈现出不同的阶段性特征。大致可以分为五个时期：

1.1.1　欧洲汉学与传统考据学并行时期（20世纪20年代以前）

欧洲汉学引领了这一时期匈奴研究的方向与方法。以德基涅（Joseph de Guignes，1721—1800）、雷慕沙（Abel Rémusat，1788—1832）、克拉普罗特（Heinrich Julius Klaproth，1783—1835）为代表的欧洲汉学家从语言学出发开始探索包括匈奴在内的中国北方民族的种属；日本学者受欧洲汉学影响，将中国北方民族列为主要研究对象之一，代表人物是白鸟库吉、藤田丰八；欧洲汉学引入俄国以后，以格里采维奇为代表的俄国学者对外贝加尔地区匈奴、突厥民族的遗存展开了初步的考古学调查与发掘工作；清人张穆、丁谦采用传统考据学，在梳理匈奴等北方民族的史地、源流方面做了大量的工作。

自16世纪中叶开始，以意大利人利玛窦（Matthoeus Ricci，1552—1610）为代表的一批欧洲耶稣会士传教团体来到中国。他们在转播教义、宣传西方科技文明的同时，也对中国古典文献进行了大量总结、整理工作，并将它们介绍到了西方，从此拉开了欧洲汉学的序幕。两个世纪以后，从18世纪下半叶开始，以法国德基涅、雷慕沙和德国克拉普罗特为代表的欧洲汉学家开始关注中国北方的古代民族的历史。代表作是1748—1756年间，法国汉学家德基涅的《匈奴和突厥起源考》和五卷本的《匈奴、突厥、蒙古及其他西方鞑靼人通史》。[1][2] 他们从语言学出发，考证出汉典籍中"匈奴"与西方文献中"Huns"具有同源关系，同时还认为匈奴属突厥种。

日本在明治维新以后积极引入西学，欧洲汉学也随之传入日本。当时在东京帝国大学形成的"东洋史学派"中，以白鸟库吉（1856—1942）为代表的学者开始致力于朝鲜、东北三省的历史、地理研究。他在研究方向与方法上受欧洲汉学家雷慕沙、拉德洛夫、克拉普罗特等人影响很大。1899年前后，白鸟库吉相继发表了《匈奴与东胡诸族语言考》、《蒙古民族起源考》等多篇论著，先后提出匈奴属突厥种、蒙古种的观点。[3] 他对匈奴等漠北草原民族的研究文章后来收入《塞外民族史研究》（1970）。继他之后的藤田丰八（1869—1929）也发表过《焉支与祁连》等论著，对匈奴的语言、地理进行考证。[4] 他们的工作开启了日本对于包括匈奴在内的中国北方民族历史、地理、语言研究的先河。

18世纪的俄国也在积极地吸收欧洲文化，受欧洲汉学的影响，以俾丘林（Н. Я. Бичурин）为代表的俄国学者将《史记》、《汉书》等大量汉文典籍翻译成俄语，为后继的俄国学者从事北亚民族研究打下了基础。

对匈奴遗存进行考察的考古学先驱是俄国人类学家塔里克－格林采维奇（Ю. Д. Талько－Грынцвич）。他所创建的考古队于1896—1902年间对外贝加尔地区的吉达河（Джидн）、色楞格河（Селенги）、奇科依河（Чикой）、希尔卡河（Хилки）等流域开展了广泛的考古调查与发掘。共发现16处匈奴时期遗存，发掘近百座墓葬。其中包括著名的伊里莫瓦（Ильмовой）河谷墓地、德列斯图伊（Дырестуй）墓地、布尔冬

---

〔1〕J. Deguinges, *Memoire sur l'origine des Huns et des Turcs*, Paris, 1748.

〔2〕J. Deguinges, *Histoire Générale des Huns, des Turcs, des Mongols et des autres Tartares Occidentaux*, 4 tomes, Paris, 1756－1759.

〔3〕〔日〕白鸟库吉著，何健民译：《匈奴民族考》，《匈奴史论文选集（1919—1979）》，北京：中华书局，1983年，第184－216页。

〔4〕〔日〕藤田丰八著，杨炼译：《焉支与祁连》，载《西域研究》，北京：商务印书馆，1937年，第97－118页。

墓地、查拉姆墓地、乌尔根—浑都依墓地、奥尔盖腾墓地、哈拉乌苏墓地、古德吉尔—梅格墓地、乌斯特—恰克图墓地、苏吉墓地、苏赫依墓地、艾堆墓地等等。[1] 除了稍后(1928)发现的伊沃尔加遗址群外,迄今所知外贝加尔地区的大部分匈奴遗址几乎都是他们首次发现、发掘的。因此这位人类学家也被喻为外贝加尔地区考古工作的奠基人。格林采维奇根据葬具的差异,将德列斯图伊墓地发掘的26座"木棺式"墓葬与伊里莫瓦墓地发掘的33座"木椁式"墓葬区分开来。他还根据伊里莫瓦墓地出土的汉镜推断"木椁式"墓埋葬的是匈奴人、"木棺式"墓可能属于吉尔吉斯或突厥部族。在当时技术条件有限、缺乏相关考古学资料参照的情况下,错误在所难免,但格林采维奇的工作无疑对匈奴研究具有开创性意义。

清代的学者仍采用传统考据学,致力于梳理匈奴等北方民族的史地、源流。道光中叶的张穆(1805—1849),实感作为中国北方的大民族的蒙古,尚无专书考其行政区划、地理沿革,中原知识分子对蒙古的"旗"、"部"、"盟"的地理位置都很模糊。于是毕其功于一役,著成《蒙古游牧记》一书。全书分16卷,依照蒙古族以游牧为主,不定居的特点,以旗—部—盟"因其部落而分纪之",突破了一般志书的局限。书中引证了包括历代正史,特别是辽金元史及各种稗史、碑碣方志、官修方略等大量资料,详细考察了从古到今蒙古民族的源流演化,以及清代蒙古各部距内地的里程、途径、历史沿革、建置区划、行政演变、地理等情况。这部书对我们研究包括匈奴在内的中国北方民族的历史源流、地理分布具有很大的参考价值。随后的清人丁谦(1843—1919)专治中国边疆史地,他所著《〈汉书·匈奴传〉地理考证》、《后汉书各外国传地理考证》对汉典籍记载与匈奴相关的地望进行了详细考据。这些著作对此后学者研究匈奴等北亚民族的源流、分布具有重要的参考价值。

1.1.2 科学的历史学、民族学初步发展时期(20世纪20年代至二战前)

王国维结合出土资料与文献对匈奴源流的梳理将匈奴研究引向

[1] Ю. Д. Талько – Грынцвич, Суджинское доисторическое кладбище в Ильмовой Пади // Тр. ТКО ПОРГО, т. 1, вып. 2. М., 1898.

科学发展的方向，标志着这一时期匈奴研究的开端。随后林惠祥将匈奴纳入到科学的民族分类系统之中。江上波夫创立了科学的民族学研究方法，对匈奴的历史以及衣、食、住、行、宗教信仰等方方面面进行了综合考察。麦高文（William Montgomery Mcgovern）的《中亚古国史》代表了欧美历史学、语言学领域在匈奴研究方面的阶段性成果。在考古学领域，科兹洛夫（П. К. Козлов）对诺彦山匈奴贵族墓地的发掘是这一时期最大的考古收获。随后捷普楼霍夫（С. А. Теплоухов）、索斯诺夫斯基（Г. П. Сосновский）通过大量实地调查与发掘，进一步修正、完善了早期学者在辨别匈奴遗存及其分期方面的认识。以上工作标志着匈奴研究进入了一个新的阶段。

运用科学的方法从事匈奴研究的首推民国末年的王国维（1877—1927）。他十分强调地下出土材料与传世文献相互参照的“二重证据”研究法。在他1923年著成的《观堂集林》中收录了《鬼方昆夷猃狁考》、《西胡考》（上、下）、《西胡继考》、《匈奴相邦印跋》、《胡服考》等多篇探讨了匈奴的族源、体貌特征、服饰等问题的专论。其中《鬼方昆夷猃狁考》一文所梳理的先秦时期中国北方诸戎、狄、胡的分布方位、支派、流变情况，以及他们参与构成匈奴部落联盟的情况，具有开创性意义。其中许多观点已被现代考古学发现所证实。[1]王国维的研究在当时引起了很大反响。在他的启发下，随后有一批学者纷纷以此为题展开讨论。比如孟世杰的《戎狄蛮夷考》（1929）、方壮猷的《匈奴语言考》（1930）、胡君伯的《匈奴源流考》（1933）、吕思勉的《匈奴文化索引》（1935）、梁启超的《史记匈奴传戎狄名义考》（1936）、冯家昇的《匈奴民族及其文化》（1937）、黄文弼的《论匈奴之起源》（1943）、岑仲勉的《伊兰之胡与匈奴之胡》（1944）、蒙文通的《周秦少数民族研究》（1958）、熊存瑞的《先秦匈奴及其有关的几个问题》（1983）。他们的研究主要从文献学、音韵学出发，还提出了匈奴同族说、夏族说、西来说等多种观点。这些学术争论虽然在理论方法上未对前人有较大的突破，但此间引起的学术关注无疑对中国的匈奴研究起到了很大的促进作

〔1〕详见本书第六章讨论。

用。

将匈奴纳入科学的民族分类系统之中的是林惠祥。自20世纪初梁启超倡导“新史学”开始，中国民族史被列为单独的研究科目。此后20年中，陆续有多部《中国民族史》问世。[1][2][3] 其中以林惠祥先生的《中国民族史》最为成功，他从人类学角度出发提出“两重分类法”，将中国古代民族进行了科学分类：“此种‘两重分类法’——即以历史上民族与现代民族各为一种分类，然后将前者联系于后者。”在《匈奴系》一章，林先生在吸纳以往中外学者研究成果的基础上，以更宽广的眼界注意到匈奴等中国古代民族，在形成过程中融合了许多其他诸部族的成员。他主张：“编者以为匈奴族之起源，无论为与突厥族同干系之别一支族，或为东胡突厥之混合种，总之必为大陆蒙古利亚种北方系之一支。来源固不易明，即能确断其原属何族，亦不能即断其现在属于何族。盖匈奴败后，人民散居各处，而原住地蒙古又为鲜卑、突厥、回纥诸族先后占据，其人民久已与他族混合同化，后世恐已无复纯粹的匈奴人，只有现代的蒙古族、突厥族、通古斯族、甚或汉族中或者有其成分耳。”较以往的针对单个民族的研究不同，他把匈奴等多个民族科学的归入不同的系统，充分考察了同一系统民族在发展过程中与其他民族混同、融合的情况。比起以往的民族学研究有了很大的推进。

继白鸟库吉之后日本学者在匈奴等北亚民族研究方面取得了长足的进展。代表人物是东京帝国大学文学部东洋史学科的江上波夫。他不仅谙熟历史，同时又具备良好的考古学、民族学、人类学素养。他的专著《匈奴文化论考》(1948)共分12章，分别讨论了匈奴的兴衰史、匈奴的住居、饮食、径路、奇畜、武器、祭祀等游牧生活的方方面面。与以往的研究不同，这部著作不仅积极吸收了当时国际的考古发现与研究成果，同时作者结合自己在北亚长期实地考察中积累的丰富经验对许多问题提出了独到的见解。[4] 例如《匈奴的祭祀》一文先进行了严密

[1]任邱，王桐龄：《中国民族史》，北京：北京文化学社，1928年。

[2]吕思勉：《中国民族史》，上海：世界书局，1934年。

[3]林惠祥：《中国民族史》，上海：上海印书馆，1936年。

[4][日]江上波夫：《匈奴文化论考》，东京：山川出版社，1948年。

的文献考证,后半部又参照了他对蒙古鄂博、通古斯系堆石的现代民族学考察成果,从而论证出匈奴祭祀的"蹛林"是"以自然林木为圣所,于该处聚会,行祭祀、宴乐、或竖树枝、或积之为祭坛,会众绕其周币,以祀天地诸神的习俗,东起太平洋沿岸,西迄东欧,北自西伯利亚,南至喜马拉雅山,至今仍为欧亚诸民族最普遍实行的宗教活动之一。"[1]江上波夫创立的一套民族史研究的科学体系,成为后继学者从事北亚民族学研究效仿的范式。

西方学者运用历史学、语言学对匈奴进行综合性研究成就最大的是美国西北大学教授麦高文。代表作是他在1939年出版的《中亚古国史》。书中四至八章援引了大量东西方文献及语言学、考古学相关的研究成果,以广博的视野讨论了匈奴从崛兴到西迁,入侵欧洲、波斯、印度的发展过程及其与周邻民族的关系。书末附录中还按专题分别列举了西方学者对于匈奴语言、种属、君王名号、诸邻部族的考据情况和各派观点,具有很高的参考价值。这部著作汇集了20世纪40年代以前欧美学者关于匈奴研究的方方面面,在当时影响很大。

1924—1925年苏联考古学家科兹洛夫率领的蒙古—西藏考察队(Tibeto - Mongolian expedition)在诺彦山的发掘引起了国际学术界极大的关注。考察队在苏珠克图6号墓发掘出土大批汉地制作的丝绸、车马器、铜器以及带有年款的漆耳杯。德国柏林博物馆馆长鄂图科摩(Otto Kümmel, 1874—1952)、日本的梅原末治先后参与了对这批资料的整理工作,并对漆耳杯上的铭文进行了释读。当时的大批学者确信墓地中埋葬的就是匈奴高级贵族,伯恩施坦姆甚至推测苏珠克图6号墓埋葬的就是匈奴的大单于——乌珠留若鞮(公元前3—公元13年在位)。这些发现同时也引起了俄国学考古学者对外贝加尔地区的重视,捷普楼霍夫把诺彦乌拉调查、发掘的三处墓地归入格林采维奇早年划分的"木椁墓",修正了格林采维奇认为"木棺墓"是突厥的看法,认

---

〔1〕〔日〕江上波夫著,黄舒眉译:《匈奴的祭祀》,《日本学者研究中国史论著选译》第九卷,北京:中华书局,1993年,第1 - 36页(原载江上波夫著:《匈奴文化论考》,东京:山川出版社,1948年,第225 - 280页)。

为两类墓葬都是匈奴遗存。[1] 于是,20 年前格林采维奇的工作在沉寂 20 年之后开始被学界所关注。1928—1929 年间,索斯诺夫斯基率领的布里亚特—蒙古考察队重新对格里采维奇调查的伊里莫瓦谷地、德列斯图伊墓地进行了勘察与发掘。他发现当地的“木棺墓”葬具也大量使用木椁,棺、椁不宜作为区分两者的标准。从而将“木棺墓”与“木椁墓”改为“德列斯图伊型”和“苏吉型”,并认为前者年代较早,约在公元前 1 世纪下半叶;后者稍晚,约在公元 1 世纪上半叶(见表 1-1)。索斯诺夫斯基的分期对此后 30 年间匈奴考古学研究的影响很大。

表 1-1　历代学者对匈奴遗存分类分期表[2]

<table>
<tr><th>时代</th><th>学者</th><th colspan="4">期　别</th></tr>
<tr><td>1898</td><td>格林采维奇</td><td colspan="2">木棺墓(突厥或吉尔吉斯)</td><td colspan="2">木椁墓(匈奴)</td></tr>
<tr><td>1925</td><td>捷普楼霍夫</td><td colspan="2">木棺墓(匈奴)</td><td colspan="2">木椁墓(匈奴)</td></tr>
<tr><td>1935</td><td>索斯诺夫斯基</td><td colspan="2">德列斯图伊类型
(公元前 1 世纪下半叶)</td><td colspan="2">苏吉类型
(公元 1 世纪上半叶)</td></tr>
<tr><td>1969</td><td>科兹拉索夫</td><td colspan="2">德列斯图伊期
(公元前 2—1 世纪)</td><td colspan="2">苏吉期(公元 1 世纪)</td></tr>
<tr><td>1982</td><td>田广金、郭素新</td><td>土坑墓阶段
(公元前 7—3 世纪)</td><td>木棺墓阶段
德列斯图伊型
(公元前 2—1 世纪)</td><td>木椁墓阶段
苏吉型
(公元前 1—1 世纪)</td><td>砖室墓阶段
(公元 1 世纪以后)</td></tr>
</table>

[1] С. А. Теплоухов, Раскопки кургана в горах Ноин - Ула // Краткие отчеты экспедиций по исследованию Северной Монголии. - Ленинград, 1925.

[2] 本书中的表和图表除特别注出说明出处的外,均是由笔者根据报告和相关论著制作而成,以下不再一一注出,特此说明。

续表 1-1

时代	学者	期别		
1998	米尼亚耶夫	德列斯图伊期（公元前1世纪下半叶）	苏吉期（公元1世纪）	
2009	单月英	早期（公元前3世纪末—公元1世纪中叶）	过渡期（公元1世纪中—公元2世纪初）	晚期（公元2世纪初—公元3世纪中叶）

1.1.3 历史比较语言学大发展及蒙古大规模考古调查时期（二战后—20世纪70年代）

以兰司铁为代表的一批欧美学者创立的科学的历史比较语言学体系为这一时期的匈奴研究带来重大突破。以道尔吉苏荣（Ц. Доржсүрэн）为代表的蒙古学者在蒙古展开广泛的考古调查与发掘，为弄清蒙古匈奴遗存的分布范围与文化面貌作出了大量奠基性工作。此外，二战后以奥克拉德尼科夫（А. П. Окладников）、科诺瓦洛夫（П. Б. Коновалов）为代表的苏联学者继续在外贝加尔地区进行考古调查与发掘工作。伊沃尔加匈奴古城是此期重要的考古收获之一；在民族学研究方面，日本学者内田吟风、中国学者马长寿、陈序经结合社会学研究方法对匈奴历史、文化的考察标志着这一时期匈奴研究的深入。

二战后，随着欧美历史比较语言学的发展，涌现出一批优秀的学者。以芬兰兰司铁（G. J. Ramstedt）为代表的一批语言学家，创立了科学的阿尔泰历史比较语言学体系。他在1952—1957年间完成的《阿尔泰比较语言学导论》，将阿尔泰语系划分为4个语族：（1）原始朝鲜语，（2）原始突厥语，（3）原始蒙古语，（4）原始通古斯—满语。他将匈奴人使用的语言归入阿尔泰语系突厥语族的看法已为现代学者所广泛接受。[1] 另一位重要的学者是加拿大人蒲立本（Edwin George Pulley-

〔1〕〔芬兰〕兰司铁著，周建奇译：《阿尔泰语言学导论》，呼和浩特：内蒙古教育出版社，2004年。

blank），他在 1962 年发表的一篇题为《匈奴语》的长文中，推测匈奴人使用的语言是一种已经消亡的羯（Keti-Kiti）语（属古西伯利亚语或汉藏语）。[1] 这些成果，标志着匈奴研究进入了一个新的阶段。

早年在诺彦山考古发掘中积累的经验促成了以道尔吉苏荣为代表的一代蒙古匈奴考古学家的诞生。他继科兹洛夫之后，首先于 1954 年在诺彦山发掘了几座匈奴墓葬，随后又与匈牙利、苏联等国专家组成联合考察队，在蒙古共和国境内展开了大规模的调查。包括高勒·毛德Ⅰ号墓地、德尔利格墓地、乌兰固木墓地、台布希乌拉墓地、那依玛托勒盖墓地等现在已知的蒙古国境内的大多数匈奴墓地都是他们最先发现、发掘的。他在 1961 年出版《北匈奴》一书，将蒙古境内的匈奴墓葬分为"普通墓"和"大型墓"两类，综述了它们的形制特征、出土物品情况，并对以往苏联学者的一些看法作出了修正。[2]《北匈奴》无疑是当时匈奴考古最重要的著作之一，对于当今蒙古匈奴考古学的调查与研究工作仍有重要的指导意义。他所培养的一批年轻学者继续在漠北草原进行考古调查与研究工作，逐步成长为蒙古考古学的中坚。其中就有现在蒙古科学院考古研究所所长策温道尔吉（Д. Цэвээндорж）。

外贝加尔地区的考古工作在二战后陆续恢复。1949—1972 年间，恰克图地方志博物馆的奥克拉德尼科夫以及随后的科诺瓦洛夫率领的考察队继续在外贝加尔地区的伊里莫瓦、切列姆霍夫、德列斯图伊、古德吉尔—梅革、哈苏乌苏、哈拉布松、艾堆、胡日尔德比等墓地展开大规模调查与发掘工作。这一时期最大的收获是对伊沃尔加匈奴城址的考察。索斯诺夫斯基、奥克拉德尼科夫在这里的发掘揭示出匈奴社会结构比以往的认识要复杂得多。匈奴除了逐水草迁徙，游牧狩猎以外，也有一部分人居住在城址和定居点中，专事农业和各类手工业。[3] 根据新的考古资料，科兹拉索夫对早先匈奴遗存的分期提出了新的认识。

〔1〕〔加〕蒲立本著，潘悟云、徐文堪译：《匈奴语》，北京：中华书局出版社，1999 年，第 163－201 页。

〔2〕Ц. Доржсүрэн, Умард Хүннү. эртний судлалын шинжилгээ, Улаан－баатар, 1961.

〔3〕А. В. Давыдова, Иволгинский Археологический Комплекс. Том Ⅰ: Иволгинское Городище. － Санкт－Петербург, 1995.

他将索斯诺夫斯基划分的"德列斯图伊类型"、"苏吉类型"改为"德列斯图伊期"、"苏吉期",更强调两者的继承关系,并将两期年代向早、晚各延长了半个世纪。[1] 考古学成果的日益丰富也促进了苏联历史学研究的发展,古米列夫出版的《匈奴——古代中亚》一书,结合石板墓等考古材料论述了匈奴从早期与戎狄混杂、逐渐兴起到衰亡西迁的历程,在当时的苏联颇有影响力。[2]

随后科诺瓦洛夫将以往考察、研究的成果编纂成册,发表了专著——《外贝加尔的匈奴——墓葬建筑》,[3]同时期出版的研究性报告还有梅原末治的《蒙古诺彦乌拉发现的遗物》和鲁金科《匈奴文化与诺彦乌拉巨冢》。[4][5] 以上三部著作是这一时期匈奴考古学研究阶段性成果的代表作。

这一时期在匈奴历史学、民族学研究方面取得重大成功的日本学者是内田吟风。代表作是他于1975年出版的《北亚细亚史研究·匈奴篇》。[6] 他一方面继承了江上波夫的研究体系,书中收录了他对匈奴兴衰、西迁以及南匈奴在汉地的流变等诸多问题的研究成果。《匈人与匈奴同族论研究小史》、《匈奴西迁考》等章,虽然旧事重谈,却能援引大量史料、语言学资料进行缜密的考证,有不少新意;另一方面,内田吟风也善于运用社会学研究方法进行历史研究。比如他在《匈奴的饥旱与和平》以及《古代游牧民族入侵农耕国家的原因》中谈到:文献记载公元前209年至公元91年间匈奴人都是在国内无饥馑的情况下向外发动战争的,反而有9次因饥荒而退兵求和。[7] 这个结论有力地反

[1]Л. Р. Кызласов, О памятниках ранних гуннов//Древности Восточной Европы. – МИА, No. 119. – Москва, 1969.

[2]Л. Н. Гумилев, Хунну, срединная Азия в Древние времена. – Москва, 1960.

[3]П. Б. Коновалов, Хунну в Забайкалье (Погребальные памятники). – Бурятское Книжное Издательство, Улан – Удэ, 1976.

[4]梅原末治:《蒙古ノイン·ウラ発見の遺物》,东京:东洋文库,1960。

[5]С. И. Руденко, Культура Хуннов и Ноинулинские Курганы. – Издательство Академии Наук СССР, Москва – Ленинград, 1962.

[6]内田吟风:《北アジア史研究·匈奴篇》,同朋舍,1988。

[7]内田吟风:《古代遊牧民族の農耕國家侵入の真因——飢餓と侵入との關係についての再検討》,《内陸アジアの研究》(ユーラシア學會研究報告,Ⅲ),1954,第21-41页。

驳了以往马尔萨斯、汤因比、亨廷顿等西方学者过分强调人口膨胀、环境恶劣导致游牧人向外掠夺、侵略的论调,在当时学术界引起了很大的反响。

新中国成立后的30年间中国民族学研究者在匈奴研究领域也取得了丰硕的成果,主要体现在他们对西方现代民族学研究方法的借鉴上。内地马长寿先生的《北狄与匈奴》(1962)、陈序经先生的《匈奴史稿》(1989),台湾地区史语所谢剑先生的《匈奴社会组织的初步研究》(1969)、《匈奴政治制度的研究》(1969)、《匈奴宗教信仰及其流变》(1971)是这一时期的代表作。三者都注重广泛吸纳欧美及日本的考古发现及研究成果,并结合当代社会学、人类学理论探讨匈奴政治体制、社会组织、婚姻状况、经济、文化、宗教等问题,对以后的匈奴研究具有重要的指导意义。

1.1.4 经济学、社会学视角下的历史研究与中国匈奴考古的兴起时期(20世纪80年代—20世纪末)

以余英时、王明珂、狄宇宙(Nicola Di Cosmo)为代表的学者从经济学、社会学、民族学等多个视角对匈奴历史、社会形态、政治、经济等方面问题的研究比较成功。比起前一阶段的历史学、民族学研究,他们对其他领域研究理论、方法的吸纳与运用更加成熟。中国学者自20世纪80年代以来在长城沿线收获了大批与匈奴相关的考古学资料。以乌恩、田广金、郭素新、林沄为代表的学者对这批资料的研究填补了匈奴考古学研究领域的空白。米尼亚耶夫等学者采取科学的调查、发掘方法对墓地布局、墓葬等级差别、匈奴社会结构等问题的研究,标志着匈奴考古学研究的深入。"匈奴考古100周年国际学术讨论会"标志着匈奴研究的领域进一步扩大,多学科结合日益紧密。

历史学方面,耶鲁大学的美籍华人余英时先生独辟蹊径,结合出土文献与考古资料,从经济学视角诠释了汉与匈奴、羌等少数民族之间的关系。他在1967年出版的专著《汉代贸易与扩张》以及此后出版的《剑桥中国秦汉史》一书中《汉代的对外关系》一节,充分阐释了贸易在汉匈关系发展过程中起到的重要作用。[1][2] 他将贸易区分为“帝国的馈赠”、边境贸易、走私贸易等多种形式，并指出匈奴对与汉朝贸易的依赖远比战争给他们带来的利益多得多。这项研究无疑开辟了匈奴研究的新领域。在他的基础之上，王明珂先生的《匈奴的游牧经济：兼论游牧经济与游牧社会政治组织的关系》结合经济学、社会人类学理论，对匈奴游牧经济与国家组织的关系进行了深入的剖析。[3] 他指出匈奴不是缺乏而是自然资源不稳定。这种游牧经济的特性致使匈奴需要通过农业、渔猎、贸易、掠夺等辅助性生业来补足自身经济的缺陷。正是由于基础性游牧生业的不稳定致使匈奴无法维持与汉朝稳定的边境贸易，因此他们时常要劫掠周边民族。匈奴的外侵在四季都有发生，除了获取物资和人力以外有时也是一种威吓的手段，目的是为了从周边地区获取贡赐物品，以维系生计及国家组织。另一部成功的研究著作是意大利学者狄宇宙在2002年出版的《古代中国及其敌人：东亚游牧民族的兴起》。[4] 作者援引了大量考古学资料，结合文献综合考察了匈奴的游牧业、农业、金属加工、制陶业、木器加工、毛织业等方方面面。他将匈奴纳入到青铜至铁器时代汉地与北方民族互动与交融的历史和文化背景中进行分析，指出匈奴这个军事化部落联盟的崛起是对春秋战国时期华夏农业民族向北方扩张的回应。比起以往认为强势的汉文化向四周单向辐射的观念，他的研究无疑又向前迈出了大大的一步。此外，林幹的《匈奴史论文选集》(1983)、《匈奴历史年表》(1984)、《匈奴史料汇编》(1988)等一系列著作一方面为匈奴研究作出了梳理、汇集与翻译等大量基础性工作，另一方面对匈奴诸王驻牧地、匈奴社会制度等诸多问题进行了有益探讨；江应梁的《中国民族史》

---

[1]余英时著，邬文玲等译：《汉代贸易与扩张》，上海：上海古籍出版社，2005年。

[2]余英时：《汉代的对外关系》，《剑桥中国秦汉史》，北京：中国社会科学出版社，1992年，第406－499页。

[3]王明珂：《匈奴的游牧经济：兼论游牧经济与游牧社会政治组织的关系》，载《历史语言研究所集刊》1993年第六十四本第一分册，第9－50页。

[4]N. Di Cosmo, *Ancient China and its enemies* : *the rise of nomadic power in East Asian history*, New York: Cambridge University Press, 2002.

(1990)、张碧波、董国尧的《中国古代北方民族文化史》(1993)、王钟翰的《中国民族史》(1994)进一步完善了的民族学研究体系,结合考古资料综合论述了匈奴的兴衰史、语言文字、生活习俗、宗教、哲学、文学、艺术、科技等方面,进一步丰富了我们的认识。

20世纪80年代以来长城沿线陆续发现的一批匈奴考古资料,填补了以往匈奴考古学研究的空白。[1]针对这批资料,以田广金、郭素新、乌恩、林沄为代表的学者结合境外资料,对匈奴遗存的辨别、匈奴起源等问题进行了初步的研究。他们注意到大漠南、北的匈奴墓葬既有共性,又存在差异,匈奴的起源可能与春秋战国时期长城沿线的多支戎狄部落有关。代表作有田广金、郭素新的《匈奴墓葬的类型和年代》、《近年来内蒙古地区的匈奴考古》(1986),乌恩先生的《论匈奴考古研究中的几个问题》(1990),林沄先生的《关于中国的对匈奴族源的考古学研究》(1998)。以韩康信、潘其风、朱泓为代表的一批学者对这些匈奴人骨材料进行了体质人类学分析,为我们探讨匈奴部族的人种构成、来源提供了许多新的线索。代表作有潘其风的《从颅骨资料看匈奴族的人种》(1986),韩康信的《塞、乌孙、匈奴和突厥之种族人类学特征》(1992),朱泓的《人种学上的匈奴、鲜卑与契丹》、《关于匈奴人种问题的几点认识》等(2006)。

经过30多年资料与经验的积累,1980年代以后涌现出一批优秀

〔1〕这批资料主要包括鄂尔多斯地区的补洞沟墓地、西沟畔墓地、大饭铺墓地;宁夏同心的李家套子墓地、倒墩子墓地;青海大通上孙家寨墓地。详细刊布的报告有《鄂尔多斯式青铜器》、《上孙家寨汉晋墓》、《内蒙古中南部汉代墓葬》。另有:鄂尔多斯市文物工作站,内蒙古文物工作队:《西沟畔汉代匈奴墓葬》,收入田广金,郭素新编著:《鄂尔多斯式青铜器》,北京:文物出版社,1986年,第375-393页(原题《西沟畔汉代匈奴墓地调查记》,载《内蒙古文物考古》创刊号,1980年)。鄂尔多斯市文物工作站:《补洞沟匈奴墓葬》,收入田广金,郭素新编著:《鄂尔多斯式青铜器》,北京:文物出版社,1986年,第394-402页(原题《伊克昭盟补洞沟匈奴墓葬清理简报》,载《内蒙古文物考古》创刊号,1980年)。宁夏文物考古研究所,中国社会科学院考古研究所宁夏考古组,同心县文物管理所:《宁夏同心倒墩子匈奴墓地》,载《考古学报》1988年3期,第335-356页。宁夏文物考古研究所,同心县文管所:《宁夏同心李家套子匈奴墓清理简报》,载《考古与文物》1988年3期,第17-20页。青海省文物考古研究所:《上孙家寨汉晋墓》,北京:文物出版社,1993年12月第1版。田广金,郭素新:《鄂尔多斯式青铜器》,北京:文物出版社,1986年。魏坚:《内蒙古中南部汉代墓葬》,北京:中国大百科全书出版社,1998年。

的考古学者，比如苏联的达维多娃（A. B. Давыдова）、米尼亚耶夫（C. C. Миняев），蒙古的策温道尔吉，日本的三宅俊彦、加藤真二。他们采用科学的调查、发掘方法，更注重探讨考古资料反映的匈奴社会问题。例如米尼亚耶夫采用布方全面揭露的方法，发现德列斯图伊墓地内有一批无封堆、无墓坑的墓葬；注意到墓葬的布局、葬具多寡体现出匈奴社会内部的阶层划分。与以往只发掘单个墓葬的研究相比，他的工作更加系统、深入。这些成果在1990年代陆续出版：《伊沃尔加城址》（1995）、《伊沃尔加墓地》（1996）、《德列斯图伊墓地》（1998）、《匈奴考古新资料（1972—1977发掘）》（1985）。1991—1992年三宅俊彦、加藤真二调查了鄂嫩河中游的德尔利格、包尔布拉格等两处高等级匈奴墓地。他们通过分析墓地布局、墓葬的下葬顺序对探讨匈奴社会结构、等级制度进行了初步的尝试。1993—1999年法蒙联合考察队在额吉河流域的调查与发掘也收获了大批重要的匈奴考古学资料。

1996年"匈奴考古100周年国际学术讨论会"在乌兰乌德召开。标志着匈奴考古进入一个新的阶段，会上克拉基尼（H. H. Крадиный）、科诺瓦洛夫等学者从考古学资料入手，分别就匈奴社会制度、起源、西迁、经济生产方式、宗教祭祀等问题发表了学术报告。这次会议表明考古学与其他领域技术、方法的结合日益紧密。

1.1.5 以考古学为主导的多学科结合调查、研究时期（21世纪初至今）

21世纪初，以考古学为主导的多学科考察成为匈奴研究的主要手段。法国、美国、韩国、瑞士、中国、日本等国家纷纷与蒙古国合作组成多支考察队，对蒙古国境内的匈奴遗存展开了广泛的科学调查与发掘。考察队除了考古学家外，还有大批环境学、动物学、遗传学、社会学、民族学等多个领域专家的参与。研究者更注重广泛搜罗多方面的信息，探讨匈奴的社会结构、人种组成、聚落形态、游牧经济的生产方式、首饰加工、木器加工、毛织技术起源等深层问题。9年间收获的资料在数量、广度及信息丰富程度上都远远超出了以往工作的总和，相关领域的研究专家已不胜枚举。

韩国、美国与蒙古国合作的考察队首先对道尔吉苏荣、策温道尔吉等人以往的考察笔记进行整理，并对存放在蒙古国立博物馆内的匈奴遗物进行重新勘核、拍照、绘图。然后对以前发现的遗迹进行重新勘测，进而以这些墓地、城址为中心，在周围展开拉网式分区调查。结果显示各地区匈奴墓葬的数量比以往调查统计的多得多。据韩蒙考察队统计，仅在后杭爱省就发现 14 处匈奴时期墓地，墓葬数量达 1430 座之多。[1] 另如塔希特墓地，2006 年蒙美考察队在这里发现的匈奴墓葬有 132 座，是道尔吉苏荣 1960 年调查统计数量的两倍多。目前考察队对计划发掘墓葬的选择也与以往不同。为了弄清匈奴墓地内部族成员间的等级差别和社会结构，除了大规模的高等级墓葬以外，考察队还着重发掘了大墓周围的从葬墓以及墓地内其他规格的墓葬。同时参与调查的环境学家、动物学家、人类学家对居址、墓地的植被、自然环境、当代牧民的游牧经济都进行了系统的考察，为我们了解匈奴社会的方方面面提供了丰富的信息。

据不完全统计，目前蒙古、外贝加尔、图瓦、阿尔泰、中国境内发现的匈奴墓地已超过 70 处，墓葬总数在 4000 座以上，匈奴城址约有十几处。比较重要的考古工作有法蒙联合考察队在后杭爱省调查、发掘的高勒·毛德 I 号墓地；蒙美联合考察队调查、发掘的后杭爱省的高勒·毛德 II 号墓地、塔米尔 I 号墓地、科布多省的塔希特墓地；俄罗斯考察队在外贝加尔地区布里亚特共和国境内发掘的查拉姆墓地；韩蒙考察队在后杭爱省调查、发掘的胡德金·托勒郭依墓地、肯特省的德尔利格墓地（见图 1－1）。

〔1〕Монголын Үндэсний Түүхийн Музей, Шинжлэх Ухааны Академийн Археологийн Хүрээлэн, Солонгосын Үндэсний Музей, Мон – Сол тΘслийн 2002 – 2004 оны судалгааны ур дун, Сол, 2004, С. 161 – 167.

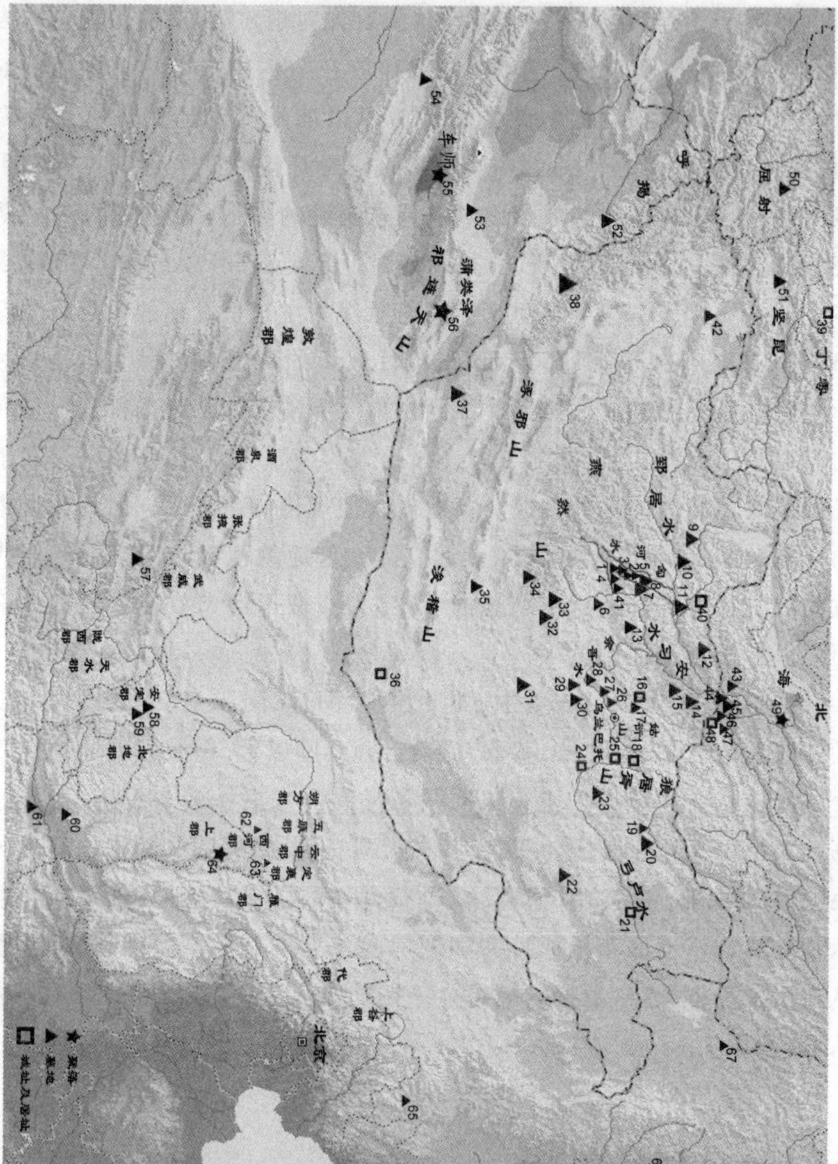

图 1－1　匈奴主要遗迹分布示意图[1]

（图片说明见下页）

---

〔1〕本图由笔者绘制，底图节选自微软百科全书世界地图电子版。本书以下诸图除加注说明出处以外，其他都是笔者根据相关报告与论著资料改绘、汇编而成，不再一一注出，特此说明。

1. 胡德金·托勒郭依墓地;2. 扎米恩·托勒郭依墓地;3. 艾兹吉梯恩·胡日勒墓地;4. 索勒毕山墓地;5. 纳依玛－托勒郭伊墓地;6. 艾麦勒·托勒郭依墓地;7. 高勒·毛德I号墓地;8. 高勒·毛德II号墓地;9. 苏勒·托勒郭依墓地;10. 努赫金·阿姆墓地;11. 额吉河墓地;12. 扎尔·托勒郭依墓地;13. 鄂乌贡特墓地;14. 萨利希特·欧尔都墓地;15. 达尔汗山墓地;16. 包尔吉·苏林城址;17. 诺彦山墓地;18. 布尔欣·都勒布尔吉城址;19. 包尔布拉格墓地;20. 德尔利格墓地;21. 巴斯浩特城址;22. 德勒格雷赫墓地;23. 都勒尕山墓地;24. 特列津城址;25. 古阿多夫城址;26. 巴尔乌恩·哈伊尔汗墓地;27. 塔尔亚特墓地;28. 莫尔伊恩·托勒郭依墓地;29. 巴彦·温珠勒墓地;30. 巴彦墓地;31. 巴尕·嘎兹林·楚鲁;32. 塔尔巴尕塔依·阿姆墓地;33. 呼欣·侯都勒墓地;34. 奥尼托利特墓地;35. 特布什山墓地;36. 巴彦布拉格;37. 希尔吉斯特·霍洛依墓地;38. 塔希特墓地;39. 阿巴坎宫殿;40. 额吉河居址;41. 塔米尔墓地;42. 乌兰固木墓地;43. 德列斯图伊墓地;44. 查拉姆墓地;45. 伊里莫瓦、切列姆霍夫墓地;46. 布尔冬墓地;47. 艾堆墓地;48. 都列尼城址;49. 伊沃尔加墓地城址及墓地;50. 下巴泽雷克墓地;51. 考里克墓地;52. 清河阿热勒;53. 木垒东城;54. 察吾呼沟口三号墓地;55. 巴里坤东黑沟聚落遗址;56. 上孙家寨墓地;57. 李家套子墓地;58. 倒墩子墓地;59. 客省庄 M140;60. 补洞沟墓地;61. 西沟畔及大饭铺墓地;62. 大保当城址及墓地。

国际合作、多学科结合的趋势也体现在近年来日益增多的国际性匈奴学术研讨会。自 2003 年 8 月迄今,韩国国家博物馆已连续举办了四届匈奴考古国际研讨会。2008 年 10 月由美国丝绸之路基金会筹办的“匈奴考古国际研讨会”在乌兰巴托举行,会上汇集了蒙古、中国、俄罗斯、美国、德国、韩国等国家长期从事匈奴时期的一线考古工作者和动物学、遗传学、体制人类学、社会政治学等领域的专家。大会分为六个主题,有近 35 位学者发言。[1] 分别讨论了匈奴的葬仪、等级制度、文化交流、艺术与装饰、居址及城址、人种、游牧经济。正如美国西雅图华盛顿大学丹尼尔·瓦赫(Daniel C. Waugh)所说:“匈奴考古已进入一个新的世纪。”

近年来中国学者结合境外资料对匈奴遗存进行的综合性研究日益增多。北京大学考古文博学院单月英女士的《匈奴墓葬初步研究》

---

〔1〕马健:《匈奴考古国际研讨会会议纪要》,原载中国社会科学院历史研究所中外关系史研究室主办:“欧亚学研究”网,2008 年 11 月 3 日:http://www.eurasianhistory.com/data/articles/k02/1869.html.

(2001)、《匈奴腰饰牌及相关问题研究》(2008)、《匈奴墓葬研究》(2009),吉林大学潘玲女士的《蒙古和外贝加尔地区匈奴墓地的等级差别》(2006)、《伊沃尔加城址和墓地及相关匈奴考古问题研究》(2007),田广金、郭素新的《北方文化与匈奴文明》(2005),盖山林的《远去的匈奴》(2007),乌恩先生的《匈奴文化的内涵、起源、发展及其文化联系》(2008),也是这一时期的代表作。同时,中国学者对匈奴遗存进行的主动性考古学考察也逐渐增多。比如2005年以来西北大学文化遗产与考古学研究中心与新疆考古所合作在东天山巴里坤东黑沟的调查与发掘,为揭示西汉早期匈奴右部在西域的活动情况及其聚落形态提供了重要的线索。

王明珂先生的《游牧者的抉择:面对汉帝国的北亚游牧部族》(2008)从经济生态与社会、政治组织间的关系入手,更加深刻地剖析了游牧经济导向的"分歧、分散性"、"平等自主性"社会特质与匈奴国家造成的政治权力"集中化"、社会"阶序化"情况之间具有无法避免的矛盾。这对矛盾关系的发展一直伴随着这个草原帝国兴衰的始末。自然资源不稳定、对辅助性资源的依赖是游牧经济的本质,与汉为主的周边民族的互动关系是匈奴部落联盟形成与发展的主要原因。通过部落联盟形成的匈奴帝国虽然可以组建强大的常备军队,从汉等周边民族获取大批物资与人力以补足其不稳定的游牧经济。但是为了维持辅助性生业和国家集权体制所进行的频繁的军事活动却严重影响了帝国内部广大牧民的正常游牧生活,使其基础生业受到破坏。加之汉朝与其他民族不断的军事打击以及外交手段的运用,最终导致了匈奴的分裂与衰亡。《游牧者的抉择》结合历史学与人类学对匈奴社会的考察无疑是一种有益的尝试。

这一时期出版的考古报告无论在数量上、质量上都比以往有了很大的提高,比如陕西省考古研究所的《神木大保当——汉代城址与墓葬考古报告》(2001)、策温道尔吉主编的《额吉河流域的考古学遗迹——从青铜时代到蒙古时期》(2003)、法国在蒙古国探险队的《高勒·毛德:蒙古国2000—2001年的新发现》(2002)、《蒙古:第一个草原帝国》(2003)、《蒙古,后杭爱省的匈奴》(2007)、米尼亚耶夫、萨哈罗芙斯卡娅的《查拉姆墓地7号“王陵”复合体的殉葬墓》(1998)、《查拉姆墓地出土的一辆汉代马车》(2002)、《蒙古阿尔泰的匈奴贵族墓葬复合体》(2007)、《胡德金·托勒郭依匈奴祖先的墓葬》(2007)、《蒙韩联合考察队2002—2004年调查报告》(2003;2004)。需要指出的是,除了中国、蒙古、美国、韩国出版的报告以外,其他报告都是以研究性为主,并未详尽刊布资料,为进一步讨论带来诸多不便。

总之,学科发展、多学科结合以及考古学新资料的层出不穷是匈奴研究在百余年间经久不衰的主要原因。本书不揣浅陋,在汲取前人研究成果、广泛搜集国内外新近发表的考古学资料基础之上,结合自身的工作经验,尝试探讨以墓葬为代表的匈奴考古学文化的定名与辨识、分区与分期、匈奴葬仪、习俗包含的多种文化因素及其所反映的社会等级制度、匈奴对外文化交流等问题。

1.2 研究范畴与方法

1.2.1 研究对象及其范畴

本书讨论的对象,是与中国历史文献中“匈奴”一词相对应的考古学文化,有别于西方文献中的“Huns”。关于北匈奴西迁及其与欧洲“Huns”的对应问题,学术界的争议很大。[1]主要原因是中亚地区历史学和考古学资料尚存在许多缺环,难以从时空上合理解释、复原北匈奴西迁的轨迹。这些问题需在日后中亚地区考古学资料不断丰富的基础上逐步解决。对此,本书暂不涉及。

本书讨论的基础是以墓葬为主的考古学资料。居址、城址也是匈奴研究的重要资料。目前发现的匈奴城址规模普遍较小,长宽都在400米以下。已有学者讨论过它们可能属私城或主要具有军事要塞的

〔1〕余太山:《匈奴与Huns同族论质疑》,载《塞种史研究》,1992年,第242~271页;贾依肯:《匈奴西迁问题研究综述》,载《中国史研究动态》,2006年第9、10期连载。

性质,而不是匈奴的统治中心。[1] 文献记载匈奴等早期游牧民族的统治者多是居住在毛毡、木杆搭建的"穹庐"(帐篷)内,并不建城。因此,漠北大规模、高等级的居址,应是考察匈奴统治中心的关键。但限于笔者目前收集到的资料不够充足,暂不列为本书讨论的重点。

本书讨论的空间范围是以蒙古高原为主,北起外贝加尔地区,南抵长城沿线,西起阿尔泰山,东达大兴安岭的广阔区域。从行政区划上看,主要包括今天蒙古国大部,俄罗斯南部的布里亚特共和国、图瓦共和国、阿尔泰共和国、哈卡斯共和国以及中国北方诸省。基本与历史文献中匈奴曾经活动过的区域吻合。

本书讨论的时间范畴主要集中在公元前2世纪至公元2世纪,相当于中国西汉前期至东汉中期,约与中国历史文献记载的匈奴兴起、发展、衰落的时代吻合。战国及以前的匈奴遗存的辨识和匈奴起源问题,史载不详,学术界争议很大。本书仅根据新出土考古学资料作一些浅显的探讨。另外,汉文典籍对三国、魏晋时期的南匈奴也有着丰富的记载,然而从考古学资料出发,尚难辨识其文化特征,确认其族属,故也不列入本书讨论的范畴。

为统一标准,本书述及的考古学文化年代均以黄晓芬划分的秦汉各期为准:

表1-2 秦汉分期标准表[2]

246-206 B.C.	206-140 B.C.	140-74 B.C.	74-5 B.C.	5B.C.-25A.D.	25-88 A.D.	88-146 A.D.	146-220 A.D.
秦期	西汉前期	西汉中期	西汉后期	王莽期	东汉前期	东汉中期	东汉后期

1.2.2 研究方法的讨论

匈奴研究已逾百年之久,研究著作不计其数。然而随着近年来大批考古新资料的刊布和研究方法的发展,结合亲身的调查、发掘经验,

〔1〕潘玲:《伊沃尔加城址和墓地及相关匈奴考古问题研究》,北京:科学出版社,2007年,第120-121页;乌恩:《匈奴文化的内涵、起源、发展及其文化联系》,载《北方草原考古学文化比较研究——青铜时代至早期铁器时代》,北京:科学出版社,2008年,第290-363页。

〔2〕黄晓芬:《汉墓的考古学研究》,长沙:岳麓书社,2000年,第73页,第3表。

我们感到研究中仍有许多问题值得重新思考。

1.2.2.1 如何定名“匈奴考古学文化”

“匈奴考古学文化”是以历史文献中的古族名来命名的考古学文化。首先将考古发掘的遗存与匈奴联系起来的是俄国学者格林采维奇。他根据自己在外贝加尔地区发掘的“木椁墓”中出土的汉代铜镜将这些墓葬的主人推测为匈奴人。在报告中格林采维奇并未对外贝加尔地区诸墓地与匈奴活动的时空范畴之间的联系作详细考察。现在看来,这一论断不免臆测之嫌。然而在百余年前资料、研究手段的局限下,格林采维奇得出这一论断是相当不容易的。

30年后发掘的诺彦山墓地,研究者在报告中直接以“匈奴文化与诺彦乌拉巨冢”为题,书中对墓地中埋葬的人群直接以匈奴相称。书中虽然概述了匈奴的兴衰史和以往格林采维奇在外贝加尔地区的工作,但是也没有详细说明他们将这处墓地定名匈奴的理由。此后的不少研究通过遗存中个别文化特征的比较将萨彦—阿尔泰、中亚、中国北方诸地区的一大批墓葬、居址和城址归入了匈奴考古学文化。与此同时,不少学者开始怀疑这些考古遗存是否都属于匈奴。林沄先生在《关于中国的对匈奴族源的考古学研究》一文中,结合历史文献与考古学资料对中国长城沿线以往被判定为匈奴的遗存进行了系统的梳理和细致的考证。[1] 他指出其中许多遗存应属于义渠、乌氏戎人而不是匈奴。他的这些论断目前已为学术界广泛接受。可见,根据个别文化特征的相似性来判定考古学文化的族属是很不充分的,只有通过系统性的综合考察才能科学地阐释考古学文化的内涵。

我们认为,“匈奴考古学文化”既然是以古族名命名的考古学文化,在定名的时候首先必须阐明这个历史族名与考古学文化存在怎样的联系。这乃是开展其他一切研究的基础。

目前学术界对于考古学文化命名问题存在几种倾向:(1)以典型文化特征来命名;(2)以首次发现某种考古学文化的典型遗迹的小地

〔1〕林沄:《关于中国的对匈奴族源的考古学研究》,载《林沄学术文集》,北京:中国大百科全书出版社,1998年,第368-386页(原载《内蒙古文物考古》1993年1、2期合刊)。

名来命名;(3)以时代、朝代或国家、古族的名称来命名。[1] 前两者在研究农业文明旧、新石器时代遗存中比较流行。而进入历史时期以后,以文献中记载的朝代、国家、古族来命名考古学文化的情况就十分普遍了。匈奴考古学文化显然属于第三类情况。这三类命名方式是在不同层面对考古学遗存的归纳。目前史前研究中多以首次发现的典型遗迹的小地名来命名考古学文化。相较而言,它比典型文化特征来命名考古学文化的方式有更多优势。比如这种命名方式首先可以确保名称不重复,同时也能在一定程度上体现该考古学文化的空间分布范围。而面对内涵丰富的考古学文化,仅选取一种或两种典型文化特征对其命名难以涵盖这个考古学文化的其他典型特征。在历史时期用古族名来命名考古学文化是将物质资料反映的考古学文化与历史文献反映的民族联系起来。建立这种联系的前提条件是考古学、历史学的资料与研究足够充分,尤其是在出土文献能够直接建立两者联系的情况下。而在考古学、历史学资料相对模糊或缺乏,缺少直接文字证据的情况下,建立历史族名与考古学文化之间的联系必须十分慎重。我们认为至少需要满足以下几个条件:

(1)根据历史文献记载和历史学研究能够大致勾勒出该民族活动地域和时期的时空轮廓。

(2)考古学科学调查、发掘所获资料应在范围、种类、数量等方面达到一定广度、量度,能够代表该地区特定时段、特定地域物质遗存的基本文化面貌。在此基础之上进行的系统的考古学研究能够基本建立起该文化发展的时空框架。

(3)文献记载与历史学研究所确认的该民族主体活动的中心区域、活动时间与典型考古学遗存集中分布的区域、时代基本吻合。

对于匈奴等欧亚草原游牧民族的考古学文化进行命名时,还有其他一些难点。比如在中世纪以前,这些游牧民族“毋文书、以言语为约

〔1〕夏鼐:《关于考古学上文化的定名问题》,载《考古》1959 年 4 期,第 169 – 172 页;严文明:《关于考古学文化的理论》,载《走向 21 世纪的中国考古学》,西安:三秦出版社,1997 年,第 78 – 93 页。

束”,没有自身的文献典册。而与之相邻的农业文明由于文化习俗的差异与观察视角的不同,对他们的记述或多或少存在一定的偏差。尤其是在同一时段内多个文化面貌接近的部族在某一区域内频繁的流动、迁徙、融合、相互消长的情况下,农业文明对他们的记述就不一定十分准确了。此外,与农业文明相比,移动性大、活动范围广的游牧生活方式导致了他们的考古学遗存呈现出相对零散、堆积浅、不易辨识的特点。如何把这些零散的点串联起来,勾勒出游牧民迁徙、活动的轨迹,也是一个难点。以往学者们对欧亚草原青铜时代至铁器时代考古学文化命名的争议就能说明这些问题(见表1-3)。从早期铁器时代开始,欧亚草原诸部落始见于希腊、波斯等农业文明的史册,比如希腊历史学家希罗多德的《历史》、医学家希波克拉底的《论空气、水和地域》、阿契梅尼德波斯的贝希斯顿铭文等。于是有许多学者将这些考古学文化冠以历史族名。其中阿尔泰山北麓的巴泽雷克墓地在20世纪初被命名为南西伯利亚的斯基泰人,这是因为巴泽雷克墓地出土的武器、马具、动物纹风格与黑海北岸斯基泰人遗存接近。后来希伯特等学者又将该文化改名为巴泽雷克文化。[1] 因为他们考虑到武器、马具、动物纹是早期铁器时代欧亚草原游牧民族共同的文化特征,同时阿尔泰山北麓的巴泽雷克文化与黑海北岸的斯基泰文化在墓葬形制、葬俗和其他器物形制方面存在不小的差异,此外希罗多德《历史》对斯基泰民族在该地区的活动也没有明确的记载。

表1-3　欧亚草原考古学文化命名方式对照表

时代	地　域	考古学文化名称	命名方式		
			A	B	C
铜石并用时代	小亚细亚	颜纳亚文化		B	
	中亚	安诺文化		B	
	南西伯利亚	阿凡纳谢沃文化		B	
	南西伯利亚	奥库涅夫文化		B	

[1]F. T. Hiebert, “Pazyryk Chronology and Early Horse Nomads Reconsidered”, *Bulletin of the Asia Institute*, Vol. 6, 1992, pp. 117-129.

续表 1－3

时代	地域	考古学文化名称	命名方式		
			A	B	C
青铜时代	欧亚草原中西部	安德罗诺沃文化		B	
	西西伯利亚	辛塔什塔－彼德罗夫卡文化		B	
	中亚	纳玛兹加文化		B	
	东欧南部草原	竖穴墓文化	A		
	东欧南部草原	洞室墓文化	A		
	东欧南部草原	木椁墓文化	A		
早期铁器时代	南俄草原、黑海北岸、外高加索	斯基泰文化			C
	伏尔加河与乌拉尔山之间	萨夫罗马泰文化			C
	伏尔加河与乌拉尔山之间	萨尔马提亚文化			C
	中亚草原	塞种文化			C
	阿尔泰山	巴泽雷克文化		B	
	西萨彦岭	乌尤克文化		B	
	外贝加尔、蒙古高原	石板墓文化	A		

希伯特的论断更加严谨、可信。他并没有以点概面或以个别遗址的个别文化特征来判定族属，而是立足于考古学资料本身，在全面、系统地考察考古学文化形成、发展、分布的脉络以及与周边文化交流的情况下，再来探讨历史族名与该考古学文化之间的关系。

从以上三项条件来考量以往的研究，我们发现受资料与时代的局限，以前考古学界沿袭的“匈奴”、“匈奴文化”或“匈奴考古学文化”概念最初是建立在相对模糊的论证基础之上。因此，本书在展开讨论之前，首先需要阐明我们定名匈奴考古学文化的理由。

根据历史文献和相关研究，强盛时期的匈奴占据着东起大兴安岭、西至阿尔泰山、北起贝加尔湖、南抵长城沿线的广大区域。而匈奴统治中心所在的区域，文献记载语焉不详。只知道冒顿时期的“单于庭直代、云中”，大概位置在汉代朔方刺史部的云中郡（今山西右玉、左云、怀仁县一带）与并州刺史部的代郡（山西大同、阳高、天镇县、河北阳原、怀安县）的正北方。据马长寿、内田吟风等历史学家的考证，两汉时期匈奴单于统治中心——“龙庭”，约在“安侯水”，就是鄂尔浑河流域。[1]

从目前刊布的两汉时期的考古学资料来看，蒙古高原中北部的色楞格河、鄂尔浑河及其支流，如额吉河、呼尼河、塔米尔河等附近的河谷、山谷不仅是考古学文化面貌接近、墓地、居址分布集中、数量最多的区域，同时也是规模最大、出土物最为奢华的高等级墓地集中分布的区域。近年蒙古国的考古学调查表明，在同一区域内匈奴聚落的城址、居址与其墓地间的距离通常在50～100公里，并不遥远。[2] 可见，这一区域与文献记载匈奴统治中心所在的位置基本吻合。

一般而言，一个民族的统治中心也应是他们的文化中心、经济中心。那么，两汉时期典型的匈奴考古学文化就应当从色楞格河、鄂尔浑河及其支流这一区域中去寻找。在此基础之上，可以通过考古学分析建立起这一区域考古学文化发展的序列，然后以此为标准，再去辨识匈奴统治、活动中心以外的周邻地区的匈奴遗存，最终建立起两汉时期文献中“匈奴”与考古学“匈奴”之间的时空对应关系。

1.2.2.2 如何确认典型的匈奴考古学文化特征

考古学与历史学资料都表明，匈奴是以游牧经济为主的民族。游牧民族与农业文明由于生产方式、生活习俗等方面存在的差异导致了两者所呈现出的考古学文化面貌不同。因此，在确认典型的匈奴考古学文化特征的时候，需要充分考虑游牧文化的特点。

与农业文明相比，游牧文化表现出移动性强、传播速率快的特点。在广阔的欧亚草原，诸多部族大规模迁徙、融合的现象十分普遍。进入早期铁器时代中后期（春秋战国时期），诸游牧部落间的文化交流频繁，文化面貌趋同的现象更加明显。尤其生活中常用的、功能性突出的

---

[1]1962年马长寿在《北狄与匈奴》（桂林：广西师范大学出版社，2006年，第23－24页）一书中考订出：《魏书·西戎传》“俱去匈奴单于庭安习水七千里”中的“安习水”与《后汉书·窦融列传》“遂踰涿邪，跨安侯，乘燕然，蹑冒顿之区落，焚老上之龙庭”中的“安侯水”都指鄂尔浑河；据内田吟风1975年的研究，单于龙庭可具体锁定于鄂尔浑河流域的哈拉和林附近。见〔日〕内田吟风著，余大钧译：《〈史记·匈奴传〉笺注》，《北方民族史与蒙古史译文集》，昆明：云南人民出版社，2003年，第23页。

[2]安纬，奚芷芳：《蒙古匈奴贵族墓地初步研究》，载《考古学报》2009年1期，第71－72页。

物品，比如武器、马具、带具、饰牌等，在欧亚草原传播的速度很快、流行范围也广。但一些反映特殊精神层面、功能性不强的特殊的葬仪、习俗，特殊的装饰纹样、装饰风格、特殊的器类所包含的特殊意义（包括特殊宗教涵义），特殊的民族心理偏好，在游牧部落的交流过程中不易改变。这类文化因素具有考古类型学常说的“遗型”的性质，它们可以作为我们判别不同游牧文化的主要依据。当然，仅就单个因素的考察是不够的，同时还要综合考察这些因素组合的情况，判断它们在该文化中是否起到主导、决定性作用。比如匈奴的仰身直肢、北首葬俗以及封闭式的石椁葬具，每一项都不是匈奴最早发明、独有的葬仪特征。但经过匈奴部落联盟的文化融合，这些因素被有机地组合了起来并在漠北广泛传播。这种由多种元素整合后形成的一套固定的葬仪，就可以看做是典型的匈奴文化特征。

在陶器使用量大、生产技术发达的农业文明，陶器常作为区别考古学文化、建立文化演化谱系的标尺，而游牧民族对陶器依赖和使用的频繁程度远不及农业民族。在一些环境极度干燥或寒冷的地区发掘的游牧民墓葬中，可以明显看出木器、皮革器具、骨器占据了他们日常生活用具的大宗，使用陶器的比例比同时期农业文明地区少得多。比如阿尔泰山北麓的巴泽雷克墓地和新疆吐鲁番的洋海墓地、苏贝希墓地，同时在游牧民族与农业民族或其他游牧部落接壤、混杂的区域，

陶器制作技术、器类、形制相互借鉴、融合的情况也很常见。这是该地区多部族人群混杂，技术、文化频繁交流的结果。这些区域多处于各文化的边缘地带，受双方统治、文化中心的控制力、影响力较弱。在这种情况下，包括陶器在内的农、牧文化共有的日用品的形制、制作、装饰工艺往往呈现出多样性的特征。比如外贝加尔地区的伊沃尔加城址、墓地就发现过许多在匈奴中心区不使用的器类和装饰纹样；而在巴里坤东黑沟，墓葬出土陶器多是烧制火候低、器体小的明器，器类与中心区匈奴人的日用陶器并不相同。但是，他们采用石椁葬具、木棺装饰、北首葬、仰身直肢葬以及装饰鹿形格里芬纹的金、银带饰是与中心区匈奴的葬仪、习俗一致，而与周边区域其他文化的差异非常显著。在

这种情况下,我们也将他们归入匈奴,因为这些日用陶器本身并未包含特殊的葬仪、习俗等精神层面的特殊涵义。

总之,特殊的葬仪、习俗更能体现包括匈奴在内的游牧民族独特的文化特征,这应是判别典型的匈奴考古学文化的主要依据。

1.2.2.3 如何辨别匈奴人遗存和受匈奴文化因素影响的遗存

匈奴帝国是在不断征服、裹挟多个周邻民族的基础之上逐渐建立起来的。前文已提到,在匈奴周缘与其他民族毗邻的区域多种文化因素相互交融的现象比较常见。其实,目前学术界争议最大的也是这些区域里考古学文化的民族归属问题。这个问题归根结底是学者们对"民族"这一概念理解的差异所造成的。诚然,"民族"概念本身在不同时期、不同地域中处于不断地发展、变化的过程当中。[1]而且出于研究者不同的研究主题、研究视角,"从来就没有两个作者——不论他们是社会学家、历史学家、政治学家、还是心理学家——会用相同的方式来定义民族"。[2] 正如民族社会学家马戎先生所说的:"各国民族的形成过程、发展条件很不相同,因而各个民族所产生的民族意识的内涵也会有所不同。所以说,'民族'的定义,可以因时、因地、根据具体情况而有所变化,不能完全按照一个民族的定义解释其他所有民族现象。"[3]因此,从考古学资料出发,在开章明义之前,需对本书使用的"民族"概念作出简要的说明。

1991 年凯拉斯在综合以往研究的基础上对"民族"进行了综合性定义、目前被广泛引用。[4]他认为民族是"一群人觉得他们自己是一个

[1]葛林费尔德从语义学出发,分五大阶段详细阐明了英文"nation"这个字的含义在不同时期发展、演变的情况。参见 L. Greenfeld, *Nationalism: Five Roads to Modernity*. Cambridge, Mass.: Harvard University Press, 1992.

[2]D. Kecmanovic, *The Mass Psychology of Ethnonationalism*. New York: Plenum Press, 1996, p15.

[3]马戎:《西方民族社会学的理论与方法》,天津人民出版社,1997 年,第 5 页。

[4]目前比较权威的其他"民族"定义如:①"民族指人们在一定的历史发展阶段形成的有共同语言、共同地域、共同经济生活以及表现于共同的民族文化特点上的共同心理素质的稳定的共同体。"——《中国大百科全书》;②"基于人民一致的认同而创造出来的心理纽带,同时也是政治的共同体。这些人的政治认同,通常是由共同的语言、文化、种族和历史等特质所构成。"——《大英百科全书》

被历史、文化和共同祖先所联结起来的共同体。民族有‘客观’的特质，这些特质可能包括地域、语言、宗教、或共同祖先，也包括‘主观’的特质，特别是人们对其民族性(Nationality)的认知和感情。”[1]

凯拉斯对民族的定义主要是依据了精神层面的多项标准。其中地域、宗教、共同祖先(体质特征)、文化(习俗)等方面的信息就包含在物质遗存当中，可以通过考古学观察与分析来发现、归纳。这也是本书理论假设的基础。需要指出的是，这些标准中没有哪一项能作为判定匈奴族属的唯一标准。[2]我们是说，考古学资料满足的条件越多，判断的把握就越大。上面已说明特殊的葬仪和习俗在多民族融合过程中延续性可能最强、保存的几率最高。因此，这些反映民族独特精神文化的考古学文化特征应作为判定其族属优先选择的标准。功能性强、流通速率快的日用品，比如武器、马具、动物纹饰件等在欧亚草原游牧民族间传播、流行的速度快，有时形制差异并不明显。它们在一定程度上可以作为判定考古学文化族属的有益参照，但不宜单列出来作为定性标准；人骨的体质特征、遗传学特征反映了人口迁徙、融合的过程，与文化心理认同的“民族”概念有部分重合，但两者是非充分必要关系，也不能用作定性的标准。

权衡诸多标准，我们认为结合地域分布的包括墓葬形制、葬式、葬具、葬俗、特殊葬物在内的独特的葬仪、习俗是判断匈奴等游牧部落族属的首要标准。随葬品类别、形制、组合关系以及人骨反映的人种特征，应作为判别族属的重要参考。

根据上述标准，可对中心区以外的匈奴遗存逐一进行辨识。这其中仍需要充分考察当地的文化传统。我们发现中心区周缘的遗存大致分作两类：一类是包含其他文化因素的匈奴遗存。它们具有典型匈奴葬仪、习俗特征，同时在随葬品方面还包含部分其他文化因素，比如图

[1] J. G. Kellas, *The Politics of Nationalism and Ethnicity*. New York: St. Martin's Press, 1991, p2.

[2] 这些标准可能没有一个能够被视为是民族存在的充分或必要条件，参见：Ernest Renan, “*Qu'est - ce qu'une nation?*” *In Nationalism*, edited by John Hutchinson, and Anthony D. Smith, 17 - 18. New York: Oxford University Press, 1994, pp. 17 - 18.

瓦地区属坚昆人的楚尔梅克文化、新疆巴里坤东黑沟墓地。这些遗存与中心区匈奴遗存的文化面貌、演进规律基本一致，我们将它们归入匈奴的边疆区。另一类是具有部分匈奴文化因素的遗存。它们在葬仪、习俗方面与典型匈奴考古学文化之间存在明显的差异，其中出土一些具有典型匈奴文化因素的器物表明当地部族与匈奴存在特殊的互动关系。比如阿尔泰山北麓的屈射人遗存、长城沿线东北部三家子山墓地、完工墓地、西岔沟墓地等鲜卑、乌桓遗存。我们把这类遗存归入匈奴文化的互动区。两类遗存族属不同、性质不同，与中心区匈奴遗存的关系不同。

对于南迁汉地的匈奴的遗存，国内许多学者已对他们的族属、年代进行过反复讨论。由于他们已处于强势的汉文化影响范围内，其文化的发展轨迹已与中心区、边疆区的匈奴不同，与互动区的遗存存在显著的差异，因此应该区别对待。我们建议把这些匈奴遗存归入“域外汉地”，他们使用的日用品、工具、装饰品甚至丧葬习俗、生活方式等许多方面在汉文化地影响下潜移默化地发展和改变。正如上文所述，陶器等日用器在异域环境下发生变化的速率最快，而特殊的葬仪、习俗发生“移风易俗”需要的时间要久一些，在一些汉化程度深的匈奴遗存中，我们仍然可以找出一些残留着的漠北匈奴特殊的葬仪、习俗。比如在东汉时期陕西神木大保当城址与墓地以及青海大通上孙家寨墓地，墓葬结构、葬具、葬式，以及随葬品主体已与汉墓无异，但是两地墓葬都出土器底加盖方形印戳的陶器。这类习俗在当地汉墓中十分罕见，而在漠北匈奴部落中普遍流行。因此，这种特殊习俗的“遗型”就可作为判别族属的关键。

有了上述的概念，我们便可运用考古类型学及文化因素分析法对匈奴遗存作分区、分期研究，勾勒出匈奴考古学文化的时空分布轮廓。在此基础之上，进而可以探讨匈奴葬仪的等级制度、匈奴与周缘地区的文化交流情况及其反映的历史、文化背景。

2 匈奴墓葬的分区

汉文献大致记载了匈奴各个时期的活动范围,其中心区域应最能体现纯正、典型的匈奴考古学文化面貌。因此我们可以首先对这一区域匈奴墓葬的特征、年代进行逐一梳理,归纳出以墓葬为代表的匈奴考古学文化的典型特征,建立其时空发展、演化的序列。

2.1 汉典籍记载匈奴的活动范围

根据汉文典籍记载,匈奴在不同时期的统治中心和势力范围不同。战国早期,匈奴作为中国北方诸游牧部族中的一支,已见诸史册。[1]这时的匈奴大致分布在楼烦、林胡以北地区,还不强大。[2]

〔1〕以往史学界认为匈奴见诸史册的最早的文献是《史记·秦本纪》记载的公元前318年"韩、赵、魏、燕、齐帅匈奴共攻秦"。曹永年、杨宽认为此处"匈奴"应指"义渠"(杨宽:《战国史料编年辑证》,上海:上海人民出版社,2001年,第479页)。余太山先生据《史记·张仪列传》考证义渠攻秦晚于五国攻秦,是两件事,本书亦从此说(余太山:《匈奴的崛起》,载《欧亚学刊》第五辑,北京:中华书局,2005年6月,第1-8页)。《逸周书》卷7《王会解》载"正北空同、大夏、莎车、姑他、旦(且)略(貉)、貌(豹、貊)胡、戎(代)翟、匈奴、楼烦、月氏、(纖-糸+歹)犁、其龙、东胡。请令以橐驼、白玉、野马、騊駼、駃騠、良弓为献。"余先生恰当地称之为"战国时北方游牧部族的总名单"(余太山:《塞种史研究》,北京:中国社会科学院出版社,1992年,第27页)。该篇一般认为是战国早期的作品(罗家湘:《〈逸周书〉研究》,上海:上海古籍出版社,2006年,第35页)。这应是文献对匈奴最早的记载。

〔2〕《史记·匈奴列传》载:"当是之时,冠带战国七,而三国(秦、赵、燕)边于匈奴。"《资治通鉴·秦纪一》将此条归入秦始皇三年(公元前244年),但改作"三国边于戎狄"。在此,陈勇认为:这里的"匈奴"其实是泛指长城沿线诸游牧部族。因为其他更多的记载,如《史记·赵世家》、《战国策·燕一》都详细说明了秦、赵、燕三国以北活动的是"楼烦"、"林胡"、"东胡"、"山戎"等游牧部族(陈勇:《〈史记〉所见"胡"与"匈奴"称谓考》,载《民族研究》2005年6期,第60-68页)。我们更同意余太山先生的看法,战国时期匈奴一词见诸史册,有明确的指代,"单于"是匈奴首领的专号、"胡"为匈奴自称。匈奴当时的活动地域大致在林胡、楼烦以北,长城外还未形成大规模的部落联盟,与"楼烦"、"代翟"、"东胡"一样,是中国北方诸游牧部族中的一支。

战国晚期,匈奴部落部族逐渐强大,在兼并周边诸游牧的基础上形成了部落联盟,占据了阴山以北地区。[1] 秦统一六国后,匈奴势力范围进一步扩大,成为秦帝国北方主要的劲敌。当时匈奴的统治中心设在漠南阴山以北。[2] 此后,在冒顿单于时期,匈奴的领地经历了三次大规模扩张:第一次是楚汉之际,冒顿单于率众"大破灭东胡王",然后又"西击走月氏,南并楼烦、白羊河南王"。占据了蒙古东部、鄂尔多斯及河西走廊地区,达到"控弦之士三十余万"。第二次也是在楚汉之际,通过北伐"浑庾(窳)、屈射、丁零、鬲昆、薪犁"五国。[3],遂占据蒙古高原西、北部及外贝加尔的广大区域。第三次是在汉文帝六年(公元前174年),匈奴右贤王西击月氏东归途中,又征服了"楼兰、[4]乌

---

〔1〕赵武灵王十九年(公元前307年)胡服骑射时期,匈奴还不强大。《史记·赵世家》载赵国谋臣楼缓曰:"今中山在我腹心,北有燕,东有胡(东胡),西有林胡、楼烦、秦、韩之边……"其中并未提及匈奴。在赵惠文王至孝成王时期,匈奴逐渐强大,成为赵国北方主要的边患。《史记·廉颇蔺相如列传》中记载赵将李牧大破匈奴"十余万骑"。因此,陈勇认为匈奴部落联盟可能形成于"赵武灵王二十四年(公元前302年)到赵孝成王十年(公元前256年)的近四十年间",是很有道理的(陈勇:《〈史记〉所见"胡"与"匈奴"称谓考》,载《民族研究》2005年6期,第64页)。

〔2〕匈奴在阴山以南的统治并不持久,先后与赵、秦在交替控制鄂尔多斯地区。在赵孝成王二十年(公元前246年),也就是赵将李牧被调回朝中以后,匈奴趁赵国虚弱又入侵"河南地"。直到秦始皇三十三年(公元前214年),蒙恬率三十万众北伐戎狄、筑长城,"威震匈奴",才再次夺回这一地区。据马长寿先生的考证,当时匈奴单于头曼的统治中心(即所谓"头曼城")设在今内蒙古稒阳县城以北(马长寿:《北狄与匈奴》,第23页)。又据《资治通鉴》卷197《唐纪十三》载"夫龙沙以北,部落无算"。胡三省注曰"匈奴庭谓之龙城,无常处,故沙幕因谓之龙沙"。

〔3〕此五国文献记载不详,一般认为他们原居漠北鄂尔浑河、色楞格河一带(内田吟风:《〈史记·匈奴传〉等注》,第23页,注29)下文已结合考古学资料考证出,屈射是阿尔泰山北麓巴泽雷克文化、丁零及米努辛斯克盆地的塔加尔文化、坚昆是叶尼塞河上游图瓦地区的乌尤克文化及其后继的楚尔梅克文化。

〔4〕汉昭帝元凤年间更名"鄯善国",在今孔雀河下游及罗布泊一带。王治扜泥城的位置学界意见不一:有认为在罗布泊西北楼兰遗址,有认为在罗布泊西南今若羌县治西南的且尔都克古城(黄文弼:《新疆考古发掘报告(1957—1958)》,北京:文物出版社,1983年,第48-53页;孟凡人:《论鄯善国都的方位》,载《亚洲文明》第2集,合肥:安徽教育出版社,1992年,第94-115页;余太山:《两汉魏晋南北朝正史西域传研究》,北京:中华书局,2003年,第202-203页)。还有认为楼兰国始都楼兰城,元凤四年(公元前77年)迁至鄯善河(若羌县车尔臣河),更名鄯善国(林梅村:《楼兰国始都考》,收入《汉唐西域与中国文明》,北京:文物出版社,1988年,第279-289页)。

孙、[1]呼揭[2]及其旁二十六国[3]”。并派西部日逐王在焉耆、[4]危须[5]和尉犁[6](库尔勒)间置僮仆都尉。自此,匈奴的势力范围向西的扩张到了塔里木盆地及天山南北地区,向西北达到伊犁河流域及阿尔泰山地区。据《史记·匈奴列传》记载,这时的匈奴“诸左方王将居东方,直上谷以往者,东接秽貉、朝鲜;右方王将居西方,直上郡以西,接月氏、氐、羌;而单于之庭,直代、[7]云中[8]”。此时的匈奴盛极一时,除了阴山以北的王庭外,在漠北也设有王庭,其位置大约在今蒙古国鄂尔浑河一带。[9]

西汉中期,汉武帝元朔六年至元狩四年(公元前123—119年),汉

---

〔1〕汉时乌孙的活动范围约在伊犁河、楚河一带,王治赤谷城在伊塞克湖东南(余太山:《两汉魏晋南北朝正史西域传研究》,第228页)。

〔2〕即《汉书·西域传》中所谓的呼得国,一般认为在阿尔泰山南麓(余太山:《两汉魏晋南北朝正史西域传研究》,第244页)。

〔3〕“二十六国”可能为“三十六国”之误,是泛指西域诸国而不是特指(余太山:《两汉魏晋南北朝正史西域传研究》,第96页)。

〔4〕焉耆国王治员渠城,多数学者认为其地望在今新疆焉耆县城西南的博格达沁古城(陈戈:《焉耆尉犁危须都城考》,《西北史地》1985年2期,第22-31页;余太山:《两汉魏晋南北朝正史西域传研究》,第236页)。

〔5〕危须国王治危须城,许多学者认为其地望在今新疆库尔勒和硕县曲惠乡西北的曲惠古城(陈戈:《焉耆尉犁危须都城考》,第22-31页;余太山:《两汉魏晋南北朝史西域传研究》,第236页)。

〔6〕尉犁国王治尉犁城,一般认为在今新疆库尔勒县城南6公里处的夏渴兰旦古城(陈戈:《焉耆尉犁危须都城考》,第22-31页;余太山:《两汉魏晋南北朝正史西域传研究》,第239页)。

〔7〕今河北蔚县东北(魏嵩山主编:《中国历史地名大辞典》,广州:广东教育出版社,1995年,第292页,“代郡”条)。

〔8〕今内蒙古托克托县东北(魏嵩山:《中国历史地名大辞典》,第103页,“云中郡”条)。

〔9〕马长寿先生认为匈奴王庭具体位置在蹛林水(塔米尔河)以东的安习水(鄂尔浑河)一带,即今蒙古国硕柴达木湖附近(马长寿:《北狄与匈奴》,第23-24页),内田吟风认为在哈拉和林附近(内田吟风:《〈史记·匈奴传〉笺注》,第23页,注25),两者基本吻合。

以大军数次北击匈奴，从此匈奴撤销了漠南王庭，据守漠北。[1]

西汉后期，汉宣帝五凤二年（公元前56年），漠北匈奴出现“五单于争立”的局面。甘露三年（公元前51年），呼韩邪单于来朝称臣，在河套以北光禄塞[2]下置王庭。此后又有多批匈奴南下归附汉朝，漠南匈奴又逐渐增多。同年郅支单于北击呼揭、丁零、坚昆，并留都坚昆，此后又在元帝初元五年（公元前44年）西奔康居，[3]于都赖水旁筑城建都，[4]在中亚西部进行了4年左右的短暂统治。[5]

东汉前期，光武帝建武二十四年（公元48年），匈奴始分南北，呼韩邪单于朝汉称臣。[6] 自此东汉遂把河北怀来县至甘肃陇东县的长城沿线各郡交予南匈奴驻牧、守卫。公元76—91年，北匈奴在汉、丁零、鲜卑、乌桓以及西域的不断打击下，其龙庭从鄂尔浑河逐渐向西迁徙，过金微山（阿尔泰山）至康居。此后不复见于汉文典籍。

---

〔1〕米尼亚耶夫认为汉武帝元朔六年（公元前123年）匈奴在卫青、霍去病重创下主体北移，而之前的外贝加尔地区不应有匈奴（С. С. Миняев, Л. М. Сахаровская, Дырестуйский Могильник, Санкт－Петербург, 1998, －С. 70－83）。潘玲女士从伊沃尔加城址、墓地考古学资料入手，有力地反驳了这一观点。她认为公元前123年是匈奴统治中心北移，而在此之前，匈奴已通过北伐早已占据了漠北至外贝加尔的广阔区域（潘玲：《伊沃尔加城址和墓地及相关匈奴考古问题研究》，第64页）。在此，我们比较赞同马长寿先生的看法，匈奴冒顿单于在伐四方之后，就已经将统治中心北移鄂尔浑河了。因为《后汉书》卷23，《窦宪列传》载，东汉和帝永元元年（公元前89年）窦宪统领汉、南匈奴、羌胡兵共击北匈奴的时候，班固在《封燕然山铭》中写道：“遂逾涿邪，跨安侯，乘燕然，蹑冒顿之区落，焚老上之龙庭。”张铣注：“区落，部落也。”这里需要补充说明一点，据《汉书·匈奴列传》应侯曰：“臣闻北边塞至辽东，外有阴山，东西千余里，草木茂盛，多禽兽，本冒顿单于依阻其中，治作弓矢，来出为寇，是其苑囿也。”冒顿单于在北伐之后，在漠南阴山以北仍留有王庭。其实设南、北两庭两个行政管理机构在游牧部族中十分常见。这与他们逐水草迁徙的生活习俗有关。不仅单于设南、北龙庭，就连其下属的诸侯王也可能设多个庭。因此，有南北两庭并不矛盾，也不能说明匈奴统治中心的转移。只是霍去病北击匈奴之后，匈奴被迫取消了漠南的统治机构，才出现了“漠南无王庭”的局面。

〔2〕内蒙古固阳县北（马长寿：《北狄与匈奴》，第33页）。

〔3〕康居国主要位于锡尔河北岸，一度领有泽拉夫善河流域（余太山：《两汉魏晋南北朝正史西域传研究》，第239页）。

〔4〕都赖水即中亚哈萨克斯坦塔拉斯（Talas）河，该城在今江布尔城［冯承钧：《西域地名》（增订版），北京：中华书局，1982年，第92页，“Talas”条］。

〔5〕建昭三年（公元前36年）冬，郅支单于为西域都骑护都尉甘延寿、副校尉陈汤诛杀。从此匈奴失去了对中亚西部的控制。

〔6〕此呼韩邪单于为甘露三年来汉朝称臣的呼韩邪单于之孙，亦称“醢落尸逐鞮单于”（公元48—56年在位）。

根据上述文献分析,匈奴在西汉初期就已经占据了以蒙古高原为主,北起外贝加尔地区,南抵长城沿线,西至阿尔泰山,东达大兴安岭的广阔区域;东汉中期以前匈奴部落联盟活动的中心区域,是在以匈奴单于王庭所在的安侯水(鄂尔浑河)流域为中心,燕山然(杭爱山)以北、郅居水(色楞格河)以西、弓卢水(克鲁伦河)以东、北海(贝加尔湖)以南地区。理论上讲,这里应是匈奴政治、经济与文化的中心,典型的匈奴考古学文化应首先从这一区域去寻找。

2.2 自然地理概况

两汉时期匈奴民族集中活动的区域——蒙古高原,地处亚洲大陆东部,远离海洋,其自然地理构成一个相对封闭、独立的单元。该地区四面环山,东界大兴安岭,南界阴山、贺兰山,西接阿尔泰山,北接萨彦岭、肯特山和雅布罗诺夫山脉。正如陈序经先生所说,蒙古高原是高原中的一个大盆地。[1]

蒙古高原地势高亢,平均海拔1580米,海拔1000米以上的地区占蒙古国全境81.2%。蒙古从地形上分为四大自然地理区域:

2.2.1 西部阿尔泰山区

蒙古高原西北部的阿尔泰山最高,平均海拔在4000米以上。阿尔泰山向东南蜿蜒1500公里,逐渐降低,形成沙漠草原景观的戈壁阿尔泰。山地间形成以哈腊乌斯湖、哈腊湖、吉尔吉斯湖和乌布苏诺尔湖等为中心的内陆大湖盆地。科布多河、扎布汗河、特斯河等内陆河注入其中,山间谷地水草茂盛,适宜放牧。

2.2.2 北部杭爱—肯特山区

萨彦岭自西向东横亘蒙古高原北部,延长为杭爱山。它与东北部的肯特山一起隆起在蒙古高原北半部。这一区域地势比阿尔泰山区略低,平均海拔约3000米。蒙古高原最大的几条河流就发源于这些山区:西北部的色楞格河、鄂尔浑河发源于杭爱山北麓,均流向东北,在俄

〔1〕陈序经:《匈奴史稿》,北京:中国人民大学出版社,2007年,第63页。

蒙边境南侧的苏赫巴托尔汇合后,向北注入贝加尔湖;东北部的鄂嫩河、克鲁伦河发源于肯特山,向东注入黑龙江。该区域北部覆盖着泰加群落,森林茂密,南部的山间谷地水草肥美,是蒙古高原最好的天然牧场。

2.2.3 东部平原区

蒙古高原东部为丘陵和平原,地势平坦,海拔高度在1000~1800米之间,广布大片草原,也是优质的天然牧场。

2.2.4 南部戈壁区

蒙古高原南部地势低平,海拔约1000米,覆盖着40万平方公里的戈壁沙漠。这片区域缺水少雨、满布沙土,生活和交通极为不便。在汉代被称为"瀚海"、"幕"、"沙幕",是匈奴防御汉王朝的一道天然屏障。[1]

蒙古高原地形属高纬度、高原山区,气候属极端温带大陆性荒漠草原气候。冬季长而严寒,夏季短而酷热,气温变化剧烈,降水稀少。年平均气温为-2.7℃,其中大部地区为-6.6℃~3.9℃,1月平均气温介于-15℃~-35℃之间,7月则在10℃~25℃之间。全国极端最低和最高气温分别达-50℃和40℃,年较差一般在35℃~50℃,最大可达90℃。年降水量平均只有200毫米,主要集中在夏季。霜冻期长,约从每年11月持续至来年4月,全年日照充足,生长期只有100天。[2]特殊的地理环境、气候条件使蒙古高原更适宜游牧或半游牧方式的畜牧业。

2.3 匈奴墓葬分区

根据以往考古调查与发掘的匈奴墓葬的分布情况,同时结合上述自然地理和汉文典籍的相关记载,我们可将匈奴及其相关遗存划分为

[1]陈序经:《匈奴史稿》,第63页。

[2]孟春舫:《蒙古》,载《中国大百科全书·世界地理卷》,北京/上海:中国大百科全书出版社,1986年,第426-428页。

以下几个大区(见图 2－1):

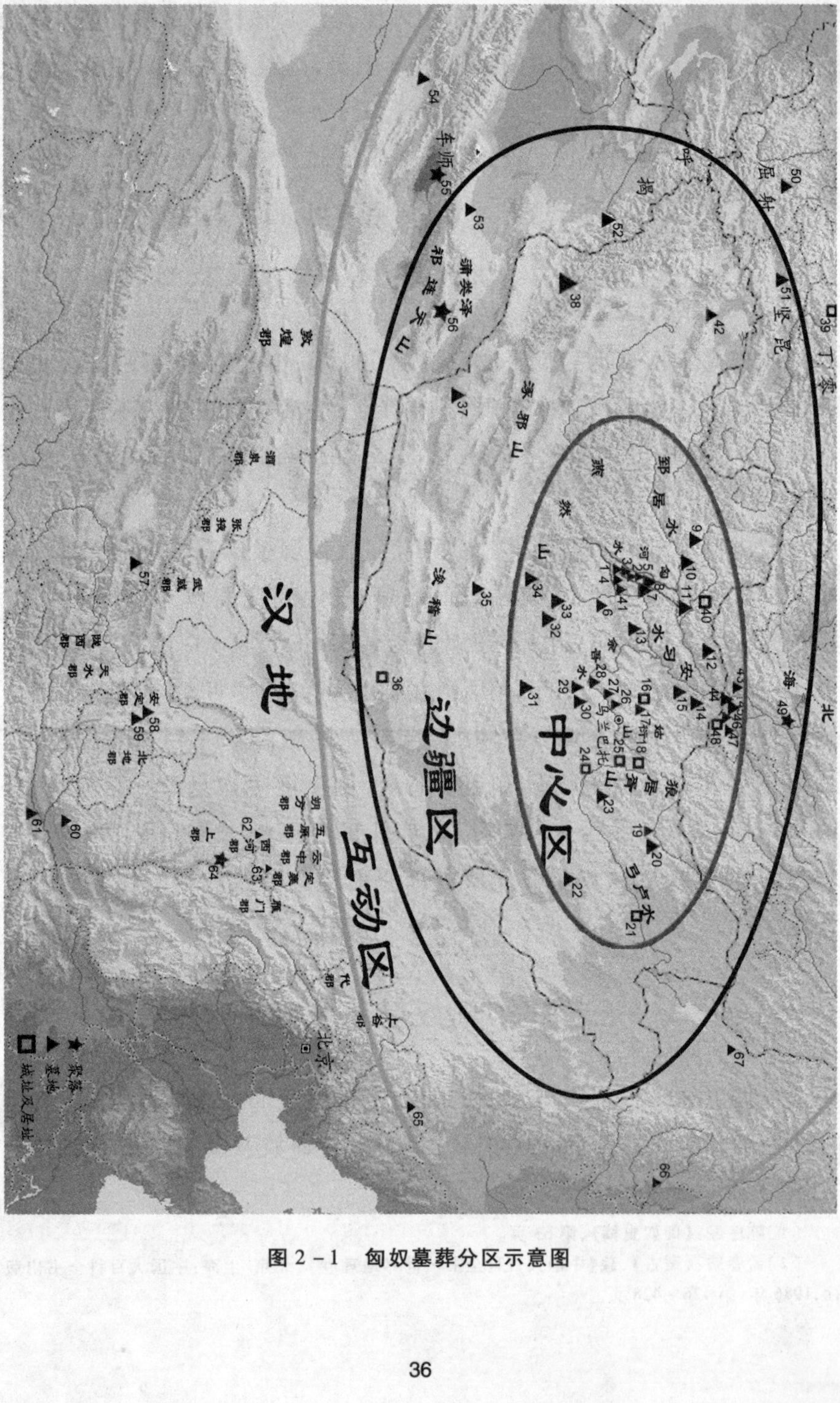

图 2－1　匈奴墓葬分区示意图

2.3.1　中心区

两汉时期的匈奴墓葬集中分布在杭爱山以北，色楞格河下游支流吉达河、奇科伊河以南，巴彦山克鲁伦河中游以西，萨彦岭伊德尔河以东地区，这与文献记载匈奴民族主体及其统治中心的分布范围基本吻合。这一区域内分布着从大到小多个等级的墓地。高等级墓地以呼尼河的高勒·毛德 I 号、II 号墓地，诺彦山的诺彦乌拉墓地，鄂嫩河中游的德尔利格墓地，外贝加尔地区的伊里莫瓦墓地，查拉姆墓地等；中低等级墓地包括德列斯图伊墓地，胡德金·托勒郭依墓地，包尔布拉格墓地，额吉河流域诸墓地，塔米尔墓地等等。

2.3.2　边疆区

指匈奴中心区以外匈奴人长期控制、活动的地区。最北部抵达贝加尔湖，以伊沃尔加城址及墓地为代表；西达萨彦岭和阿尔泰山，以科布多省的塔希特墓地、图瓦地区的楚尔梅克文化考里克墓地、白达格 II 号墓地为代表，此外还包括昌德曼山的乌兰固木墓地；西南到天山南北地区，以东天山地区的巴里坤东黑沟（石人子沟）遗址为代表，此外还包括和静县察吾呼沟口三号墓地。南部抵达阴山、贺兰山；东部抵达大兴安岭。

两汉期间，汉匈对西域的争夺十分激烈。《汉书·匈奴传》、《西域传》记载武帝征和元年（公元前 92 年），匈奴狐鹿姑单于以先贤掸为日逐王，日逐王设置僮仆都尉，“使领西域，常居焉耆、危须、尉犁间，赋税诸国，取富给焉。”[1]可见，当时匈奴已控制了天山以北以及塔里木盆地诸国。宣帝神爵二年（公元前 60 年），“日逐王……率其众数万骑归汉”。[2] 僮仆都尉从此罢黜，匈奴遂失去了对塔里木盆地北缘（即西域北道）的控制。总体来看，两汉期间匈奴长期控制着天山以北地区。

《史记》、《汉书》以及《盐铁论》等汉代文献，称天山为“祁连山”、“祁连天山”。匈奴语称天为“祁连”。祁连是音译、天山是意译。颜师

---

〔1〕《汉书·匈奴传》、《汉书·西域传》。

〔2〕《汉书·匈奴传》。

古注曰："祁连山即天山也，匈奴呼天为祁连。祁连音上夷反。"[1]据多位学者的考证，汉代祁连山大致在今天的东天山地区。[2]该地区在匈奴冒顿单于时期被匈奴占据，属匈奴右部诸王将统辖。曾在此盘踞、驻牧的有酋涂王、右贤王、呼衍王、东蒲类王等。

"元狩二年（公元前121年），……其夏，……骠骑将军逾居延，遂过小月氏，攻祁连山，得酋涂王，……"[3]

"天汉二年秋（公元前99年），贰师将军广利以三万骑击匈奴右贤王于祁连天山，……"[4]

汉明帝永平十六年（公元73年），"（窦）固、（耿）忠至天山，击呼衍王，斩首千余级。呼衍王走，追至蒲类海。留吏士屯伊吾卢城"。

"惟汉永和二年（公元137年）八月，敦煌太守云中裴岑将郡兵三千人，诛呼衍王等。"[5]

"至元帝时，复置戊己校尉，屯田车师前王庭。是时匈奴东蒲类王兹力支将人众千七百余人降都护，……"[6]

贝加尔湖在汉代称"北海"，这里原系丁零民族的领地。在冒顿单于北伐后占据此地。武帝时期，匈奴且鞮侯单于曾封卫律为丁零

---

〔1〕《汉书·霍去病传》颜师古注。据林梅村先生考证，祁连一词源于吐火罗语，后被匈奴沿用（林梅村：《祁连与昆仑》，收入《汉唐西域与中国文明》，北京：文物出版社，1998年，第64－69页）。

〔2〕关于"祁连"的位置，学界一直存在很大争议。陈世良、余太山、林梅村、王建新等多位先生就此做过讨论（陈世良：《乌孙原住地辨正》，《新疆历史研究》1987年1期；《浑邪考》，载《新疆大学学报》1989年2期；余太山：《乌孙考》，载《西北史地》1988年1期；《夏和大月氏综考》，《中亚学刊》第三辑，北京：中华书局，1990年，第14－46页；林梅村：《祁连与昆仑》，第64－69页；王建新：《中国西北草原地区古代游牧民族文化研究的新进展——古代月氏文化的考古学探索》，载《周秦汉唐文化研究》第三辑，西安：三秦出版社，2004年，第237－253页）。笔者亦赞同"祁连山即东天山说"的观点。

〔3〕《史记·卫将军骠骑列传》。

〔4〕《史记·李将军列传》。此事也载于《史记·匈奴列传》："其明年（天汉二年），汉使贰师将军广利以三万骑出酒泉，击右贤王于天山，得胡首虏万余级而还。"

〔5〕《裴岑记功碑》，清徐松著，朱玉麒整理：《西域水道记》，中华书局，2005年。此碑发现于清雍正七年（1725）的新疆哈密巴里坤县。

〔6〕《汉书·西域传》。据林幹先生考证，东蒲类王归降后，驻牧地移至准格尔盆地西南部（林幹：《匈奴诸王驻牧地考》，收入《匈奴史论文选集（1919—1979）》，北京：中华书局，1983年，第97页）。

王。[1] 此外於王也曾在此驻牧。《汉书·苏武传》载："单于弟於王弋海上,……赐武马畜服匿穹庐。"

2.3.3 互动区

指匈奴边疆区以外,在一定时段内受匈奴辖制,但在文化上相对独立,并未与匈奴民族发生大规模融合的地区。互动区内的考古学文化仅包含一定的匈奴文化因素,其文化主体与匈奴有质的不同,族属也不同。互动区与边疆区的边界随着匈奴势力的强弱变化在不同时期有很大的摆动。

互动区北部包括叶尼塞河中游米努辛斯克盆地及其附近的丁零人遗存、西部包括阿尔泰山北麓的屈射人遗存、西南部包括西域车师等部族遗存、南部包括河西走廊的一些羌戎系部族遗存、东部包括长城以北的部分鲜卑、乌桓等东胡系部族遗存。这些民族多是在楚汉之际到西汉早期匈奴兴起、强盛时被纳入匈奴部落联盟的。西汉中期武帝多次派兵打击匈奴后,匈奴势力逐渐衰弱,其对这些部族的控制也逐渐减弱。

2.3.4 汉地

指归降汉王朝、居住在汉王朝境内的匈奴人的遗存,主要分布在长城沿线。西汉中期汉武帝多次打击匈奴,自此有多批匈奴氏族首领率众南下归降汉朝。南归后汉朝将他们按原部落分别安置在北方诸郡县,并派遣"属国都尉"等头衔的汉朝官吏前去管理。他们在当时作为"内属"的"保塞蛮夷",主要职责是为汉朝捍御北边。汉朝则给予他们优惠的待遇,常免除他们的赋税。[2] 这些南迁的匈奴人与汉朝迁往北方诸郡县戍边的士兵、普通汉地居民长期混居一处,同时又受到汉朝官吏管理,逐渐地接受了汉朝的礼仪、文化。

从西汉后期宣帝时期呼韩邪单于设王庭于漠南,自愿成为汉朝"保塞外蛮夷"开始,南降的匈奴部族数量增大,批次越来越多。大规模的匈奴人内附是在东汉前期,以南匈奴降汉为标志。汉朝把河北怀

〔1〕《汉书·李陵传》载:"单于壮陵,以女妻之,立为右校王,卫律为丁灵王,皆贵用事。"
〔2〕余英时:《汉代贸易与扩张》,第64－78页。

来县至甘肃陇东县的长城沿线各郡交予南匈奴守卫、驻牧。以前归降的北匈奴人经过半个多世纪的汉化,在葬俗方面也发生了很大改变。归降汉地不久的匈奴移民在很大程度上保留了漠北匈奴葬仪的特征,久居汉地的匈奴人汉化程度较深,更多地吸收了汉地葬仪的特征。

3　匈奴中心区域墓葬分区与分期

汉文献大致记载了匈奴各个时期的活动范围。其中心区域应最能体现纯正、典型的匈奴考古学文化面貌。因此我们可以首先对这一区域匈奴时期物质遗存的特征、年代进行逐一梳理,归纳匈奴考古学文化的典型特征,建立典型匈奴考古学文化的时空发展序列。上文我们已说明,匈奴中心区的范围在杭爱山以北、色楞格河下游支流吉达河、奇科伊河以南、巴彦山克鲁伦河中游以西、萨彦岭伊德尔河以东地区。结合自然地理区划和遗存集中分布的情况,我们又可以将它们分为以下四个亚区(见图3-1):

(1)中心西区。以呼尼河为中心的德色楞格河及鄂尔浑河中上游地区。指杭爱山以北、以东、东萨彦岭以南、鄂尔浑河中游支流土拉河以西区域。包括当今蒙古国后杭爱省、布尔汗省、库苏古尔省全境,巴彦洪戈尔省与前杭爱省的北部及扎布汗省东部。

(2)中心中区。以诺彦山为中心的土拉河流域。指达尔汗山以南、鄂尔浑河以东、肯特山以西区域。包括当今蒙古国中央省全境、达尔汗山省及色楞格省中、南部、中戈壁省北部。

(3)中心东区。以鄂嫩河中游为中心的地区。指肯特山以东、巴彦山及克鲁伦河中游以西区域。包括当今蒙古国肯特省大部、东方省西部、苏赫巴托尔省及东戈壁省北部。

(4)中心北区。以鄂尔浑河及色楞格河下游地区。指达尔汗山以北、色楞格河下游支流吉达河以及奇科伊河下游周缘以南区域。包括当今蒙古国色楞格省及达尔汗山省北部、俄罗斯布里亚特共和国南部。

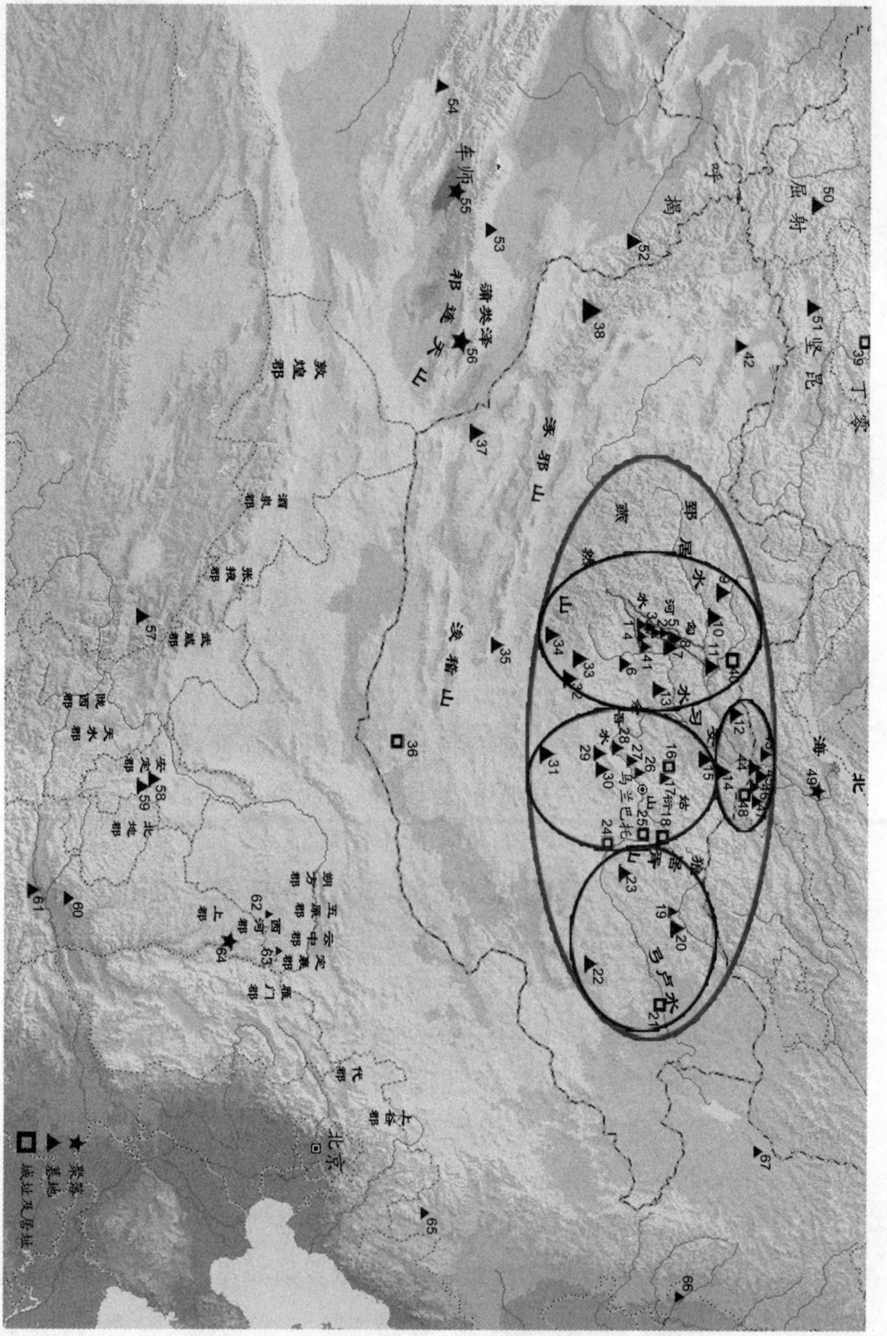

图 3－1　匈奴中心区墓葬分区示意图

3.1　色楞格河及鄂尔浑河中上游地区(中心西区)

代表性墓地是呼尼河流域的高勒·毛德I号(Gol Mod I)墓地、高勒·毛德II号(Gol Mod II)墓地,塔米尔河流域的胡德金·托勒郭依(Hudgiin Tolgoi)墓地、塔米尔(Tamir)墓地,额吉河流域的布尔汗·托勒郭依墓地。

3.1.1　高勒·毛德I号(Gol Mod I)墓地

3.1.1.1　调查与发掘

高勒·毛德I号墓位于乌兰巴托以西400公里,后杭爱省北部车车尔勒格(Tsetserleg)地区以北100公里、首府海尔汗(Khairhan)市西北30公里处。呼尼河是色楞格河干流之一,1956—1957年间,蒙古考古学家道尔吉苏荣(Ц. Доржсүрэн)带领的考察队在这里调查发现了300多座被认为是匈奴时期的墓葬,其中的高勒·毛德墓地就位于呼尼河右岸的高勒·毛德(Гол·мод)山谷内。

道尔吉苏荣发掘了26座墓葬,并绘制了草图。其中包括规模最大的M1。他们发掘至8米深时因墓坑坍塌而放弃。自2000年起,蒙古科学院考古研究所与法国集美国家博物馆(Le musée national des Arts asiatiques - Guimet)合作启动了一项新的考察项目,将工作重心从额吉河转向高勒·毛德墓地,并调查发现了该墓地共有316座墓葬。2001—2004年,集中发掘了M1、M20、M79等3座带墓道的"甲"字形墓葬以及I区内其他13座圆形石堆墓,共16座墓葬。目前这项工作还在进行当中。[1] 2001 年美国与蒙古的联合考察队在高勒·毛德山谷西部又发现了另一处大型墓地,命名为高勒·毛德 II 号墓地,而将先前法蒙考察队发掘的墓地改称为高勒·毛德 I 号墓地。

3.1.1.2 墓地布局及自然环境

高勒·毛德 I 号墓地位于呼尼河右岸、高勒·毛德河谷南部与纳林河(Nariin Gol)北部的山前缓坡上。墓地范围共 400 公顷,平均海拔在 1490~1570(1480~1570)米之间,北面、东面、南面被群山环抱,最高处海拔为 1800(2208)米;西部较低,最低处海拔 1425 米,距呼尼河 3~4 公里。[2] 墓地分布在一个东北—西南向的沙丘上。根据自然地理特征,法国学者罗德安(Frabrice Laudrin)与安纬(Guilhem André)将这片墓地分为 6 区。墓地的 316 座墓葬中,一半以上集中(169 座)在西北部的 I 区、II 区,两区之间以一条南北向小路为界。其中,I 区内集中了 102 座墓葬(M1 - M102);中北部 II 区,有 64 座墓葬(M200 - M263);东北部 III 区有 20 座墓葬(M300 - M319);西南部 VI 区(原报告误作西北)有 28 座墓葬(M501 - M527);中南部 IV 区有 100 座墓葬(M400 - M500),东南部 V 区有 3 座墓葬(M400 - M402)。墓地中心海拔 1500 米处有一片落叶松和桦树组成的林带,覆盖着许多墓葬。据学者们分析,这片自然林带在墓葬埋葬前就已经存在,而非为墓地专门种植。林带具有了减弱风力、阻挡沙丘移动、预防沙漠化的作用。在墓葬

[1]高勒·毛德 I 号墓地的阶段性调查、发掘成果已用法文或蒙文发表:《高勒·毛德:蒙古国 2000—2001 年的新发现》、《蒙古:第一个草原帝国》、《蒙古,后杭爱省的匈奴》、《高勒·毛德匈奴墓地部分墓葬的调查》(Mission archéologique française en Mongolie, *Gol Mod: Nouvelles découvertes en Mongolie* 2000—2001/*Gol Mod*. Paris, 2002; Mission archéologique française en Mongolie, *Mongolie: Le premier empire des steppes*. Arles: Actes sud, 2003; Mission archéologique française en Mongolie, *Mongolie, les Xiongnu de L'Arkhangaï*. Oulan - Bator, 2007; Ц. Доржсүрэн, Гол Модны Хүннү булшны судалгааны зарим үр дүн // Археологийн Судлол. Ⅱ(Ⅻ). - Улаанъаатар, 2004. - С. 76 - 117)。其中前三部都不能算作严格意义上的考古学报告。这些资料散布在研究者的各篇专题论文当中,并未完全刊布。所提供的墓地分布图中未标出墓号,墓葬平面图、墓室平面、剖面图也少且不规范,并且不同年份资料之间数据值不统一的情况也有多处。第四部是由蒙古科学院考古研究所发表,资料详实,参考价值很高。

[2]这些数据在两篇论文中有很大出入,括号前的数据是根据 2003 年罗德安与安纬撰写的"Topographie et Cartographe"(《地理分布》)一节内容;括号内的数据是根据 2007 年戴浩石(Jean - Paul Desroches)撰写的"Gol Mod et Son Mileu"(《高勒·毛德及其环境》)一文内容。

集中的地方,尤其一些大型墓葬的周围,都环绕着松林。墓地内植被繁茂,墓地以外,则覆盖着黄沙。这说明在匈奴时期,人们就已经认识到落叶松有防风固沙的作用,最初的设计者将墓地安置在松林茂盛、灌木丛生的地方,是出于保护墓葬地面建筑的考虑(见图 3－2、3－3)。

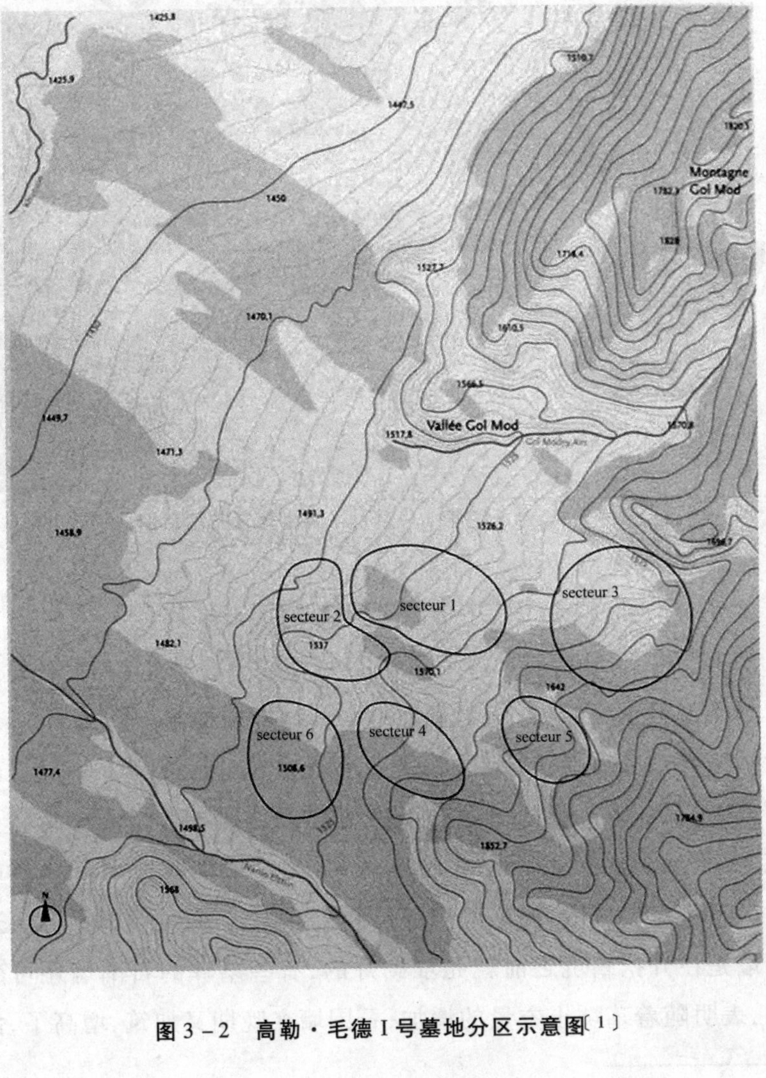

图 3－2　高勒·毛德Ⅰ号墓地分区示意图[1]

---

[1]Mission archéologique française en Mongolie, Mongolie: Le premier empire des steppes, p93.

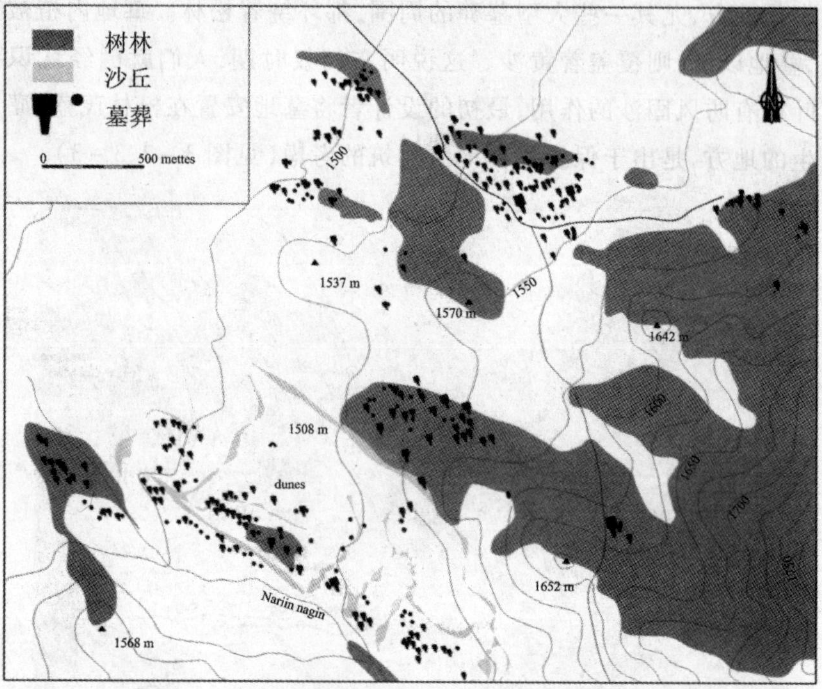

图 3-3　高勒·毛德 I 号墓地 I 区墓葬分布示意图[1]

3.1.1.3　墓葬形制

主要有两种:(1)"甲"字形墓葬;(2)圆形石堆墓。[2]

(1)"甲"字形墓葬

这类墓葬规模最大,位于墓地中心。封堆平面呈"甲"字形。规模最大的墓葬地表有四边形封堆,呈方形或梯形。封堆高 1~3 米,南北长平均 15~20 米。规模最大的 M1,南北长达到 35 米;而在高勒·毛德 II 号墓地,最大的墓葬南北长度为 47 米。封堆四边用自然石或加工过的石块垒砌成围墙,中间堆筑以沙土、碎石。封堆顶部平齐。这种石围墙是在开挖墓坑之前就先堆砌好的,有些墓葬的石围墙还可分为多层,表明随着墓坑土方量的增加,石围墙在晚期又加筑、增高了,但是

---

〔1〕Mission archéologique française en Mongolie, Mongolie, Les Xiongnu de L'Arkhangaï, p49.

〔2〕道尔吉苏荣称前一种为"大型墓葬"或"贵族墓葬"、称后一种为"普通墓"(〔蒙〕道尔吉苏荣著,陈弘法译:《呼尼河畔诺音乌拉山匈奴墓发掘记(1954—1957)》,载《文物考古参考资料》1979 年第 1 期,第 10-15 页)。

严重的盗掘破坏了许多大型墓葬的石围墙。从保存稍好的 M92 来看，其北侧石围墙上还有一排间隔树立的大型立石，M20 的石围墙四角也有巨大的立石。封堆南侧有梯形或长方形坡道，坡道北端与封堆同高，较宽，向南逐渐降低，变窄，末端接古地表。坡东、西、南三面也筑石围墙，与封堆石围墙相接。坡道长度因封堆规模而有变化，其中 M1 的坡道最长，达到 35 米。在封堆及坡道内中轴线上，有一道南北向石隔墙，同时还有多道平行的东西向石隔墙与之相交。隔墙之间填充沙土、碎石、原木。这些石隔墙在封堆和坡道内交织在一起的骨架，与外部的石围墙一起，将中间填充的沙土、碎石分隔成多个方格，使封堆更加稳固（见图 3－4，1～3）。封堆中轴线的方向在 352 ±23°之间，据法国学者马概（Jérôme Magail）的研究，这个角度与北斗星偏角相符，从而推测当时的匈奴人是根据大熊星座的方向来确定南北的。[1] 封堆正下方是斗形竖穴墓坑，深度在 10 米以上，已发掘 M1 墓坑最深，达 17 米。坡道下方是斜坡墓道。墓道上部与坡道等宽，下部变窄。墓道连接墓室的一端高出墓室底部数米，没有墓门、甬道。这表明其下葬方式都是从墓口上部悬吊下棺，也就是所谓的“悬封”式。

墓坑内椁室上方的填土中流行随葬车马器，这些车马器在下葬时经过不同程度的人为损坏。其中 M20 在两层内各随葬一辆马车的部分组件（见图 3－4，1～2）。

此类墓葬中规模较小的墓葬地面没有显著封堆与坡道，而是用石块围砌出“甲”字形石围，象征墓坑、墓道的形状，比如 M4、M8、M23、M25。

（2）圆形石堆墓

地表都有圆形石封堆，南北向长方形竖穴土坑开口于石堆正下方。这类墓葬规模明显小于“甲”字形大墓，属中小型墓葬，在上述额吉河流域十分普遍。根据它们在墓地中的位置及其与其他墓葬邻近的关系可分为两种：

---

〔1〕Mission archéologique française en Mongolie, Mongolie: Le premier empire des steppes, pp. 183－210.

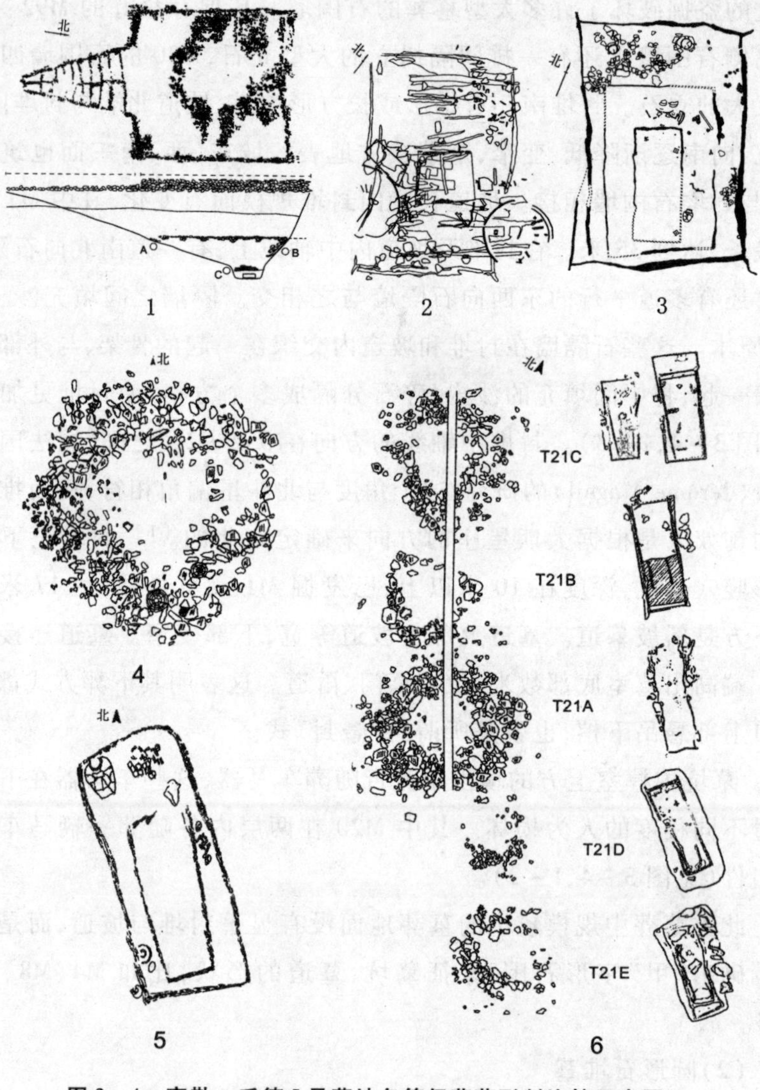

图3－4　高勒·毛德Ⅰ号墓地各等级墓葬形制比较示意图

1. M20 封堆及墓坑（A. 1 号车组件；B. 马骨；C. 2 号车组件）；2. M20 的 2 号车平面；3. M20 墓室平面；4. M75 封堆；5. M75 墓室平面；6. M21 从葬墓封堆及墓室平面

①从葬墓。均为圆形石堆墓，分为两类：一类成列分布于“甲”字形大墓的东、西两侧，少数在北侧。它们的石堆直径平均 4～5 米，墓坑深约 1.5～2 米。在高勒·毛德 II 号墓地，有一座从葬墓坑深度可达 6

米。同一座大墓的从葬墓规模也有差异，靠北部的陪葬墓封堆较大，墓坑较深、随葬品较丰富，级别较高，越靠南的墓葬规模逐渐减小，级别逐次降低。例如 M21 西侧 5 座陪葬墓中，最北部的 M21C，墓坑深 2.9 米，同穴合葬两人均使用 1 重木椁和 1 重木棺，其中一具木棺表面绘黑红相间的凤鸟、云气纹；其南侧 4 座从葬墓都只有 1 重简陋的薄木棺。最南部的 M21E，墓坑仅有 1.65 米深（图 3－4,6）。另一类从葬墓也分布"甲"字形墓葬封堆周缘，但不与第一类从葬墓同列分布，规模也明显较大。比如 M1 北侧 M74、M75 封堆规模都在 10 米左右，也都有 1 重木棺 1 重木椁，其中 M74 棺面还装饰长条形及四瓣花形铁制饰件组成的菱格网状棺饰，规格显然比第一类从葬墓高。据下文考察，我们将第一类从葬墓称为普通从葬墓，将第二类称为贵族从葬墓（图 3－5,4～5）。[1]

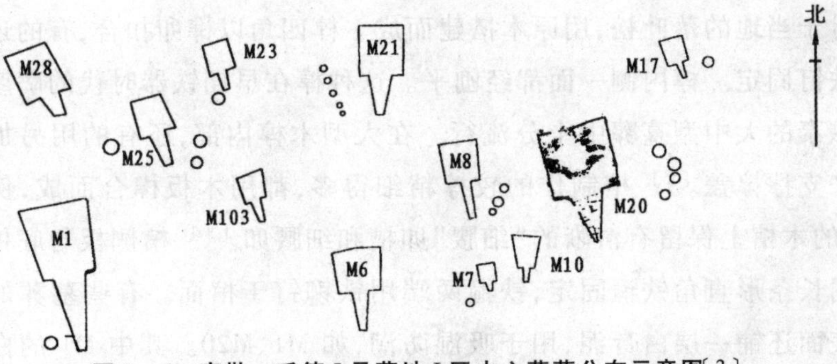

图 3－5　高勒·毛德 I 号墓地 I 区中心墓葬分布示意图[2]

②独立圆形石堆墓。这类墓葬距离"甲"字形大墓较远，在从葬墓之外，具体位置不固定，级别高低不等。封堆直径 6～30 米，深约 1.5～3 米，级别高者有 1 重木椁、1 重木棺，棺面装饰四瓣花形、条形金箔片组成的网状棺饰，牺牲数量大、随葬品丰富。

此外，发掘者怀疑墓地中还存在一类地表没有明显的石围墙或石堆、而可能有某种木制篱笆一类墓上建筑的墓葬。这种木制墓上建筑

[1]贵种墓葬的定名详见本书第 6 章讨论。

[2]安纬，奚芷芳：《蒙古匈奴贵族墓地初步研究》，第 74 页，图三。

因常年朽蚀而难以辨认,比如M19。[1]

3.1.1.4 葬俗及葬具

已发掘的11座墓葬中的尸体,均呈头朝北的仰身直肢葬。

(1)年龄。"甲"字形大墓墓主人的年龄不等,例如M79里,埋葬的是一位1.58米高,50岁左右的老年男性;M20埋葬了1名儿童。从葬墓均为男性,尤其以青壮年居多,他们均配备武器、马具或盔甲,应象征从属大墓的侍卫。例如M1的从葬墓M32中,埋葬着一位25岁、身高1.6米,穿着盔甲的青年男性;M33中是一位20~25岁,身高1.68米的男性。

(2)葬具。以木椁、木棺为主,石椁少见。棺椁的尺寸、重数因墓葬规模、位置而不同。墓坑底部的沙土质生土层,一般都先经过夯实、修平,然而用并排的厚木板铺地,形成外层木椁的底板。木椁四壁直接取材于当地的落叶松,用原木搭建而成。椁四角以榫卯扣合,有的还使用铁钉固定。椁内侧一面都经刨平。这种椁在早期铁器时代的萨彦—阿尔泰的大中型墓葬中十分流行。在大型木椁内部,还有的用另加木柱来支撑椁盖。[2] 棺制作的较椁精细得多,都用木板榫合而成,例如M1的木棺上保留有清晰的"细腰"卯槽和细腰卯。[3] 棺侧板与底板之间用长条形直角铁箍固定,铁箍两端用铁铆钉于棺面。有些墓葬的木棺表面还铺一层白膏泥,用于吸湿防潮,如M1、M20。其中M1的白膏泥中还掺有朱砂,另有一些木棺表面还有髹漆,如M21C。

(3)棺饰。等级较高的墓葬流行在棺面装饰条形、圆形、四瓣花形金、铁饰件组成的网状棺饰(见图3-6,1、2、3)。M1、M74、M79、M20中都有大量出土,质地分金、铁两种。形状有四瓣花形、长条形、圆形三种,其中以四瓣花形为多,例如M1就出土几十件四瓣花形金花叶棺

---

[1] Mission archéologique française en Mongolie, Mongolie: Le premier empire des steppes, pp. 106-107.

[2] 不同的是,萨彦—阿尔泰地区是头向西的屈肢葬,只有重椁、阿尔赞(arzan)2号王陵没有棺,1号王陵是独木棺,巴泽雷克有拼合的"工"字形棺材。

[3] 我国学者称这种榫合方式为"蝴蝶卯榫"、"元宝榫"、"银锭榫",国外学者称"燕尾状"榫卯,是对同一种形状的不同称呼。

饰，棺饰中心由环钮的铁定穿过钉在木棺之上。四瓣花形棺饰与长条形、圆形棺饰组合在一起形成菱格网状覆盖在棺面织物上（见图版一）。M74 出土的四瓣花形棺饰是铁制的，具有同样的装饰效果。M20 出土的四瓣花形棺饰最为奢华，铁制，外包金箔，表面镶嵌多枚水滴状绿松石（见图版二）。条形与四瓣花形棺饰组成的菱格网状棺饰主要受到了汉葬仪的影响。

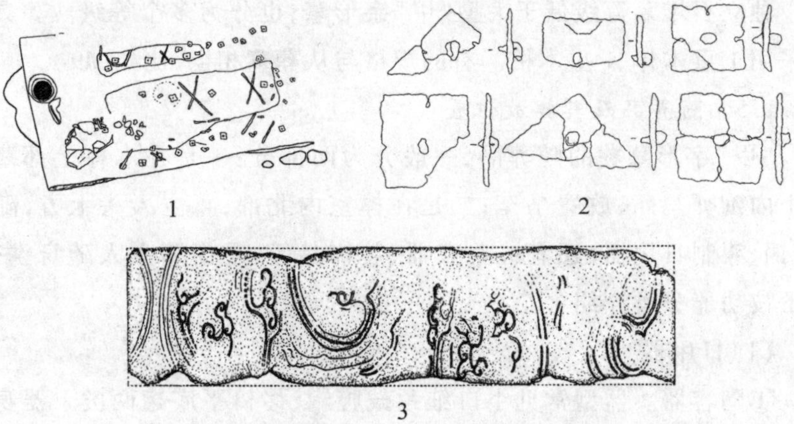

图 3－6　高勒·毛德 I 号墓地各等级墓葬棺饰比较示意图

1. M74 棺饰位置图；2. M74 棺饰；3. M21C 棺面漆绘

（4）棺椁等级制度。根据木制棺椁的重数及棺椁装饰，可将已发掘的 16 座墓葬分为以下 3 类：2 重木椁 1 重木椁、1 重木椁 1 重木棺、1 重木椁（见表 3－1）。

表 3－1　高勒·毛德 I 号墓地葬具等级统计表

葬具类型	墓葬	棺饰	墓葬类型
2 重木椁 1 重木棺	M1、M20、M79	菱格网状（金）	“甲”字形墓葬
1 重木椁 1 重木棺	M74、M75	菱格网状（铁）	贵族从葬墓
1 重木椁 1 重木棺	M21C	彩绘漆棺	普通从葬墓
1 重木棺	M9	彩绘漆棺	独立圆形石堆墓
1 重木椁	M43、M44、M45		普通从葬墓
1 重木棺	M21A、M21B、M21D、M21E、M32、M33	无	普通从葬墓
注：其中 M43、M44、M45、M32、M33 是 M1 的从葬墓；M21A～E 是 M21 的从葬墓。			

从上表可以看出，木制棺椁重数及棺饰都体现出严格的等级关系。

最高等级的“甲”字形石堆墓有2重木椁1重木棺，椁、棺宽大、使用镶嵌绿松石、红玉髓的包金棺饰；其从葬墓分为多个等级：贵族从葬墓规格高，葬具有1重木椁1重木棺，有的木棺表面还装饰菱格网状棺饰，比如M74；普通从葬墓中，靠近大墓北侧的等级高，比如M21最北侧的从葬墓M21C有1椁1棺，木棺表面彩绘髹漆；靠近南侧的几座从葬墓规模逐渐减小，葬具都仅有1重木棺，棺面无髹漆。

独立石堆墓等级低于大型“甲”字形墓，也分为多个等级。葬具至多采用1重木椁、1重木棺。有的规格与从葬墓相当，比如M9。

3.1.1.5 随葬品及其摆放位置

“甲”字形墓葬的随葬品，一般分为两部分：一是在木椁上部墓坑填土内殉葬马匹、放置马车；二是在椁室内北部，墓主人头上方，随葬陶、铜、漆制日用器，还有一些武器、装饰品等，是由墓主人随身携带。以下按功能分类介绍：

(1)日用器

①陶容器。器型常见小口细颈鼓腹罐、侈口平底罐两类。器身多施粗绳纹。小口细颈鼓腹罐肩部流行装饰波折纹、旋纹及竖向研光暗纹。有的陶器器腹下部穿小孔、器底打有方形戳记或钻孔（见图版三之13～15、18），特征与额吉河墓地接近。[1]

②铁鍑。1件，M1椁室出土。仅余口沿、腹部的6块残片。厚2厘米，口沿直径估计在14厘米。领部施两道平行弦纹，肩部、腹部施2组弧曲的大花瓣形凸弦纹，弧瓣相切处施1道竖向弦纹，（见图版三，1）。

③青铜盆。1件，M1椁室出土。残余底、腹以及少部分口沿。口沿直径54厘米、高12厘米、容积13升。肩部残有一个衔活环兽面铺首（见图版三之2～3）。

④金壶。1件，M1椁室出土。仅余口沿的一小块残片。领部有一

---

〔1〕Ц. Доржсүрэн, Раскопки Могил Хунну в Горах Ноин－Ула на Реке Хуни－гол（1954—1957 гг.）// Монгольский Археологический Сборник. － Издательство Академии Наук СССР, Москва, 1962. － С. 33－44.

周锤碟出的勾云纹纹饰带。青海大同上孙家寨墓葬乙区 M3 出土过一件口沿、肩部包金箔的完整银壶,领部纹饰与这件十分接近(见图版三之4~5)。[1]

⑤陶灯。M75 出土一件,灯盘内有环状凹槽(见图版三之16)。

(2)武器

①箭镞。中小型墓葬出土数量很多,均为铁制三翼折棱箭镞。

②盔甲。M32 椁室出土,约 11 片,均为青铜质,每片呈桃叶形,边缘穿小孔以相互系接。这种甲片使用时相互叠压,似鱼鳞状。这种鱼鳞甲当时主要在中亚的萨尔玛提亚人中流行,而在蒙古高原还属首次发现(见图版四之20)。[2]

③杖。M1、M20、M75 各出土 1 件。其中 M1 出土的杖重 4 公斤,是用铅、铁合金制成,表面镀金。M20 的杖是用铁、铜合金制成,长 49 厘米,通体呈圆柱体、两头粗大,断面直径 4.2 厘米,中部稍细,长 39 厘米,断面直径 3.1 厘米,表面也有鎏金(见图版四之 15)。M75 的杖为铁制,次于前两者(见图版四之 16)。这类杖只出于高级贵族墓葬,除了用作武器以外,应该也是象征权力的权杖。

(3)马具

①马衔。分两类:双环二连铁衔在中小型墓葬中非常流行(见图版四之 19);双环三连鎏金铁衔仅在 M1 出土(见图版四之 13)。

②马镳。分两类:双孔棒状马镳在墓地中普遍流行。其中大型墓葬 M1 出土 1 对鎏金青铜马镳,工艺精良,而其余中小型墓葬多流行铁马镳(见图版四之12、17)。大花叶螺旋桨形马镳也在 M1 出土 1 对,与双环三连鎏金铁衔连接在一起中部有两个穿孔,两端扁平,为宽大的透雕卷叶纹(见图版四之 13)。形制类似的青铜镳、衔在洛阳烧沟 M1038 中也出土过两套(见图版四之 18)。[3] 其造型最早来自战国时期阿尔

[1] U. Brosseder, "Studying Interaction with the West - The Distribution of 'Xiongnu' Belt Plaques", International Conference of Xiongnu Archaeology, Ulaanbaatar, 16 - 18 October 2008, p85.

[2] 详细讨论参见第七章第二节。

[3] 中国科学院考古研究所:《洛阳烧沟汉墓》,北京:科学出版社,1959 年,第 179 页,图八一,12。

泰山北麓的巴泽雷克文化，后通过西戎、白狄引入中原，M1 的这套马镳衔，应为汉地舶来品。[1]

③叶形饰件。M20 出土 6 枚，均为鎏金银质，高 14.7 厘米，呈叶形，上端圆弧、下端尖锐，内部浮雕出一只马首麒麟。这只麒麟面朝前，头顶长着山羊的角，角通体呈圆锥状，末端弯曲，表面有平行的突棱；头似马，但长有胡须；颈部细长，仅有一缕鬃毛，似鹿；躯体肥硕，前胸有一缕毛；左前腿、右后腿直立；右前蹄、左后蹄抬起，作轻驰状。角、蹄两侧施浮雕云气纹，素底。边缘有水平突起的边框、素面（见图版四之 9）。需要注意的是，诺彦山苏珠克图 M20 也出土过类叶形饰，背面也无钮，但同出的当卢是变体马面形。因而可知叶形饰可能多用于装饰马颊，但不一定都用作当卢。[2]

④圆形饰件。M20 出土 8 件，均为银鎏金。直径 4.6 厘米。装饰题材与风格与上述当卢一致。麒麟表现为四肢屈卧姿态，呈静止状。肩、臀上另加饰火焰形翼。这类饰物一般装饰马颊、胸、臀部的勒带上（见图版四之 14）。法国安纬先生推测马具上的麒麟象征吉祥，当同时还有守护冥界的意义。[3] 据我们所知，麒麟题材从汉地传入漠北，大致在西汉后期。[4]

⑤马勒泡。在 M1 中出土多件，均为青铜制，呈球形，用于装饰勒带（见图版四之 8）。

（4）车器

车器在 M1 与 M20 两座“甲”字形大墓木椁室上部的填土中都有发现。与车同出的还有马匹遗骸与残留的马具，表明这些装配马具的马匹是用于驾辕拉车的。M1 的车、马器出土于距墓口 9.5 米深的墓坑填土中，只有 20 件左右的车辆金属部件。M20 木椁上方出土的 1 号车

[1] 详见本书 6.2 讨论。

[2] 安纬先生认为这件器物是当卢，但未说明理由（安纬，奚芷芳：《蒙古匈奴贵族墓地初步研究》，第 85 页）。

[3] Guilheim André, “L' aristocraite Xiongnu”, *Mongolie*, *les Xiongnu de L' Arkhangaï*. Oulan - Bator, 2007, p74；安纬，奚芷芳：《蒙古匈奴贵族墓地初步研究》，第 86 页。

[4] 详见第六章第二节讨论。

也仅是部分金属部件，2 号车车身遭拆毁，但车体保留比较完整，包括车轮、车辀、车厢以及 47 个金属零部件。

①车辀。M20 的 2 号车发现部分残件，应为 1 根。

②衡末。M1、M20 都有出土，均为青铜制(见图版四之 7～8)。

③轭軥首。M20 出土，青铜制。卷曲，断面呈圆形，内有銎，套接在轭末端。通体高 6.6 厘米，顶部饰圆雕兽头。安纬先生称其为斩首軥，似乎不妥。[1] 此类器物在汉墓中出土许多，斩的体型比轭軥首大许多。

④车厢。M20 的 2 号车车厢面积 1.5 米见方，表面髹黑漆，侧板残高 38 厘米，由长宽 9×6.2 厘米的长方形木板拼合而成；车厢两侧都有长宽 1×0.35 米的车耳。车耳表面覆皮革，涂朱砂。车厢用藤条编成。

⑤车轮。M20 出土，分辐的车轮，车轮上黑、红二色髹漆清晰可见(见图版四之 1)。据发掘照片中的半个车轮估算，应有 22 根辐条，车轮直径在 1.4 米左右。据发掘者称，车轮无磨损迹象。[2]

⑥车軎。M20 出土，青铜制，原先应套在木制车毂两端(见图版四之 6)。

⑦辖。M1、M20 都有出土，均铁制，大小不等，小的外有 1 对芽状榫头，大的有两对。原先应是组合使用套在车轴上的(见图版四之 6)。

⑧祕輢。M20 车厢下出土，青铜制。上施浮雕兽面，兽鼻孔、牙用阴线刻出(见图版四之 4)。这类兽面青铜祕輢在汉地出土很多，扁平的一端可插在车厢下的伏兔上(见图版四之 5)。

⑨盖弓帽。M1、M20 均有出土，青铜制，圆首柱状，顶部有钩。其中 M20 出土 35 件，长 9.7 厘米的盖弓帽(见图版四之 2)。

安纬将 M1 车器复原为一辆两匹马骈驾纵券顶双轮輂车，可能有误。[3] 因为这辆车只有零件而无车厢、车辀、车轮，不宜作复原。即使要作复原研究的话，从与车器共出的盖弓帽来看，这辆车一定有伞盖，

〔1〕安纬，奚芷芳：《蒙古匈奴贵族墓地初步研究》，第 82－83 页。

〔2〕安纬，奚芷芳：《蒙古匈奴贵族墓地初步研究》，第 82 页。

〔3〕Mission archéologique française en Mongolie, Mongolie: Le premier empire des steppes, pp. 122－136.

应属轺车、轩车或安车之类。M20 的 2 号车，车厢小、车轮大。发掘者将其复原为一辆单辕双驾的施耳轺车，比较妥当。[1]

关于车的来源，安纬先生认为车的金属零件多源自汉式工艺，漆是从中国进口。从车体铺着的毛毡以及盖弓的填充物来看，这些车都是在匈奴本地装配。车器无使用痕迹，表明车器是专用作葬仪，象征墓主人尊贵的身份，并承载墓主人冥界。[2] 我们认为，匈奴人葬车习俗源自早期铁器时代的游牧先民，在生活中匈奴贵族也常驾车。[3]

(5)带具及装饰品

"甲"字形大墓均遭盗掘，未发现带具。中小型墓葬 M44 出土长方形带活环铁带扣，形制与额吉河出土物相同(见图版三之19)。

M1、M20 等高等级墓葬出土人身着饰品较多，包括琥珀、水晶、玻璃制作的串珠、银坠饰、玉觿和金饰片。其中玻璃珠呈深蓝色(见图版三之7);银坠饰呈圆形，中空。一端中心有小孔，有一小坠钩从中穿过，壁面点焊小金珠(见图版三之8)。M20 还出土镶嵌绿松石的水滴形、四瓣花形金饰件，饰件周缘也点焊小金珠(见图版三之10~11)。据德国波恩大学布鲁赛德女士研究，这些物品的性质及加工技术都源自中亚，比如阿富汗梯里阿·特佩的希巴尔干黄金冢就出土过许多类似物品。[4]

M1 出土的玉觿呈半透明绿色、弯角形、扁平、表面周缘及中心阴刻细线，上端有并排两个穿孔，上端残缺，无法判断是凤纹或龙纹(见图版三之6)。从形制及制作工艺上看，应为汉地舶来品。

金饰片在 M20 中出土两片，其中一件呈圆角长方形，宽 5.8 厘米、高 3.3 厘米、边缘厚 0.6~0.7 厘米、中心厚 0.45 厘米。周缘有宽 0.9 厘米的纹饰带，饰浮雕云纹，中部隆起，素面(见图版四之10~11)。

(6)其他

---

[1]安纬，奚芷芳:《蒙古匈奴贵族墓地初步研究》，第 83 页。

[2]安纬，奚芷芳:《蒙古匈奴贵族墓地初步研究》，第 82-83 页。

[3]详见第七章第三节讨论。

[4]U. Brosseder, "Stuaying Interaction with the wast — The Distribution of 'xiongou' Belt Plaques". pp. 82-87.

①铜镜。M1、M20、M25 各出一件，均残。

标本 1:M1 出土，只余镜缘 2.8 厘米宽的一小块残片（见图三之 7,2）。铜镜直径估计在 27.4 厘米，镜缘素面，厚 0.6 厘米。靠镜缘的位置有一周斜线纹，再向内有圆圈涡纹与对置的双重三角纹组成的云雷纹。据残镜推算，原镜应有八个云雷纹，这类铜镜与洛阳烧沟汉墓八型 I 式、长安汉镜 C 型 I 式的云雷连弧纹镜接近，在汉地流行年代在东汉前期至东汉中晚期（见图三之 7,1）。[1]

标本 2:M25 出土，镜面残存三分之二（见图三之 7,3）。外区宽缘自内而外分别装饰一周三角锯齿纹和一周双线波折纹，中区施八颗乳钉及“T”、“V”、“L”符号，半球形钮，钮座呈方形，素底。单月英认为它是几何纹规矩镜。[2] 根据此镜素底的特征可归入长安汉镜的第四类，也即 D 型，年代比几何纹规矩镜稍晚，在东汉中晚期。[3]

另据安纬先生介绍，M20 还出土过一件直径 18 厘米的规矩镜残片。

②丝、毛织物。M1、M20 均有出土，可能为衣衾、殓服、棺罩之类。但盗扰朽蚀严重，不易辨识。

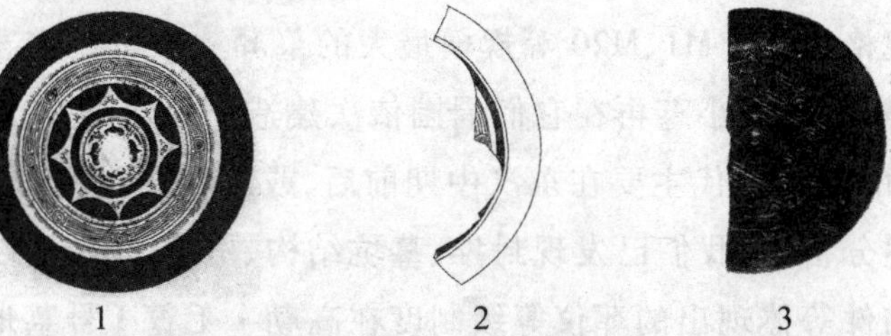

1　　2　　3

图 3－7　高勒·毛德 I 号墓地出土铜镜

1. 云雷联弧纹镜（洛阳东汉中期墓葬出土）；2. 云雷连弧纹镜（M1）；3. 八乳几何纹规矩镜（M25）

〔1〕中国科学院考古研究所：《洛阳烧沟汉墓》，第 169 页；孔祥星，刘一曼：《中国铜镜图典》，北京：文物出版社，1992 年，第 367 页；程林泉，韩国河：《长安汉镜》，西安：陕西人民出版社，2002 年，第 128 页，图三七，1、2。

〔2〕单月英：《匈奴墓葬研究》，载《考古学报》2009 年 1 期，第 40 页，图二、22。

〔3〕程林泉，韩国河：《长安汉镜》，第 137 页。

3.1.1.6 年代及相关分析

法国研究者参照汉地、中亚出土的相似器物，将 M1 的年代判定在公元 20—50 年间，同时考虑到墓葬规模巨大、随葬品奢华，从而推断 M1 埋葬的可能是匈奴呼都而尸道皋若鞮单于（公元 18—46 年）、乌达鞮侯单于（公元 46 年）、蒲奴单于（公元 46—？年）中的一位。[1] 但是，报告在分析器物部分，只说它们的年代在公元 1 世纪这个范围内，而没有具体阐明结尾部分精确断年的理由。

关于 M1 出土云雷纹铜镜，安纬先生推测其时代在西汉晚期至东汉前期。从上述分析来看，其年代应不早于东汉前期。同时，M1 出土的大花叶螺旋桨形鎏金铁马镳也与烧沟东汉晚期墓的马镳形制接近。另外，M1 出土玉觿与西沟畔 M4 出土龙纹石觿形制接近，器身粗短。后者据潘玲女士分析，应属东汉中晚期玉觿风格。[2] 综上，M1 的年代大致为东汉中期前后。M25 的八乳素底规矩镜年代也在东汉中晚期。M20 出土规矩镜我们没有见到线图或照片，其年代估计不会早于西汉晚期。另外，三宅俊彦、加藤真二两位日本学者曾就德尔利格墓地布局及下葬顺序做过分析，对此我们基本认同。[3] 该墓地与高勒·毛德 I 号墓地规格接近。M1、M20 等规模最大的墓葬一般都是在墓地中首先建造的，然后其余小墓再在它们周围依次建造。由此推断，高勒·毛德 I 号墓地的流行年代主要在东汉中期前后，或可早至东汉前期。

上述分析中，我们已发现封堆、墓坑结构、棺椁、棺饰、权杖、麒麟题材的马饰件等体现出的葬仪等级制度在高勒·毛德 I 号墓地中非常严格。从法国考察队对墓地的分区来看，I 区集中分布了一批规模较大的"甲"字形墓葬，其他中心型墓葬围绕他们分布在周围，该墓区墓葬分布集中，是整个墓地的中心。其他墓区在墓葬规模、葬具、随葬品方面规格明显较低。结合上述墓地环境分析来看，该墓地经过专门选址、精心布局，应属身份显赫的高级贵族集中埋葬的氏族墓地。中心墓区

---

〔1〕Mission archéologique française en Mongolie, Mongolie: Le premier empire des steppes, p270.

〔2〕潘玲：《伊沃尔加城址和墓地及相关匈奴考古问题研究》，第 142 – 143 页。

〔3〕详见下文德尔利格墓地分析及第六章第三节讨论。

内部以及周围墓区内中小型墓葬的存在表明该墓地还具有一定的“公墓”性质。

3.1.2 高勒·毛德Ⅱ号(Gol Mod2)墓地

2001 年 7 月,蒙古共和国与美国匹兹堡大学合作的呼尼河谷蒙古早期游牧民国际联合调查计划(Khanuy Valley International Collaborative Project on Early Nomadic Pastoralism in Mongolia)在后杭爱省温都尔乌兰县(Ondor Ulaan sum),呼尼河谷东 12 公里调查青铜时代遗址的时候,队员 Earthwatch 和 Francis Allard 博士意外发现了一处匈奴时代遗存,并将其命名为高勒·毛德 II 号墓地。该墓地距离东部的高勒·毛德 I 号墓地约 60 公里。这片墓地东西长 2.2 公里、南北宽 1.3 公里。墓地东、南倚布尕丁山(Bugatiin nuruu mountains),北抵呼尼河支流埃尔赛丁河(Elsetiin gol)。这座墓地也坐落于一片落叶林中,与高勒·毛德 I 号墓地类似,墓葬形制以“甲”字形墓葬与圆形石堆墓为主。规模最大的三座“甲”字形墓葬分别位于墓葬中部、中北部及西北部。其余中小型“甲”字形墓葬整齐地分布在它们周围或在南侧成排分布。“甲”字形墓葬及圆形石堆的中小型墓地彼此间隔一定距离,分布错落有致。表明该墓地规划严整,一直沿用而少有间断(见图三之 8)。

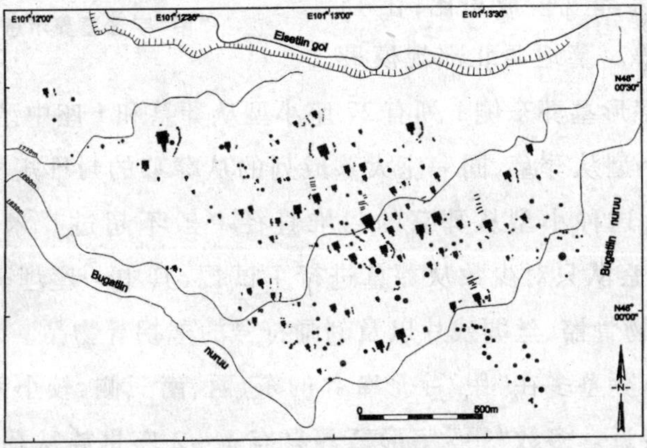

图 3-8 高勒·毛德 II 号墓地分布示意图

其中“甲”字形大墓共 98 座,有 91 座封堆四壁的石围墙保留完好,墓向比较统一,在 320°~002°不等。墓地西北角的一座封堆南北长

83米,高3米,是目前发现规模最大的匈奴时期墓葬(见图三之9)。还有一些小型"甲"字形墓葬地表无显著封堆,而是用石块围成"甲"字形边框(见图版五)。大型"甲"字形墓葬周缘的一些中小型"甲"字形墓葬可能是其陪葬墓或从葬墓。

圆形石堆墓的规模及其在墓地中的分布位置的不同,可分为从葬墓及独立圆形石堆墓两类。

(1)从葬墓。多数"甲"字形墓葬周围都有圆形石封堆的从葬墓。与高勒·毛德I号墓地一样,也可以根据分布位置及封堆规模将这些从葬墓分为普通从葬墓和贵族从葬墓两类。

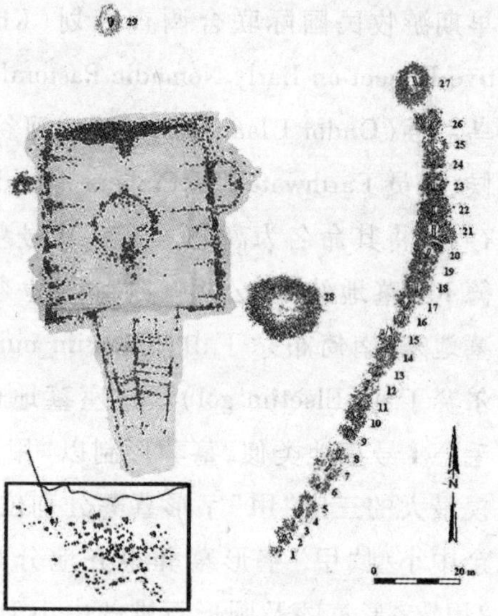

图3-9 高勒·毛德II号墓地"甲"字形墓葬示意图

普通从葬墓多南北呈1列整齐地排列在大墓东侧,也有呈1列分布在大墓西侧或呈两列分布在大墓东西两侧的情况。其数量与"甲"字形墓葬规模成正比,在15~29座不等。墓地西北部规模最大的"甲"字形墓葬东侧1列有27座小型从葬墓和1座中型从葬墓、北侧有1座小型从葬墓,同一座大墓成列的从葬墓的封堆规模自南向北逐次增大。这种小型从葬墓的封堆直径一般不超过6米,总数约有250座。考察队只对少数从葬墓进行了试掘,其中一座埋葬着1个小孩,随葬动物骨骼、丝绸残片以及刻画符号的羊拐等物品。

贵族从葬墓多在"甲"字形墓葬的东、西、南三侧,较小型从葬墓与大墓更加接近。多数"甲"字形墓葬只有1~2座贵族从葬墓,其封堆规模比普通从葬墓明显大许多,而且基本不与小型从葬墓同列分布,规格显然较高。

(2)独立圆形石堆墓。墓地中还有一些距离"甲"字形墓葬相对较远、较为独立的圆形石堆墓，封堆直径在 2～28 米不等，深 2～6 米，总数约有 85 座。其中规模较大者多与中小型“甲”字形墓葬同排分布，可能属于大型“甲”字墓葬的陪葬墓。在“甲”字形墓葬周围分布密集的区域，很难判断这些圆形石堆墓是大墓的从葬墓还是陪葬墓。这还需要日后的发掘与研究进一步揭示。

(3)列石。不少“甲”字形墓葬封堆北侧设置多道东西向平行排列的立石，像一道道低矮的护栏。这种列石不见于高勒·毛德 I 号墓地，而在科布多省的塔希特墓地发现过，可能起分隔空间、标识界划的作用。[1]

在目前调查、发掘的匈奴时期墓葬中，高勒·毛德 II 号墓地大型“甲”字形墓葬的规模最大、从葬墓数量也最多，墓地整体布局比中心区其他墓地更加规整。

3.1.3 胡德金·托勒郭依(Худгийн толгоий)墓地

自 2001 年起，韩国首尔国家博物馆与蒙古国家博物馆、蒙古科学院考古研究所组成联合考察队，在后杭爱省呼尼河右岸，大塔米尔河左岸发现一处匈奴时期墓地，命名为胡德金·托勒郭依墓地。当年考察队对墓地进行了全面的调查及测绘，并发掘了其中的 4 座墓葬，编号 M1、M2、M3、M4。[2]

该墓地墓葬分布集中，多为圆形石堆墓，有的封堆内有方形石板框。此外还有少量方形石堆的小墓。墓地东部有一座祭祀性遗址——赫列克苏尔。墓地中，封堆规模大的墓葬沿山坡自北而南，从高向低基本成链状分布。一些小型墓葬紧挨在大墓封堆周围，应是其从葬墓(见图三之 10,1～2)。其余比较独立的小型墓葬分布在中型墓葬西部，体现出明显的等级差异。发掘的 4 座墓葬位于墓地东部(见图三之 10,1)。M1 封堆直径 11.2 米，高 4.2 米，在墓地中属大中型墓葬。其余 3 座均为小墓，而 M4 是 M1 西侧的从葬墓(见图三之 10,2)。

---

[1]详细讨论参见本书第 6 章。

[2]Монголын Үндэсний Түүхийн Музей, Шинжлэх Ухааны Академийн Археологийн Хүрээлэн, Солонгосын Үндэсний Музей, Худеийн Толгойн Хүннүгийн Үеийн Булш, Сол, 2003.

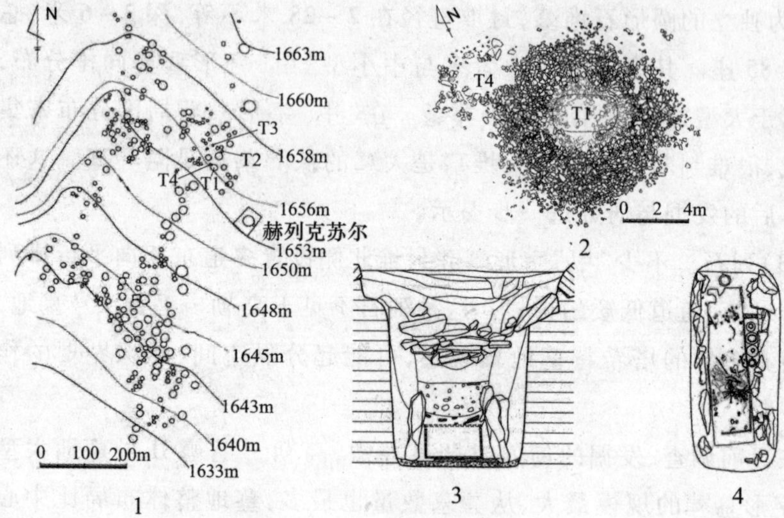

图 3－10　胡德金·托勒郭依墓地布局及墓葬形制示意图

1. 墓地分布图;2. M1、M4 封堆平面;3. M2 墓坑侧视;4. M2 墓室平面

葬具有石椁及木棺两种:规模大的 M1、M2 葬具采用 1 重木棺外加 1 重功能性石椁,木棺底部前后铺有两根横向的垫木(见图三之 10,3～4,图 3－11,1)。M4 有 1 重薄木棺,有生土二层台,棺顶部压石,M3 无葬具(见图三之 11,11)。其中 M1 棺面髹红、黑漆,绘有云纹。4 座墓葬未被盗掘,但人骨都被扰动过。头向北偏西者居多。据体质人类学分析:M1 死者为一名 30～35 岁印欧男性;其从葬墓 M4 葬一名 7～8 岁蒙古小孩,M2 葬 1 名 15 岁蒙古少年;M3 葬一名 35～40 岁蒙古女性。

陶器、动物牺牲一般摆放在木棺外,人骨头上方。规模较大的 M1、M2 随葬品稍微丰富。M2 随葬的陶器呈一列摆放在棺外人骨左侧,比较特殊。

陶器多见小口细颈鼓腹罐和侈口平底罐为主。前者领部多施竖向研光暗纹,肩部施多道旋纹或波折纹。后者有的肩部施一道波折纹,表面有烟炱,里面盛有羊骶骨、肋骨,表明是实用器。陶器流行在器底打方形印戳(见图三之 11,12～16)。其中 M1 出土的 1 件豆形陶灯,这在同时期漠北其他墓地内比较罕见(见图三之 11,2)。

M1 的随葬品最为丰富。马具包括棒状双孔铁马镳、环状铁马衔、铁勒环、铁勒扣、铁铃、叶形及圆形铁饰件等；武器包括骨制弓弭、弓弣，木柄小铁刀、三翼铁镞；铁锯、铁剪、鹿角等工具以及植物种子等。此外，M4 还出土镀金玻璃串珠。

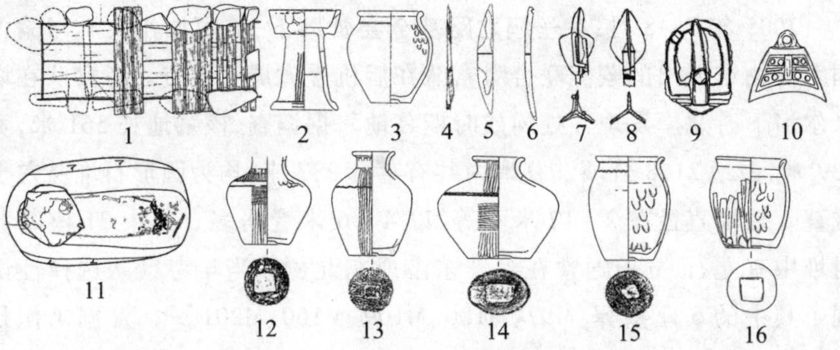

图 3-11　胡德金·托勒郭依墓地棺椁葬具及随葬品示意图

1. M1 石椁及木椁；3. 陶灯；3、12~16. 底部有方形印戳的陶罐；4. 铁剪；5. 骨弓弣；6. 骨弓弭；7~8. 铁镞；9. 铁带扣；10. 青铜铃；11. M4 活土两层台上的压石（1~10. M1；11~12. M4；13~16. M2）

据科学测年，M2、M3 的年代稍早，约在公元前 2—1 世纪，相当于西汉早、中期。M1、M4 年代稍晚，约在公元前 1 世纪至公元 1 世纪中叶，相当于西汉中期至东汉前期之间。

墓地内多种人种混杂，但物质文化面貌同一，表明当地的部落联盟由来自不同氏族的成员构成。墓地内中型墓葬与小型墓葬等级区分严格。除了上述分布位置、墓葬规模的差异以外，在棺椁、葬物丰富程度方面也表现得十分明显。中型墓葬采用 1 重石椁 1 重木棺、葬具体量大、制作精细、随葬品丰富，比如 M1、M2；小型墓葬仅有 1 重石椁或木椁、葬具小而简陋、随葬品稀少，比如 M3、M4。其中尤以中型墓葬与其从葬墓的等级差异最为显著。M1 人种与其从葬墓 M4 人种不同；M4 不仅葬具葬物简陋，而且仅为一名 7~8 岁儿童。这种以青少年从葬的习俗在上述额吉河、高勒·毛德 II 号墓地的大、中型墓葬周围都发现过很多例。

无论从墓葬形制、葬具葬俗，还是出土物品来看，胡德金·托勒郭依墓地的考古学文化面貌与额吉河、高勒·毛德I号墓地一致,属同一文化。墓地等级低于高勒·毛德I号墓地,与额吉河墓地接近。

3.1.4 塔米尔(Тамир гол)墓地

3.1.4.1 调查与发掘

2005年7—8月,在丝绸之路基金会赞助下,美国加州大学与蒙古国家博物馆派出的蒙美联合考察队在后杭爱省展开调查。考察队在塔米尔河下游北岸发现一处匈奴时期墓地。据调查,该墓地长561米,宽389米,占地21.8公顷。墓地内共有墓葬287座,均为圆形石堆竖穴土坑墓。封堆直径在2~12米不等,以4~6米者居多。其中31座墓葬封堆中有立石,立石通常在封堆东南或东北侧。当年考察队选择性试掘了其中的5座墓葬:M97、M100、M109、M160、M201。[1] 发掘工作是由我国多年从事新疆考古工作,有着丰富经验的王炳华先生所指导。

其中,M201封堆下发现殉葬的马骨及小铁环。这5座墓墓坑多为西北—东南向,其中M160、M109遭盗扰,其余三座墓葬中,有的人骨有被扰动的痕迹,头多向东南。5座墓葬都有木棺一具,M100出土多枚四瓣花形铁制棺饰(见图版七之13)。其中M160在木棺外另有1具功能性石椁,棺底部还铺着毛毯。[2] 随葬品一般放在棺外墓主人的脚侧,即墓坑西北端。

3.1.4.2 随葬品

虽然这处墓地的墓葬规模相对比较小,但随葬品十分丰富。

(1)日用器

①陶容器。已发掘的5座墓葬中多数都有两件以上陶器,以小口细颈鼓腹罐居多,侈口平底罐仅1件(见图版六)。前者陶质为泥质灰陶、领部多施竖向研光暗纹,肩部施附加堆纹、旋纹或波折纹(M97、M100、M160、M201);后者为夹砂灰陶,许多器壁表面有熏黑的烟炲,表

---

[1] D. E. Purcell, K. C. Spurr, "Archaeological Investigations of Xiongnu Sites in the Tamir River Valley: Results of the 2005 Joint Amaerican - Mongolian Expedition to *Tamiryn Ulaan Khoshuu*, Ogii nuur, Arkhangai aimag, Mongolia", The Silk Road, 4/1, 2006, pp. 20 - 32.

[2] 发掘者认为这些石块原先是放在木棺上部周缘的。但根据报告图片及胡德金·托勒郭依、德列斯图伊等墓地葬具来看,这应是砌在木棺周缘的功能性石椁。

明是实用器(见图版六之5)。有的陶罐底部有方形印戳,印戳内为“×”形符号(见图版六之3、8)。

②鍑。共3件,分圈足鍑、平底鍑两种。M97出鍑两件。其中1件鍑上部为青铜制,圈足为铁制,鍑口沿有两个对称的环状立耳,圜底,器腹较直,圈足呈倒置喇叭口状,镂空。领部施两道平行弦纹,肩部、腹部施两组弧曲的大花瓣形凸弦纹,弧瓣相切处施1道竖向弦纹(见图版六之7)。鍑内盛有动物骨骼。另一件为侈口平底,其余特征与铜鍑相同。M100出土1件铜鍑,形制与M97出土双耳圈足鍑相同。

③漆容器。5座墓葬中,至少三座(M97、M160、M201)都出土漆器,其中M97出土漆器在两件以上。[1] 这些漆器可辨认的器型有耳杯、碗、奁盒等。耳杯在M97、M201中均有发现,其中M201耳杯耳的下方镶嵌铜片,应为所谓“黄耳杯”(见图版六之14);漆碗在M97发现1件,口沿镶嵌一个镀金黄铜环,是所谓“铜扣黄涂”,底部有浅圈足。器壁黑底红彩,上部装饰云纹,器腹部装饰多道夹杂小圆点的直线纹(见图版六之13)。器底中部有红漆“宜子孙”三字(见图版六之12)。漆奁盒在M201中有1件,但已朽蚀、无法取出。另外M97墓室西南侧发现1件漆器残片表面装饰一周三角锯齿纹。这种漆器口沿、耳上镶嵌金、银、铜环、片的在汉代称为“扣器”,主要在四川蜀郡、成都、广汉工官制造。[2] 从品质来看,漆层薄,装饰图案相对简单,不如同时期诺彦山苏珠克图6号墓出土的“上林”、“蜀郡”工官制作的精美。汉地漆器在这些中小型墓葬中出土如此普遍,表明当时当地牧民与汉地有着频繁的贸易往来。

④灯。有陶、铁两种质地。陶灯在M97、M100各出土1件,以灯盘内有无环状凹槽分为两种。均无灯炷,器表多有熏黑的烟炲,属实用器(见图版六之9~10)。铁灯在M201出土1件,为豆形,灯盘中心有炷,底部为倒置喇叭口形镂空灯座(见图版六之11、15)。

---

[1]有学者认为至少有4座墓都出土漆器,但多数漆器难以保存(D. C. Waugh, “The Challenges of Preserving Evidence of Chinese Lacquerware in Xiongnu Graves”, *The Silk Road*, 4/1, 2006, pp. 32–37)。

[2]陈直:《两汉经济史料论丛》,西安:陕西人民出版社,1980年,第8–102页。

(2)生产工具

①陶纺轮。两件,分别出自 M100、M160,均圆形圆孔(见图版七之1)。

②铁镢。1 件,M201 出土,平面呈长方形,有銎(见图版七之2)。

(3)武器及马具

①铁短剑。M109 出土 1 件,直刃,"一"字形剑格,木柄上髹红漆。剑身锈蚀。

②弩机。M97 出土一件,铁制,弩机上残留部分木构件(见图版七之3)。

③马具。M97 出土一对骨质角形双孔骨镳及铁马衔一件(见图版七之4)。M201 出土 13 件石制马具饰件,上面还有织物痕迹。[1]

(4)带具及装饰品

①铁带钩。M201 出土 1 件,仅余钩舌部分。

②腰带饰牌。M160 出土至少 6 件,均铁制,呈长方形,表面朽蚀严重,无法辨识纹饰(见图版七之5)。

③耳环。发现两件,M160 出土 1 件,青铜制,由铜丝弯曲缠绕而成(见图版七之7)。M109 出土 1 件镶嵌绿松石的金耳环,周缘点焊小金珠(见图版七之6)。

④玻璃、石珠。玻璃串珠在 M109 出土 3 颗(见图版七之8),石珠在 M160 出土 4 颗(见图版七之9)。

(5)铜镜

共 3 件,有规矩镜、联弧纹四乳四虺镜两种。

①规矩镜。共两件,M100 出土一面完整的规矩镜,直径 10 厘米。圆钮,方形钮座,钮座上施四瓣柿蒂形纹饰。中区主纹由 4 组"T"、"L"、"V"纹及 8 颗对称的乳钉构成,底纹为 8 只禽鸟。镜缘较宽,上施三周三角锯齿纹(见图版七之 15)。M109 出土一面规矩镜的两块残片,拼合后仅余中区及镜缘部分。镜缘也装饰三周三角锯齿纹(见图版七之 16),中区估算应也有八颗乳钉及八只禽鸟。中区外侧装饰铭

[1]发掘者认为是人身衿针,恐有误。

文带，有“不知老渴饮玉泉饥食枣浮游”12 字，此为典型规矩镜“尚方”镜铭之套句：“尚方作镜真大好，上有仙人不知老，渴饮玉泉饥食枣，浮游天下敖四海，寿如金石之国保。”从这两面规矩镜的制作工艺及形制来看，应属汉地铸造无疑。这类八鸟纹的规矩镜在汉长安及洛阳烧沟出土汉镜的序列中年代约属新莽至东汉前期。[1]

②四乳四虺镜。1 件，M160 出土，镜面完整，直径 7 厘米。桥钮，无钮座，中区施浮雕突起的四乳四虺纹，素底。这面镜制作简陋，小且轻薄（见图版七之 17）。有学者认为是匈奴境内制作的仿汉式铜镜，本书作者亦认为有此可能。[2]

（6）其他

①织物。M100 发现小块织物残片，上绣几道简单纹饰。发掘者推测是死者衣物或毯子（见图版七之 14）。

②五铢。M201 出土至少 10 枚五铢，这些五铢相互叠合、穿在一根铁芯上（见图版七之 10～12）。原先应是用作交换的货币。原报告尚未发表五铢拓片，但从其中一枚照片来看，“五”字两交笔非常直，应为西汉中期铸造。

3.1.4.3 年代及相关分析

由于墓地并未全面揭露，发掘者只将墓地年代定在公元前 2—公元 1 世纪内，并未作具体推断。从这 5 座墓葬出土的陶器、铜鍑、铜镜等器物形制来看，彼此接近，年代不会相差太远。因此，这 5 座墓葬的年代比较能够反映墓地主体流行年代，虽然墓葬中出土武帝“五铢”，但从墓葬中普遍流行的规矩镜来看，该墓地年代约在王莽至东汉前期。

值得注意的是，这几座墓葬多在脚侧放置随葬品，与额吉河、呼尼河等墓葬略有不同。而且墓葬中普遍出土漆器、铜镜、陶灯、铁灯等汉式物品及五铢钱币，表明当时、当地牧民与汉地有着频繁的贸易往来。

---

[1]陈林泉，韩国河：《长安汉镜》，第 137 页；孔祥星，刘一曼：《中国古代铜镜》，北京：文物出版社，1984 年，第 80 页；Guolong lai，“The Date of TLV Mirrors from the Xiongnu Tombs”，*The Silk Road*，4/1，2006，pp. 37－44.

[2]Guolong lai，“The Date of TLV Mirrors from the Xiongnu Tombs”，*The Silk Road*，4/1，2006，p. 38.

M100 出土的完整规矩汉镜,M160 出土的仿汉式四乳四虺镜,以及 M97 出土的弩机在当时的漠北尚属首次发现,可能来自汉匈边境的走私贸易。

3.1.5 额吉河(Эгийн гол)流域诸墓地

额吉河流域匈奴时期墓葬以布尔汗·托勒郭依(Бурхан Толгой,以下缩写为 BT-)墓地为代表,此外还包括哈难·哈勒(Ханан хал,以下缩写为 HH)1 号墓;浩勒托斯特·努根(Холтост нугын,以下缩写为 HN)12 号墓;浑海琳·阿姆(Хүнхэрийн ам,以下缩写为 HA)1 号墓。

3.1.5.1 调查与发掘

自 1992 年起,应蒙古国政府的要求,由联合国教科文组织出资设立了一项名为:"展示蒙古人起源的新信息"(Apporter des connaissances nouvelles sur les origines du peuple Mongol)的长期科研项目,并成立了名为"第一个草原帝国"(Premier Empire des Steppes)的法蒙联合考察队(La Mission archéologique fran,aise en Mongolie,以下缩写为 MAFM)。参与这个项目的有蒙古科学院(Академия Наук Монголии)、法国沙漠研究所(L'Institut des Déserts,1993)、集美博物馆(Le Musée Guimet,1999)。1993—1999 年间,这支法蒙联合考察队在色楞格省的额吉河流域的 3 个地区调查、发现了 116 座匈奴时期的中小型墓葬。为配合当地建造水力发电厂的基建需要,考察队抢救性发掘了 106 座墓葬。[1]

3.1.5.2 墓地布局及自然环境

额吉河是色楞格河左岸的干流之一,这批墓葬主要分布在额吉河左岸河谷两旁地势平缓的冲积台地上。墓葬地表一般都有近圆形的石筑封堆。封堆直径多为 5 ~ 8 米,最大者可达 14 米,小者两米;封堆高

〔1〕Д. Цэвээндорж, Эгийн голын сав Нутаг Дахь Археологийн Дурснаоууд (Хурлийн уеэс Моноголын ye), Улаанбаатар 2003. 这部报告名为《额吉河流域的考古学遗迹——从青铜时代到蒙古时期》,由蒙古科学院考古研究所策温道尔吉主编,以庆祝蒙古考古学先驱道尔吉苏荣 80 诞辰。这部报告以墓葬为单位,逐一描述、详尽地发表了所有资料,具有很高参考价值。这 106 座墓葬分别是布尔汗·托勒郭依 1 ~95 号墓及其附属墓葬;哈难·哈勒 1 号墓;浩勒托斯特·努根 12 号墓;浑海琳·阿姆 1 号墓。

度多为 35 ~ 60 厘米。由于常年雨水侵蚀及墓室塌陷，许多封堆中部向下凹陷，在地表形成一个个石圈。堆筑封堆的原料是经人工挑选的自然卵石或稍事加工的块石。

墓葬在墓地内的分布比较密集，许多墓葬的封堆紧挨在一起。多数墓葬都有单独的封堆，也有少数共用同一封堆的同冢异穴合葬墓。报告将集中发掘的布尔汗 · 托勒郭依墓地分为 A ~ F6 个区。其中 F 区、B 区位于墓地东北部，地势较高，A 区、E 区、D 区、C 区位于墓地西南部，靠近河谷底部，地势偏低（见图 3 – 12）。

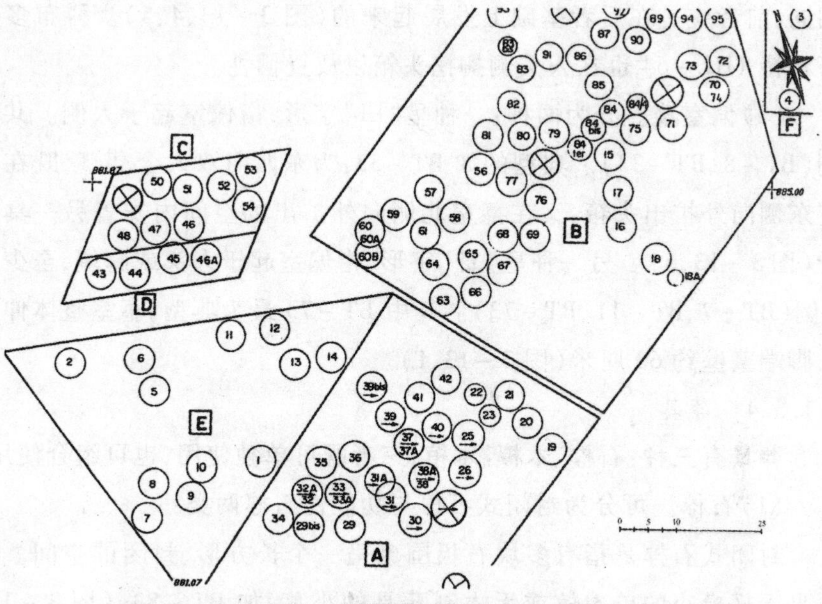

图 3 – 12 布尔汗 · 托勒郭依墓地平面分布示意图[1]

3.1.5.3 墓葬形制

大多数墓葬地表有圆形石封堆，封堆高矮不一。一些大规模墓葬的封堆内还带有方形石框，封堆略呈弧角方形。后者在法蒙考察队于额吉河发掘的青铜时代墓葬中比较流行。墓坑向以南北向为主，以墓主人头向北的北首葬居多。A 区集中了一批东西向东首葬墓葬。墓坑深度在 50 ~ 300 厘米不等，随封堆、墓口大小不同而呈现明显差异。墓

〔1〕来自原报告第 155 页。

室在靠近人骨头部的位置较宽,越靠近脚的部位越窄。根据墓坑特征可细分为两类:(1)长方形竖穴土坑墓;(2)偏室墓。

(1)头箱与头龛。长方形的竖穴土坑墓占绝大多数。许多中型墓葬在墓坑底部人头上方向外掏挖,扩出 40~60 厘米长、与墓室等宽的一块空间,用于放置牺牲和随葬品,类似于头箱,如 BT-5、BT-18、BT-19、BT-20、BT-29(见图 3-13,2);头龛仅见 BT-8 一例,该墓不仅在墓室北侧掏挖出一个放置牺牲的头龛,同时又在东侧扩出与墓室等长的 40 厘米宽的空间,用以承载过于宽大的木椁。头箱与头龛功能相同,前者应是在后者基础上发展起来的(图 3-13,4、5)。科布多省塔希特 THL-64 也在人头侧掏挖头箱以放置牺牲。

(2)偏室墓。分为两种:一种呈"曰"字形,指偏室起于人侧。共两例(BT-8、BT-33)。典型的如 BT-33:为东西向双人合葬墓,既在墓室东侧向外扩出头箱,又在墓室北侧向外扩出的空间内安置另一具尸骨(图 3-13,6)。另一种呈"日"字形,指偏室起于人头或脚端,至少有 3 例(BT-7、BT-11、BT-73)。其中 BT-73 最为典型,墓室整体伸入人脚端墓壁约 60 厘米(图 3-13,1)。

3.1.5.4　葬具

葬具有三种:石椁、木椁、木棺,三者既可单独使用,也可组合使用。

(1)石椁。可分为封闭式石椁与功能性石椁两类:

封闭式石椁是指有多块石板围砌呈一个长方形、封闭的空间。主要见于规模小的单木棺或无木制葬具的小墓,如 BT-83a(图 3-13,7)。有的墓葬在石椁底部还以木板铺地,如 BT-2。

功能性石椁是指围砌在木制棺椁外侧,起支撑墓室作用的石板、石块。主要用于规模较大的中型墓葬,并不单独出现。是用石板或石块砌在木制棺椁的外侧,石块数量多寡不一,但都不能构成封闭的空间,例如 BT-83(图 3-13,8)。

(2)木椁。在规模稍大的墓葬中使用较多。通常是用原木或者木板搭建、榫合而成。由于朽蚀严重,许多木椁搭建榫合的方法较难辨识。许多木椁外另有 1 重功能性石椁。单独使用木椁的墓葬数量不多,比如 BT－15 的木椁内部分割出一个头箱与一个侧箱。人头侧的木椁与木棺之间以及木椁与石椁之间常留出空间放置牺牲和随葬品,

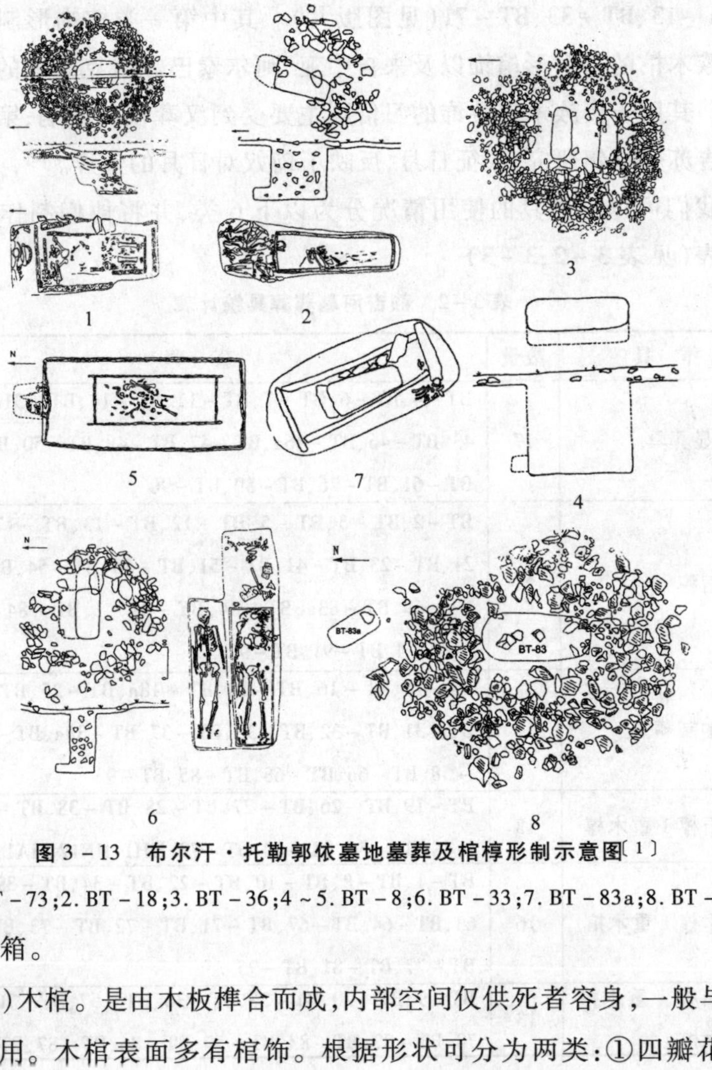

图 3－13 布尔汗·托勒郭依墓地墓葬及棺椁形制示意图[1]

1. BT－73;2. BT－18;3. BT－36;4～5. BT－8;6. BT－33;7. BT－83a;8. BT－83

类似头箱。

(3)木棺。是由木板榫合而成,内部空间仅供死者容身,一般与木椁组合使用。木棺表面多有棺饰。根据形状可分为两类:①四瓣花形棺饰。有铁制、木制两种,外部多包金箔。这类棺饰中心有一颗铁钉穿过,钉在棺面木板上,有的铁钉头还有环形的钮。这类棺饰多见于 1 重木椁 1 重木棺的中型墓葬,如 BT－1、BT－8、BT－27、BT－76、BT－78、BT－82

〔1〕笔者根据原报告汇编绘制(Цэвээндорж Д. 2003)。

(见图版九);②圆形及月牙形棺饰,有金、银、铁三种质地。中心有钮,背面有钉,两者多组合,多发现于棺头侧,例如 BT－1、BT－8、BT－9、BT－10、BT－13、BT－33、BT－71(见图版九)。其中第一类棺饰形制融合了汉贵族木棺的柿蒂形棺饰以及来自中亚、阿尔泰巴泽雷克等地的四叶花造型。其用于贵族木棺装饰的习俗则主要受到汉葬仪的影响;第二类经道尔吉苏荣早年研究,象征日月,反映了匈奴对日月的崇拜。[1]

我们可以将葬具的使用情况分为以下 6 类,并将他们制作成圆饼形图表(见表 3－2;3－3)

表 3－2　额吉河墓葬葬具统计表

葬　具	数量	墓　葬
无明显葬具	17	BT－4、BT－6、BT－7、BT－11、BT－14、BT－31a、BT－43、BT－46、BT－46a、BT－47、BT－48、BT－50、BT－52、BT－61、BT－76、BT－89、BT－90
1 重石椁	21	BT－2、BT－3、BT－5、BT－12、BT－13、BT－17、BT－21、BT－23、BT－41、BT－51、BT－53、BT－54、BT－65、BT－69、BT－83a、BT－84、BT－84－1、BT－84－2、BT－84－4、BT－91、BT－92
1 重木制葬具	17	BT－15、BT－16、BT－18、BT－18a、BT－25、BT－29b、BT－31、BT－32、BT－33、BT－37、BT－38a、BT－42、BT－58、BT－66、BT－68、BT－85、BT－93
1 重石椁 1 重木椁	13	BT－19、BT－26、BT－27、BT－28、BT－38、BT－40、BT－44、BT－56、BT－60、BT－79、HH1、HN12、HA1
1 重木椁 1 重木棺	16	BT－1、BT－8、BT－10、BT－22、BT－34、BT－39、BT－63、BT－64、BT－67、BT－71、BT－72、BT－73、BT－75、BT－77、BT－81、BT－95
1 重石椁 1 重木椁 1 重木棺	13	BT－9、BT－20、BT－35、BT－36、BT－57、BT－70、BT－78、BT－82、BT－83、BT－59、BT－86、BT－87、BT－88

注:此统计表系根据原报告所提供的线图制作而成,其中剔除了未发表墓室平面图的墓葬,。

〔1〕Д. Цэвээндорж, Эгийн голын сав Нутаг Дахь Археологийн Дурснаоууд, －С. 168－280.

表 3-3 额吉河墓葬葬具统计图表

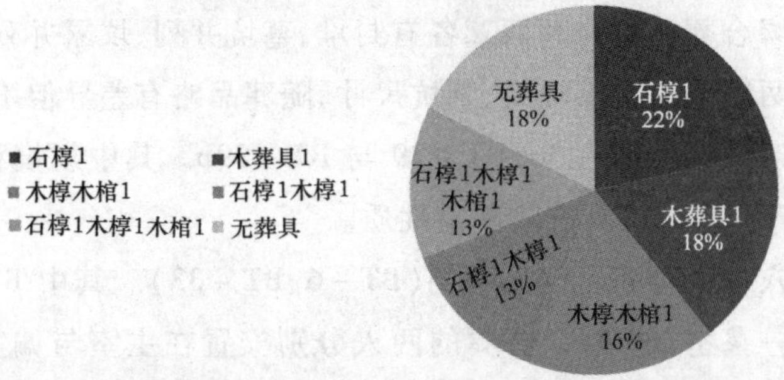

根据图表统计结果,再结合墓葬规模、墓葬位置来看,使用1重石椁1重木椁1重木棺以及1重木椁1重木棺的墓葬封堆一般较大,直径多在8~11米,墓室也较宽大,木棺多有棺饰,墓室出土动物牺牲及随葬品数量丰富。这类墓葬主要集中在B区、F区、A区,以2重木葬具的墓葬等级最高,居于墓地中心、周围分布着1重木葬具、1重石椁的小墓或为大墓从葬墓,或分布在墓区边缘。许多周围有1重石椁的从葬小墓;E区南部仅有零星几座双重木制棺椁的墓葬;C区、D区及E区北部的墓葬普遍以1重石椁1重木棺或木椁、或1重封闭性石椁为葬具或无葬具,封堆规模小、墓坑浅、随葬品相对较少,墓葬间无明显的依附、从属关系。可见葬具是划分墓地等级的重要标准:墓地内各墓区分等级,东高而西低;高等级东区墓地内部也分等级,中心高边而缘低。

3.1.5.5 葬俗

(1)葬式。均为仰身直肢葬,多数为北首葬,A区中部集中了一批东首葬墓葬。

(2)扰乱葬。墓地中无论墓葬规模大小,都发现有人骨被扰乱的迹象。尤其以人上身骨骼被扰乱,而下肢骨完好的情况居多。墓坑没有二次挖开的迹象,因此这些人骨应是在下葬前后被扰乱的。

(3)单人葬与合葬。墓地普遍流行单人单冢的单人葬。双人合葬的情况分为三种:同冢异穴双人合葬、同穴双人合葬、邻冢双人合葬。

①同冢异穴双人合葬。指在同一封堆下方并排开挖两个墓坑的墓葬。这类墓葬多集中在A区,以东向东首葬者居多,如BT-32与BT-32a、BT-37与BT-37a、BT-38与BT-38a(图3-13,3)。合葬的

两座墓坑大小、深度、葬具、随葬品接近，两者之间应为陪葬关系。

②邻冢合葬。指合葬两墓各有封堆，墓坑并列、坟冢并列或部分相接。合葬两座墓的封堆规模、墓坑尺寸、随葬品略有差异但不明显。典型的如 BT－35 与 BT－36；BT－39 与 BT－39b。其中规模稍小的，如 BT－36、BT－39b，应具有陪葬墓性质。

③同穴双人合葬。仅见两例（BT－6、BT－33）。其中 BT－6 是两人共用同一墓室；BT－33 合葬的两人分别安置在主室与偏室内，一人居中、另一人在其左侧。该墓主室内人骨有木棺、头侧有牺牲及大量随葬品；偏室内人骨无葬具、随葬品。两座墓内合葬两人人骨保存状况相当，其中偏室内埋葬的应为殉人（图 3－13，6）。

④从葬墓。A 区、B 区规模较大的木椁、木棺墓周围分布着一些以单重封闭式石椁为葬具的小墓。小墓与大墓具有明显的依附关系，同时两者在封堆、墓坑规模、葬具、随葬品方面差距悬殊，具有从葬性质。比如 B 区 BT－18 东南的 BT－18a，BT83 北部的 BT－83a；A 区 BT－20 西北的 BT－21（图 3－13，7～8）。中心北区的德列斯图伊墓地也发现多例类似的现象，从葬墓中多埋葬年龄在 20 岁以下的婴儿、儿童或少年。

3.1.5.6　随葬品及其摆放位置

额吉河流域墓葬的随葬品多为游牧民的日常用器。牛、马、羊等动物牺牲的头颅、骶骨、肢骨，陶器、铜镜、鍑、木制容器等物品，一般放置在头箱、头龛内或墓主人头两侧。武器（弓、弓弭、弓弣、箭镞、箭箙）、马具（马镳、马衔、勒带扣）、带扣、小铁刀以及其他饰品（串珠项链）等一般被随身携带，放置在墓主人身体两侧。此外，墓葬中还出土了一批金属制棺饰。

（1）日用器

①陶器。106 座墓葬中有超过 32 座墓葬出土了陶器，共 55 件，多数为完整器。单座墓葬出土数量在 1～3 件，器类简单，以轮制灰陶为主，多为平底。常见的器型有小口细颈鼓腹罐、侈口平底罐两类，其中前者以泥质为多，后者两者以夹砂为主。此外，还有少量小口细颈折腹

罐、侈口圈足陶鍑、盘、灶等器类。

第一类,小口细颈鼓腹罐。比较完整的共10件。流行在肩部施旋纹、波折纹。根据器体大小可分为两型:

A型:6件,高度一般在35厘米以上,体型较大。可能用作储酒的"服匿"。[1]标本1:BT-71出土,通高53.6厘米、口径15.1厘米、腹径47.6厘米、底径16.1厘米。从残陶片来看,肩部至少施有两道旋纹(见图3-14,1)。

标本2:BT-40出土,通高41.1厘米、口径14.2厘米、腹径31.1厘米、底径14.2厘米。肩部施三道旋纹,腹部施斜绳纹。距器底3.8厘米处有一个直径1.2厘米的圆形穿孔(图3-14,2)。

标本3:BT-60出土,通高42.2厘米、口径13.2厘米、腹径28.4厘米、底径13.6厘米,素面(见图3-14,3)。

标本4:BT-48出土,通高33.7厘米、口径15.6厘米、腹径28.9厘米、底径13.2厘米。肩部施两道旋纹,旋纹之间夹施一道波折纹。距器底3.3厘米处有一个直径1厘米的圆形穿孔(图3-14,4)。

B型。4件,高度在17~22厘米,体型明显小于A型,可能用作酒壶。

标本1:BT-77出土,通高17.3厘米、口径5.6厘米、腹径13.4厘米、底径7.2厘米。器型不规则,通身素面,仅在肩部施一道斜旋纹(图3-14,5)。

标本2:BT-73出土,通高17.9厘米、口径7.2厘米、腹径14.2厘米、底径7.8厘米,素面(图3-14,6)。

标本3:BT-37出土,通高21.5厘米、口径8.7厘米、腹径17.1厘米、底径9.4厘米。肩部施两道旋纹,在距器底2.6厘米的器壁上有一个直径0.7厘米的穿孔,器底中心后,微微内凹(图3-14,7)。

标本4:BT-68出土,通高17.4厘米、口径7.4厘米、腹径13.2厘米、底径6.5厘米。素面,肩部施两道旋纹,旋纹之间夹一道波折纹。器底有一边长3厘米左右、方形内凹的戳记。戳记上有"ψ"符号(图3

〔1〕详见第5章讨论。

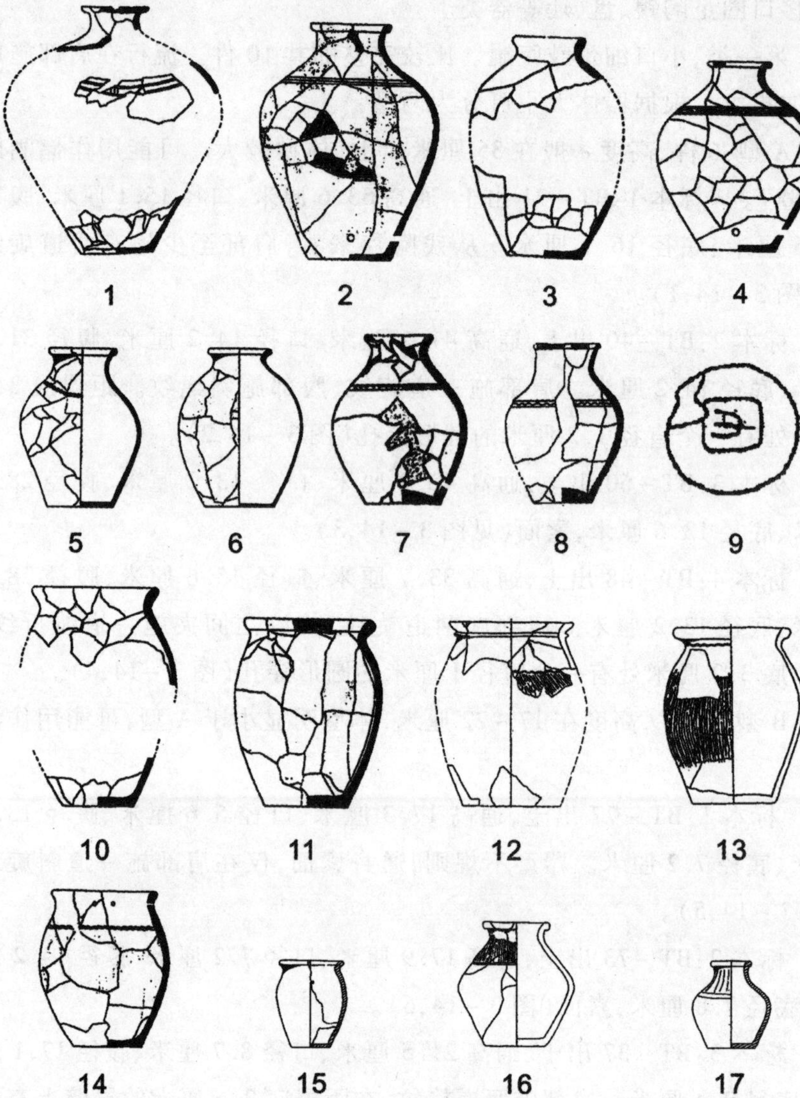

图 3－14　额吉河墓葬陶器(一)

1～9. 小口细颈鼓腹罐(1～4:A 型;5～9:B 型);10～15. 侈口平底罐;16～17. 小口折腹罐(15～17 是模型明器)

－14,8～9)。

第二类,侈口平底罐。共 10 件,高度通常在 20～30 厘米不等。器物表面多有烟炱,表明是实用炊器。其中也有低于 10 厘米的模型明器。

标本1:BT-60出土,通高37厘米、口径22厘米、腹径27.6厘米、底径12厘米(图3-14,10)。

标本2:BT-60出土,通高29.7厘米、口径20.7厘米、腹径23.2厘米、底径13.3厘米。素面。器物口沿断面有一道间隙,表明器物口沿一层胎体向内折叠而增厚(图3-14,11)。

标本3:BT-42a出土,通高28.9厘米、口径19.9厘米、腹径24.4厘米、底径15.2厘米。颈部施一道凸起附加堆纹,素颈,肩、腹部施斜绳纹(图3-14,12)。

标本4:BT-29出土,通高23.1厘米、口径15.3厘米、腹径18.4厘米、底径10.7厘米。颈部施一道波折纹,肩、腹施斜绳纹(图3-14,13)。

标本5:BT-41出土,18.9厘米、口径13厘米、腹径16.3厘米、底径8.8厘米。颈部有两个并排分布的小孔,肩部施两道波折纹(图3-14,14)。

标本6:BT-75出土,通高9.8厘米、口径7.3厘米、腹径8.1厘米、底径4.3厘米。素面,颈部有一个小孔(图3-14,15)。这件器物器体很小,应为模型明器。

第三类,小口细颈折腹罐。共两件,高度在15厘米以下,应为仿小口细颈鼓腹罐的模型明器。这类陶器器体虽小,但制作精致。颈部施多道竖道砑光暗纹,肩部又施一道旋纹。

标本1:BT-42出土,通高13.4厘米、口径7.4厘米、腹径12.6厘米、底径6.5厘米(图3-14,16)。

标本2:BT-85出土,通高8.1厘米、口径3.9厘米、腹径7.3厘米、底径4.5厘米(图3-14,17)。

第四类,侈口圈足陶鍑。仅1件,出土于BT-38。通高24.8厘米、口径17.8厘米、腹径20.4厘米、底径12.6厘米。口沿施一道旋纹、颈部施两道旋纹、旋纹间夹一道波折纹、器底有高2厘米的空心圈足(见图3-15,1)。

第五类，陶盘。仅1件，BT－9出土。通高3.8厘米、口径25.6厘米、底径18.1厘米。方唇，平沿，颈部有两道折棱（图3－15，3）。这类器物在当时蒙古高原极少见，而多在汉地流行。

第六类，陶灶。共1套，BT－40出土。包括灶体与釜两部分（图3－15，2、4～5）。灶体平面近似长方体，长16.8厘米、宽9～11厘米。灶面正中有一个直径为5.3厘米的火眼，末端有一个烟囱眼（图3－15，4）。釜通高10.2厘米、口径8.2厘米、腹径12.1厘米、底径7.4厘米（图3－15，5）。这类模型明器显然受到了汉代葬俗的影响。

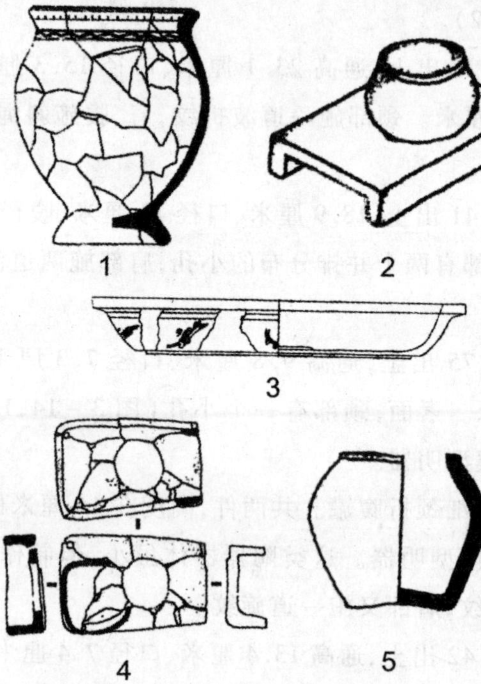

图3－15　额吉河墓葬陶器（二）

1. 侈口圈足陶鍑；2. 陶灶复原图；3. 陶盘；4. 陶灶；5. 陶釜

关于陶器组合的情况，据我们统计，侈口平底罐在墓葬中出土数量最多，其次是小口细颈鼓腹罐。在32座出土陶器的墓葬中，11座墓出土两件以上陶器。其中，小口细颈鼓腹罐与侈口平底罐具有较多的共存组合关系，在等级较高的墓葬中尤为明显（见表3－4）。例如，BT－60出土的1件小口细颈鼓腹罐和两件侈口平底罐的高度都在30厘米以上,体型较大。这座墓是墓地中规模最大的墓之一,封堆直径达11米,采用石椁和木椁各1重,头箱中有大量牛、马、羊等动物牺牲的头颅。

另外,陶器反映出的等级差异如下:小口细颈鼓腹罐在等级较高的墓葬中出土较多,而在级别低的墓葬中少见。侈口平底罐则在各级别墓葬中都有出土。BT-42出土1件小口折腹罐明器,而其从葬小墓则随葬1件侈口平底罐实用器,BT-42以及另一座出土小口折腹罐明器的墓葬——BT-85均为木椁墓,等级均较高。可见,这类仿酒壶的明器也是财富和等级的象征。同时,出土陶灶的BT-40葬具有1具石椁1具木棺,在墓地中也属中级墓葬。

总体看来,等级高的墓葬陶器器类多,器体大、制作精致,有随葬模型明器;而等级低的墓葬陶器器类单一,器体小、制作粗糙,不随葬模型明器。

表3-4　额吉河陶器组合统计表

墓葬	件数	小口细颈鼓腹罐		侈口平底罐	其他*
		A型	B型		
BT-25	2			2	
BT-29	5			1	4
BT-3	2				2
BT-13	3				3
BT-48	8			5	3
BT-5	2			1	1
BT-7	2				2
BT-40	2	1			灶1套
BT-60	3	1		2	
BT-63	2	1		1	
BT-73	2		1	1	

*"其他"包括一些可以判断件数,但器型不确定的器物。

这批陶器还反映出一些特殊的习俗:第一,器壁穿孔。分两类情况:A.在距器底约3厘米处打一个直径1厘米左右的小孔。这种情况只见于小口细颈鼓腹罐,共发现3例(BT-37、BT-40、BT-48)(见图3-14,2~3、7);B.在陶器颈部打小孔。共发现两例(BT-41、BT-75),都见于侈口平底罐(见图3-14、14~15)。第二,器底打方形戳记。共3例,戳记有两种符号:A."X"号(BT-29、BT-49)。B."ψ"号(BT-68)(图3-14,8~9)。这种戳记应是在陶器烧成之前,用印一类器物盖在器底而形成的。

②木盒。器身部分朽蚀,呈圆柱体,由桦树皮制成。底部与器壁接合的部位有一周小孔。共4件,分别出土于BT-1、BT-9、BT-71、BT-79。其中BT-79出土的1件很有特色,器底刻画出两架双轮、有车厢、伞盖的辎车(见图版八之1~2)。查拉姆T7中也出过刻画双轮伞盖车的桦树皮木盒。

③青铜鍑。共3件,分为圈足鍑与平底鍑两种。圈足鍑2件:标本1:BT-63出土,通高29厘米、口径18.4厘米、口内敛,口沿上有对称的两个长方形立耳,耳高3.4厘米、宽4厘米,耳顶部微微起三道脊;梨形腹,腹径21.1厘米,领部施两道凸弦纹、肩部及腹部施两组弧曲的大花瓣形凸弦纹,弧瓣相切处各施一道竖向弦纹;圈足呈倒置的喇叭口状,高6.9厘米、底径13.9厘米,圈足与鍑底间有接圈(见图版八之7)。标本2:BT-73出土,方形双立耳、半球腹、倒置喇叭口状镂空圈足、素面(见图版八之6)。平底鍑1件:BT-63出土,侈口、半圆形双立耳、斜直腹、平底无圈足,肩部也施连续两组大花瓣形凸弦纹。(见图版八之8)。

④小铁刀。可判断的有两件,分别出土于BT-91、BT-8。其中BT-91出土的铁刀为环首(见图版八之3)。BT-8有铤,原先应有木柄。这类器物体型小,是游牧民随身携带的日用器(见图版八之4)。

⑤骨筷。数量很多,多成对出现,在木椁墓中比较流行。如BT-79(见图版八之5)。

(2)武器及马具

①弓。均为复合弓,包括木制弓体和骨、角制弓弭、弓弣等附件,弓体多残朽严重(见图3-16,1)。弓弭狭长,固定于弓两端,上端一侧有

缺口，用于钩挂弓弦，有的下端附着延长的角状垫片（图 3－16，2）。弓弭有两类：一类细长，两端内凹，附着于弓中央把手的前面；另一类宽扁，贴于把手两侧，呈弧角形，弧曲大的一边靠前方与第一类弓弭相接。这种弓弭在墓葬中出土数量很多，但无法区分形制（图 3－16，1～3）。

②箭。包括木制箭身与箭镞。箭镞按质地分为骨、铁制两类，骨镞前锋较钝，其中以前锋扁平、铤分叉呈燕尾状一类的最为典型（图 3－16，7）。铁镞出土数量最多，均为三翼，前锋尖锐。其中以前锋镞翼宽大、前部有折角的一类最为典型（图 3－16，4～6）。

③马具。分马衔和马镳两类。马衔均为双环，铁制，可辨识的共 5 件，出土于 BT－65、BT－72、BT－39b、BT－73、BT－88（图 3－16，8～9）；马镳分为骨制、铁制两种：骨制马衔呈獠牙状，侧面有两个穿孔，其形制仿早期铁器时代用野猪獠牙制的马镳（图 3－16，10）。铁制马镳呈棒形，中央有两个穿孔，用以束缚笼头、连接勒带（图 3－16，8～9）。

（3）带具及装饰品

①带扣。有铁、青铜、骨制三种。铁制带扣出土数量最多，多呈长方形或圆形，都有舌，形制简单（见图版九之 1～3）。其中 BT－27 出土 1 对精美的铁包金长方形宽缘环状带扣，表面表现出两条蛇缠绕的纹样，一条蛇身镶嵌玻璃珠、另一条蛇身镶嵌红珊瑚（见图版九之 4）。

②勺形饰。青铜制，BT－34 棺内出土。可能为腰带或衣物上的垂饰（见图版九之 6）。[1]

③铃。青铜制，BT－9 棺内出土，可能为人身饰物（见图版九之 5）。[2]

④项链。多数为玻璃制小串珠，有的墓葬还出土了精美的金饰件。例如 BT－12 出土的一件项链坠饰，通体为黄金打制、主体呈椭圆形，正面分内外两圈，外圈镶嵌的绿松石、内圈装饰的宝石已脱落。椭圆形四周对称焊接四个中心内凹的小圆圈，原来也应镶嵌宝石。这件金饰

[1]勺形饰在阿尔泰山北麓早期铁器时代的巴泽雷克文化中出现、流行较早。毛绳从“勺”柄的管内穿过，打结后散开呈缨穗状，用于装饰马鞍、人身腰带或衣服，详见本书 7.4 的讨论。

[2]在德列斯图伊、伊里莫瓦等地匈奴时代墓葬中，这种青铜铃多附着于墓主人腰带上，详见第七章第四节讨论。

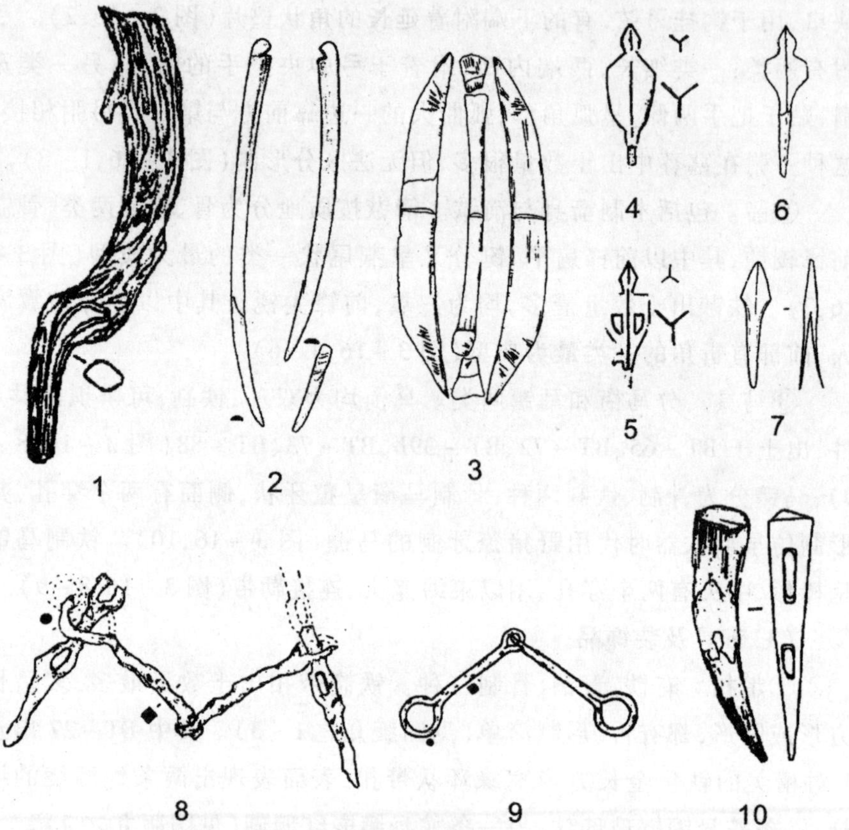

图 3－16　额吉河墓葬武器与马具

1. 木弓；2. 骨弓弭；3. 骨弓弣；4～6. 铁镞；7. 骨镞；8～9. 铁镳、衔；10. 骨镳（1. BT－10；2. BT－84；3. BT－9；4～5. BT－33；6. BT－46；7. BT－84；8. BT－65；9. BT－39b；10. BT－38）

件的边缘点焊1至2圈小金珠。这种制作工艺源自中亚地区（见图版九之10）。

（4）其他

①羊拐。BT－33出土，上面有1个穿孔（见图版九之7），应为串饰及娱乐用品。

②铜镜。均为汉地铸造的汉镜，共6面，出土于BT－1、BT－19、BT－33、BT－36、BT－39、BT－71。每座墓葬出土铜镜的一块残片，残片都是从完整铜镜上有意敲打下来的一块扇面。墓坑及封堆内未发现

可供拼对的其他铜镜残片，这6块残镜也无法相互拼合。这些残镜应是下葬之前预先准备好的，似为某种独特的习俗。根据纹样可将这6块残镜分为五类：

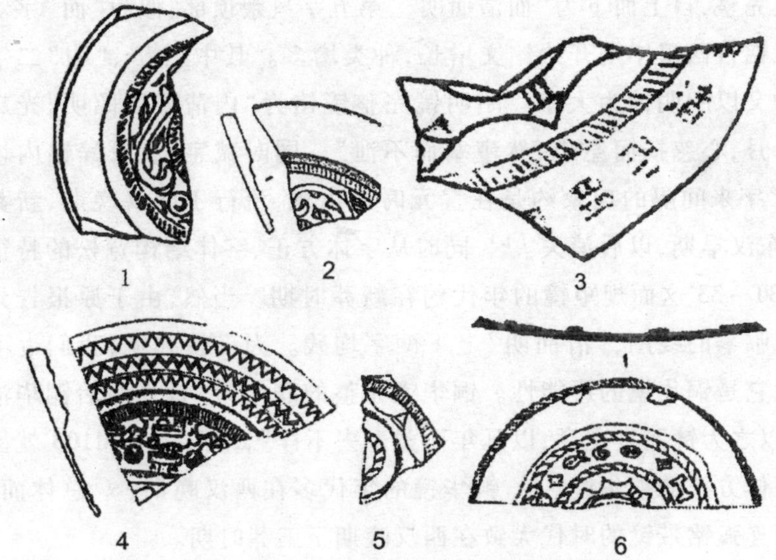

图3－17　额吉河墓葬铜镜

1～2. 四乳四虺镜；3. 连弧铭带纹镜；4. 规矩镜；5. 连弧纹镜；6. 日光连弧纹镜

A. 四乳四虺镜。2件，BT－1与BT－19出土(见图3－17,1～2)。残镜上保留了钮座至镜缘的一块扇面。两组斜线纹圈带将镜缘、纹饰带及钮座分割成三个区域。镜缘均为素面，纹饰带内主纹是双弦纹勾勒出的"S"形虺纹，底纹为鸟纹或简化的鸟纹。其中BT－1出土的残镜还留有1颗乳钉(图3－17,1)。这两面四乳四虺镜形与程林泉、韩国河两位学者建立的长安汉镜序列中的A、B型接近，年代约在西汉中晚期，下限在新莽以前。[1]

B. 连弧铭带镜。1件，BT－33出土(图3－23,3)。残镜仅余部分镜钮及中区纹饰带，钮座外有一周凸弦纹，凸弦纹外有两瓣内向连弧

〔1〕程林泉，韩国河：《长安汉镜》，第82－86页。

纹,据圆周弧度推算,原镜应为八连弧。连弧与凸弦纹之间有三竖道短线,相邻的弧瓣之间也有一道横向短线相接。连弧纹外是一周斜线纹圈带,再外是一周铭文带。残有五字,字体方整,书体接近隶书。前四字较完整,自上而下为“而清而明”,第五字只余顶部,似为“而”字。汉代镜铭自西汉中期开始铭文增长,种类增多。其中“清”、“明”二字连用的又以昭明镜为大宗。昭明镜完整镜铭为“内清质以昭明,光辉象夫日月,心忽扬而愿忠,然雍塞而不泄”。同时减字,以及辞铭内增填“而”字来间隔的现象约是在宣元时期出现,流行于西汉晚期、新莽时期、东汉早期,以后消失。[1] 同时从字体方正、字体结构宽松的特征来看,BT-33 这面规矩镜的年代约在新莽时期。当然,由于原报告只发布了临摹的线图,“清而明”上下两字均残。为谨慎起见,我们也不能排除它是铜华镜的可能性。铜华镜完整的辞铭为“日光湅治铜华清而明,以之为镜而宜文章,以延年而益寿去不祥”,洛阳烧沟 M103 就出土过字体方正的铜华镜。[2] 铜华镜的年代多在西汉晚期,[3] 总体而言,这面连弧铭带镜的时代大致在西汉晚期至王莽时期。

C. 四神规矩镜。BT-36 出土(图 3-17,4)。残镜分作三区:内区是双凸四方格的一边,方格内纹样无法辨识。方格外与一周斜线纹圈带之间构成中区纹饰带,内有“T”、“L”纹,“T”、“L”两边的两只神兽以及两颗乳钉纹。其中右侧的神兽只余后半身,躯体修长,有前后两支后爪、尾细长后伸呈“S”状,似为青龙、白虎一类的神兽;左侧的神兽也只余后半身,身躯粗短且臀腹较胖,也有前后分开作蹬踏状的两条后肢,似为蟾蜍。两颗乳钉平行分布于方格一边,完整镜应有至少 8 颗乳钉。外区的镜缘较厚,表面从内而外装饰三圈锯齿纹圈带。据此,我们认为它是一面四神规矩镜。这类铜镜在长安和洛阳的流行时间在西汉晚期至新莽时期,在河北、河南、浙江、广州汉墓中可晚至东汉中期。[4]

---

[1]程林泉,韩国河:《长安汉镜》,第 117 页。

[2]洛阳烧沟东汉前期的 M103 出土一件,参见中国科学院考古研究所:《洛阳烧沟汉墓》162 页,插图 70,2。

[3]程林泉,韩国河:《长安汉镜》,第 121 页。

[4]程林泉,韩国河:《长安汉镜》,第 135-137 页。

D. 日光连弧纹镜。BT－71 出土(图 3－17,6)。残镜约为原镜的一半,两圈斜线纹圈带将镜背面从内到外分作三区。内区镜中心有圆钮,钮外是内向六瓣内向连弧纹以及三道竖短线,原镜当有 12 连弧。中区为一圈间杂符号的篆书汉字:"明◇见⊙日◇之。"外区为素面的镜缘。这面铜镜的铭文全文应是"见日之光、天下大明"。其在汉地流行的时间是西汉中后期。从钮座周围夹饰的一组三短竖线来看,这面铜镜与长安汉镜第一类 B 型 III 式或 VI 式日光镜形制接近。年代约在西汉晚期至新莽时期。[1]

E. 连弧纹镜。BT－39 出土(图 3－17,5)。残镜仅余镜钮以及中区的纹饰带。这面残镜为圆钮、圆形钮座、钮座外为一周斜线纹圈带。中区为两瓣内向连弧纹,据圆周弧度推算,原镜应为 8 连弧。连弧纹外有另一周短斜线纹圈带,连弧之间有月牙纹相连,原镜似为连弧纹日光镜或云雷纹镜。由于镜缘只残留极少一部分,未见拓片或照片,仅据这些残留的部分难以对这面铜镜的类型作出判定。

3.1.5.7 年代及相关分析

原报告将额吉河流域发掘的 106 座墓葬断定为公元前 2—公元 1 世纪的匈奴墓。从墓葬中出土的 6 块残镜来看,年代彼此接近,大致都在西汉晚期至新莽时期左右。出铜镜的几座墓葬分布在 A、B 区中部以及 E 区东部,基本代表了墓地主体流行的时代,同时也可以推测墓地这几区的沿用时间并不长。因此我们判定,该墓地的主体流行时间在西汉晚期至新莽时期,上限可能早到西汉中期,或许有少数墓葬进入东汉早期。同时我们发现,墓坑呈东西向、东首葬的 17 座墓葬(BT－25、BT－26、BT－27、BT－28、BT－30、BT－31、BT－31a、BT－32、BT－32a、BT－33、BT－37、BT－37a、BT－38、BT－38a、BT－39、BT－39b、BT－40)、同冢异穴合葬墓(BT－32 与 BT－32a、BT－37 与 37a、BT－38 与 38a)、偏室墓(BT－33)都位于 A 区。A 区这些东首葬墓葬除墓向和极少数偏室墓,在葬仪葬俗、随葬品类别、形制上基本与其他北首葬墓葬一致,它们都应属于同一文化。上述这批墓地 A、B 区东首葬、北

[1] 程林泉,韩国河:《长安汉镜》,第 96－103 页。

首葬墓葬出土铜镜年代接近，而东首葬、同冢异穴合葬只集中出现在A区，它们显然不是葬仪发展的结果，而可能代表了同一部落联盟下的一群其他氏族成员。

总之，额吉河流域墓地年代约在西汉晚期至新莽时期。墓地中除了流行的北首葬、单人葬、竖穴土坑墓以外，还有一定数量的东首葬、同冢异穴合葬、偏室墓等。该墓地是同时期同一文化下不同氏族“聚族而葬”的埋葬地。墓葬的规模、棺椁形制体现了氏族成员间存在一定等级差异：(1)墓地内不同区域之间存在等级差异。墓地中心，墓葬集中的A、B两区规格较高，墓地周缘的D、E、F三区规格较低；(2)同一区域内墓葬之间也存在等级差异。使用木制棺椁重数多者等级较高，棺饰精美、牺牲数量较多、随葬陶器器类丰富、器体大、制作精良。其中铜镜、小口细颈鼓腹罐以及小口折腹罐、陶灶等模型明器，也只在等级较高的墓葬中出土。四瓣花形棺饰、汉镜、陶盘、陶灶等物品表明当地部族成员对汉文化因素的吸收。

3.1.6 纳依玛·托勒郭依(Наима толгой)墓地

1961—1964年，蒙古的道尔吉苏荣与匈牙利考古专家组成的考察团在呼尼河发现了一处中小型匈奴时代墓地，并发掘了其中的4座。此后蒙古考察队于1974年又发掘了5座。[1] 该墓地共发现26座墓葬，均为圆形石堆墓，封堆直径在4~13米。墓地内大型墓葬分布东南侧、小型墓葬分布在西北侧，与胡德金·托勒郭依墓地布局接近。其中M6、M7为直径在12米左右的邻冢合葬墓。均为仰身直肢单人葬、头向北偏西，葬具采用1重木椁或木棺。流行小口细颈鼓腹罐、侈口平底罐，陶器肩部饰砑光暗纹及波折纹，武器流行三翼折棱铁镞、细长及弧角形的弓弭、弓弭。马具流行角镳、双孔铁衔。这些特征与额吉河及呼尼河等地规格相同的墓葬一致，它们应属同一文化。其中M5出土的圜底陶罐以及哑铃型铁镳比较独特。另外，M7还出土漆器残片。该墓地未出可供精确断代的物品，从折棱三翼铁镞及两种形制的弓弭与弓

[1] Д. Цэвээндорж, Новые данные по археологии хунну(по материалам раскопок 1972—1977 гг.) // Древние кулитуры Монголии. - Новосибирск, 1985. - С. 51 - 87.

弭同出的迹象来看,其年代可能在西汉晚期或更晚。

3.1.7 努赫金·阿姆(Нухтийн ам)墓地

努赫金·阿姆墓地位于伊德尔河(Идэр гол)左岸二级台地上,1974—1975年,蒙古与匈牙利联合考察队在这里调查了100座墓葬,均为圆形石堆墓。[1] 考察队发掘了其中3座(M21、M22、M23)。从墓地平面图来看,该墓地规格、布局与胡德金·托勒郭依墓地、布尔汗·托勒郭依墓地接近。已发掘的M21、M22直径在6米左右,其中M21、M22均有一具木棺,均仰身直肢北首葬。M21出土侈口平底罐,肩部饰波折纹,M22出土三翼铁镞及铁矛头。M23在M22封堆南侧1米,地表只有稀疏的石块,直径不足4米,墓坑仅深1米,无葬具,墓主人头向东南。M23很可能是M22的从葬墓。总体看来,该墓地与中心西区其他墓地葬仪、葬俗及随葬品接近,应属同一文化。墓地中随葬物品形制简单,难以判定年代。

3.2 诺彦山及土拉河地区(中心中区)

3.2.1 诺彦乌拉墓地

3.2.1.1 调查与发掘

1912年,俄国矿业勘探技术人员巴勒洛德(А. Я. Баллод)在蒙古乌兰巴托市以北100公里、恰克图(Кяхта)以南250公里处的诺彦山(Ноён уул)寻找金矿时,盗掘了珠鲁木图谷口的一座坟冢。这座坟冢后来被称为"巴勒洛德墓葬"。1913年3月,巴勒洛德给俄罗斯帝国地理协会东西波利亚分会(ВСОРГО)写了一封名为《蒙古哈拉河流域不知名民族的古代坟冢》的信以期获得帮助,随后又将部分文物寄到伊尔库茨克(Иркутск)。[2] 当时正值一战期间,俄罗斯帝国地理协会东

---

[1] Д. Цэвээндорж, Новые данные по археологии хунну(по материалам раскопок 1972—1977 гг.) // Древние кулитуры Монголии. - Новосибирск, 1985. - С.51-87.

[2] 另一部分文物则被巴勒洛德私藏,包括琥珀、金饰片和一些人的头发。巴洛勒德死后数年科兹洛夫从巴妻手中购得了这批文物。巴勒洛德盗掘的资料后来由赫都金以《诺彦山墓葬第一次发掘》为题发表。

西伯利亚分会苦于资金不足而被迫放弃了在这里发掘的计划。

时隔10年之后，前苏联考古学家科兹洛夫（П. К. Козлов）率领的蒙古—西藏考察队（Tibeto - Mongolian expedition）来到诺彦山进行了科学调查与发掘。

1924—1925年，这支考察队在苏珠克图（Судзуктэ）、珠鲁木图（Цзурумтэ）和古德日勒图（Гуджиртэ）三个谷口茂密的针叶林带中共发现212座匈奴时期的墓葬。他们首先重新清理了珠鲁木图谷口的巴勒洛德墓葬，随后又发掘了8座带墓道的大墓和4座小墓。这8座大墓是珠鲁木图谷口的安德烈耶夫墓葬（Андреев）、康德拉梯耶夫（Кондратьев）墓葬；苏珠克图谷口的1号墓、6号墓、23号墓、25号墓、24号墓、12号墓（Trever, Camilla 1932）。[1] 1927年，蒙古科学院历史研究所西姆科夫（А. Д. Симуков）发掘了苏珠克图谷口的5号墓和另一座"西姆科夫墓"。1954——1957年，道尔吉苏荣继续在苏珠克图谷口发掘了1座带墓道的大墓（苏珠克图46号墓）、4座圆形石堆的小墓[苏珠克图D1号墓（苏珠克图14号墓）、苏珠克图D2号墓、苏珠克图D3号墓、苏珠克图D4号墓（苏珠克图9号墓）]和大墓周围的8个祭祀性遗迹。[2] 此外，道尔吉苏荣还在苏珠克图山谷内新发现了三处墓

---

〔1〕参加蒙古—西藏考察队的还有康德拉梯耶夫（С. А. Кондратьев）、安德烈耶夫（Андреев）、捷普楼霍夫（С. А. Теплоухов）、巴洛夫卡（Г. И. Боровка），其中捷普楼霍夫与巴洛夫卡是后来加入的，他们只发掘了苏珠克图谷口的12号墓与24号墓，其余墓葬主要是康德拉梯耶夫等人发掘的。1925年科兹洛夫、捷普楼霍夫各自发表了简短的报告；1932年特列维尔（Camilla Trever）在列宁格勒用英文出版《1924—1925年蒙古北部的发掘》一书，简要综述了科兹洛夫考察队当年发掘的成果（Camilla Trever, *Excavations in Northern Mongolia*（1924—1925）, Leningrad, 1932）。详细、完整的资料是在1962年，由鲁金科（С. И. Руденко）、苏妮措娃娅（В. М. Сунцовой）、乌哈诺娃娅（А. В. Ухановой）、特洛斯基娜娅（Т. Е. Трошкиной）等人重新整理、发表的《匈奴文化与诺彦乌拉巨冢》（С. И. Руденко, Культура Хуннов и Ноинулинские Курганы. - Издательство Академии Наук СССР, Москва - Ленинград, 1962）。此书后来被译作德文，于1969年出版（S. I. Rudenko, *Die Kultur der Hsiung - Nu und Die Hügelgräber von Noin Ula*, Bonn: Rudolf Habelt Verlag GMBH, 1969）。

〔2〕道尔吉苏荣没有沿用科兹洛夫的编号，而采用新的编号。为避免混乱，在此我们沿用科兹洛夫最早的编号，例如：苏珠克图1号墓（又名潮湿墓）、苏珠克图6号墓（又名上游墓）、苏珠克图5号墓（西姆科夫墓）；而在道尔吉苏荣新发掘的墓葬编号前加"D"，例如：苏珠克图D1号墓；同一墓葬再次发掘的，由于出土物与观察到的现象不同，我们将同时给出两个编号，以示区别，例如：苏珠克图9号墓（苏珠克图D4号墓）。

地，共 17 座墓，均为圆形石堆土坑墓。[1] 并发掘了其中一处墓地——阿茨墓地中的 4 座墓葬。[2] 2006 年，在俄罗斯科学院考古学与民族学研究所的博罗斯马克(Natalya Polos'mak)指导下的苏蒙联合考古队发掘了诺彦山的 1 座带墓道的大墓——苏珠克图 20 号墓。[3]

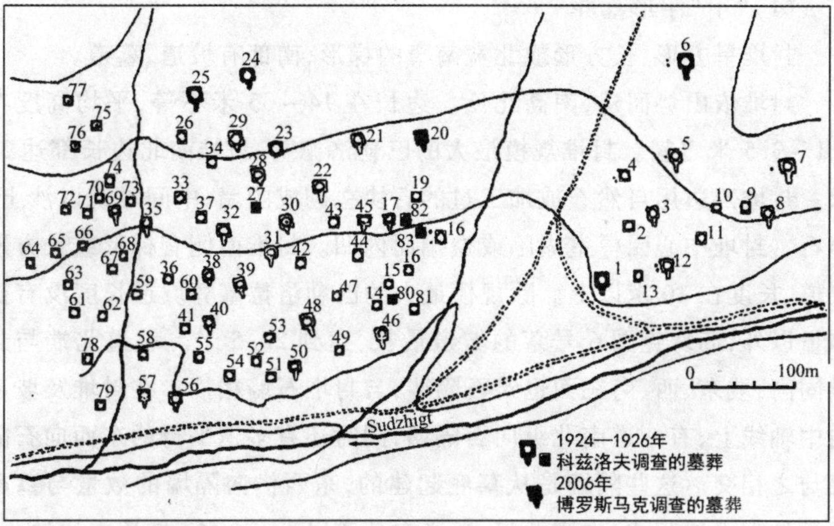

图 3-18　诺彦山苏珠克图墓地分布示意图[4]

3.2.1.2　墓地布局及墓葬形制

诺彦乌拉的多处墓地都位于诺彦乌拉山南麓多条山谷内茂密的针叶松林带中，墓葬形制与呼尼河流域的高勒·毛德 I 号、II 号墓地、塔

---

[1] 第一处墓地位于苏珠克图谷口，有 4 座墓；第二处墓地在苏珠克图山谷中部，名为阿茨(АЦ)，共有 11 座墓；第三处墓地位于阿茨墓地附近高地上，有两座墓葬。

[2] 道尔吉苏荣：《呼尼河畔诺音乌拉山匈奴墓葬发掘记(1954—1957)》，第 10-15 页。

[3] 目前这座墓葬的资料并未完全发表，在 2008 年 10 月 17 日乌兰巴托举办的"匈奴考古国际研讨会"上博罗斯马克女士在其讲演中披露了部分资料。本书论及的相关资料均是根据笔者参会的记录。

[4] U. Brosseder, "Studying Interaction with the West - The Distribution of 'Xiongnu' Belt Plaques", p252, fig. 3-2.

希特墓地接近，主要有两种：(1)“甲”字形墓葬；(2)圆形石堆墓。[1]第一种墓葬规模大，按东西成行、南北成列分布，布局规整。第二种墓葬分布在“甲”字形大墓周围。墓地布局与上述高勒·毛德I号、II号墓地一致。

(1)“甲”字形墓葬

封堆呈方形、长方形或北宽南窄的梯形，南部有坡道、墓道。

封堆依山势而建，南高北低。边长在14~35米不等，平均高度在1.1~3.5米之间。封堆规模最大的巴勒洛德墓，封堆南北边长都达35米。封堆四边用自然石或加工过的石块垒砌成围墙，中间堆筑以沙土、碎石。封堆中心因椁室塌陷或盗掘而内凹。封堆南侧有梯形或长方形坡道，长度在10米以上。除规模最大的巴勒洛德墓葬坡道长度没有被测量以外，苏珠克图6号墓的坡道最长，达到22.5米。坡道北端与封堆同高，坡东、西、南三面也筑石隔墙，与封堆石墙相接。在封堆及坡道内中轴线上，有一道南北纵向石隔墙，同时还有多道平行的东西向石隔墙与之相交。这些隔墙是从墓底起建的，东西横向隔墙的数量与墓葬规模的大小成正比，少则两道，多则在7道以上。封堆、坡道内填沙土、碎石及原木，石墙之间填充沙土、碎石、原木。封堆正下方是口小底大的斗形墓坑，深度在7~12米左右。坡道下方是上宽下窄的墓道，墓道北端连接墓室的位置高出墓室底部，形成一个陡峭的台阶，没有墓门、甬道。墓室深1.5~2米，呈南北向长方形。

在发掘中还发现了祭祀坑。这类祭祀坑在“甲”字形墓葬封堆东西两侧南北成列分布，直径2~4米不等，深30~50厘米。里面多有动物骨骼、灰烬和烧焦的木块。见诸记录的有两座墓：苏珠克图1号墓、6号墓。其中6号墓东侧有3处、西侧有2处，每侧祭祀坑彼此相距3米，直径2.5~4米，凹坑中间都有一个石头砌成的平台，上面发现有马腿骨、羊腿、陶器、马衔，但未发现过人骨。

---

[1]道尔吉苏荣称第一种墓为“贵族墓”或“大型墓葬”，称第二种墓葬为“普通墓”。虽然他承认安德烈耶夫墓地表是圆形石封堆，可能属中型墓葬，但还是将它归入“大型墓葬”。但鲁金科在报告中称这座墓封堆约呈边长23米的正方形，南部没有坡道。笔者认为道尔吉苏荣在科兹洛夫之后对诺彦山的墓葬进行了重新勘测，其说可信。

（2）圆形石堆墓

圆形石封堆，封堆下方有南北向长方形竖穴墓坑。封堆规模大小不等，分布在“甲”字形大墓周围。策温道尔吉发掘的4座墓葬封堆直径在13～21米，墓坑深1.7～2.5米。[1] 早年报告并未区分从葬小墓或独立圆形石堆墓，但从平面分布图上看，这两类墓葬应该都是存在的。

3.2.1.3　葬俗及葬具

已发掘的诺彦山墓葬均为头朝北的仰身直肢、单人葬。葬具有木椁、木棺两种。其中“甲”字形大墓多采用2重木椁1重木棺，如苏珠克图1号、5号、6号、23号、24号、25号墓。[2] 中小型的圆形石堆墓按等级从高到低分别使用1重木椁1重木棺、1重木棺。

（1）椁、棺构造

“甲”字形墓葬木椁的构造与高勒·毛德M1、M20、M79等大墓接近，都是用松木制作而成的。一般先在墓穴修平夯实的生土面上并排铺18根左右的圆木，形成垫板。垫板之上再用十几根的东西向、长条形厚木板拼接形铺成外椁底板。外椁四壁及盖板的选材分为两种：①用修整过的原木拼合搭建而成，椁内壁都经刨平，例如苏珠克图24号墓（图3－19，3）；②用厚木板拼合而成，如苏珠克图6号墓（图3－19，6）。外椁东西向侧板两端都凿出燕尾卯，与南北向挡板两端的燕尾榫相互榫合。原木搭建的外椁侧板两端都超出挡板，平面略呈古文“舟”字形；木板制作的外椁侧板两端与挡板平齐，平面呈长方形。外椁内部设6～9根方形立柱，或贴于南北挡板内侧、或置于外椁内的中北部。立柱上方支撑2～3根南北向木梁。木梁压于内椁盖板上方，支撑外椁盖板。外椁尺寸略有差异，一般长4.4～5.8米、宽2.9～3.8米、高1.8～2.1米（图3－19，2、5）。

[1]若根据鲁金科所述推算，安德烈耶夫封堆直径应在32米左右，见道尔吉苏荣：《呼尼河畔诺音乌拉山匈奴墓发掘记（1954—1957）》，第10－11页。

[2]另3座已发掘的“甲”字形大墓中，苏珠克图12号墓、安德烈耶夫墓资料未发表，道尔吉苏荣发掘的苏珠克图46号墓棺椁腐朽严重，无法辨识，但估计都有2重木椁1重木棺。

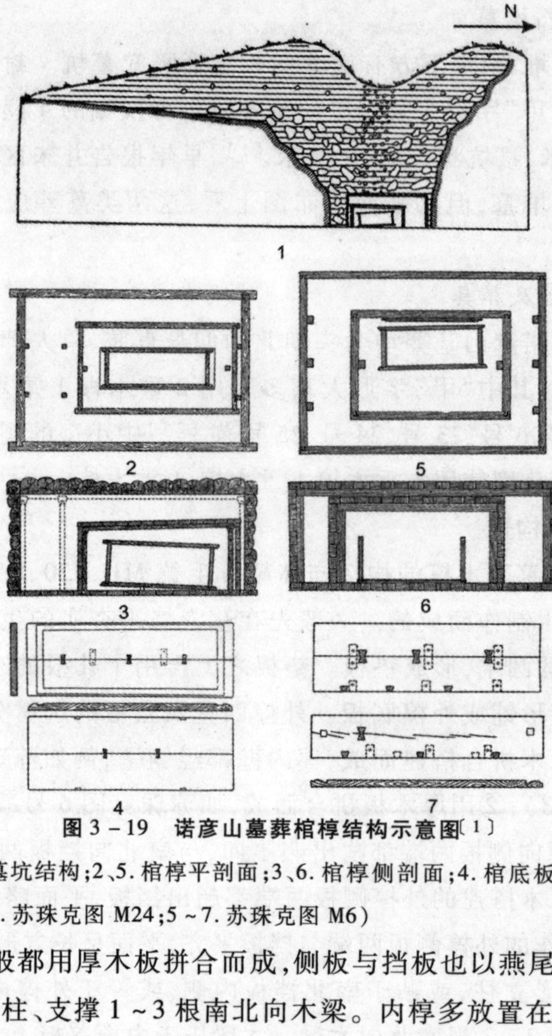

图 3－19　诺彦山墓葬棺椁结构示意图[1]

1. 封堆及墓坑结构;2、5. 棺椁平剖面;3、6. 棺椁侧剖面;4. 棺底板及侧板;7. 棺盖板及侧板(1～4. 苏珠克图 M24;5～7. 苏珠克图 M6)

内椁一般都用厚木板拼合而成,侧板与挡板也以燕尾榫拼合,内部设 2～9 根立柱、支撑 1～3 根南北向木梁。内椁多放置在外椁中南部,靠近外椁南侧挡板,如苏珠克图 1 号、24 号墓和巴勒洛德墓(图 3－19,2);也有放置在外椁中部的情况,如苏珠克图 6 号墓(图 3－19,5)。内椁一般长 2.48～4.27 米,宽 1.7～2.23 米,高 1.41～1.66 米。

木棺也是用木板拼合而成,但做工较较精细。侧板、挡板、底板及盖板一般由 2～3 块木板拼合而成,接缝处以搭边“细腰榫”榫合,有的在细腰榫之间另加长条形铁箍加固,铁箍两端用铁铆钉钉在棺板上。

———————

〔1〕根据特列维尔、鲁金科、梅原末治刊布资料改绘。

侧板与挡板之间以“透榫”榫合。侧板、挡板与底板、盖板之间以“穿榫”榫合。有的在侧板与底板、盖板接缝处也加钉直角形铁箍(图3-19,4、7)。棺一般放置在靠近内椁东壁的位置,底部放置两根垫木,如苏珠克图1号、6号墓;也有放在内椁中央的情况,如苏珠克图24号墓。木棺表面一般有彩色髹漆,例如苏珠克图1号墓棺底板残余有凤鸟纹漆皮。

(2)棺椁的装饰

外椁底板上部、盖板内侧通常都铺、钉毡毯,内侧壁覆盖丝、布织物。内椁盖板上部,内、外侧壁也覆盖布帛,盖板内侧、底板上也铺、钉毡毯。棺外多覆以丝帛,丝帛上钉许多包金箔的四瓣花形金叶片,棺面或髹黑、红漆,或以彩色颜料绘画图案。棺内壁也用覆盖丝绸。木棺表面常见木制或表面包金箔的四瓣花形棺饰。

3.2.1.4　随葬品摆放位置

“甲”字形大墓的随葬品一般放置在三个位置:

(1)马、牛、羊、鹿、骆驼等动物牺牲的头颅、肢骨一般埋葬在椁室上方1~2米的墓坑填土内。例如:苏珠克图23号墓木椁上方2米左右的填土中发现有70块骆驼头骨和牙齿;苏珠克图5号墓木椁上方1.5米处的填土中殉葬有麋鹿的骨骼和鹿角;苏珠克图46号墓木椁上方2米的填土中,殉葬完整的马下颌骨、肩胛骨;苏珠克图24号墓填土中发现28块马骨。

(2)棺椁之间的回廊内放置的随葬品数量最多,质地有陶器、铜器、铁器、骨器、角器、漆器、木器、石器、玉器等多种。从功能上分为罐、鍑、桶、勺等饮食器具;枕等日用品;取火工具;衔、镳、节约、当卢、鞍鞯等马具;盖弓帽、伞头(盖斗)、车軎、轮等车器;弓、箭、箭镞等武器;帽、衣、裤等服装;棺椁底板铺的毡毯和侧壁覆盖的丝织品,以及棺面的四瓣花形饰片;此外,还有一些表达特殊葬仪的器物,例如发辫、铜镜残片等等,内容十分丰富。在椁室内放置动物牺牲的情况较少。例如M23椁室内出土一具动物头骨和两只马鹿的角。

(2)棺内主要随葬人身装饰的玉器、串珠;穿着的衣物、帽、衣、裤、鞋等服装，以及遮眼罩等等。

3.2.1.5 随葬品

(1)日用器

①陶容器。大多陶器残损不堪以及报告记述不详，公布的完整器数量仅3件：陶罐2件、陶纺轮1件。陶器肩部流行装饰附加堆波折纹、砑光暗纹、波折旋纹，腹部多施绳纹。另外在少量陶片上也发现旋涡纹。

小口细颈鼓腹罐1件，苏珠克图1号墓出土。高约1米、口径40厘米、腹径77厘米、底径21厘米。口沿外卷、肩部施两道弦纹，弦纹间加一道凸起的波折纹。下腹近底部的位置有一个直径2厘米的穿孔(见图3-20,1)。

小口折领平底罐1件，苏珠克图6号墓出土(图3-20,2)。

②青铜鍑。2件，苏珠克图6号墓、9号(D4号)墓各出土1件。

标本1：苏珠克图6号墓内外椁之间出土，鼓腹，有圈足。由10块残片拼接而成，保留了部分口沿与底座。口内敛，口沿上有对称的两个长方形立耳；耳顶部微微起三道脊，方耳外侧内、外沿各起1道突棱。领部施两道平行弦纹、肩部、腹部施两组弧曲的大花瓣形凸弦纹，弧瓣相切处施1道竖向弦纹；圈足呈倒置的喇叭口状，圈足表面有梯形镂孔、圈足与鍑底间有接圈(图3-20,3)。按残片推断原器当为梨形腹，与额吉河BT-63出土的铜鍑形制接近。

标本2：苏珠克图9号(D4)号墓墓室东北部出土，侈口平底。通高34.5厘米，口径24.4厘米，口部两竖环耳残。最大腹径25.8厘米；平底，底径13.6厘米；肩部、腹部施两组弧曲的大花瓣形凸弦纹，弧瓣相切处施1道竖向弦纹(图3-20,4)。

③青铜盆。1件，苏珠克图25号墓棺外北侧回廊内出土，由12块残片拼接而成。仅保留了原器的肩、腹。肩部两侧各有一只不衔环的兽头铺首，铺首下方施1道弦纹(见图3-21,1)。此为典型汉式青铜盆。鲁金科认为是铜鍑，显然有误。

④青铜壶。2件，苏珠克图25号墓、9号(D4号)墓各出土1件。

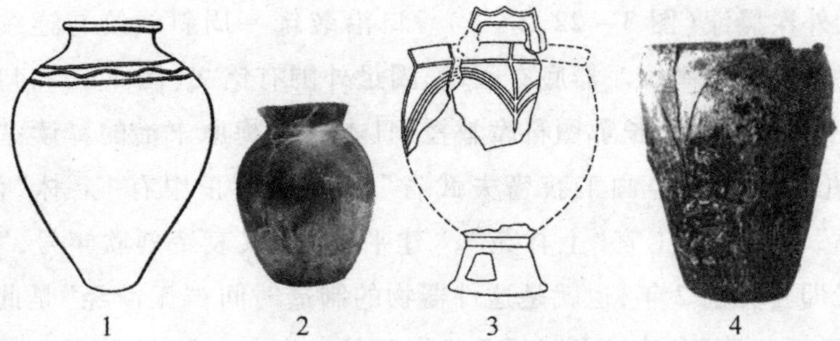

图 3－20　诺彦山墓葬随葬用品(一)

1、2. 陶罐;3. 青铜镀;4. 铁鍑

标本 1:苏珠克图 25 号墓室东北角出土,颈呈圆筒形,长 9 厘米;鼓腹,腹高 11 厘米;圈足直径 8 厘米(图 3－21,3)。

标本 2:苏珠克图 9 号(D4 号)墓墓室东北部出土,通高 35 厘米、口径 13.6 厘米、腹径 25 厘米、底部有圈足,高 4.4 厘米,圈足直径 14.6 厘米。肩部两侧各有一个兽面衔活环铺首(图 3－21,2)。此为典型的汉式铜壶。

图 3－21　诺彦山墓葬随葬用品(二)

1. 青铜盆;2～3. 青铜壶

⑤匜。1 件,青铜制,苏珠克图 1 号墓出土,底部有三个支脚,上部形体似瓢,一端有流,另一端有柄(见图 3－22,1)。

⑥漆耳杯。在苏珠克图 6 号墓、23 号墓、24 号墓、西姆科夫墓内都有发现。

标本 1:苏珠克图 6 号墓内外椁之间东回廊南部出土,平面呈椭圆形,高 5 厘米,长 17.5 厘米;双耳包一层镀金铜箔,是为“铜扣”。内髹红漆、外髹黑漆(图3－22,2～3)。口沿装饰一周斜线纹与连续水涡纹,腹部装饰凤鸟纹。器底有圈足,圈足外围有铭文(图3－22,4)。据德国柏林博物馆馆长鄂图科摩教授、日本学者梅原末治的释读:"建平五年九月工王潭经画工获啬夫武省"。[1] 器底正中有"上林"两字,"上林"即汉长安工官"上林苑";"建平"是西汉哀帝刘欣年号,"建平五年"即公元前2年,也就是这件器物的制造时间;"王潭经"是此器的制作工匠,"获"负责绘画,"武"是监督者。此为典型的"物勒工铭"。

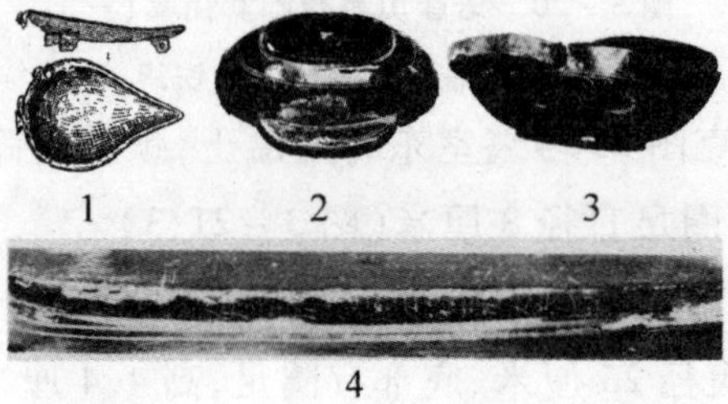

图3－22　诺彦山墓葬随葬用品(三)

1.青铜匜;2～3."铜扣"漆耳杯;4.漆耳杯器底铭文

标本2:西姆科夫墓出土,双耳上都包一层镀金铜箔。内髹红漆、外髹黑漆,杯底有69字铭文,因缺一角,只余67字:"建平五年蜀郡西工造乘舆印画木黄瓦(耳)木(棓)容一升十六龠素工尊肆(髹)工褒上工寿铜瓦(耳)黄涂工宗画工□□工丰清工白造工夫(告)造护工卒吏巡守长克丞骏琢丰守令史严主"[2]器底残,仅余一"币"字。可见,这件耳杯是公元前2年由设在四川成都的工官"蜀郡西工"制作的,"黄涂"、"黄耳"是说漆器双耳镶嵌的镀金铜箔。上述塔米尔墓地M201即出土一件"黄耳"漆耳杯。

此外,博罗斯马克发掘的苏珠克图20号墓也出土带铭文的漆耳杯,相关资料尚未刊布。

⑦勺。共3件,按质地分为木、青铜两种。

[1]Camilla Trever, *Excavations in Northern Mongolia*(1924—1925), pp.47－48。

[2]"()"内为梅原末治隶定的异文[林幹:《匈奴墓葬简介》,收入《匈奴史论文选集(1919—1979)》,北京:中华书局,1983年,第407页]。

木勺,3件。按形制分为平头勺、凹头勺。凹头勺两件,苏珠克图23、24各出1件,其中24号墓的木勺保存状况较好,细长柄,勺面呈水滴形,内凹(图3-23,2);平头勺1件,苏珠克图25出土,细长柄,勺面呈长方形,扁平(图3-23,1)。

青铜勺,1件,安德烈耶夫墓椁室内发现,勺面呈圆形,内凹(图3-23,3)

图3-23 诺彦山墓葬随葬用品(四)

1~2.木勺;3.青铜勺

⑧灯。2件,分别出自苏珠克图25、9号墓。

标本1:青铜制,呈鐎斗形,出土于苏珠克图25号墓内外椁之间东部回廊内出土,直径11厘米,通高7厘米。上部圆柱形灯盘中间有支钉形炷。边缘有12厘米长的手柄,底部有三足(图3-24,2)。应为燃液植物油的油灯。

标本2:铁制,豆形,出土于苏珠克图9号(D4号)墓墓室北部,通高24厘米,盘口直径26.1厘米,灯盘内无炷,底部有倒置喇叭口形圈足,圈足直径19.4厘米。此器或为灯捻(或"烛")搭边燃烧的油灯,或为灯捻立于膏状动物油脂中心燃烧的烛灯(见图3-24,1)。

两件均为典型的汉式灯,制作精良,应是从汉地直接输入的。

⑨漆虎子。1件,苏珠克图6号墓出土。通体木制,长15厘米,中空,表面髹黑漆,呈圆雕的兽形;口部有一个木塞(图3-24,3)。鲁金科推测为一种马具,放在马的颈部。但从形制特征观察,应为汉式虎子。同时该器形体小,应属模型明器。

⑩棉枕。1件,苏珠克图6号墓内椁东壁外侧回廊内出土,长40厘米,宽25厘米,枕套分两层,里面填充棉絮。内层枕套用紫色的粗毛线织成,平纹。枕套的平纹毛织表面绣一条由水波纹与漩涡纹组成的纹饰带。枕套外面缝着46厘米宽的,将内层毛面上的花纹挡住(图3-25,1)。由此鲁金科推测内层的毛织物以前是衣物的原料,而非为

枕套专门设计,有一定道理。

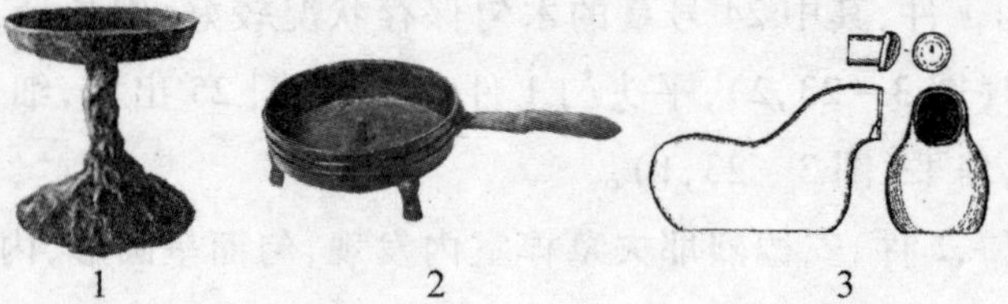

图3-24　诺彦山墓葬随葬日用品(五)

1.铁灯;2.青铜灯;3.漆木虎子

⑪家具。苏珠克图6号墓出土,木桌1件,桌面呈圆形,直径26厘米,厚2.2厘米,背面有三个方形卯槽,原先应有三条腿(图3-25,2)。与其同出的还有几条漆木腿,一种呈蹄状,长12厘米,截面呈圆形,上部有榫头与桌面接合。漆木腿上宽下窄,中部向内弧曲。漆木腿表面髹黑漆,阴刻花纹(图3-25,3)。另一种呈四棱柱状,长12~14厘米、上宽下窄,表面髹黑、红两色漆(图3-25,4)。由于桌面并未涂漆,这两件漆木腿原先应装在其他两件漆案或漆几上,案面并未保存下来。[1]

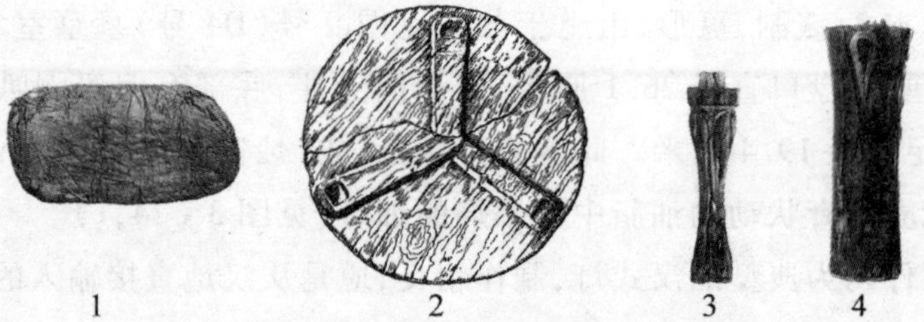

图3-25　诺彦山墓葬随葬日用品(六)

1.毛面棉枕;2.木桌;3~4.漆木桌腿

(2)生产工具

[1]鲁金科在报告中记述含混,先说有两张木桌,并说桌下面插着蹄形漆木腿,但随后在描述另一件木桌时又引用了同一图版。发掘者特列维尔在报告中也未说明案面与漆木腿属1件器物。而且木案面保存完好,表面并无漆皮,与那几条漆木腿显然不是一件器物。鲁金科的报告是根据科兹洛夫考察团的记录整理而成,他自己并未参加发掘,其中有许多臆测以及自相矛盾的错误。

①木耜。苏珠克图6号墓出土两件。两件形制相同,扁平,耜头平齐,头宽大,两侧向下内弧,末端呈圆弧状、稍宽(见图3-26,1)。鲁金科曾推测这类物品是用于铲除皮毛类衣服上的积雪的雪铲,其实不然。从形制来看应为典型的汉式木耜,中部内凹的部位是用来捆绑木耜的杆。

②陶纺轮。1件,苏珠克图6号墓出土(图3-26,4)。

③燧。包括钻火板、钻杆、钻弓等。

钻火板。在苏珠克图6号墓内外椁之间的回廊内出土1件,长方形,扁平。长17厘米,宽3.4厘米。两端各有一对穿孔,其中一孔内系着丝、布混合织成的绳索,绳索下系着一块丝绸。钻火板正面有两列共5个圆形小窝,1列4个,另1列1个。小窝内有烧焦的痕迹(图3-26,2)。

钻杆。苏珠克图6号墓内外椁之间出土6件以上。呈棒状,长12~13.2厘米,直径1.2~1.5厘米,一端或两端有烧焦的痕迹(图3-26,5)。有的末端有穿孔,用于穿弓弦。

钻弓。苏珠克图25号墓内椁东侧回廊内出土两件,均残,用弯曲的树枝制成,弓的长约14厘米。弓一端钻方形小孔,用于穿系弓弦(图3-26,3)。

从钻火板、钻杆头上烧焦的痕迹可以判断,这些工具均为实用器。这种取火方法属于弓弦钻木法,由单人操作。使用时将钻火板铺于一个平面,一手拿钻杆帽盖在钻杆一端,按住钻杆帽将钻杆的另一端垂直抵在钻火板表面。另一只手握钻弓,用弓弦在钻杆上端绕几圈或从钻杆的穿孔中穿过以固定钻杆。用手横向拉弓,带动钻杆在钻火板表面摩擦,当钻火板发热起烟时用芯绒、棉絮等易燃物凑近引燃。

(3)武器

①弓箭。诺彦山墓葬中普遍出土弓、箭杆、箭镞一类的武器,形制与额吉河、伊里莫瓦等地墓葬弓箭相同。据鲁金科介绍,苏珠克图6号墓曾出土桦树制作的箭杆,箭杆尾部带有羽毛。箭镞在安德烈夫墓葬出土一件,铁制,三翼(图3-27,3)

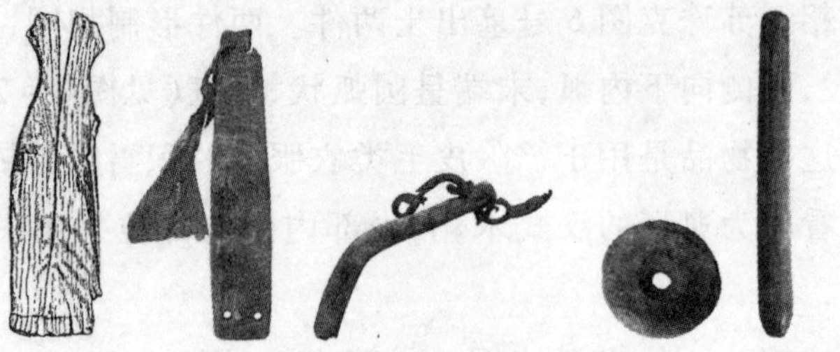

图3-26 诺彦山墓葬随葬日用品(七)

1.木耜;2.钻火板;3.钻弓;4.陶纺轮;5.钻杆

②杖。中间有铁芯,外部由青铜铸造,中间为圆柱体,两端粗,呈球状。M20、24、M25各出土1件(图3-27,1~2)。长度30~36厘米、中部截面直径2.5~2.8厘米,两端直径3.3~6厘米。这种杖的形制与高勒·毛德I号墓地M1、M20出土的权杖一致。

③短棒。青铜制,M25出土2件(图3-27,4)。是由两根圆锥形的短棒接铸而成,两头粗大,平面呈两叶的螺旋桨形。

(4)马具

包括马衔、马镳以及辔头上的青铜泡、勒带扣,马鬃制作的拂尘。

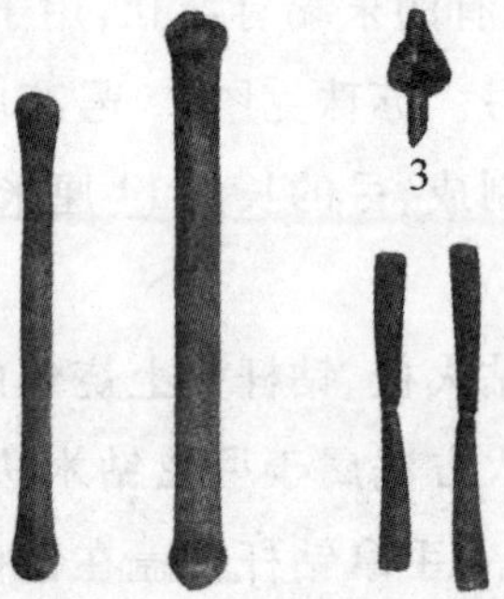

图3-27 诺彦山墓葬武器与马具(一)

1~2.合金权杖;3.铁镞;4.青铜短棒

①马镳。均为铁制,棒状,中部扁平,有两个长方形穿孔。这种马镳在苏珠克图6号墓、D2号墓、D3号墓、D4号墓都发现过(图3-28,1、3)。

②马衔。均为铁制。由两个两端呈圆形的铁环套接而成,其制作方法是用一个铁环经弯曲、交叠、捶打制成。这种马衔在苏珠克图6号墓(图3-28,2)、29号墓、D2号墓、D3号墓、D4号墓内都发现过。其中苏珠克图D2号墓出土马衔上还穿有一个长方形铁环,这种铁环是用于穿系缰绳的(图3-28,1)。

③马鞍。由鞍桥、鞍面、鞍鞯组成。马鞍在苏珠克图6号墓棺椁之

间出土3块残片，木制，表面裹覆皮革。鞍面有毛织鞍垫。鞍桥出土两件，是由两块木板拼合而成，呈倒置的弧角“V”字形，两端直线距离50厘米。鞍桥木板结合处用绳子穿孔固定，旁边有并排两个小孔（图3－29，1）。有的鞍桥上还裹覆毛织丝绒面。鞍鞯至少发现两件，其中1件是用长65厘米、宽57厘米的白色毛毡制成，边缘装饰条状毛织物（图3－29，2）；另一件是用边长65厘米的方形皮革制成，皮革表面用黑漆绘花纹，皮革下缝粗毛线织成的衬里，边缘有鬃毛支撑的流苏。

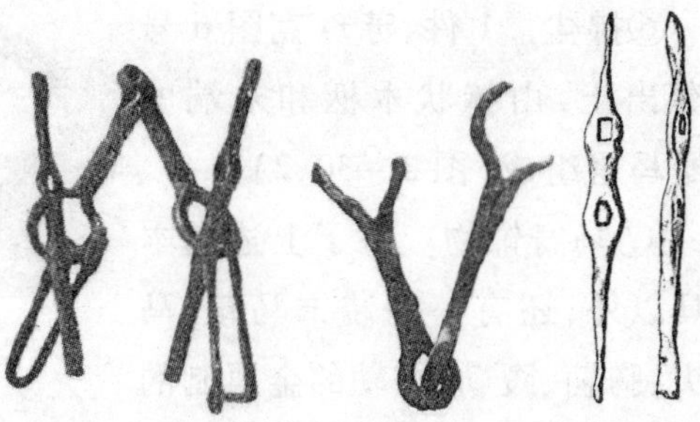

1　　2　　3

图3－28　诺彦山墓葬武器与马具（二）

1、2、3. 铁镳、衔

②当卢。苏珠克图20号墓、25号墓均有发现。背面有穿环，辔头上的皮勒带可从中穿过并将其固定。当卢多呈长条形。

标本1：苏珠克图25号墓葬出土，均用青铜铸造而成。平面呈长条形，一端较窄、呈圆弧形，另一端稍宽、呈尖角形；正面略微鼓起，边缘宽1厘米左右，素面。其中1件长26厘米、宽8厘米，背面前后各有一对纵向的半环形钮，中部两侧各有1个小钮（图3－29，3）。使用时，圆弧的窄端在前，靠近马鼻，尖角形的宽端在后，遮盖马额。[1]

标本2：苏珠克图20号墓出土，也呈长条状，整体细长，圆端背面穿环、尖角端边缘有锯齿，中部有呈三齿叉形，也有镂空花纹（图3－29，4）。此为典型的汉式变形马面形当卢。

⑤护胸。1件，苏珠克图6号墓葬出土。由某种动物鬃毛制成，上端有绳索用于捆绑在马颈部，下部是并排散落的鬃须（图3－30，1）。

〔1〕鲁金科推测这类器物是装配在骑兵左臂外侧的铠甲，但在图版说明中又说这件器物是马面上的护甲。我们注意到这类器物比较短、窄，无法对人的臂膀形成很好的保护；而且博罗斯马克发掘的苏珠克图20号墓中，这类器物与其他马具成套出现，显然属于马具。满城汉墓中出土的鎏金铜当卢与此形制相似，背面也有穿环，从而我们推断这类器物应是当卢。

⑥拂尘。1件，苏珠克图6号墓葬出土，由棒状木柄和末端的一撮马尾组成（图3－30，2）。

⑦马身饰物。除了上述基本马具以外，还有一些装饰马鞍、马辔头、胸勒、腹勒、臀勒的金属制的饰牌、饰泡、铃等马身饰物。这类物品有的有穿环，直接系结在马具上；有的没有穿环，可能附着在皮革一类的物品上。

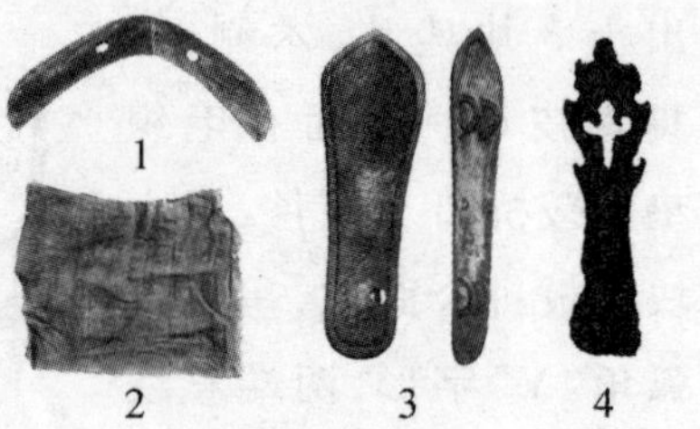

图3－29　诺彦山墓葬武器与马具（三）

1. 木鞍桥；2. 皮鞍垫毛衬；3～4. 青铜当卢

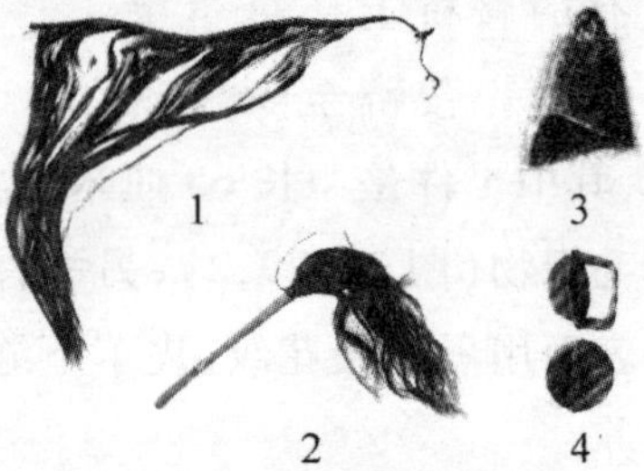

图3－30　诺彦山墓葬武器与马具（四）

1. 护胸；2. 拂尘；3. 青铜铃；4. 青铜勒带扣

A. 叶形饰牌。在苏珠克图6号墓、20号墓中都有发现。

标本1：苏珠克图6号墓棺椁之间东回廊内出土。银质，平面呈叶形，上端呈圆弧形，下端呈尖角形，两侧呈双连弧形。长17厘米，宽9厘米。周缘有突起的斜线纹边框，主纹表现一只牦牛，牛头左转，正面向前；两只粗大弯曲的“几”字形牛角从额头处分开，角尖弯向左右两侧；牛角后有两只半圆形的小耳；颈部上粗下细；躯体壮硕，四肢向下，蹄面着地；尾短小；颈部、背部边缘施斜线纹，表现它身上厚厚的鬃毛，腹部有流苏状的毛；底纹复杂，牦牛头上部表现1棵大树，中间一根笔直的树干、两边各分出两根枝杈，上面有树叶，以此象征树林；下部用斜线纹凸起、交叠的联弧纹表现山川（图3－31，2）。这件器物是用锤揲的技法加工而成，背面还有胶状物，原来很可能是粘贴在皮革一类的物品上的。

标本2：苏珠克图20号墓出土。银鎏金。平面呈叶形，上端圆弧、下端尖锐。边缘的一周突棱构成边框。素底，主纹浮雕出一只麒麟。麒麟或表现为侧面或表现为正面。头部长有山羊的角，角通体呈圆锥状，末端弯曲，表面有平行的突棱；头似马，脸转向后方，下颌有一缕山羊胡须；躯体似鹿，颈部细长、尾上扬；左前腿、右后腿直立；右前蹄、左后蹄抬起，作轻驰状（图 3－31，3，4）。这件羊头麒麟饰牌与高勒·毛德 I 号墓地 M20 出土的马头麒麟饰牌形制十分接近。

叶形饰牌的背面都没有穿环，原先可能附着在皮革一类的物品上。我们推测，这类器物可能用于装饰马颊、胸勒或臀勒。

B. 圆形饰牌。苏珠克图 6 号墓、20 号墓均有出土。

标本 1：苏珠克图 6 号墓棺椁之间的东回廊内出土，银质，平面呈圆形，直径 14 厘米。也表现一只牦牛，题材与技法与上面提到的当卢接近（图 3－31，1）。不同的是，这只牦牛的头是转向右侧，面朝前。作为背景底纹的树有两棵，分别位于牦牛两侧。另外，需要注意的是 M20 也出土了一件牦牛头饰件。

标本 2：苏珠克图 20 号墓出土，银鎏金，平面呈圆形，周围有突起的边框，边框上施斜线纹（图 3－31，5）。素底，主纹表现一只屈卧的麒麟，山羊角、马头、鹿身。题材与同一墓葬中出土的叶形银饰牌相同。

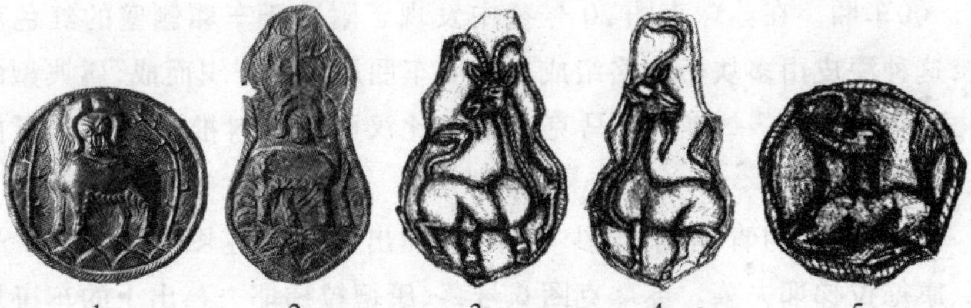

图 3－31　诺彦山墓葬各类银质马身饰牌

圆形银饰的背面也没有穿环，也似是附着在皮革之上的。它们在马身上的位置有很多，很可能用于装饰马的胸勒、马鞍。苏珠克图 6 号墓出土的表现一件人物牵马的毛毯上，则将圆形饰牌垂挂在马鞍的四角。

值得注意的是，叶形银饰牌常与圆形银饰牌同出。这种情况只发现于规模较大的“甲”字形高等级墓葬，除了诺彦乌拉的苏珠克图 6 号墓与 20 号墓，前文提到的高勒·毛德 II 号墓地 M20 也是如此。而且，饰牌上装饰的牦牛、麒麟等题材不见于其他中小型墓葬。这种特定的组合与题材的马具不仅是财富的象征，更可能主要是为了体现拥有者的某种特殊的社会地位。

C. 铜铃。苏珠克图 D3 号墓、9 号（D4 号）墓都有发现，底部多呈燕尾形（图 3－30,3）。

D. 勒带泡。诺彦山大小墓葬多有发现，半球形，背面有钮。例如：苏珠克图 D4（图 3－30,4）。

（5）车器

在巴勒洛德墓、康德拉梯耶夫墓、苏珠克图 1 号、6 号、24 号、25 号、46 号墓葬棺椁之间的回廊内都有出土，均为拆散的车轮、伞盖等车部件。

①车轪。苏珠克图 6 号、25 号墓都有发现，弓形，与汉车的车轪接近（图 3－32,10～11）。鲁金科认为该器物是把手，恐有误。

②车轮。巴勒洛德墓（图 3－32,3）、苏珠克图 6 号、24 号、46 号墓都有发现，均木制，有辐条。其中 46 号墓出土的车轮表面有黑色髹漆。

③车厢。在苏珠克图 20 号墓中发现了附着于车厢侧壁的红色漆皮，这种漆皮由多块小方格组成。表明车厢用藤条编织而成，属典型的汉式窗棂车舆。[1] 博罗斯马克女士对比汉画像资料推测这辆车可能是一辆轺车。[2]

④车軎。均青铜制，至少 3 件，分别出自苏珠克图 6 号墓、25 号墓、康德拉梯耶夫墓。苏珠克图 6 号墓、康德拉梯耶夫墓出土的车軎尺寸稍小，长度在 6.5～8.5 厘米之间（图 3－32,2）。苏珠克图 25 号墓出土的车軎较大，制作也较精细，长 25 厘米（图 3－32,1）。

⑤盖弓帽。均青铜制，置于车伞盖周缘，套在木制辐条“轑”上，下有爪。苏珠克图 1 号墓、6 号墓、25 号墓、康德拉梯耶夫墓均有出土，形制约有五种：A 型：顶部为球状，下部套筒为圆柱体（图 3－32,9）。此类盖弓帽最常见，在苏珠克图 6 号墓、25 号墓都有发现；B 型：顶部为

〔1〕王振铎遗著，李强整理、补著：《东汉车制复原研究》，北京：科学出版社，1997 年，第 53 页。

〔2〕Natalya Polos'mak, "Xiongnu Culture According to the Material of Tomb 20 from Noyon－uul", *International Conference of Xiongnu Archaeology*, Ulaanbaatar, 16－18 October 2008.

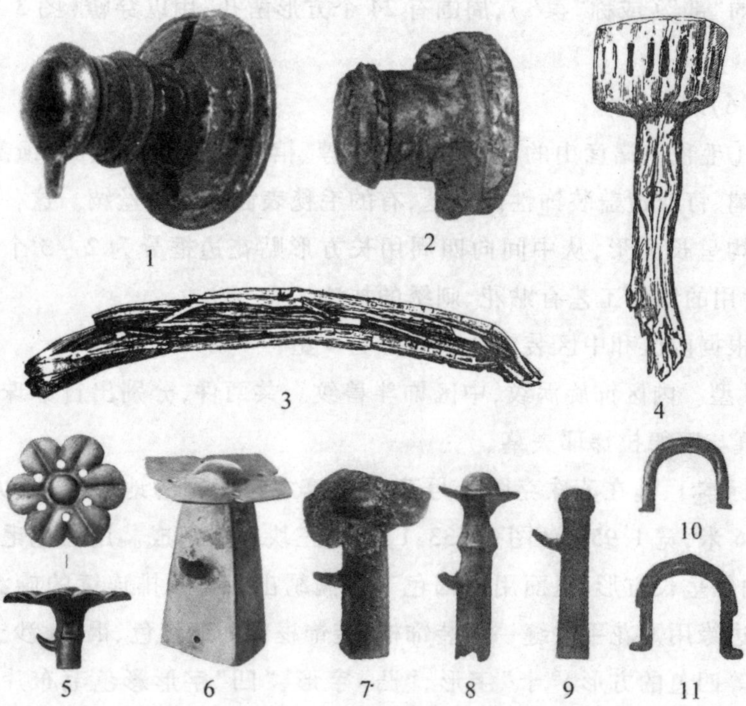

图 3－32　诺彦山墓葬车器

1～2. 车軎；3. 车轮；4. 伞头；5～9. 盖弓帽；10～11. 车轪

球状，下接圆形翻领、套筒部分为圆柱体，康德拉梯耶夫墓出土 1 件（图 3－32，8）；C 型：顶部为六瓣花叶伞状。中间的花蒂鼓起呈半球状，花瓣肥厚，表面突起，中部向下有一道仿叶脉状的凹痕。套筒部分呈圆柱状。苏珠克图 25 号墓出土两件（图 3－32，5）。D 型：顶部为扁平的四瓣柿蒂形。中间的花蒂鼓起呈半球状，4 花瓣扁平，套筒呈四棱柱体。苏珠克图 1 号墓出土 1 件（图 3－32，6）。E 型：顶部与 D 型接近，但套筒呈圆柱体。苏珠克图 1 号墓出土 1 件（图 3－32，7）。其中 A 型、B 型盖弓帽为汉地常见普通类型，而 C 型、D 形、E 形盖弓帽顶部装饰成花形，名华，应为汉地奢华马车上装备的“金华蚤”。[1]

⑥伞头（盖斗）。木制，苏珠克图 6 号墓出土 1 件，伞头上部有圆

〔1〕王振铎遗著，李艳整理、补著：《东汉车制复原研究》，第 116 页。

柱体的“部”(或称“葆”),周围有24个方形凿孔,用以穿辘(图3-32,4)。

(6)织物

①毛毯。诺彦山的高等级墓葬的椁、棺之间回廊的地面、顶部、四壁都铺、钉或覆盖装饰性的毛毯,有的毛毯表面还铺有丝绸。这种毛毯平面均呈长方形,从中间向四周用长方形贴花边框分为2~3个纹饰区,常用的制作工艺有贴花、刺绣的技法。

根据内区和中区装饰的主题分为4型:

Ⅰ型。内区饰旋涡纹,中区饰斗兽纹。共两件,分别出自苏珠克图6号墓与康德拉梯耶夫墓。

标本1:铺在苏珠克图6号墓内外椁之间回廊的地面上,长方形,长2.6米,宽1.95米(图3-33,1)。由三块残片组成。用红色毛线织成,内区呈长方形,里面用深褐色毛线满绣出3行8排连续的旋涡纹;内区边缘用贴花手法缝一圈装饰框,装饰框中间缝红色、褐色、沙土色、白色等四色的方形、“十”字形、“凸”字形、“凹”字形彩色毛布片组成的几何图案。中区宽24~28厘米,用贴花技法缝着九组动物搏斗纹,题材有鹰形格里芬搏麋鹿、鹿角格里芬动物与牦牛互搏两种。两组题材间隔出现,中间用一株低矮的松树来隔开。在鹰形格里芬博麋鹿的题材中,格里芬双翼,尾展开、上扬,用红绿相间的色块区分出一根根羽毛;鹰喙叼住麋鹿背部、爪抓在麋鹿的臀部,鹰通身呈深褐色、头两侧有两只竖起的尖耳;麋鹿嘴大张、右前腿向前伸展,着地,右后腿微屈,蹄面着地;左前腿向后屈,左后腿向后伸展。麋鹿身体内填绿色,角、口鼻以及胸腹内的卷云纹装饰填深褐色。这组图案生动地表现了鹰形格里芬捕获一只飞奔的麋鹿的瞬间场景,麋鹿的下肢被格里芬向下死死压住。另一组图案也表现了两只动物,左边是一只牦牛,四蹄后蹬,牛头下沉,两只牛角向前冲顶。牦牛尾粗大、上扬,腹部有两股与尾相似的长毛。右边是一只鹿角格里芬,嘴大张咬住牦牛颈部,四肢粗壮,右前爪向前正要抓牦牛的头,头上有繁茂的角,分4个枝杈。角与尾部表现手法一样,末端都表现出一个鸟头。牦牛与神话动物身体胸腹部也装饰深褐色卷云纹。鲁金科称这种神话动物为长角的狮子或老虎。[1] 中区宽 24 ~ 28 厘米,毛毯外区装饰菱格纹、边缘缝着紫色丝边。

内区旋涡纹,外区装饰麋鹿与鹰形格里芬搏斗等动物纹的毛毯在苏珠克图 20 墓中也发现过;[2] 康德拉梯耶夫墓出土的 1 件毛毯,表面覆盖云气纹丝绸,丝绸表面也绣出连续的旋涡纹,显然是毛毯的内区部分。

这种用彩色毛布块贴花的装饰技法,鹰博麋鹿、鹿角格里芬的动物纹题材以及旋涡纹等,显然源自早期铁器时代阿尔泰山的巴泽雷克文化传统。动物胸腹部装饰的类似卷云纹的纹样,也是从巴泽雷克文化表现动物肌肉的圆圈纹和水滴纹演化而来的;而牦牛则是这一时期新出现的题材。

II 型。内区底纹绣十字形草叶纹与菱格纹,菱格内饰乌龟、鱼、禽鸟。[3] 中区饰十字形草叶纹,外区饰菱格纹。苏珠克图 6 号墓出土了两件以上。

标本 1:钉在苏珠克图 6 号墓外椁盖底部,长 4.4 米,宽 3.2 米,内区底纹的十字形草叶纹中心有桃形花蕊,四面对称伸出四枝末端有三片细叶的草,草叶之间伸出连续的小水涡纹,组成菱格纹。菱格内绣乌龟、鱼。乌龟表现为俯视视角,背部绣出菱格纹,形象地表现出背甲。乌龟四爪及头部表现得都十分精细;鱼表现为侧视视角,躯体粗壮,头部肥大,呈圆弧形,须、胸鳍、背鳍、腹鳍、臀鳍以及尾鳍都准确地绣出。鱼身体呈蜷曲的"S"型。内区、外区之间有贴花的斜线纹边框。

标本 2:钉在苏珠克图 6 号墓外椁盖底部,长 4.4 米,宽 3.3 米,底纹装饰与上一件类似,也是十字形草叶纹组成的菱格纹。主纹题材略有不同,只表现禽鸟和鱼,而没有乌龟(图 3 - 33,2)。鸟的姿态有多

---

[1]这种将多股鬃毛末端表现为鸟头的造型源自早期铁器时代阿尔泰山的巴泽雷克文化,其原型是麋鹿的鹿角,是波斯狮身鹰首的格里芬形象与阿尔泰鹿的形象混合而成的一种神话动物。我们称之为鹿角格里芬。另一种鹰形格里芬,其躯体突出了鹰的双翼和尾,只保留了格里芬的 1 对兽耳。这种造型也是巴泽雷克在改造波斯格里芬造型基础上创造出的形象。

[2]Natalya Polos' mak, Xiongnu Culture According to the Material of Tomb 20 from Noyon - uul.

[3]鲁金科认为这种形象是青蛙,但从背部用菱格纹细致表现出土的龟壳来看,它应该表现的是乌龟的形象。

种,或展翅高飞,或回首顾盼,或表现侧视,或表现仰视;鱼的姿态除了上一幅侧视视角的"S"型外,还有尾鳍卷起呈"U"型,以及俯视平面呈棒状的。

III 型。内、中、外区均施虎纹,共 1 件,钉在苏珠克图 6 号墓外椁盖板内侧。长 1.75 米,宽 1.52 米(图 3-33,3、4)。这件毛毯从内而外共有 5 重装饰带,里面 4 重均满绣纵向及横向的老虎形象。老虎正面向前,嘴大张,上颌窄小,下颌宽大,数颗尖牙清晰可见;两肩宽大,上绣条状斑纹。虎下颌下方仅表现出四只锋利的爪。虎头向后延伸出的长条状纹饰带里绣两排横向条状斑纹以表现虎背,两排条纹之间的空隙部分表现虎背的中脊。虎整体表现得比较抽象。这件毛毯内外区的边框上绣三角形锯齿纹、"工"字形、"几"字形装饰带。

1 2 3 4

图 3-33 诺彦山墓葬出土的当地制作的毛织物

IV 型。内区或中区主纹表现人物形象,共 5 件,分别出土于苏珠克图 25 号墓、6 号墓。

标本 1:苏珠克图 25 号墓棺附近出土。用深褐、绿色、沙土色毛线织成。残余人物头部,长 20 厘米,宽 14 厘米(图 3-34,1)。人面部饱满,眉眼粗大、毛发浓密;鼻梁直而高,鼻翼宽大,嘴上方留有少许经过修剪的髭须;额头发线位置有一条束带,两鬓的头发被方形条状物盖住,头发在后颈露出。

标本 2:苏珠克图 25 号墓棺附近出土,也为残余的人头像,长 51 厘米,宽 24 厘米(图 3-34,2)。与上一件毛毯上的人物相比,下颌更宽大,髭须更浓密,额头也束发带;卷发,中分,有两缕垂在额前。类似的人物形象在苏珠克图 20 号墓也有发现,博罗斯马克女士曾对比过贵霜钱币上的人物头像与织物上的头像,认为后者是希腊化风格的产物。[1] 另外,新疆山普拉墓地也出土过类似的毛毯。

1　　2

图 3-34　诺彦山墓葬出土的中亚制作的毛织物(一)

标本3:挂在苏珠克图6号墓内椁南壁外侧,高66厘米,宽44厘米。这块残片上绣出3个人物和3匹马(图3-35,1)。其中最左侧的人物头部残缺,身着长袍站立,长袍右衣襟素面,左衣襟绣菱格纹与十字形草叶纹。衣襟边缘宽大。此人前方被一匹回首的马遮住,只能看到他腿部穿着的高帮长筒靴,靴面顶部有一周纹饰,靴腿宽松,脚踝处有带子束紧。马配有马鞍,有鞍桥,鞍桥下方缀着一块圆形的饰牌,饰牌表面饰柿蒂纹。[2] 他左面的一人侧身站立,面部轮廓棱角分明,脸狭长,头戴弁帽,帽带从两鬓垂下系于颌下,前额露出几缕卷发,后颈帽沿外也露出许多卷发。此人穿着与前一人相同,腰部被另一匹马的马头挡住。最右侧的一人装束与前两人略同,下颌圆润,腰部被3匹马遮住,不见腿部,由于他身体向一侧倾斜,鲁金科推测此人正要从马背上下来。这幅毛毯下部边缘有棕榈叶和桃形花蕾相间的装饰带。该墓葬出土的另一残片表现的人物与这件完全相同,但两者无法拼接,这表明两者可能源自同一件毛毯,这种纹饰是成组连续出现。

标本4:苏珠克图6号墓出土,仅余两个人物胸部以下的部分(图3-35,2)。两人均着长袍,素面。腰部束一条腰带,腰带上配剑,剑鞘与斯基泰人剑鞘十分相似。长袍向下一直延伸覆盖至脚踝,裙裾位置

[1] Natalya Polos'mak, Xiongnu Culture According to the Material of Tomb 20 from Noyon-uul.

[2] 鲁金科认为是马胸部装饰的圆形的铃铛,但很明显它是系结,垂挂在马鞍一侧,总数应该有4个,同一座墓葬中出土的银质圆形饰牌可能就是这类物品。

饰两周连续波浪纹。长袍下端露出软靴，软靴在脚心位置有一根束带。这种束带在波斯、斯基泰、中亚都十分流行。这幅毛毯下方同样也装饰了棕榈叶和桃形花蕾的纹饰带。

此外，苏珠克图6号墓葬中还出土了一些零碎的毛毯残片，装饰题材有武士、鹰、格里芬、有翼的格里芬等。例如外椁内壁内侧挂着一件64厘米长、27厘米宽的毛毯残片，上面绣着的武士左手持圆盾，右手上举，握一杆三齿短叉（图3－36，2、3）。武士前方是一只双翼宽大，颈细长，嘴里叼着一根羽毛状的鸟类，很似凤鸟。[1] 这块毛毯旁边的另一块毛毯长40厘米，宽24厘米，上面绣着棕榈叶与狮形格里芬（图3－36，1）。格里芬腰细长，嘴大张，双翼上扬。这种希腊化风格的格里芬流行于西亚的帕提亚王朝。

1　　2

图3－35　诺彦山墓葬出土的中亚制作的毛织物（二）

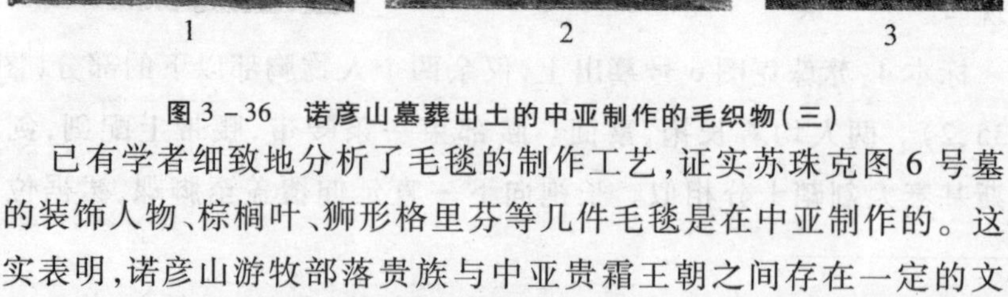
1　　2　　3

图3－36　诺彦山墓葬出土的中亚制作的毛织物（三）

已有学者细致地分析了毛毯的制作工艺，证实苏珠克图6号墓出土的装饰人物、棕榈叶、狮形格里芬等几件毛毯是在中亚制作的。这些事实表明，诺彦山游牧部落贵族与中亚贵霜王朝之间存在一定的文化

---

〔1〕鲁金科认为是鹰，似乎不对，鹰的脖子没有这么长。

交往。

②织锦。除了覆盖地毯、帷幔、衣物表面的丝绸以外,还有一些单独使用,裹覆棺椁的织锦。以下择其要者介绍:

铭文锦。苏珠克图6号墓棺西侧出土两件以上。标本1:[1]锦面满饰山川、云气,骑鹿的有翼仙人、带翼仙鹿;中间有数行铭文,铭辞从左而右为“新神灵广”(图3-37,1)。[2] 标本2:锦面满饰云气纹、虎纹。长22.5厘米,宽17厘米。锦面缝出旋涡纹,似曾被用作毛毯的面(图3-37,2)。此外,梅原末治还见过一些铭文锦残片,有“昌万岁”、“时亏”等字。道尔吉苏荣也称一些残锦上有“仙境”、“皇”、“寿成唐”等字,但并未发表相关资料。

几何纹锦。大幅的有两件,标本1:苏珠克图12号墓出土,长153厘米,宽149厘米,表面有印花菱格纹(图3-37,4);标本2:苏珠克图23号墓东回廊出土,长150厘米,宽18.5厘米,表面有多行锯齿纹与回字形纹饰(图3-37,3)。

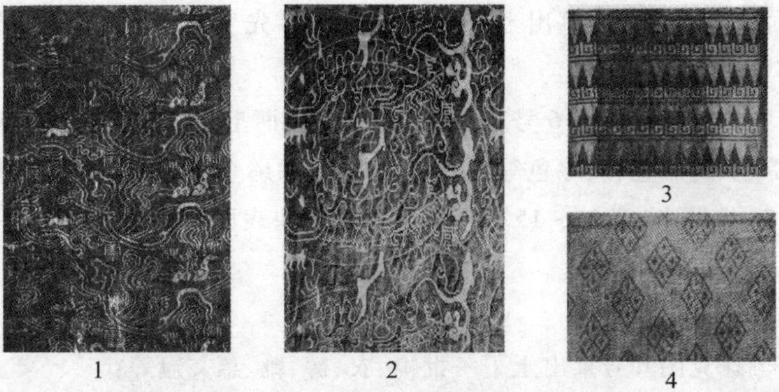

图3-37 诺彦山墓葬出土的织锦(一)

动物纹锦。大幅的有1件,苏珠克图12号墓出土,长192厘米,宽38厘米,表面饰山岳双禽树木纹(图3-38,1)。6号墓也出土过一件长21厘米,宽14厘米的鱼纹织锦(图3-38,2)和变体凤鸟纹织锦(图

[1]Camilla Trever, *Excavations in Northern Mongolia*(1924—1925), plate 17-1.

[2]特列维尔在报告中只发表了局部照片,完整辞铭据马长寿所知应为“新神灵广寿万年”六字(参见马长寿:《北狄与匈奴》,第68页)。

3－38,3）。

垂饰。苏珠克图6号墓出土多件，呈长条形，由多个三角形丝片交叠缝制而成，下部分开呈鱼尾状。上部两侧分别向两边延伸出一或两条丝带（图3－38,4）。

1　　2　　3　　4

图3－38　诺彦山墓葬出土的织锦（二）

丝织品残片。标本1：苏珠克图6号墓出土，绣有翼飞狼形象（图3－39,1）；标本2：苏珠克图12号墓出土，长34.5厘米，宽26.5厘米。绣一只天禄或辟邪的形象，躯体粗短，头部有角，颈部、肩部、臀部有鳞片，有翼（图3－39,2）。[1] 这类纹样在两汉非常流行，与其最接近的是西汉龙首原92号墓出土的青铜器座，李零先生已就此进行过详细的考察，此不赘述。[2]

③纱。苏珠克图6号墓出土，包裹在棺面上，半透明，由许多块紫色、棕色、砖红色、灰绿色等单色、长方形纱块缝合在一起。每个纱块长17～21.5厘米、宽11～15.5厘米。有的纱块表面有菱格纹（图3－39,3）。

（7）服装

苏珠克图6号墓出土了一批帽、衣、裤、靴、惠文冠等：

①帽。共3件，苏珠克图6号墓出土3件，24号墓出土1件。

标本1：苏珠克图6号墓东回廊南部出土，尖顶宽檐，两侧向下延伸呈护耳。侧面呈斧钺形，正面呈倒"V"形，展开帽檐直径53厘米、高34厘米。表面、宽檐及护耳内侧用紫色丝绸裹覆，出土时已褪色呈沙土色。内衬黄褐色毛毡。帽内用桦树枝制成骨架，左右护耳下有丝带，

〔1〕鲁金科等学者认为是龙，恐有误。

〔2〕李零：《入山与出塞》，北京：文物出版社，2004年，第96－98页。

1　　2　　3

图3-39　诺彦山墓葬织锦及纱

1~2.织锦;3.纱

用于系结(图3-40,1)。此为早期游牧人典型的尖帽,蒙古西部新发现的奥珑库麟河(Olon-Kurin-Gol)M4就出土了1件形制相同的帽子,该墓葬属于早期铁器时代巴泽雷克文化。

标本2:苏珠克图24号墓出土,平顶,呈圆筒形,展开直径21厘米、高13厘米。外层裹覆沙土色丝绸,里衬丝绵(图3-40,2)。这顶帽应为汉地制作的"平上帻"。[1]

标本3:苏珠克图6号墓出土1件,平面呈梯形,宽边约30厘米,窄边约20厘米。梯形下端两侧向外延伸出两条丝带。外层缝覆丝绸,内层是毛毡,里衬中部还缝水貂皮毛(图3-40,3)。鲁金科认为这是一种短披肩,但从毛毯上人物头饰来看,这应该是一顶弁帽,宽边应束缚在前额,两条丝带向后系结于脑后。下颌下方还应有一根带子,沿两鬓向上与帽缘系结。洛阳金村出土的传世错金银刺虎镜上的骑士就戴这种帽子,秦始皇兵马俑也有许多戴这种弁帽。[2]

②惠文冠。[3] 共两件,苏珠克图6号墓出土。

标本1:苏珠克图6号墓出土。长条形,下边中部内曲。里层为细毛毡,外面缝一层丝绸,四角延伸出四根丝带。这件物品可覆盖在额头,两鬓用于保暖,四根带子可在人脑后系结、固定(图3-40,4)。梅原末治最早对这件物品的用途进行了判定。

标本2:苏珠克图6号墓东回廊出土,无顶,呈圆筒形,两侧向下延

[1]详见本书7.4的讨论,鲁金科认为这顶帽子是女性佩戴,但没有阐述理由。

[2]详见本书7.4的讨论。

[3]关于惠文冠的定名,详见本书7.4的讨论。

伸出长方形护耳。展开直径 22 厘米，高 13 厘米，护耳长 17 厘米。内层为毛毡，毛毡上缝覆丝绸。丝绸外侧缝红色水貂皮毛，前额在毛皮表面用黄褐色、灰色、亮白色三色丝线绣出三角纹及左右两个圆形水涡纹。帽檐后部有两护耳，下方都有数条丝带，用于系结固定在头部（图 3－40，5）。

②长袍。共两件，苏珠克图 6 号墓出土。

标本 1：表面用红色丝绸，无衬，长 1.17 米，两袖展开宽 1.94 米，袖口宽 7 厘米。领口、衣襟、下摆及袖口都缝上黑色水貂皮。左右两肩及领口后部中部也各缝一块长条形装饰性貂皮（图 3－40，6）。

标本 2：表面用丝绸缝制，里衬厚四层毛毡，领口、衣襟、下摆以及袖口外加缝一层宽 10 厘米的丝绸条带，使之更加耐磨（图 3－40，7）。

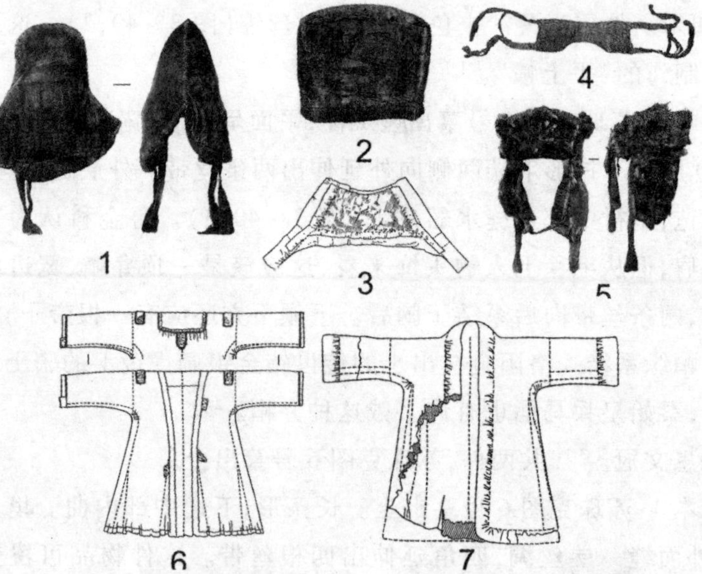

图 3－40　诺彦山墓葬出土的服装（一）

1～3. 帽子；4～5. 惠冠；6～7. 袍

④裤子。共 3 条，苏珠克图 6 号墓出土。

标本 1：长 1.14 米，宽 1.16 米，用紫色毛线织成，裤腿宽大，裤脚紧收。裤腿两侧缝红褐色相间的装饰性条带，裤腰上还缝了裤带的穿环（图 3－41，1）。

标本2:形制与标本1相同,但整条裤子是用沙土色丝绸面料制成,裤腰、裤脚缝着白丝边(图3-41,2)。

标本3:由两个独立的裤腿组成,每条裤腿长1.09米,宽0.5米。裤腿肥大,裤脚紧收,裤腿之间没有连接的裆。裤腿由内外两层丝绸缝制而成,裤面丝绸图案题材是有翼山羊和骑兵。裤里衬是素面的红色丝绸(图3-41,3)。裤腰前部缝制了一朵丝面皮衬的四瓣花叶(图3-41,4)。裤脚下还缝制了毡袜,毡袜外缝一层白色丝面。鲁金科认为这条裤子是汉式的。

⑤靴子。苏珠克图6号墓出土,一种为皮面毡靴,低帮,内层为毛毡,毛毡外裹覆皮革(图3-41,5),另一种为丝面毡靴(图3-41,6)。丝面毡靴底在苏珠克图6号墓(图3-41,7)、12号墓(图3-41,8)都有发现。其中12号墓地的靴底长19.5厘米,宽10厘米,靴底缝一层丝织物,上面绣着两组云纹。[1] 鲁金科认为花纹是汉式的。

⑥护臂。苏珠克图6号墓出土1件,丝质,平面呈长方形,装饰呈列三角锯齿纹,边缘有四根系带(图3-41,9)。鲁金科认为是丝巾,但形制相似的器物在新疆民丰尼雅遗址曾发现1件,上面写着"五星出东方利中国",由此我们判定其为护臂无疑。

(8)带具及装饰品

①金属类

带扣。形制有三种:

A型。略呈叶形,窄端呈圆弧形,另一端宽,呈尖角形。苏珠克图20号墓出土一对,均为银鎏金,表面以浮雕形式表现出一只神兽的形象。神兽头长两角,口鼻粗短;肩部有火焰状飞翼;身躯弯曲呈S形;四爪前后交替,作爬行状(图3-42,1)。

B型。前部呈椭圆环状,后部呈方环状,苏珠克图6号墓出土1件,青铜鎏金(图3-42,2)。

C型。平面细长呈叶形,有扣环和扣舌,苏珠克图6号墓出土(图3-42,6)。此类带扣在额吉河墓地、呼尼河中小型墓葬中非常流行。

[1]据器物登记表中记述这条裤子上面还有汉字,但根据发表的照片无法确认。

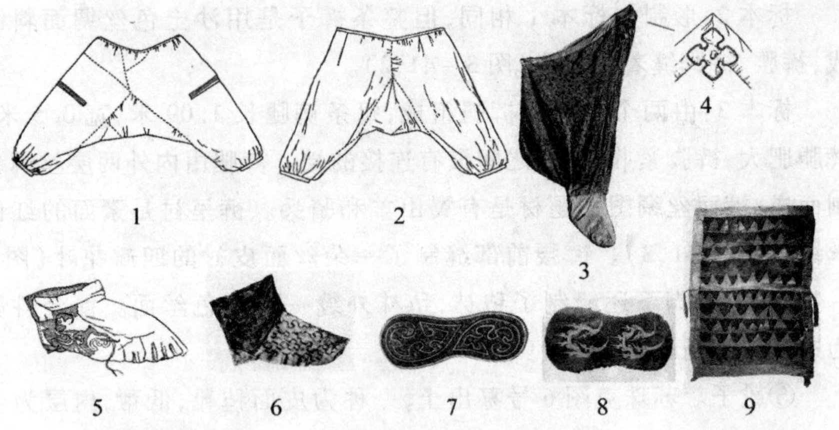

图 3－41　诺彦山墓葬出土的服装(二)

1～4. 裤;5. 皮面靴;6. 丝面毡靴;7～8. 丝面毡靴底;9. 护臂

腰饰环。苏珠克图 6 号墓出土一对,银质,圆环状,内外边框施突起的斜绳纹(图 3－42,4～5)。

饰泡。苏珠克图 6 号出土,青铜鎏金平面呈椭圆形,表面鼓起呈半球形,背面有两道钮(图 3－42,3)。一般于带扣配合使用,装饰在腰带外侧。

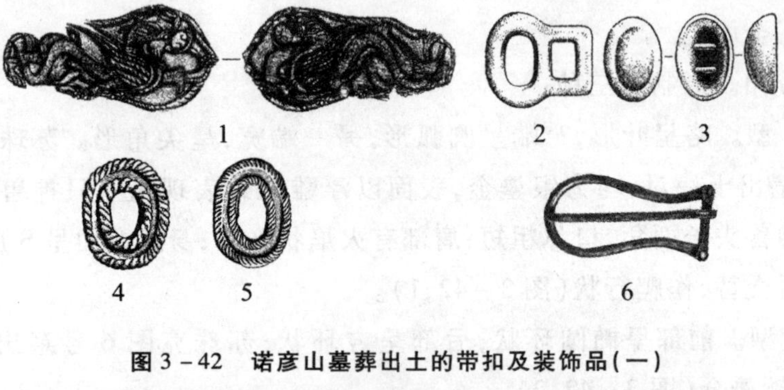

图 3－42　诺彦山墓葬出土的带扣及装饰品(一)

1～2、6. 带扣;3. 饰泡;4～5. 饰环

叶形饰。苏珠克图 6 号、23 号墓出土,外形与叶形马饰牌接近,但尺寸仅为后者的一半。具体装饰位置不明,暂归于此:

标本 1:银饰牌,出土于苏珠克图 6 号墓棺底下部。叶形,上端呈

圆弧形，下端呈尖角形，长 6.5 厘米，宽 3.7 厘米。两侧呈双连弧形，周缘有突起的斜线纹边框。素底，主纹凸起，以浮雕的手法表现一只站立状态的雄鹿。鹿头转向左侧，正面向前、细长耳；两支鹿角左右分开，上扬，各有两个枝杈；颈上部粗大、下部细长；四肢细长，竖直站立，蹄尖着地（图 3－43,8）。

标本 2：金饰牌，苏珠克图 23 号墓棺附近出土，叶形，长 8.2 厘米，宽 3.8 厘米，边框施斜线纹，中间锤揲出草叶纹（图 3－43,9、10）。

其他饰件：

标本 1：金饰牌，巴勒洛德墓葬出土，环状，直径 3.8 厘米，透雕（图 3－43,1），纹样与腰饰环接近。

标本 1：金箔片，苏珠克图 23 号墓棺附近出土，长方形，长 8.7 厘米，宽 5.8 厘米，表面锤揲出一匹有翼的卧马，马左前蹄前伸；鬃毛、翼的周缘施斜线纹（图 3－43,2）。

标本 6：金箔片，苏珠克图 23 号墓棺内出土，长 3.8 厘米，宽 1 厘米。锤揲出狼头的形象，眼、鼻处的凹窝镶嵌的宝石都已脱落（图 3－43,3）。

标本 7：金箔片，苏珠克图 23 号墓棺内出土，高 3 厘米，宽 1.7 厘米。表现出牛头的形象，牛耳、角边框点焊小金珠，其中镶嵌黑色、灰色的宝石。原先附着在木器表面（图 3－43,4）。

标本 5：金饰泡，苏珠克图 23 号墓棺内出土，半球形，直径 1.1 厘米，高 1.1 厘米，表面点焊小金珠，镶嵌 15 颗圆形黑色宝石（图 3－43,5）。

标本 6：金饰件，苏珠克图 23 号墓棺内出土，圆柱体，高 1.9 厘米，直径 1.4 厘米，表面上下点焊四行小金珠，相邻两行之间有小金珠绕成的小圆圈，圆圈内镶嵌的玻璃、宝石等已全部脱落（图 3－43,6）。

标本 6：青铜饰件，苏珠克图 1 号墓出土，高 11 厘米，外部浮雕狼头形象（图 3－43,7）。

②玉石类

玉石器。诺彦山的高等级墓葬中普遍随葬玉器，据鲁金科报告清

图 3-43　诺彦山墓葬出土的带扣及装饰品(二)

1~6、8、9、10. 金饰件;7. 青铜狼头

单统计:苏珠克图 1 号墓出土 28 件,6 号墓出土 9 件,24 号墓出土 1 件,康德拉梯耶夫墓出土 6 件。玉器主要发现在棺的附近,种类有璧、璜等,以装饰用玉为主。

玉璧。1 件,苏珠克图 1 号墓棺西侧出土,素面(图 3-44,2),这件器物应为礼仪用玉。

玉璜。两件。标本 1:苏珠克图 1 号墓棺西侧出土,素面,两端平齐,四个折角分明;内弧边有两个穿孔,外弧边有三个穿孔(图 3-44,3);标本 2:苏珠克图 24 号墓出土,透雕双龙纹,制作精巧(图 3-44,5)。这两件玉璜都应属装饰性佩玉。标本 3:苏珠克图 20 号墓出土,通体呈半透明的卵白色,外缘弧边有三个穿孔,内弧边有两个穿孔(图 3-44,1)。

玉片。两件以上。苏珠克图 1 号墓棺西侧出土,标本 1:苏珠克图 1 号墓出土,圆角梯形,素面,表面平整,两斜边各有三个穿孔(图 3-44,4)。这种玉片形制与伊沃尔加墓地出土的石铠甲片非常相似,同时也与汉地的玉衣片接近。可惜墓葬被盗扰严重,且报告只发表了一张图版,文字部分也没有说明同类玉片的数量,其具体功用已不得而知了。

另外,苏珠克图还出土一些卵黄色玉器残片,有一件单面直刃,类似玉刀;另有一件前端呈尖角形,类似玉剑或玉圭。[1]

---

[1] Natalya Polos'mak, Xiongnu Culture According to the Material of Tomb 20 from Noyon - uul.

除此之外，诺彦山墓葬还出土了一批琥珀、孔雀石、玻璃、黄铁矿结晶体制作的小串珠。

1　　2　　3　　4　　5

图 3－44　诺彦山墓葬出土的带扣及装饰品(三)

1～5. 玉器

(9)其他

①发辫。诺彦山许多墓葬中都随葬发辫，这些发辫或放置在棺与内椁之间，或放置在内外椁之间的回廊中。发辫表面多包裹丝绸制的发套，两端用毛绳捆束。据鲁金科对科兹洛夫考察队发掘品的统计，诺彦山墓葬出土的发辫总数超过 120 条，其中苏珠克图 1 号墓出土 21(23?)条、6 号墓出土 85(78?)条、2 号墓出土 1 条、康德拉梯耶夫墓出土 14(13?)条。[1] 这种发辫的长度在 20～25 厘米之间。多数呈黑色，但在康德拉梯耶夫墓中也出土 4 条夹杂黄褐色头发的发辫。发辫的编束方法有两种，一种是将头发分为两股，相互缠绕；另一种分为 3 股，相互交叠缠绕而成(图 3－45)。其中大多书发辫都采用第二种扎法。发辫外裹束的丝绸呈圆筒形，外面用缀花的工艺缝制三角形丝块，组成锯齿纹装饰带。其制作方法类似上述鱼尾形垂饰。学者们对这些发辫的解释不同，捷普楼霍夫最早提出发辫属于匈奴贵族的妻妾，在他死后妻妾们割下发辫代表自己殉葬。鲁金科也赞同这一看法并摒弃了伯恩施坦姆认为发辫属于被匈奴征服部族的观点。至于发辫上装饰的丝制发套，鲁金科也认为这是匈奴妇女日常生活所使用的，而非专为葬仪所制作。捷普楼霍夫的看法目前被学术界广泛认同。

②铜镜。共两面，分别出自苏珠克图 6 号墓内外椁之间的东回廊以及 25 号墓外椁内东北角。6 号墓的资料并未刊布，25 号墓出土的这

[1]根据鲁金科报告附器物登记清单的统计数据与此有出入，此类数据后我们以“(?)”表出，以供参考。

件铜镜只残余部分镜缘和外区。残长 10.5 厘米，宽 8 厘米。镜缘饰一周连续的“S”形云纹和一周锯齿纹；镜缘、镜钮与中区连接处各施 1 道斜线纹；中区残有 1 颗乳钉，乳钉环绕在一内向八连弧的圆圈中间。乳钉左侧有以阳线勾勒出的一只鸟的轮廓，鸟有翼，头后部有冠；乳钉右侧仅余一只兽的后半身，尾细长，后肢粗大，有爪。根据铜镜残片估算，这面铜镜直径在 17 厘米以上。而装饰多数乳钉纹的汉镜，相邻两颗乳钉之间通常只装饰一只体型与中区等宽的禽兽。这面残镜上禽鸟的整体已经表现出来，根据它与乳钉所占弧长推算，完整铜镜应有 7 颗乳钉。也就是说，这面铜镜应该是一面七乳禽兽镜。[1] 这类铜镜在汉地流行的年代是西汉晚期后段至新莽时期（图 3－46）。[2]

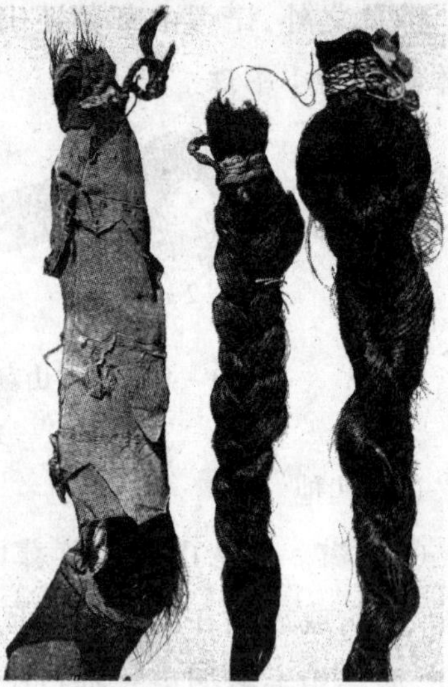

图 3－45　苏珠克图 6 号墓出土的发辫

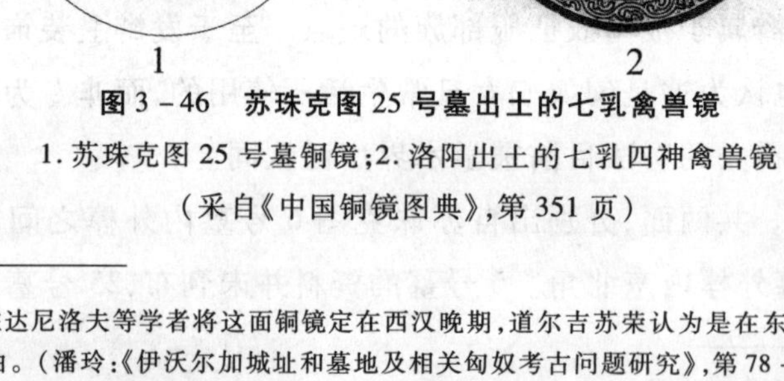

图 3－46　苏珠克图 25 号墓出土的七乳禽兽镜

1. 苏珠克图 25 号墓铜镜；2. 洛阳出土的七乳四神禽兽镜

（采自《中国铜镜图典》，第 351 页）

---

〔1〕以往达尼洛夫等学者将这面铜镜定在西汉晚期，道尔吉苏荣认为是在东汉时期，但并未说出明确理由。（潘玲：《伊沃尔加城址和墓地及相关匈奴考古问题研究》，第 78－79 页；单月英：《匈奴墓葬研究》，第 41 页）。

〔2〕程林泉，韩国河：《长安汉镜》，第 141－144 页。

3.2.1.6　年代及相关分析

早年参加整理科兹洛夫发掘资料的日本汉学家梅原末治、德国的科摩(Otto Kümmel)以及美国的叶慈(W. P. Yetts)等学者曾根据苏珠克图6号墓出土的铭文漆耳杯、织锦上的汉字铭文进行释读,根据“建平五年……”、“上林”、“新神灵广”判定它们是西汉末期在汉地制作的。编撰报告的鲁金科及后继的前苏联学者也都认为该墓地的年代在公元前后。此后蒙古学者西姆科夫墓发掘的墓葬也出土了带有“建平五年九月蜀郡……”字样的漆耳杯。苏珠克图25号墓出土的七乳禽兽镜年代也在西汉晚期至新莽时期。综合看来,苏珠克图墓地的几座“甲”字形墓葬的年代彼此接近,基本在新莽时期及以后,不早于公元1世纪。

前苏联学者伯恩施坦姆还大胆认定苏珠克图6号墓就是匈奴乌珠留若鞮单于(公元前3—公元13年在位)的陵寝,对此我们深表怀疑。因为时代与苏珠克图6号墓接近、规模与之接近或更大的墓葬在苏珠克图墓地、德尔利格墓地还有不少。

关于苏珠克图“甲”字形大墓采用的棺椁制度,鲁金科曾援引俾丘林所译《史记》:“匈奴人死后葬在棺内,棺外还套内外两重椁。而且死者身上还穿着由织锦和毛皮制作的殓衣。”也即说匈奴人葬具普遍采用两重木椁1重木棺。但《史记·匈奴列传》原文载:“其送死,有棺椁金银衣裘,而无封树丧服。”[1]其中并没说匈奴用两椁一棺,也没说死者一定要穿织锦的衣服。可见,此说法纯属以讹传讹。

总体看来,诺彦山墓葬的形制、墓地布局、随葬品等特征以及葬仪体现出的等级制度,与呼尼河高勒·毛德I号墓地、II号墓地基本一致,都属同一文化。

3.3　鄂嫩河中游地区(中心东区)

以德尔利格墓地、包尔布拉格墓地为代表。

---

〔1〕《史记》卷110《匈奴列传》。

3.3.1 德尔利格(Дуурлиг нарс)墓地

3.3.1.1 调查与发掘

1973年,蒙古考古学家策温道尔吉在鄂嫩河中游右岸调查时发现了一处匈奴时代的墓地,将其命名为德尔利格墓地。1991—1992年,三宅俊彦、加藤真二参与的蒙日联合考察队在这里进行过细致的勘测,共发现191座墓葬,并确认了其中的167座属于匈奴墓。2002年,蒙韩联合考察队再次对德尔利格墓地进行勘测,并从2006年起,计划在5年之内依次发掘M2、M3、M4、M1、M5等5座墓葬。

3.3.1.2 墓葬形制及葬具

这座墓地位于肯特省巴彦阿德拉嘎县巴彦村南部缓坡丘陵地带的松林中,据鄂嫩河右岸约1公里。墓地分布在1.2平方公里的范围内。三宅俊彦与加藤真二将墓葬形制分为类方形墓与圆形墓两类,两者以下又按有无墓道分为两个小类。根据他们绘制的墓地平面图,我们可以将墓葬形制分为五类:(1)“甲”字形墓葬;(2)多墓道方形石堆墓;(3)无墓道方形石堆墓;(4)单墓道圆形石堆墓;(5)无墓道圆形石堆墓。其中“甲”字形墓葬、无墓道的圆形石堆墓数量最多,共有132座。这两种墓葬规模都比较大。封堆高约0.3~1米,呈方形,四边多垒砌石墙。封堆边长多在6~11米,边长小于5米的很少;边长超过20米的墓葬有8座。墓向在330°~30°之间。

(1)“甲”字形墓葬。规模普遍较大,其中最大的一座M182,边长39米,南侧的墓道长28.4米、宽18.3米。墓道一般位于封堆南侧,但也有少数例外,比如M135的墓道就在封堆北部;M119、M38的墓道在封堆西部;M58的墓道在封堆东部;而M65、M27、M101的墓道则开在封堆的斜角上。这几座墓道开在北、西、东部或在封堆斜角的墓葬规模都比较小,封堆边长在6~10米。蒙韩考察队当时发掘的M1,封堆边长24米、宽21米、墓道长30米。墓道内也有石隔墙。墓坑深15米,内部虽然没有石隔墙,但是搭设了由多根竖直、水平的原木组成的木构架,中间填石块,同样起到了加固墓室的作用。2007年发掘完的M2规模较小,封堆长11米,宽9米,墓道长15米,墓坑深8米,葬具采用1

重木椁1重木棺，木棺表面有四瓣花形和条形金饰件组成的菱格网状棺饰。M5封堆长10米，宽9米，墓道长6米。

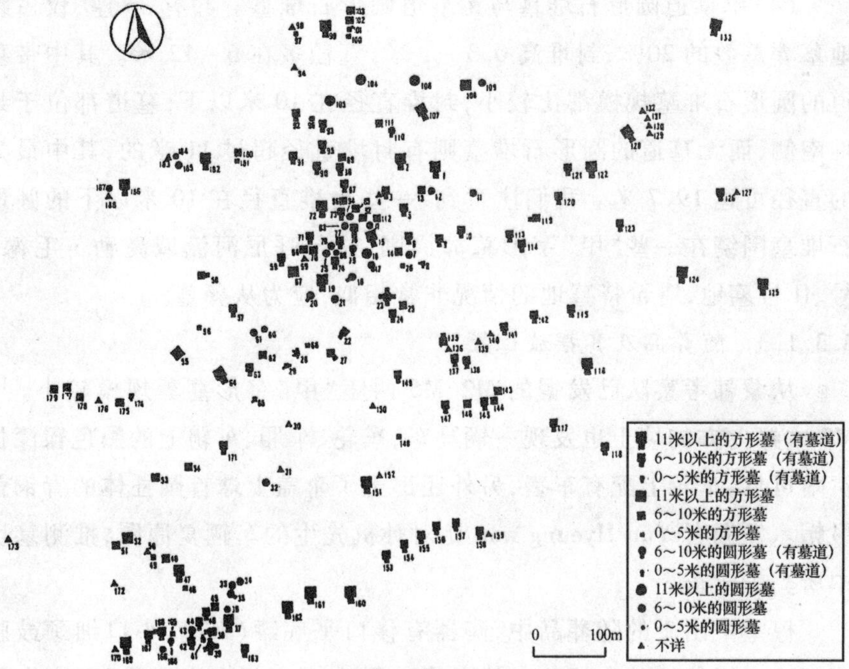

图3－47　德尔利格墓地分布示意图[1]

(2)多墓道的方形石堆墓。规模都比较小，方形石堆边长不超过10米。墓道的数量在2～4条不等、位置也不固定。比如M23、M39是带有4条墓道的“亚”字形石堆墓；M8、M168封堆的西侧、北侧各有一条墓道；M29是一座封堆边长不足5米的小墓，在其西北斜角以及东部各有1条墓道；M28也是一座小墓，但却有4条墓道：南北各一条，西侧有平行的两条。这些带有多墓道的小墓，可能正如日本学者所述，并不都具有墓道的作用，有些可能只是在地表砌出墓道形的石圈。[2]

(3)无墓道的方形石堆墓。以韩蒙考古队发掘的M3、M4为例。M3边长6米，墓坑深3.5米，内置1重木椁，木椁外侧表面装饰金饰

[1]三宅俊彦、加藤真二：《关于蒙古国鄂嫩河中游地区的匈奴墓地调查》，《内蒙古文物考古》，1996年2期，第140页，图一。

[2]三宅俊彦，加藤真二：《关于蒙古国鄂嫩河中游地区的匈奴墓地调查》，第140页。

件。M4 封堆南北长 10 米,宽 9 米,深约 3 米,内置 1 重木椁,木椁外侧表面装饰金饰件。

(4)单墓道圆形石堆墓与无墓道圆形石堆墓。共有 35 座,仅占墓地墓葬总数的 20%,封堆高 0.3 ~ 1 米,直径多在 6 ~ 12 米。其中带墓道的圆形石堆墓规模都比较小,封堆直径在 10 米以下,墓道都位于封堆南侧,而无墓道的圆形石堆墓则有封堆直径超过 11 米的,其中最大的直径可达 19.7 米。我们注意到,一些封堆直径在 10 米以下的圆形石堆墓围绕在一些"甲"字形墓葬周围,这与呼尼河流域高勒·毛德 I 号、II 号墓地、塔希特墓地的情况非常相似,应为从葬墓。

3.3.1.3　随葬品及其摆放位置

从蒙韩考察队已发掘的 M2、M5 两座"甲"字形墓葬规模较小。[1] M2 木椁上方的填土也发现一辆马车,车轮、车厢、车辀上的黑色髹漆仍清晰可见,车轮上配有车軎,另外还出土了伞盖上球首圆柱体的青铜盖弓帽。发掘者 Yun Hyeung won 比对孙机先生的车辆复原图,推测墓坑中所葬为轺车。[2]

椁室中出土的随葬品中,陶器有侈口平底罐(M2)、小口细颈鼓腹罐(M3)、杯(M4)、盏(M4),其中侈口平底罐底部有方形戳记,内饰圆圈与叉号组成的符号;铁鍑在 M4 中出土 1 件,有两个方形立耳、鼓腹、倒置喇叭口形圈足,器表装饰大花瓣花叶纹,与诺彦山、呼尼河墓葬的铜鍑形制接近;玉器只见于 M2,包括一件青绿色满饰细密的突起涡纹玉璧;方形及圆形有穿两孔的卵黄色玉片,玉器形制与诺彦乌拉苏珠克图 1 号墓出土的玉璧、玉片接近。铜镜在 M2、M3 中各出土 1 件,均残。其中 M2 出土的铜镜中区边缘有一个"V"字符号,周围有鸟或兽纹,边缘施一周双线波折纹、无三角锯齿纹,是一面四神或鸟纹规矩镜。这类铜镜在长安、洛阳流行时代在西汉晚期至新莽,在河北、河南、浙江、广

---

[1]该墓地发掘资料是根据韩国考古学家 Yun Hyeung won 在 2008 年 10 月 16 - 18 日在乌兰巴托"匈奴考古国际研讨会"上的演示,相关报告尚未正式发表。

[2]同上。

州等地汉墓中可晚至东汉中期。[1] M3 出土的铜镜圆座、圆钮、宽缘，中区残有 1 乳钉、乳钉周围有双线勾勒变形的蟠螭纹，底纹施云纹。据残镜推断，原镜应有四乳。这类铜镜与长安汉镜 C 型、D 型铜镜相似，流行时代在西汉早、中期。[2] 此外，M2 椁室内出土的两根鎏金合金权杖形制与诺彦山苏珠克图 24、25 号墓以及高勒·毛德 I 号墓地 M1、M20、M79 出土的权杖形制相似。

棺内随葬品多件人身饰件。比如 M3 出土的一件长方形金饰牌，周圈有斜绳纹边框，中间施突起的两条交叠缠绕的蛇形纹，四角有穿孔。相似纹样的饰牌在伊沃尔加墓地、额吉河墓地出土饰牌、带扣上都发现过。M2 出土许多点焊小金珠、镶嵌绿松石的球形、圆形金饰件，红玉髓串珠；M2 还出土了两件透雕马形金饰牌，与伊里莫瓦墓地出土的青铜饰牌一致。

3.3.1.4　墓地布局及年代

三宅俊彦与加藤真二以 5 米、10 米为标准把墓地内墓葬分为大、中、小三个等级。根据墓地布局的特征，他们对墓地的形成过程作出了推测：第一期，首先在墓地中心营建 M15、M47、M99、M182、M186 等规模最大的"甲"字形墓葬，然后围绕大墓建造中、小型墓葬并形成小墓群。第二期，在大型墓葬周围建造东西成排的中型墓葬，中型墓葬周围也建造小型墓葬，形成一个个小墓群；第三期，在墓地边缘建造独立的中型墓葬，这些中型墓葬并未形成小墓群。[3]

关于墓地的年代，三宅俊彦、加藤真二认为第一期墓葬营造时间在公元前 1 世纪中叶至公元 1 世纪中叶，与诺彦乌拉墓地年代相仿。第二期至三期墓葬在公元 1 世纪中叶以后，墓地内不再出现极大型墓葬、中型墓葬东西分布松散的现象表明族长势力被削弱。他们推测这与西汉晚期以后北匈奴内乱、势力衰落有关。[4]

[1]发掘者将其年代断在公元前 1 世纪至公元 1 世纪。程林泉，韩国河：《长安汉镜》，第 135－137 页。

[2]发掘者将其年代断在公元前 3—2 世纪。程林泉，韩国河：《长安汉镜》，第 117 页。

[3][日]三宅俊彦，加藤真二：《关于蒙古国鄂嫩河中游地区的匈奴墓地调查》，第 144 页。

[4]关于墓地布局及墓地形成过程，详见第 6 章分析。

墓地中可资断代的两座墓葬是 M2 和 M3。M2 出土的规矩镜流行年代在西汉晚期至东汉前期；M2 出土满饰细密的突起涡纹玉璧，与西汉中晚期玉璧形制接近；M2 出土的马形饰件与西汉晚期至新莽时期的伊里莫瓦墓地出土饰件接近。M3 出土的四乳蟠螭纹镜流行年代在西汉早、中期，M3 出土长方形金饰牌上双蛇缠绕的纹样与伊沃尔加墓地采集的青铜带扣以及额吉河布尔汗·托勒郭依墓地铁包金带扣纹样接近，时代大致在新莽以前。M3 位于 M2 东部两米处，经发掘者判断，它不属 M2 从葬墓。

总体来看，M2 这座"甲"字形墓葬的年代约在西汉晚期至新莽时期。M3 这座方形石堆墓时代稍早，约在西汉中期左右。

此外，两位日本学者推测圆形墓葬的年代比方形墓葬早。该墓地内的圆形墓葬尚未发掘，但从德列斯图伊墓地的发掘情况来看，方形、圆形墓葬早晚都有，而且墓地中心分布的多为方形墓葬。按照日本学者的逻辑，这种墓葬应是墓地中最早建造的，方形墓葬反而比圆形墓葬的年代早。下文将说明，两种墓葬西汉早期就同时存在，方形墓葬在匈奴中心北区、东区比较流行。

总之，德尔利格墓地与诺彦山、呼尼河、额吉河等地墓葬形制、随葬品、等级制度一致，属同一文化。同时，该墓地多墓道的小型墓葬比较特殊。

3.3.2 包尔布拉格(Бор булгийн ам)墓地

这处墓地是 1991—1992 年，由三宅俊彦、加藤真二参与的蒙日联合考察队首次发现的。该墓地位于肯特省宾德尔县，距鄂嫩河支流巴彦河南 24 公里处的丘陵北坡上，东距德尔利格墓地 42.7 公里。已确认的匈奴时期墓葬共有 103 座。墓葬形制与德尔利格墓地相似，但中小型墓葬居多，方形墓葬封堆边长多在 5 ~ 10 米，20 米以上的大型墓葬只有 M7、M12 两座，圆形墓葬直径超过 11 米的只有 M35、M83 两座。墓葬在墓地内的分布比较松散。据调查者判断，这座墓地同于德尔利格墓地第三期，也就是匈奴势力衰退、氏族观念淡薄、独立建造中小型墓葬的阶段。[1] 我们推测包尔布拉格墓地与德尔利格墓地年代接近，属不同氏族、不同等级墓地。因为外贝加尔地区的查拉姆墓地与伊里莫瓦墓地也是同时期不同规格的高等级墓地。

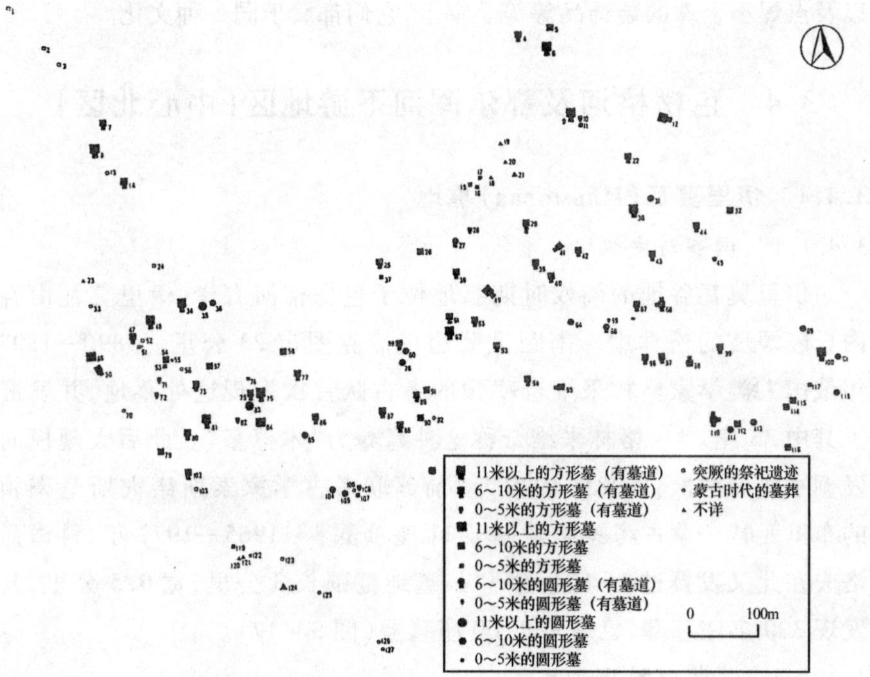

图 3－48　包尔布拉格墓地分布示意图[2]

总体看来，鄂嫩河流域匈奴时期的墓葬形制比较复杂，墓葬形制除了在呼尼河、诺彦山见到的“甲”字形墓葬、圆形石堆墓以外，还多出多墓道方形石堆墓、无墓道方形石堆墓、单墓道圆形石堆墓等三种形制。并且“甲”字形墓葬墓道的位置不一定都在南侧，还有在封堆北侧或东侧、西侧的。然而，鄂嫩河墓葬与呼尼河、诺彦山墓地葬仪的共性体现得更为明显：大型“甲”字形墓葬在墓地中处于主导地位，周围有小型陪葬墓。大型墓葬墓坑内用原木搭建骨架的做法与高勒·毛德 M1 在墓坑内垒砌

[1]关于包尔布拉格墓地布局及形成过程的讨论详见第六章。〔日〕三宅俊彦，加藤真二：《关于蒙古国鄂嫩河中游地区的匈奴墓地调查》，第 144 页。

[2]〔日〕三宅俊彦，加藤真二：《关于蒙古国鄂嫩河中游地区的匈奴墓地调查》，第 143 页，图二。

石墙、形成石骨架的做法类似。随葬品方面也与呼尼河、诺彦山墓葬十分接近,例如小口细颈鼓腹罐、侈口鼓腹罐、鼓腹圈足鍑、陶器器底打方形印戳、车马具、玉璧、穿孔玉片、铜镜残片、菱格网络状的四瓣花形棺饰以及点焊小金珠的装饰品等等。综上,它们都属于同一种文化。

3.4 色楞格河及鄂尔浑河下游地区(中心北区)

3.4.1 伊里莫瓦(Ильмовая)墓地

3.4.1.1 调查与发掘

伊里莫瓦谷地的匈奴时期墓地位于色楞格河右岸,伊里莫瓦山谷内丘陵缓坡的松林中。南距俄蒙边境恰克图市23公里。1896—1897年俄国人类学家格林采维奇率领的考古队首次发现这处墓地,并发掘了其中33座。[1] 格林采维奇称这种墓葬为"木椁墓"。此后大规模的发掘主要有两次:1928—1929年,前苏联考古学家索斯诺夫斯基率领的布里亚特—蒙古考察队发掘了11座墓葬;[2]1965—1972年,科诺瓦洛夫在此又发掘过16座墓葬。[3] 墓地范围长3公里、宽0.5公里,共发现300多座墓葬,已发掘近60座墓葬(图3-49)。

3.4.1.2 墓葬形制及葬具

墓葬形制分为三种:(1)"甲"字形墓葬;(2)方形石堆墓;(3)圆形石堆墓。[4] 墓地中"甲"字形墓葬规模最大,在墓地中占主导地位,有的周围绕以多座小型圆形石堆墓。外部结构与呼尼河、诺彦山、鄂嫩河地区的"甲"字形墓葬十分接近,但墓坑内部结构却存在很大差异,以1974年发掘的M54为例,方形封堆长16米、宽15.5米,封堆四周的石围墙高约1米。封堆北侧有一个附属的长方形小石框。封堆内部由1

[1] Ю. Д. Талько - Грынцвич, Суджинское доисторическое кладбище в Ильмовой Пади // Тр. ТКО ПОРГО, т. 1, вып. 2. М, 1898.

[2] Г. П. Сосновский, Раскопки Ильмовой Пади // СА, VIII, 1946. - С. 51-66.

[3] П. Б. Коновалов, Хунну в Забайкалье (Погребальные памятники). - Бурятское Книжное Издательство, Улан - Удэ, 1976.

[4] 冯恩学所谓的"多穴墓"即"甲"字形墓葬;"单穴墓"指方形或圆形石堆的中小型墓葬(冯恩学:《俄国东西波利亚与远东考古》,吉林大学出版社,2002年,第479-483页)。

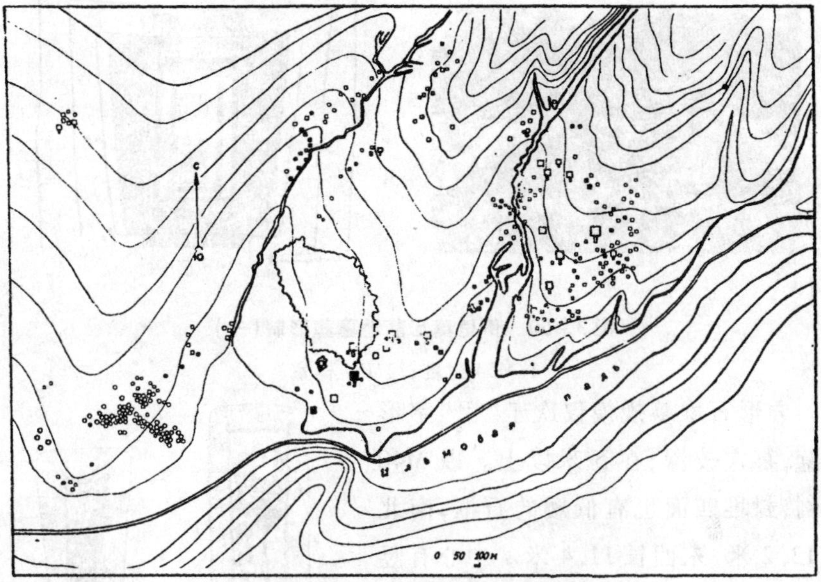

图 3－49　伊里莫瓦墓地分布示意图[1]

条南北向石隔墙与4条东西向石隔墙将封堆分隔为10个长方形格子。封堆南侧接一条长14米的梯形坡道，坡道周围有石墙，内部有一条南北向石隔墙、坡道下无墓道（图3－50，1）。墓坑内有2重木椁1重木棺，棺外有条形及四瓣花形金饰片组成的网状棺饰（图3－50，2）。外椁北侧及内椁北侧都放置动物牺牲，随葬品主要放在外回廊东侧。包括一根鎏金合金权杖、鎏金哑铃型铁马镳、鎏金马形透雕青铜饰件等。

M54周围的圆形石堆从葬墓发掘的有两个：M54a、M54b，墓坑并不深。M54a地表覆盖一些石块，墓坑深1.47米，填土中出土鹿角和鹿骨、墓室中有一具木棺、木棺长1.64米，头侧宽0.48米、尾宽0.42米、高0.35米（图3－51，1）。木棺侧板超出前后挡板。棺内葬一人，仰身直肢，头向北；上身骨架被扰乱，下身骨骼保持原位。随葬品仅有两件鹿角制作的饰牌；M54b地表也有石块覆盖，墓坑深1.5米；内填石块，墓室内有一具木棺，长1.4米，宽0.34～0.28米（图3－51，2）。内葬一儿童，仰身直肢，头向北，随葬铁带扣及穿孔的羊拐。

[1]采自科诺瓦洛1976年报告第28页插图2。

1　　　　　　　　2

图 3－50　伊里莫瓦墓地墓葬形制(一)

1. M54 封堆;2. M54 椁室

方形石堆墓规模仅次于“甲”字形大墓,墓穴较深,在 5 米以上。以 M40 为例,封堆四面也有低矮的石框,南北长 13.2 米,东西长 11.4 米。中心有竖穴土坑,墓室内有 1 重木椁 1 重木棺,内葬 1 男性,头向北。随葬骨筷、骨勺、青铜鎏金的叶形饰片、青铜透雕马形饰片、银制四瓣花形棺饰等等(图 3－52,1)。

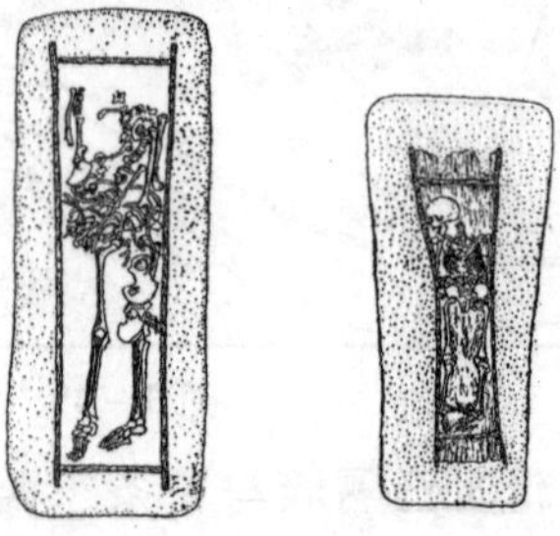

1　　　　　　　　2

3－51　伊里莫瓦墓地墓葬形制(二)

1. M54a 棺室;2. M54b 棺室

独立的圆形石堆墓规模大小不一,直径在 2～7 米左右,封堆正下方有竖穴土坑。随葬品多寡不均,规模大的墓葬的葬具多采用 1 重木椁 1 重木棺,有的在木椁外侧还围砌一圈石椁,规模小的墓葬仅采用 1 重木棺(图 3－52,2、3、4)。

3.4.1.3　随葬品及其摆放位置

随葬品多放置在木棺北侧与木椁之间的头箱内,包括马、牛、羊、狗等动物牺牲的头颅、肢骨、蹄和骶骨。牺牲数量因墓葬级别不同而存在差异。随葬品种类与额吉河流域相似,包括陶罐、陶灯、漆耳杯、骨筷、骨勺、骨钻弓、公牛距骨制作的钻杆帽(图 3－53,1、2)、小铁刀等日用器(图 3－53,3、4、5);弓、箭、箭镞等武器;马镳、马衔等马具;金属制人

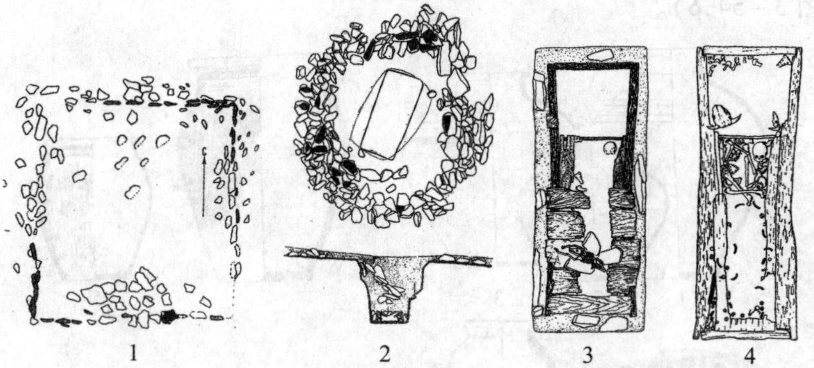

图 3－52　伊里莫瓦墓地墓葬形制示意图(三)

1. M40 封堆;2. M46 封堆及墓坑;3. M46 棺椁结构;4. M46 椁室

身及衣物饰片;铜镜残片、羊拐、圆形方孔钱币等等。[1]

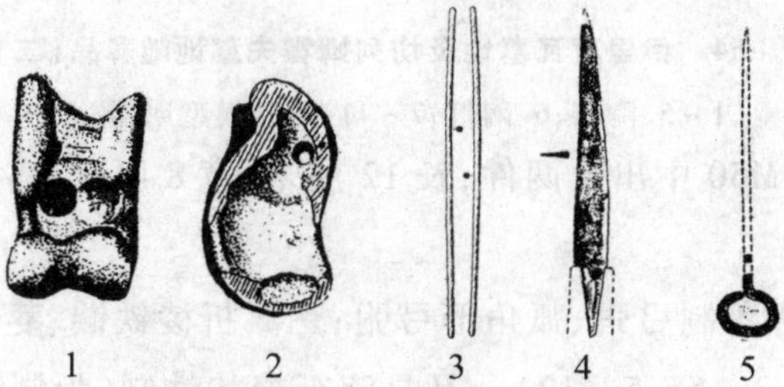

3－53　伊里莫瓦墓地及切列姆霍夫墓地随葬品(一)

1、2. 牛距骨;3. 骨筷;4、5. 铁刀

生活日用器以陶器为大宗,灰陶居多、红陶少见(图 3－54,1～5、7～11)。陶器常见小口细颈鼓腹罐、侈口平底罐、侈口厚唇平底罐等三种类型。前者多为泥质灰陶,肩部多施旋纹、波折纹,器腹下部多有一个穿孔;后两者多为夹砂灰陶,颈部流行施波折纹。值得注意的是,伊里莫瓦出土的一件小口细颈鼓腹罐肩部,刻有一个篆书的"羌"字(图 3－54,3)。神木大保当 23 号墓中出土的一件编号 M23:17 的小口鼓腹罐,其肩部也有相似的文字。[2] 另外,在吉达河 M7 中还发现一件陶灯

---

〔1〕报告并未发表钱币的详细资料。

〔2〕陕西省考古研究所、榆林市文物管理委员会办公室:《神木大保当——汉代城址与墓葬考古报告》,北京:科学出版社,2001 年,第 19 页。

（图 3－54，6）。

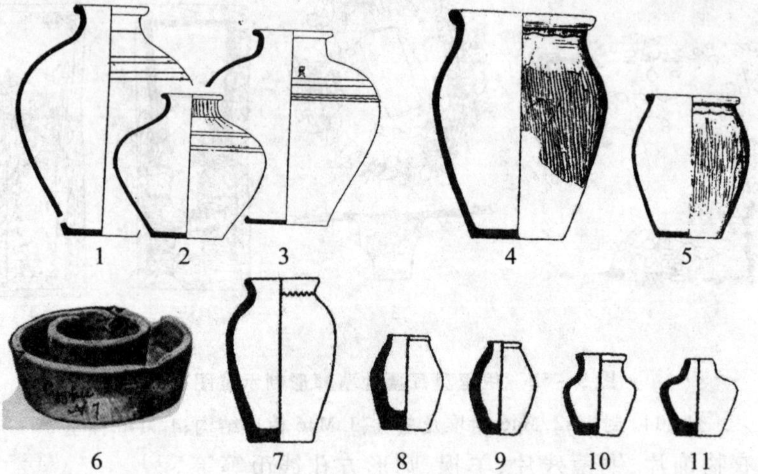

图 3－54　伊里莫瓦墓地及切列姆霍夫墓地随葬品（二）

1～5. 陶器；6. 陶灯；7～11. 陶制模型明器

漆耳杯在 M50 中出土两件，长 12 厘米，宽 8 厘米，高 4 厘米，器底有铭文。[1]

武器流行骨角制弓弭、弧角形弓弣；三翼折棱铁镞、菱形双翼铁镞、燕尾铤骨镞（图 3－55，5～12）。马具流行棒状铁制、骨制马镳、圜首马衔、青铜圆形勒带泡、方形或圆形铁勒环。当卢呈长条形，两端底部有穿环（图 3－55，1～4）。带扣种类较多，流行圆形、方形的带死舌或活舌的环状铁带扣，骨角制死舌带扣以及鞋底形或圆形、底部有死舌的牌状带扣（图 3－55，13～17）。

其他金属饰品包括青铜鎏金的叶形饰片、青铜透雕马形饰片。羊拐多出自小孩的墓葬，上面有穿孔（图 3－55，18）。

丝织品在 M128 中发现一件，表面满绣凤纹，上面有隶书“万世如意”四字（见图版十）。[2]

铜镜残片在大中型墓葬中出土较多，其中格林采维奇曾发掘的

〔1〕报告未发表铭文内容及图版。

〔2〕参见索斯诺夫斯基 1946 年报告插图 11。

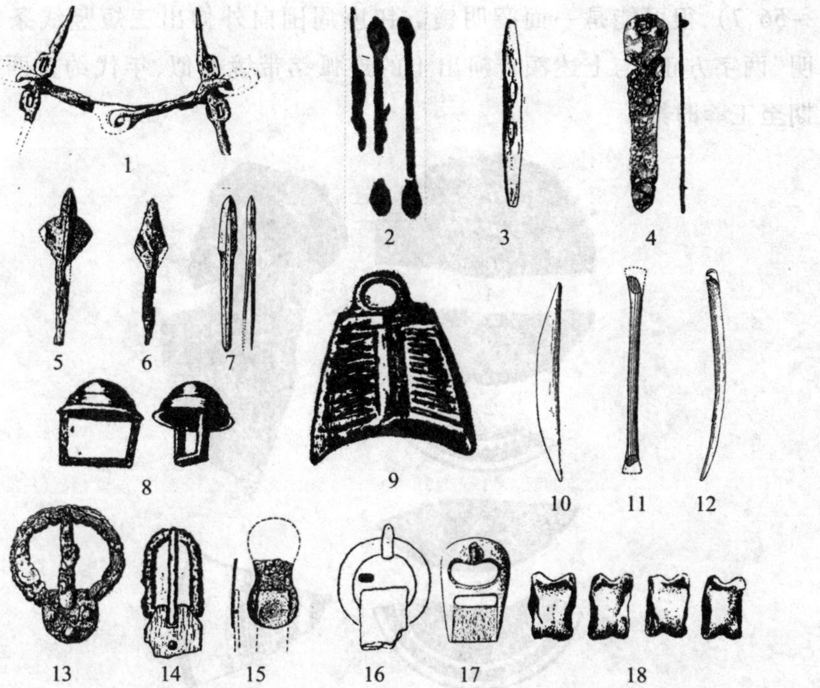

图 3－55　伊里莫瓦墓地及切列姆霍夫墓地随葬品(三)

1. 铁镳、衔;2. 鎏金铁马镳;3. 骨马镳;4. 铁当卢;5、6. 铁镞;7. 骨镞;8. 勒带泡;9. 青铜铃;10～11. 骨弓弭;12. 骨弓弭;13～16. 铁带扣;17. 骨带扣;18. 羊距骨

M3 出四乳四虺镜、日光连弧纹镜(图 3－56,1、6)。[1] 其中 M3 的四乳四虺镜在汉地流行年代在西汉晚期至王莽时期;日光连弧纹镜钮座周围向外伸出短弧线条,其年代大致也在西汉晚期至王莽时期;索斯诺夫斯基发掘的 M38 中出土了一面四乳四神镜(图 3－56,2),镜面中区残余 1 颗乳钉与 1 只虎,单月英女士将其判定为为四乳四神镜。[2] 由于汉镜中还有一类两虎两兽的铜镜,似乎不好判定它一定是四乳四神镜。从线勾虎纹的造型及风格来看,其年代约在西汉晚期至新莽时期。科诺瓦洛夫发掘的 M51 出土一块连弧铭带镜镜缘残有"而明"两字(图 3

〔1〕以下铜镜断代依据的特征均以程林泉,韩国河编著的《长安汉镜》为准,以下不复一一注明。

〔2〕单月英:《匈奴墓葬研究》,第 40 页,图二之 12。

-56,7)，很可能是一面昭明镜。钮座周围向外伸出三短竖线条，“而明”两字方正，与上述额吉河出土的连弧铭带镜类似，年代约在西汉晚期至王莽时期。

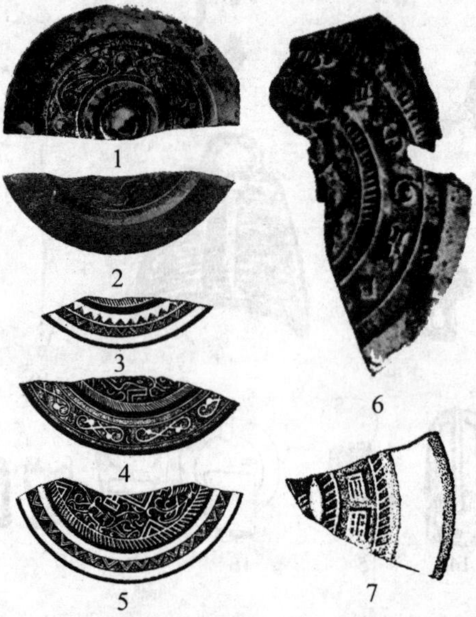

图 3-56　伊里莫瓦墓地及切列姆霍夫墓地铜镜

1、6. 伊里莫瓦墓地 M3;2. M38;7. M51;2. 切列姆霍夫墓地 M2;3. M12;5. M15

3.4.1.4　年代及相关分析

俄罗斯学者多将伊里莫瓦谷地墓葬归入“木椁墓”，或称“苏吉型”，认为其年代在公元 1 世纪。但从上述伊里莫瓦谷地墓葬中出土的大批铜镜的年代都集中在西汉晚期至新莽时期来看，该墓地的主体流行年代大致也在这一时期，比以往认为的要早。

伊里莫瓦谷地墓葬与额吉河、呼尼河、诺彦山、鄂嫩河等地墓葬表现出许多共同点：“甲”字形墓葬形制、北首葬、扰乱葬、陶器类型、器底打方形印戳，封堆、棺椁、特殊随葬品表现出土的严格的等级制度；以青年、幼年男性从葬的习俗。另外，棺椁装饰象征日、月的棺饰则与额吉河、塔希特墓地接近。

同时该地区文化也有不见于其他地区的特殊文化特征，比如哑铃型马镳、哑铃型带扣等。

总体看来，该墓地与上述呼尼河、鄂嫩河等地匈奴时期墓地的考古学文化面貌接近，属同一文化。墓地中规模最大的"甲"字墓葬封堆边长在20米以下，M54仅1重木椁1重木棺，规格低于高勒·毛德I号、II号墓地、德尔利格墓地、查拉姆墓地的大型"甲"字形墓葬。

3.4.2 切列姆霍夫(Черемуовая)墓地

切列姆霍夫谷地的匈奴时期墓葬位于恰克图市以北25公里，山谷西南缓坡的一片松林中，距伊里莫瓦谷地不远。1950年，前苏联布里亚特考察团队员奥克拉德尼科夫(А. П. Окладников)、杜古托夫(Р. Ф. Тугутов)等人首次发现这片墓地，并于1957年发掘了其中的两座。1965—1966年，科诺瓦洛夫率领的考察队又在此发掘过16座。初步调查显示，该墓地墓葬总数有80多座，已发掘20座(图3-57)。

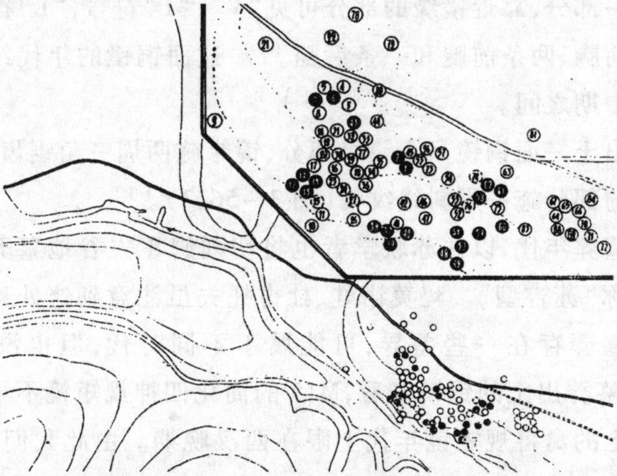

图3-57　切列姆霍夫墓地分布示意图

该墓地均为圆形石堆的石椁墓，未发现"甲"字形墓葬。墓葬形制、葬式、葬具、葬俗、牺牲、随葬品等方面均与伊里莫瓦谷地墓葬接近，在M38、M40、M41、M49、M50木棺上也发现有裹束的丝织品残片，有些木棺上装饰圆形及月牙形饰件。其中M40棺表面涂红色颜料。

切列姆霍夫谷地墓葬中也有一些特殊的现象，比如切列姆霍夫M58木棺的挡板超出侧板；在M62中发现双人合葬，葬具是1重长方形木椁，中间由1道纵长的隔板分作左右两室，各埋葬1名青年女性。

随葬品方面,切列姆霍夫墓地基本与伊里莫瓦接近。该墓地出土的四叶形镶嵌绿松石的金饰件,形制与额吉河、呼尼河墓葬发现的金饰件相似。另外墓葬中还出土1件铜鍑的圈足,圈足呈倒置喇叭口状,上面有一个梯形镂孔。原器应为1双立耳鼓腹圈足鍑。

铜镜残片共发现3件:

M15出土1面简化四神规矩镜(图3-56,5),镜缘施一圈三角锯齿纹,镜钮方座,每边有一"T"字形符号;中区四角靠近镜缘的位置有"V"字形符号;中区残有一有翼白虎,口大张,躯体内有条形斑纹,白虎右侧的朱雀头部已残,仅余扬起的翅膀和尾巴。[1] 此类铜镜在汉地流行于东汉中晚期。

M2出土1面禽兽规矩镜(图3-56,4),镜缘施"S"形云纹、中区仅保存很少一部分,靠近镜缘的部分可见"V"、"L"符号,"L"符号上方残有一兽的前胸、两条前腿和一条后腿。[2] 这面铜镜的年代约在西汉晚期至东汉中期之间。

M12出土一面铜镜只余镜缘部分,镜缘施两周三角锯齿纹带,中区靠近镜缘的部分施一周斜线纹带(图3-56,3)。[3]

关于墓葬年代,以往苏联学者也将切列姆霍夫谷地墓葬归入"木椁墓",或称"苏吉型"。玛莫诺娃、杜古托夫虽注意到这处墓地与伊里莫瓦谷地墓葬存在一些差异,可能属于不同时代,但也没有具体说明。[4] 从墓葬出土的铜镜来看,M15的简化四神规矩镜不早于东汉前期,M2出土的禽兽规矩镜年代上限在西汉晚期。由此我们可以推断,切列姆霍夫墓地的年代可能延续时间稍长,大致从新莽时期一直沿用

---

[1]潘玲认为是鸟兽纹规矩镜(潘玲:《伊沃尔加城址和墓地及相关匈奴考古问题研究》,第75-79页)。

[2]潘玲认为是规矩镜(潘玲:《伊沃尔加城址和墓地及相关匈奴考古问题研究》,第75-79页)。

[3]潘玲推测它很可能是四神规矩镜(潘玲:《伊沃尔加城址和墓地及相关匈奴考古问题研究》,第75-79页)。但镜仅余镜缘,笔者认为难以作出判断。

[4]玛莫诺娃、杜古托夫的理由是:切列姆霍夫墓地没有伊里莫瓦那种"甲"字形大墓,棺也比较小(Н. Н. Мамонова, Р. Ф. Тугутов, Раскопки гуниского могильника в Черемуховой пади // Археол. Сб. БКНИИ вып. I. - Улан-Удэ, 1959)。我们认为这些特征并不足以用来推断两个墓地年代的早晚关系。

到东汉中期以后。该墓地主体流行时间约在东汉前期以后，晚于伊里莫瓦谷地墓葬时代。

3.4.3 德列斯图伊(Дэрестуй)墓地

3.4.3.1 调查与发掘

图 3－58 德列斯图伊墓地中心区墓葬分布示意图[1]

德列斯图伊墓地位于色楞格河左岸支流——吉达河的左岸。南距俄罗斯布里亚特共和国吉达地区德列斯图伊村 8 公里。这座墓地最初是在 1900 年，由俄国人类学家格林采维奇首次发现。格林采维奇发掘了其中 26 座墓葬，并将其命名为“木棺墓”类型。此后该墓地不断引起前苏联学者们的关注，科诺瓦洛夫于 1968 年在此发掘过 9 座墓葬。

[1]采自米尼亚耶夫报告第 55 页插图 29(С. С. Миняев, Л. М. Сахаровская, Дырестуйский Могильник, Санкт－Петербург, 1998)。

1984—1996年间，俄罗斯科学院物质文化史研究所派出的外贝加尔考察队对这座墓地中墓葬集中的区域进行了集中发掘。与以往只发掘个别墓葬的工作方式不同，米尼亚耶夫率领的考察队以拉网布方的形式全面揭露了24500平方米范围内的95座墓葬，其中包括一批地表没有标识的墓葬。迄今，德列斯图伊墓地发掘的墓葬总数已达到130座，也是截至目前发掘工作最成功、资料发表最详尽的匈奴时期墓地之一。

3.4.3.2　墓葬形制

发掘者米尼亚耶夫根据墓葬分布的情况将墓地分为7区，区之间相隔几十米。每区中心多有一座规模较大的方形石堆墓，里面多埋葬男性，也有并排两座中型墓葬分别埋葬一男一女的"邻冢合葬"墓。小型墓葬围绕分布在中型墓葬周围。米尼亚耶夫根据封堆形状及堆石的情况，将墓葬分为四种类型：(1)方形石堆墓，地表铺多层石块；(2)方形石堆墓，地表铺石稀少；(3)不规则形石堆墓；(4)无封堆墓。

(1)方形石堆墓。指封堆中有竖起的石块或石板围砌的方形石框。封堆平面略呈方形，边长在4～12米左右。米尼亚耶夫划分的第一类墓葬封堆规模大，方形石框内外铺1～3层石块，封堆高出古地表50厘米，如M39。第二类墓葬封堆规模稍小，地表仅有方形石板框，积石稀少，如M44。

(2)立石。一些方形石堆墓在封堆的北侧竖长方形板石，例如M39、M45、M77、M98、M125。还有些墓葬封堆四角竖有高出封堆平面的角石，例如M39、M43。另据发掘者介绍，有些墓葬四周发现木柱的痕迹，从而推测这些木柱具有与立石同样的作用。

(3)不规则石堆墓。封堆轮廓不规则，封石多寡不均，规模稍小于方形石堆墓。或单独分布，或围绕在方形石堆墓周围。

(4)无封堆墓。地表无标识，墓坑较浅，多散布在方形石堆墓周围，如M44周围的M44a、M44b、M44v。

(5)无封堆无墓坑墓。直接葬在古地表上，有的人骨上覆盖石块，如M87、M88。

3.4.3.3　葬俗

德列斯图伊墓地普遍流行竖穴土坑、仰身直肢、头向北的单人葬。

头向北偏西的墓葬仅两例:M87、M88。

(1)仰身屈肢葬。仅见 M129 一例。该墓葬埋葬一名 65 岁妇女,其左腿骨从躯干分开,放置在脚侧的大口宽沿平底盆内,这种习俗在当地比较罕见。

(2)人殉与人牲。双人同穴合葬的现象见于 3 座中型墓葬:M39 木棺内葬一名 30~40 岁的妇女,木椁外葬一名成年男性;M42 木棺内葬一名 60 多岁的妇女,棺椁外葬一名 10~12 岁的少年。墓坑内木椁上方填石下还发现部分儿童的骨骼,应为人牲;M77 木棺内葬一名成年女性,棺外葬一名 18~22 岁的青年男性。可见墓室内合葬的两人中,1 人在棺椁之内,而另 1 人置于棺椁外。后者多为青少年男性,米尼亚耶夫推测他们是殉人,比较可信。

(3)从葬墓。中型墓葬近旁分布着一些封堆规模小或无封堆的小墓,小墓与中型墓有明显的依附关系。小墓多埋葬一名婴儿、儿童或少年。比如 M39 封堆南侧的 M39a 是仅有 1 重小型封闭式石椁的小墓,内葬 1 名 8 月大的婴儿;M44 封堆北、东、南三侧各有一座无封堆的小墓,分别埋葬一名不满 1 周岁的婴儿(M44a)、一名 10~12 岁的少年(M44b)、一名 5~6 岁的儿童(M44v)。米尼亚耶夫同样认为这类墓葬是殉人。我们认为这类墓葬都有独立的墓坑及葬具,死者骨骼保存比较完整,有的还有少量随葬品。其等级明显高于与墓主人同穴合葬的殉人,应具有从葬墓性质。

(4)扰乱葬。在 13 座未被盗扰的墓葬中发现了墓主人骨骼被扰乱的现象,例如 M106、M107、M109、M129、M119、M112、M114、M117、M122、M88、M87、M126、M44。其中以死者上半身骨骼被扰乱者居多,还有的头骨被移位。骨骼被扰乱的既有男性也有女性。其中 7 人年龄在 20~25 岁以下,两人年龄超过 40 岁,还有一些似为成年的儿童。米尼亚耶夫认为他们也是中型墓葬下葬后不久埋葬的殉人。从墓地平面图观察,他的判断可能并不准确。首先,上面已说明这些墓葬埋葬的都不是殉人或人牲,其中一些可能是中型墓葬的从葬墓。比如 M109 与 M111 邻近,前者可能是后者的从葬墓。其次,与墓区中心中型墓葬邻近,可能具有从葬墓性质的小墓的人骨并不都被扰动,比如 M119 与 M120 都与 M29 邻近,但 M120 人骨保存完好。再次,一些人骨被扰乱的墓葬与中型墓葬并无明显的依附关系,不一定是其从葬墓。比如包括 M106、M107 在内的 M100 ~ M108 规模彼此相仿,与东北部的 M111 相距较远。可见扰乱葬并不仅限于从葬墓,只是在年龄上以青少年居多。由此我们认为扰乱葬只是一种特殊葬俗,而不能说明死者身份就是殉人。

3.4.3.4　葬具

葬具有石椁、木椁、木棺三类(图 3 – 59)。从棺椁制作方式来看,石椁有作为独立葬具的封闭式石椁,也有围砌在木椁、木棺外侧,起支撑、加固的功能性石椁。封闭式石椁一般选用 5 ~ 10 厘米厚,表面平整的大石板砌出底板、四壁、盖板。木椁平均长 3.5 米、宽 1.5 米,高 0.5 ~ 0.7 米,四壁分别用 3 至 4 根稍加修整、截面呈四方形的松木原木垒砌而成,底板、盖板分别铺设一列 14 至 16 根 18 ~ 20 厘米宽的木板。木棺平均长 2 米、宽 0.5 米,高 0.3 ~ 0.4 米,底板、盖板由 2 ~ 3 块纵长的木板拼合而成,侧板、挡板只用一块木板。侧板两端多超出前后挡板,挡板超出侧板的情况很少,如 M127。一些制作精良的木棺侧板、挡板互不超出,组成盖板、底板并列的木板间以细腰榫、搭边榫固定;侧板与盖板、底板之间用穿榫、细腰榫固定;侧板与挡板之间以透榫固定。有的木棺上细腰的位置代以方榫,方榫两端穿钉,同样可以起到加固作用。

结合下表的棺椁统计与墓葬封堆规模、分布位置,我们将墓葬分为四大类(见表 3 – 5):

第一类墓葬葬具采用 1 重功能性石椁 1 重木椁 1 重木棺。数量虽不多(7%),但规模最大,位于墓地中心。

第二类墓葬葬具采用 1 重木椁 1 重木棺与采用 1 重石椁 1 重木棺。数量稍多(16%),封堆规模及墓坑尺寸稍小,分布于第一类墓葬周围,各墓区中心附近。其中有个别 1 重石椁 1 重木棺的墓葬规模非常小,里面埋葬婴儿,作为从葬墓分布于中型墓葬周缘,比如 M39a、

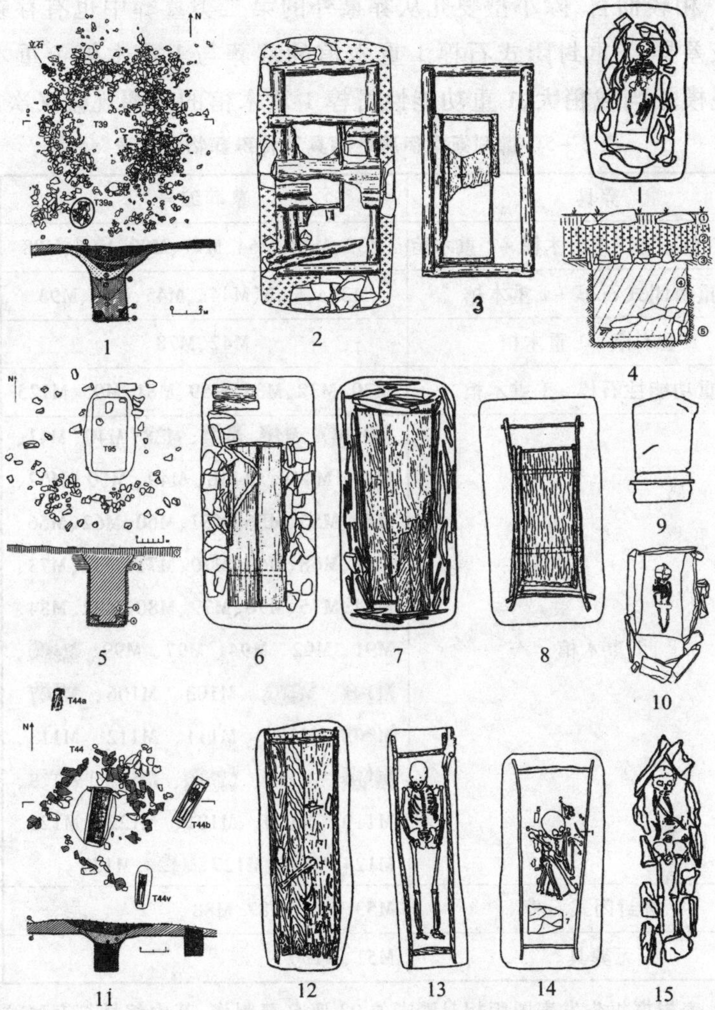

图 3－59　德列斯图伊墓地墓葬形制及葬具示意图

1、11. 方形石堆墓及其从葬墓；2. 1 重功能性石椁 1 重木椁 1 重木棺；3. 木椁与木棺结构；4. 1 重封闭式石椁与 1 重木棺的从葬墓；5. 不规则石堆墓；6. 1 重功能性石椁 1 重木棺；7. 1 重封闭式石椁 1 重木棺；8. 1 重木椁 1 重木棺；9. 立石；10. 1 重石椁从葬墓；12～13. 1 重木椁；14. 1 重木椁屈肢扰乱葬；15. 1 重石椁（1～3、9. M39；4. M39a；5～6. M95；7. M45；8. M78；10. M53；11～12. M44；13. M44b；14. M129；15. M87

M44a。相较而言,除小型婴儿从葬墓外的第二类墓葬中也有存在细微的等级差异,1 重封闭式石椁 1 重木棺的墓葬与 1 重木椁 1 重木棺的墓葬规模相当或稍大,1 重功能性石椁 1 重木棺的墓葬规模又次之。

表 3-5　德列斯图伊墓地葬具及特殊葬物统计表*

葬具	墓葬编号	统计
1 重功能性石椁 +1 重木椁 +1 重木棺	M39、M48、M64、M77、M90、M96、M98	7
1 重封闭式石椁 +1 重木棺	M39a、M43、M44a、M45、M58、M93	6
1 重木椁 +1 重木棺	M42、M78	2
1 重功能性石椁 +1 重木棺	M30、M32、M33、M59、M81、M95、M125	7
1 重木棺	M9、M7、M10、M14、M38、M40、M41、M44、M44v、M44b、M49、M50、M52、M54、M55、M56、M57、M60、M62、M66、M67、M68、M69、M70、M71、M72、M73、M74、M75、M76、M79、M80、M82、M84、M91、M92、M94、M97、M99、M100、M101、M102、M103、M106、M107、M108、M109、M111、M112、M113、M114、M115、M116、M117、M118、M119、M120、M121、M122、M123、M124、M126、M127、M128、M129	65
1 重封闭式石椁	M53、M61、M87、M88	4
无葬具	M51、M130	2

*此表根据报告发表图版相对清晰的 93 座墓葬制作,其中编号打有底纹的墓葬出土了动物纹饰牌或透雕饰环。

第三类墓葬以 1 重木棺为葬具,这类墓葬数量最多,占墓葬总数的 70%。它们的规模小于第二类墓葬(第二类墓葬中的从葬小墓除外),彼此在封堆、墓坑的尺寸等方面也存在一定差异,比如 M44 与其 3 座从葬墓(M44b、M44v)都有 1 重木棺,但 M44 有方形封堆而它的从葬墓却无封堆。

第四类墓葬以单重封闭式石椁为葬具,或者无葬具。这类墓葬规模最小,数量也较少(7%),有些作为从葬墓依附于规模较大、有木制葬具的墓葬周围。比如 M53 葬具为 1 重封闭式石椁,地表无封堆,分布于方形石堆墓 M31 的西南侧。M53 中葬一名不满两个月的婴儿。

可见,四类墓葬的封堆规模、分布位置、葬具类型及重数体现出鲜明的等级制度。

米尼亚耶夫也曾结合封堆及葬具将墓葬分为 6 个等级:

(1)方形石封堆,石框内外铺多层石块;封堆北侧有立石;墓坑深;葬具采用 1 重木棺 1 重木椁,木椁四周排列石块;

(2)方形石封堆,石框内外积石稀少;葬具采用 1 重石椁 1 重木棺;

(3)地表石堆形状不规则形;葬具采用 1 重木棺,或 1 重石椁 1 重木棺;

(4)地表无封堆;葬具采用 1 重木棺,或 1 重石椁 1 重木棺;

(5)地表无封堆;墓坑浅,无葬具;

(6)地表无封堆;无墓坑,只有 1 重石椁。

总体看来,他的分类基本反映了墓葬之间的等级差别。但他更重视木制棺椁重数体现的等级,并未将石椁列入墓葬等级制度的标志性特征之内,也没有将封闭式石椁与功能性石椁区分开来。因此可能导致分类上的一些矛盾。比如他所划分的第一类墓葬中,M78 虽然有 1 重木椁 1 重木棺,但地表积石稀少,规模显然小于东南侧邻近的 M77。后者不仅地表有近方形的石封堆、葬具采用 1 重功能性石椁 1 重木椁 1 重木棺。两者的差异还是比较明显的。再如 M42,虽然有 1 重木椁 1 重木棺,但与西侧相邻的 1 重封闭式石椁 1 重木棺的 M43 封堆规模相当,按形制当归入米尼亚耶夫划分的第二类墓葬。邻近的 M58 与 M59 都有 1 重石椁 1 重木棺,两者地表都无封堆,也无显著依附关系。但前者是封闭式石椁,墓坑深度明显超过使用功能性石椁的后者。

因此,石椁同样是体现墓葬等级的标志特征之一,同类墓葬下,采用封闭式石椁的墓葬级别又略高于功能性石椁的墓葬。为谨慎起见,我们建议将墓葬分为上述四个等级。

3.4.3.5 随葬品及其摆放位置

德列斯图伊墓地也流行在墓室内殉牲,牺牲以牛、马、羊的头骨和肢骨为主，主要放置在墓室北侧、人头前方。少数墓葬的殉牲放置在人身两侧，例如 M99，额吉河 BT－85 也有这种现象。陶器、漆耳杯以及石灰石、煤精制作的日用器皿多放置死者头上方，小铁刀、镬、锸等工具，弓、箭镞、矛等武器，马镳、马衔、节约、勒带扣、泡等马具多放置在人身侧旁，也有置于棺椁外侧的情况；用玻璃、红玉髓、玛瑙、水晶等材质制作的串饰多置于死者腰、腿部。死者腰带装饰丰富，包括带扣、饰牌、饰环、饰铃、海贝、五铢以及各类串珠等等。

（1）日用器皿

①陶器。以轮制灰陶、平底器为主，陶质有泥质与夹砂两种。器类分罐、碗两类，陶罐器型分为四类：A. 小口细颈鼓腹罐；B. 小口细颈折腹罐；C. 侈口平底罐；D. 大口宽沿平底盆。同类器物的器型样式较多，但没有明显的早晚演化关系。陶器纹饰以旋纹、波浪纹、研光暗纹为主，并有一定数量的附加堆纹、三角形蕉叶纹。各类器物都流行在肩部施 1～2 道阴刻或附加堆旋纹、波折纹，通身施竖向研光暗纹；小口细颈鼓腹罐流行在颈部施 1 道附加堆，少数肩部施 1 周三角形研光蕉叶纹。陶器底部打戳记的现象比较普遍。其中第一类小口细颈鼓腹罐与第三类侈口厚唇平底罐在墓葬中出土数量最多；陶碗发现 3 件，分平底碗与直口圈足碗两型，其中平底碗只发现两件，分别出自 M44、M94；直口圈足碗仅 1 件，出自 M98。

除罐、碗以外，在 M58 中还发现一件表面施绳纹的器足，形制很似鬲足，与其同出的陶片上施多道横向及纵向的附加堆纹，根据残片已很难判断其原始器型。

另外，M39 中出土一件用石灰石制作的碗形器，底部有圈足。M129 中发现用煤精制作的器皿残片，器型已无法复原。

②鍑。共两件，M43 中发现一件完整青铜鍑，直口，口沿外侧有两个对称的方环立耳，耳上无乳突，不起脊。腹部呈半球状，底部有倒置喇叭口形圈足，圈足上有梯形镂孔。另外，在 M21 中发现有铁鍑残片。

③漆耳杯。据米尼亚耶夫介绍，墓葬中曾出土过 1 件漆耳杯，但朽蚀严重，只见漆皮（图 3－60）。

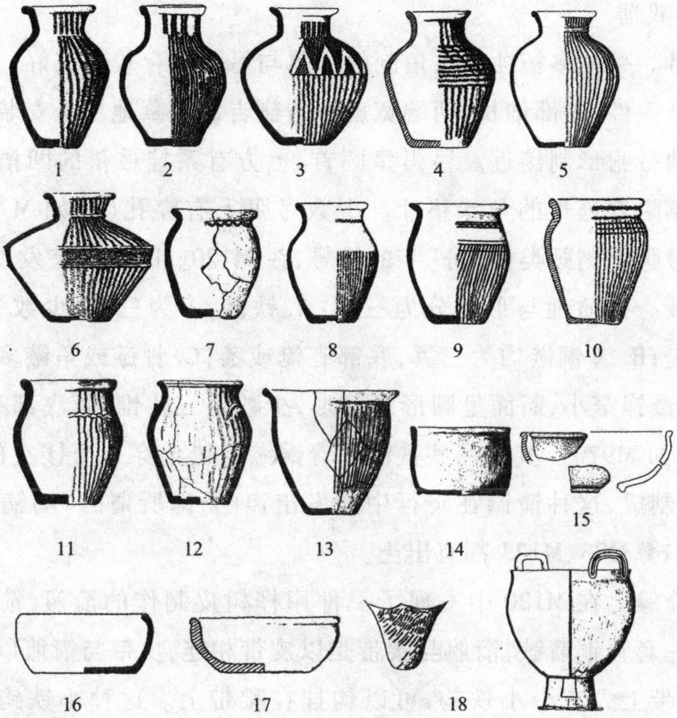

图 3－60　德列斯图伊墓地日用器皿

1～5. 小口细颈鼓腹罐；6. 小口折肩罐；7～12. 侈口平底罐；13. 大口宽沿平底盆；14、16～17. 陶碗；15. 石灰石陶碗；18. 鬲足；19. 铜鍑（1、7. M114；2、8. M80；3、9. M84；4、19. M43；5. M56；6. M111；10. M38a；11. M49；12. M119；13～14. M98；15. M39；16. M94；17. M44；18. M58）

（2）工具

①铁镬。M62 出土 1 件，銎内还有残余的木柄。

②铁锸。M28 出土 1 件，仅余锸前端“凹”字形“鏊”。

③小铁刀。有环首铁刀与带榫插在木柄上的铁刀两种，多配挂在腰间。环首铁刀在 M107、M106、M120 都有发现。[1]

④铁锥。后部有榫，插在骨柄或角柄上。

---

〔1〕其中 T120 出土铁刀为单面刃，潘玲女士将其判定为铁锥似不妥（潘玲：《伊沃尔加城址和墓地及相关匈奴考古问题研究》，第 74，图 4－4 之 20）。

(3)武器

①弓。弓体多朽蚀,骨、角制的弓弭与弓弣保存较为完好。弓弣在M79出土一件,中部细长、两端宽扁。与额吉河等墓地出土安装在弓握手前端的弓弣形制接近。弓弭呈圆首,上方有系挂弓弦的凹槽。有些弓弭下端附着延长的角状垫片。少数弓弭上有穿孔(比如M76)。还有一些弓弭上刻画类似"舟"字的符号,在M120、M123均有发现。

②镞。按质地与形制分为三类:A.铁镞,多为三翼,少数为两翼,底部有铤;B.青铜镞均为三翼,底部有铤或銎;C.骨镞或角镞多数有燕尾状铤,镞锋窄小,断面呈圆形或菱形,少数呈三棱锥形,底部有銎,镞锋钝(比如M97)。其中一些铁镞和青铜镞的铤上穿一个镂空的球体,有角、骨制成,这种箭镞在飞行中能发出声响,即所谓的"鸣镝"。"鸣镝"在M14、M73、M123都有出土。

③箭箙。在M120中发现了一件用桦树皮制作的箭箙,箭箙里面残留有一套青铜箭镞,箭箙与腰带是以皮带相连,皮带与箭箙以铁带扣系结,皮带上方有个小铁钩,可以钩挂在腰带上。这种小铁钩在M48也有发现。

④短剑。铁制,双面刃,断面呈菱形。这种短剑保存状况很差,M48中发现了一段剑刃,厚1~2毫米,其长度估计在30~40厘米。

⑤矛。铁制,圆锥状,底部有銎。M48出土1件。

⑥铠甲片。分骨角制甲片与铁甲片两类,其中铁甲片呈五边形,长4厘米、宽3厘米、厚1~2毫米,如M48;角制甲片也是四边形,骨甲片如M48,甲片周边都有用以穿系的小孔。

(4)马具

①衔。均为铁制,两端呈圆环形。M10出土的马衔中部经过旋拧。M120出土的马衔,中部不是有两节马衔的小环相互套接,而是一节马衔的小环套在另一节马衔小环上部的杆上。

②镳。流行螺旋桨形单孔铁镳与棒状双孔角镳两类:螺旋桨形单孔铁镳在M48、M81、M112、M120都有发现;棒状双孔角镳见于M10、M61、M62、M123。此外,M9还出土用动物肢骨刨平两端钻孔制成的骨

镳;M116 出土套在角镳上的青铜套筒。

③节约。M5 出土,青铜制,呈“十”字形,由两根垂直交叉的铜管焊接而成(图 3－61)。

④勒带扣、环、泡。勒带扣、环均铁制,形制简单,呈环形或方形。形制接近、形体小的也用于人身腰带扣、带环。米尼亚耶夫列举 M120、M38 出土勒环成对出现,分置人腰、腿两侧,应为腰饰环而不是马具。勒带泡在 M60 出土多件,铁制、圆形、背面有桥钮。

⑤饰铃。均青铜制,M48、M116、M123 出土。上部有桥钮,截面呈椭圆形,底部两端尖锐、中部内弧呈燕尾状,内部有舌。有的器表铸出夹杂圆点的菱格纹及鸟纹。形制类似于钮钟,具有汉式铃的特点(图 3－61)。鄂尔多斯地区也发现过许多。[1] 这类铃与马镳、衔等马具同出,可知其为马身饰铃。它们均无镂空、形体大,与形体小、镂空人身饰铃不同。

(5)带具及装饰品

德列斯图伊墓地装饰品中腰带饰和串饰最有特色。

①腰带与带饰。腰带与带饰的摆放位置有两种情况:一些腰带与带饰横列于死者腰部,可知在下葬时已佩戴在人身上;另一些带饰纵向置于死者身侧,可知下葬时并未佩戴在人身上。从饰物丰富的墓葬来看,腰带连接处通常有一对长方形或“P”字形透雕动物纹的青铜带扣或饰牌,带扣两侧有一对圆形透雕饰环;另外腰带上还装饰多件小型无边框的动物纹饰牌、青铜铃、海贝、各种材质的串珠、勺形青铜饰件、金属管、五铢钱币等等(图 3－62)。

②串饰。M7、M49、M40、M122 都出土了保存较为完整的串饰。整条串饰多包括两件石灰石、页岩制作的圆环、多件铁制弯角形穿孔饰件、青铜勺形饰、石灰岩或骨质扁担形穿孔饰件;骨、角制拉锁状的链子;以及用玻璃、红玉髓、碧玉、萤石、绿松石、页岩、煤精、玛瑙、石灰石、

[1] 田广金,郭素新:《鄂尔多斯式青铜器》,第 136－139 页,图 101 之 6。

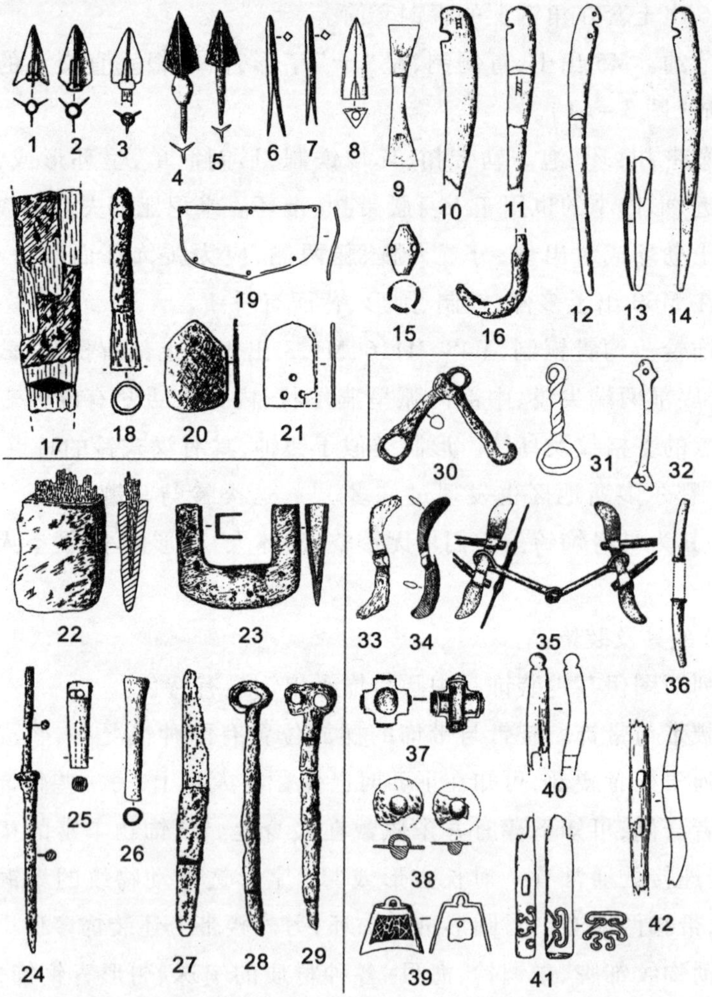

图 3－61　德列斯图伊墓地武器、工具及马具

1～8. 镞；9. 弓弣；10～14. 弓弭；15. 鸣镝；16. 箭箙挂钩；17. 剑；18. 矛；19～21. 甲片；22. 钁；23. 锸；24. 铁锥；25～26. 锥柄；27～29. 小铁刀；30～31. 铁马衔；32. 骨马镳；33～35、铁马镳；36. 角镳铜套；37. 节约；38. 勒带泡；39. 铃；40～42. 角马镳（1～2. M20；3～7、10、13～14、20、41. M123；8. M97；9. M79；11、26、29～30. M120；12. M76；15. M73；16～19、21、33、39. M48；22、42. M62；23. M28；24～25、28. M119；27. M129；31. M10；32. M9；36. M116；34. M81；37. M5；38. M60；40. M61）

蛇纹石、青铜、水晶串成的串珠。扁担形串饰在 M49 就出土两件。[1] M114 出土的页岩制饰环上有几个刻画符号，其中有一个"舟"字，与 M120、M123 出土弓弭上的"舟"字非常接近。墓葬出土的串饰有相当一部分应为项链一类的首饰，但它们并未佩戴在死者脖颈。在多数情况下是纵向放置在墓主人腰腿部位，上端位于墓主人手附近，很可能在下葬时是抓握在死者手中的，也有少数串饰放在死者身侧。M108 出土一条串饰是由多颗小串珠和一枚金制水滴纹边框的圆形饰牌组成。

③带扣。带扣种类繁多，质地有青铜、铁、骨、金、石灰石、页岩等多种。分牌状带扣和环状带扣两大类。两类饰牌以下根据外形、质地、结构又可细分为多个细类（图 3－63、图 3－64）。

A. 牌状带扣。根据外形分为"P"字形牌状带扣、长方形牌状带扣、圆首方底牌状带扣三类：

"P"字形牌状带扣：均为青铜制，透雕，牌状。在 M7 中出土一对，题材表现虎、北山羊、鹰形格里芬搏斗的场面。其中带扣窄端的老虎咬住北山羊的后颈；鹰形格里芬双翼展开，爪抓住北山羊背部，钩状喙叼住虎的后颈；北山羊用弯角顶在老虎的下腹部。

长方形牌状带扣：一端有长方形用于穿系的扣孔，周缘有小穿孔，原先也应是缝在腰带上的。M114 带扣为煤精制、M123 带扣为页岩制，M52 出土带扣为泥岩制、M56、M112 出土的带扣为木制。

圆首方底牌状带扣：多数为青铜制，透雕，木制包金箔的仅见 1 例（M21）。装饰动物纹题材有四类：a. 牛首。M14、M117 均有出土，表现单体牛首的正面。牛长有两弯角，带扣圆端有死舌；b. 狼形格里芬。M100 出土 1 件，狼身，头部长有鹿角，鹿角枝杈的末端及尾末端均饰钩喙鸟首；[2] c. 熊搏北山羊。M128 出土 1 件，熊与北山羊均表现为正面；d. 鹰形格里芬搏盘羊。M21 出土 1 件，木包金箔，表现一只鹰形格里芬抓住

[1]"扁担形"饰件一词沿用潘玲女士的定名（潘玲：《伊沃尔加城址和墓地及相关匈奴考古问题研究》，第 58 页）。

[2]这种格里芬形象在战国晚期至西汉时期在鄂尔多斯地区非常流行。狼头部装饰的钩喙鸟首状鹿角，其造型源自早期铁器时代阿尔泰地区的巴泽雷克文化的鹿形格里芬。而将狼身与鹿角结合，则是在鄂尔多斯地区完成的，在此我们称之为"狼形格里芬"。

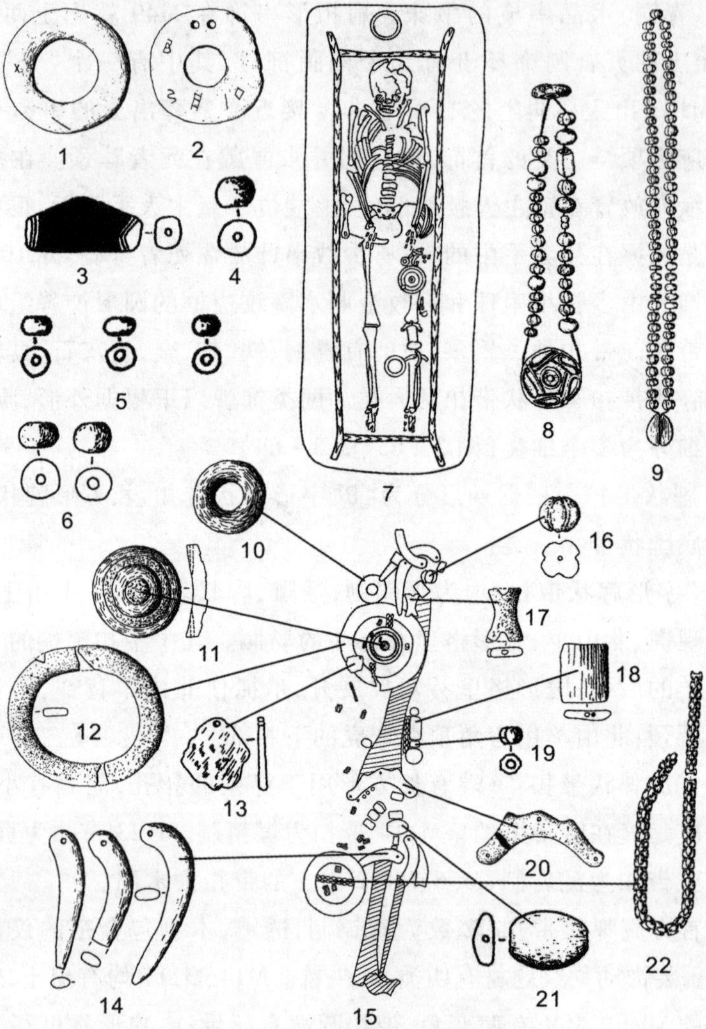

图 3－62　德列斯图伊墓地串饰

1～2、11、17. 石灰石；3、10. 煤精；4、22. 骨；5. 玻璃；6. 红玉髓；7. 串饰位置；8. 金饰牌与绿松石、玻璃、红玉髓珠串饰；9、19. 红玉髓、石灰石、玻璃珠串饰；12、18、20. 蛇纹石；13. 绿松石；14. 玉髓；15. 串饰位置放大；16. 水晶；21. 萤石（1～2. M114；3. M129；4～7、10～22. M49；8. M108；9. M102）

一只奔跑的盘羊背部。M39 也出土一件桦树皮制的圆首方底木垫板。这座墓葬规模大，被盗掘，木垫板上部原先也应裹覆动物纹的金箔片。

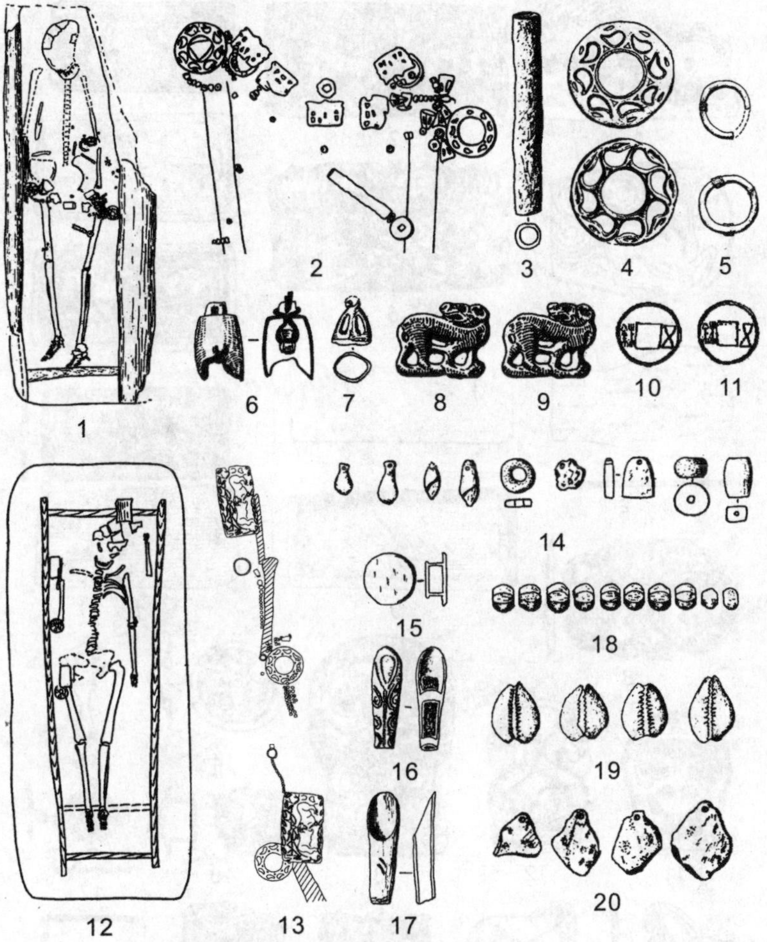

图 3－63　德列斯图伊墓地腰带与带饰

1、12. 腰带位置；2、13. 腰带位置放大；3. 铁管；4～5. 青铜饰环；6～7. 青铜铃；8～9. 青铜饰牌；10～11. 五铢；14. 各种质料的串饰；15. 青铜配件；16. 青铜勺形饰；17. 角制勺形饰；18. 红玉髓串珠；19. 海贝串饰；20. 绿松石串饰（1～11、14. M38；12～13. M108；15. M39；16～17. M81；18～20. M115）

B. 环状带扣。质地有青铜、铁两种。这类带扣形制简单，按外形与结构大致可以分为三类：a. 圆形死舌。这类带扣发现数量最大。以铁制居多，中部焊一道梁。在 M44v、M40、M75、M89、M97、M103、M109、M113、M120、M129 等以 1 重木棺为葬具的小型墓葬中都有出土。b. 圆

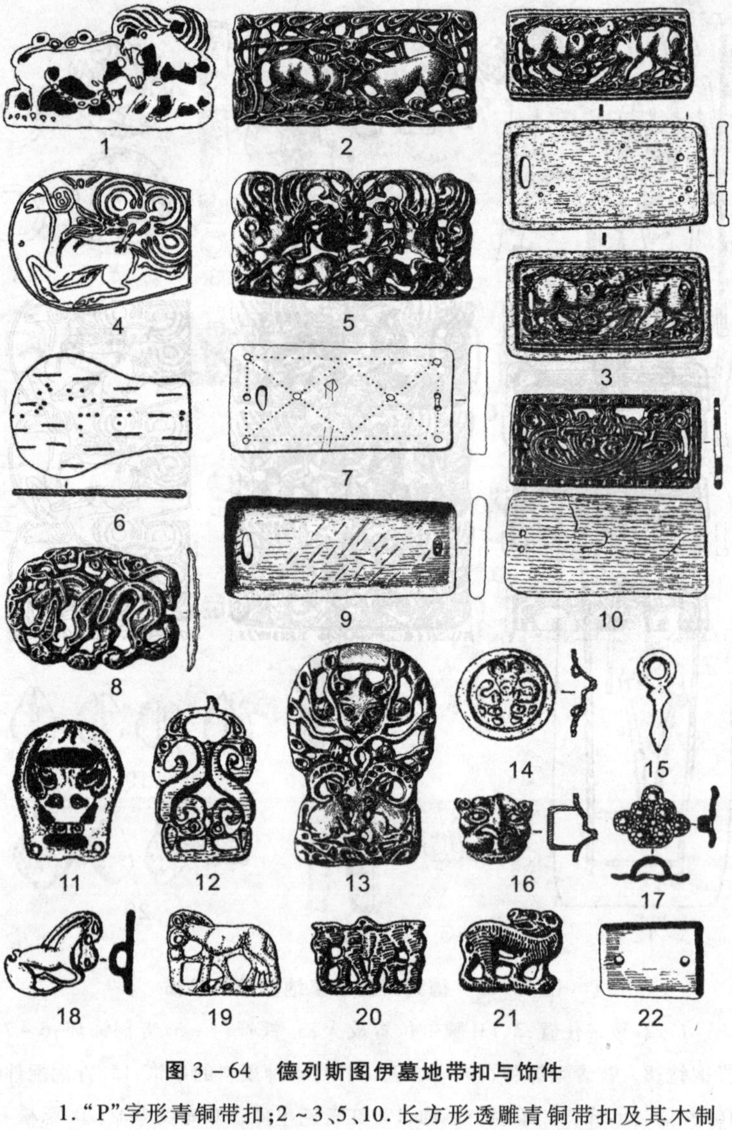

图 3－64　德列斯图伊墓地带扣与饰件

1．"P"字形青铜带扣；2～3、5、10．长方形透雕青铜带扣及其木制垫板；4、6．圆首方底木包金牌状带扣；7．长方形页岩带扣；9．长方形煤精带扣；11～13．圆首方底青铜带扣；14、16～18．青铜饰泡；15．青铜穿针；19～21．青铜饰牌；22．煤精饰牌（1．M7；2．M108；3、19．M107；4．M21；5、9、22．M114；6．M39；7．M52；8．M100；10．M118；11．M14；12．M86；13．M128；14．M116；15．M102；16．M22；17～18．M117；20～21．M38）

形活舌。这类带扣为青铜制,梁比较宽,梁背面有双桥钮,双钮间穿轴,轴上套一活舌。这种带扣在高等级中型墓葬 M39 以及单重木棺小墓 M69 中各发现 1 件。c. 方形死舌,以铁制居多。根据舌的形状可分两亚型:一种带扣中部焊一道梁,见于 M61、M91、M120;另一种带扣的窄端边缘焊一个喙状突起的钮,见于 M80、M99、M117、M123。

④腰带饰牌。饰牌多与带扣组合使用,一条腰带上通常有多件饰牌。按质地分为青铜饰牌与页岩饰牌两类:A. 青铜饰牌一般没有边框,多透雕动物纹样。其中 M38 出土两件虎纹饰牌以及 3 件双马头纹饰牌;M107 出土 7 件马纹饰牌;B. 页岩饰牌在 M114 出土 6 件,均呈长方形,表面有多个小孔,无装饰纹样。

⑤饰泡。均为青铜制,多数背面有环,有的表面装饰浮雕动物纹。比如 M22 出土的 1 件虎面饰泡,M102 出土 2 件熊面饰泡,M117 出土 1 件卧马形饰泡和 1 件十字形饰泡。另外,M39、M62 也出土了几件素面的圆泡 M39、M62。

⑥腰带饰环。按形状质地分为三类:第一类呈圆形,透雕、青铜制,边缘饰一周水滴状纹样。这类饰环都出土于女性墓葬,多成对出现,与长方形透雕动物纹的青铜带扣同出,装饰在腰带两侧。在 M10、M38、M102、M106、M107、M108、M115 都有发现;第二类为圆形青铜或铁环,形制简单;第三类呈"凸"字形,有青铜制和铁制两种,数量多寡不等。这类饰环都出土于男性墓葬,如 M80、M99、M100,其中 M100 出土的 3 件青铜带扣上还装饰卷曲的花叶纹。

⑦腰带配件。除带扣、饰件外,与腰带共出的还有一种青铜配件。这种配件缝在腰带内,向外有桥钮状突起,用于穿系腰铃、箭箙挂钩、砺石等物品。M99 出土 1 件角制腰带配件,中间有用于穿系的孔,一端外侧刻画鹿或驴头图案。

⑧饰铃。多为青铜制,有钮有舌,表面多镂孔;侧面呈喇叭形或球形,截面呈圆形或菱形,这种铃形体比马身饰铃小。从饰铃的出土位置来看,其功用大致有两类:一类与饰环、带扣一起分布于墓主人腰部,应

为腰带上的坠饰;另一些与串饰共出,应属串饰上的饰件。[1]

⑨勺形饰。有铁制、角制及青铜制多种。勺形饰一般套在绳索或串饰上,人身、马身都可装饰。[2]

(6)其他

①五铢。7座墓葬中共发现9枚,多发现于死者腰部,与腰带饰牌、铃、串饰共出,原先可能被用作腰带装饰。原报告只发表了6枚五铢的临摹的线图,并未刊布拓片。其中M10出土五铢的“铢”的金字头小、近镞形、四点短、“五”字交笔较直,应为西汉中期五铢;M7出土的两枚五铢中,1枚“朱”字上下均方折、“五”字交笔弯曲;另1枚只余“五”字,交笔弯曲,与前者接近。两者似为西汉中后期五铢,M38出土的两枚五铢。铢字的“金”字头较大,“朱”字上下均方折,“五”字交笔较直,上下横划不露头,应为西汉中期五铢;M102出土的1枚五铢,铢字的“金”字头较大,“朱”字上部方圆折、下部方折,接近西汉晚期五铢特征(图3-65)。[3]

②羊拐。在M75中发现1件,上端有穿孔。

(7)随葬品与墓主人性别、等级的关系

总体看来,男性墓葬多随葬弓、箭等武器及马具。女性墓葬多随葬各类质料的串饰。从腰带具与带饰来看,长方形、“P.”字形透雕带扣,以及腰带上装饰的圆形透雕饰环、动物纹饰牌、饰泡等主要出自单木棺、第三等级的女性墓葬(如M7、M9、M10、M14、M38、M100、M102、M107、M108、M114、M117、M118、M128);装饰格里芬搏盘羊(M21)以及狼形格里芬(M100)的圆首方底牌状带扣,“凸”字形饰环(如M80、M99、M100)主要出自单木棺、第三等级的男性墓葬。

出土鍑的两座墓葬M43、M21均为男性,其中M43有1重石椁1重

[1]铃作为衣服装饰及项链饰件的情况在鄂尔多斯地区发现多例。其中毛庆沟墓地M39的饰铃放置在死者胸部,M65的饰铃与串珠连在一起,显然为项饰(田广金,郭素新:《鄂尔多斯式青铜器》,第136-139页)。

[2]详见本书7.4的讨论。

[3]潘玲认为其中5枚“五”字交笔较直,属武帝时期,但并未明确指出是哪5枚(潘玲:《伊沃尔加城址和墓地及相关问题研究》,第73页);报告编写者米尼亚耶夫认为所有五铢的时代都不早于公元前1世纪中叶。

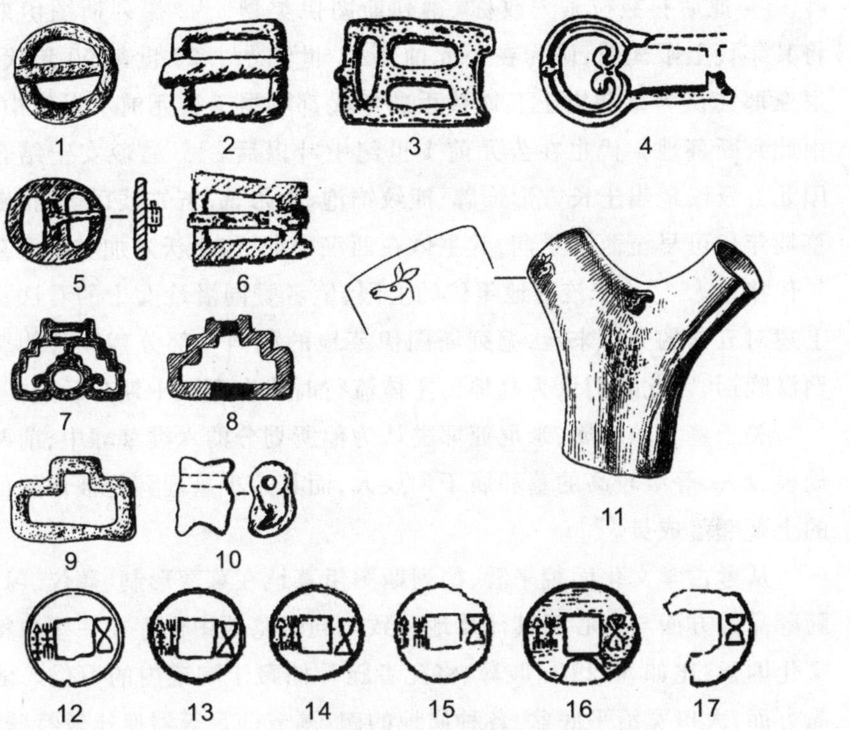

图 3－65　德列斯图伊墓地带具及其他物品

1～2. 铁带扣；3～6. 青铜带扣；7～8. 青铜饰环；9. 铁饰环；10. 羊拐；11. 角制带具；12～17. 五铢（1. M38；2. M61；3、9、11. M99；4、7. M100；5. M69；6、8. M80；10. M75；12. M10；13～14. M38；15、17. M7；16. M102）

木棺，属第二等级。

3.4.3.6　年代及相关分析

关于德列斯图伊墓地的年代，格林采维奇最初将其归入"木棺墓"，认为其年代在公元5—6世纪，与突厥有关。这一观点随后被捷普楼霍夫纠正，后者认为该墓地也属于匈奴。[1] 索斯诺夫斯基在捷普楼霍夫的基础上，结合自己在外贝加尔的发掘与调查工作，将"木棺墓"改称为"德列斯图伊类型"，并判定它们的年代在公元前1世纪下半

[1] С. А. Теплоухов, Раскопки кургана в горах Ноин－Ула // Краткие отчеты экспедиций по исследованию Северной Монголии. － Ленинград, 1925.

叶。[1] 此后科兹拉索夫改称“德列斯图伊类型”为“德列斯图伊期”，将其年代上限提前，认为在公元前2—1世纪。[2] 20世纪90年代，米尼亚耶夫认为墓葬出土五铢钱币的年代都不早于公元前1世纪中叶，由此判断墓地年代也在公元前1世纪中叶以后。[3] 潘玲女士结合中国北方及汉地出土长方形饰牌、熊纹饰泡、勺形饰、五铢钱币等，推断该墓地年代可早至西汉早期，其主体在西汉中期，与伊沃尔加城址及墓地年代接近。[4] 关于该墓地年代的上限，笔者赞同潘玲女士的看法。从上述对五铢的分析来看，德列斯图伊墓地的相当一部分墓葬可能属于西汉晚期，因此我们认为墓地的主体流行时代在西汉中期与后期。

关于墓葬的族属，米尼亚耶夫认为他所划分的六类墓葬中，前两类规模较大、等级较高的墓葬属于匈奴人，而其余小墓埋葬着被匈奴征服的土著部落成员。[5]

从考古学文化面貌来看，德列斯图伊墓地在墓葬形制、葬仪、习俗、随葬品等方面与中心区其他墓地一致。同时墓地中也存在一些独特的文化因素：比如M129屈肢葬、将死者腿骨储藏于陶罐内的习俗。随葬品方面，大口宽沿平底盆、各种质地的碗、鬲或甗足等器皿比较特殊；小口细颈折腹罐器型在额吉河流域发现过，在中心区其他墓地则少见；器物肩部装饰的连续三角形蕉叶纹、附加堆纹在中心区比较罕见，双立耳的圈足铜鍑与额吉河流域少数铜鍑接近，表面都没有装饰大花瓣纹样。螺旋桨形的单孔及双孔铁马镳，铁马衔的套接方式，铁镬、铁锸等农具，多种材质制作的复杂的串饰、腰带饰等在中心区不见，而与北部伊沃尔加墓地及城址出土的一些相关物品形制接近。另外，饰环、弓弭上刻画的“舟”字等符号亦比较独特。

总之，德列斯图伊墓地少数形制特殊的器物表明该墓地内可能混

---

〔1〕Г. П. Сосновский, Дэрстуиский могильник // ПИДО, 1935, No. 1 – 2.

〔2〕Л. Р. Кызласов, Опамятникахраннихгуннов // ДревностиВосточнойЕвропы. – МИА, No. 119. – Москва, 1969.

〔3〕С. С. Миняев, Л. М. Сахаровская, Дырестуйский Могильник, Санкт – Петербург, 1998, С. 70 – 75.

〔4〕潘玲：《伊沃尔加城址和墓地及相关匈奴考古问题研究》，第73页。

〔5〕关于墓葬族属的讨论详见第6章。

合了来自不同部落的成员，但绝大多数墓葬反映出的文化共性很强，文化面貌统一，表明墓地埋葬的人群文化融合、混同程度较深，他们应都属于同一民族。

3.4.4　查拉姆（Царам）墓地

查拉姆墓地位于俄罗斯布里亚特共和国纳乌什基（Наушки）市以南 1.5 公里处查拉姆河谷中部，南距恰克图—纳乌什基公路两公里，西距色楞格河 5 公里。1899 年，俄国人类学家格林采维奇首次发现这处墓地并记录了 20 多座墓葬。1903 年 6 月格林采维奇与斯莫列维姆（Я. С. Смолевым）发掘了其中 5 座。1996 年，俄罗斯科学院物质文化研究所派出一支由米尼亚耶夫率领的外贝加尔考察队对查拉姆墓地进行了重新勘测。1997—2005 年，考察队集中发掘了山谷北麓墓地中心规模最大的 M7 及其周围的从葬墓。[1]

查拉姆墓地南北长 600 米，东西宽 400 米，墓地内共有 30 座墓葬。墓地中心分布着几座“甲”字形墓葬，其周围有一些圆形石堆墓和一些无封堆的小墓。其中最大的一座是 M7（图 3－66）。

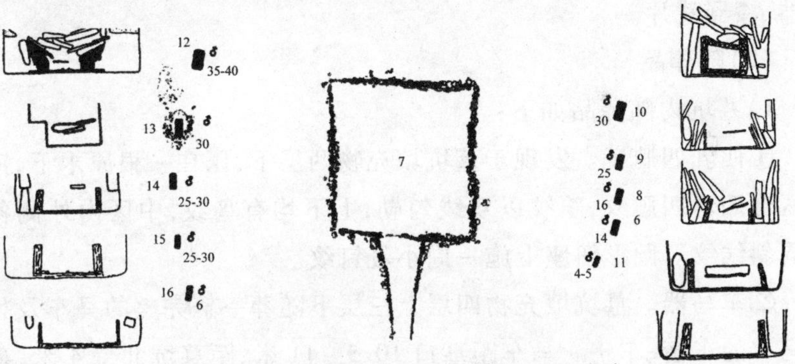

图 3－66　查拉姆 M7 及其从葬墓示意图[2]

---

〔1〕С. С. Миняев, Л. М. Сахаровская, Сопроводительные Захоронения “Царского” Комплекса No. 7 в Могильнике Царам // Археологические Вести 9. – РАН, Санкт – Петербург, 2002. – С. 86 – 118; С. С. Миняев, Л. М. Сахаровская, Ханьская колесница из Могильника Царам//Археологические Вести 14. – РАН, Санкт – Петербург, 2007. – С. 130 – 140; С. С. Миняев, Л. М. Сахаровская, Элитный Комплекс Захоронений Сюнну в Пади Царам // Российская Археология 2007, No. 1. – РАН, Москва. – С. 159 – 166.

〔2〕根据米尼亚耶夫 2002 年，2007 年报告改绘。

3.4.4.1 “甲”字形墓葬——M7

(1)墓葬结构

M7是一座“甲”字形墓葬,呈正南北分布,方形封堆边长32米,四壁砌石围墙,残高1米。围墙上及四角间隔地竖多块立石。封堆南侧有一条长20米的梯形坡道,坡道边缘也砌石围墙,坡道下有墓道。墓坑、墓道南北中轴线位置用原木垒砌一道木墙,同时又砌多道东西向与其垂直的木墙。这些纵横交织的木墙构成的木骨架中填石、土。在木骨架的一根原木下发现一块铜镜残片。墓坑深17米,木骨架以下至椁顶以上铺设四层覆盖物。第一层是由一层板石、一层松木原木以及一层芦苇组成;第二层由一层石板、一层芦苇组成;第三层由一层板石、一层木炭与河卵石、一层桦树皮、树枝及松塔、一层粗砂粒组成;第四层由一层鹅卵石、一层粗砂粒、一层木炭组成。墓坑填充物四层上三层下发现一辆较完整的马车及另一辆车的一根车衡。M7葬具采用2重木椁及1重木棺,外椁内侧发现有毛毯残片。椁室中心遭严重盗扰,内外回廊内,出土多副马具、马身饰件、4具人偶;棺内仅发现部分小型饰件、玉器、漆器残片。

(2)随葬品

1)墓坑内随葬品如下:

①四乳四虺镜。发现于墓坑填充物两层下,压在一根原木下,镜面中区饰四乳四虺纹,虺纹以双线勾勒,上下均有鸟纹,中区内外侧各施一周斜线纹。圆形钮座上施一周小乳钉纹。

②车马器。墓坑填充物四层上三层下随葬一辆完整的马车及另一辆马车的车衡、车辀。马车距墓口10.5~11米,距墓坑北壁4米,墓坑内的两个盗洞从马车的车辀中部及车厢位置穿过。其中一辆马车保存完好,髹漆的木制车衡、车辀、车厢、伞盖、车轮及上面装备的车轪、车軎、车辖都清晰可见。另一辆车仅有一根车衡,置于第一辆马车车厢前

部(图3-67)。[1] 车衡前方发现一匹马的部分骨骼,包括马的颅骨、颈椎及趾骨。

③伞盖。车盖略呈圆形,中心内侧有1件穿在伞轴上的木制垫片,宽4厘米。以伞轴为中心向外由多根枝条围成的同心圆,枝条直径1~1.5厘米。车盖上铺着黑色的皮或毡,毡以下衬有织物。车盖上有多根"Γ"形铁钉,将覆盖物钉在盖顶表面。伞盖内侧髹红漆,上面绘白色、棕色、黑红色的几何花纹。

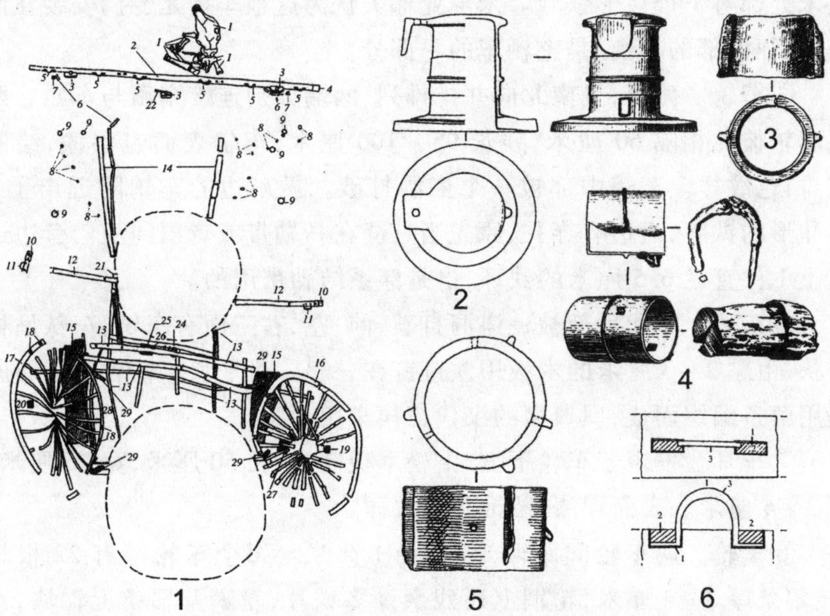

图3-67 查拉姆M7马车器示意图

1.车马器平面;2.青铜车軎;3、5.铁车辖;4.青铜车衡末及铁箍;6.青铜车轪

④车衡。车衡共两根,一根发现于墓坑北壁下,呈东西向放置。西端被墓坑填石压毁,其余部分保存完好。直径18~20厘米,残长2.5

〔1〕米尼亚耶夫认为只有一辆马车,同时根据两根车辀及车衡上的多个榫眼、青铜轭首来推测这辆马车原先至少有3匹马驾辕,他还采用了大葆台汉墓出土安车作为参照。但是,双辀马车在汉地都是由两匹马驾辕;车衡上的五对小榫眼,是用来安装5件铜轪,而不代表轭的数量;他在车衡上发现的三件青铜器,虽然腐朽难以辨识,但应是2件轭首和1件玩,而不是3件轭首;同时另1根车衡斜放在车厢前部,与这两完整的马车并无明显从属关系。汉地每辆马车通常只用一根车衡,这根车衡应属于另一辆马车,而原车已经毁坏或被故意拆散,这根车衡也代表了一辆车。

米。车衡东端套着1件青铜衡末，衡末呈圆柱体，长10厘米，直径7厘米。车衡上自东端向西12厘米开始，有五对榫眼，内嵌弓形青铜车轪。据估算，完整车衡上应有6个车轪。车衡上有3个青铜轭首，长约25～30厘米，宽4厘米，厚8厘米。车衡、轭首表面都髹黑漆，黑漆表面也绘制白色和红色的几何纹样，形制与伞盖内侧髹漆上的纹样一致。

另1根车衡横置于车厢前方，直径7厘米，长3米，两端套着青铜制衡末，衡末呈圆柱体，长7厘米，直径5.5厘米。两衡末向中间3～4厘米处都有1个弓形铁轪。米尼亚耶夫认为这根车衡是专门安装在此处，象征前部的车衡，是整辆车的一部分。

⑤车辀。两根，呈南北向并排排列，两端分别连接车衡与车厢。两根车辀彼此相隔60厘米，残长95～100厘米，车辀表面也髹漆，绘制红、白色纹样。车辀中部被一个盗洞打破。靠东边的车辀附近出土1件卵形的铁牌，短边有穿孔，原先当是缝在马勒带或者缰绳上。旁边还出土1件直径6.5厘米的铁环，也是穿系结勒带用的。

⑥车厢。车厢后部被一盗洞打破，前、左、右三面有车轼，车轼呈格子状，由厚2～3厘米的木板用铁钉钉在一起。格子状车轼表明车厢原是用藤条编织而成，属典型的汉代窗棂车舆。

⑦车耳。发现于车轮下方，由松木板制成，长50厘米、宽25厘米、厚3～4厘米。表面髹漆，装饰几何纹样。

⑧车轮。两车轮间距两米，直径1.2米。每个车轮都有22根辐条，辐条厚3～4厘米，轮辋上还残余许多铁片，轮辋及辐条上髹漆，有红色、白色纹样。

⑨车軎。两件，发现于车轼下方，青铜制，长10厘米，直径5～12厘米，车軎底部有长方形孔，孔长3厘米，宽1.5厘米。车軎上插着青铜辖。

据发掘者介绍，这套车马器均无使用痕迹，是专用于葬仪的明车。这与呼尼河高勒·毛德I号墓地M20、德尔利格M2出土马车的情况一致。米尼亚耶夫根据王振铎的研究，并以大葆台汉墓出土安车为参照，认为这是辆三匹马拉拽的双辕双衡的施耳安车。我们认为，这辆车不仅是安车，还有可能是仿照汉天子“六驾”之制设计的。[1]

2）椁室内随葬品如下：

①人俑。共发现4具，外回廊东西侧各两具。人俑头部选用婴儿或小孩头骨，头骨附近都有几缕黑色发辫，原先可能是用胶粘在头骨上。头骨下方有海贝、绿松石、玻璃、琥珀、水晶等材质串珠、坠饰串成的项链。人俑附近多放置桦树皮制作的漆奁盒。人俑四肢用髹红漆的木棍代替。腰部有铁制长方形饰牌（图3-68）。

标本1∶1号人俑，发现于外回廊西侧中部。人俑头选用2~4岁儿童的头骨，头骨上有6缕发辫，头骨左方有一个髹红漆、用桦树皮制作的圆筒形奁盒、奁盒周围有四个圆形小盒，据米尼亚耶夫推测它们原先是放在大盒内部的。其中一个小盒表面刻画六个大小不等圆顶帐篷，即“穹庐”。有些帐篷周围插旌旗、底部有轮，似为篷车。另一个小盒底部刻画一个人面像侧面。此人细目、尖鼻、下颌及胡须向前翘起、头戴头盔。我们发现这个人面的特征与乌兹别克斯坦奥拉特（Orlat）2号坟冢出土骨带扣上刻画的骑士形象非常接近。[2] 人俑颈部有绿松石、海贝制成的项链，腰部的皮带上有两块15×6平方厘米的长方形铁带扣。

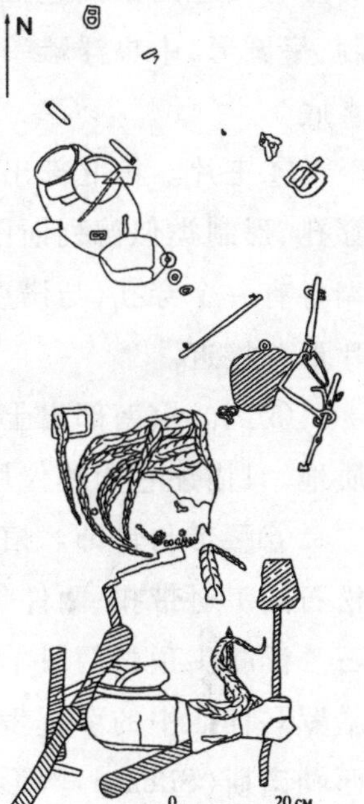

图3-68 查拉姆M7处回廊西侧1号人俑

标本2∶2号人俑，发现于外回廊西侧。人俑头选用年仅数月的婴儿头骨，头骨上仅有1根发辫，颈部有红玉髓、水晶、玻璃串珠制成的

〔1〕详见本书7.4的讨论。

〔2〕一般认为奥拉特墓地的年代在公元1—2世纪（K. Abdullaev, Nomadism in Central Asia. The archaeological evidence (2nd - 1st centuries B. C.), *In the land of the gryphons. Papers on Central Asian archaeology in antiquity*. Ed. by A. Invernizzi. Firenze, 1995, pp. 151 - 161.）。该墓地的族属有认为是康居、月氏或匈奴的（Markus Mode, Heroic fights and dying heroes - The Orlat battle plaque and the roots of Sogdian art, *Transoxiana - Journal de Estudios Orientales*, 2003. http://www.cais - soas. com/CAIS/Art/sogdian_heroic_art. htm)）。感谢李韬提供这批资料。

项链。腰侧的漆奁盒内放置一面铜镜的残片、一片云母、两只木梳以及放在木套里的多根铁针。漆盒外侧残有一列汉字铭文，据法国学者塞尔贴文思（Michèle Pirazzoli－t'Serstevens）释读，为"乘舆□□□年考工工赏造啬夫臣康掾臣安住右丞臣□□令臣□护工卒史臣尊省……"[1]

②马具。内外回廊内出土多副马具，均为棒状双孔铁镳和双环铁衔。

③马身饰牌。内回廊东侧出土两件马饰牌，1件青铜制，呈叶形，周缘有凸起的素面边框，表面浮雕一只奔跑的北山羊，素底；另1件银制，呈圆形，中央浮雕一只站立的北山羊。周缘有凸起的斜线纹边框，素底。

④玉片。棺北部出土，均呈青白色，有一种呈弯角状，上部有一个穿孔，形制类似德列斯图伊墓地出土玉髓制串饰。另一种略呈梯形，两端各有一个穿孔，与诺彦山墓地、鄂嫩河墓地、伊里莫瓦墓地出土的玉片形制接近。

⑤剑。棺南部出土，剑首残朽，剑鞘木制。报告并未介绍这柄剑的质地，只描述它为礼仪用剑。

⑥腰带与带饰。棺南部出土一条毛织腰带，腰带上铁包金镶嵌绿松石的1对带扣、两件勺形饰和1件卵形饰。圆首方底，表面镶嵌绿松石。浮雕头顶长两只羊角的人面形象，发掘者米尼亚耶夫认为他是希腊罗马神话中的萨提罗斯（Satyrs），比较可靠。[2] 萨提罗斯及其主神西勒诺斯（Silenus）卵形饰呈球体、中空，表面透雕两只站立的山羊。勺形饰与带具同出，应是腰带上的坠饰（图3－69）。

3.4.4.2　从葬墓

M7东西两侧各分布1列从葬墓，每列都有5座墓葬。10座墓中，只有M13表面有圆形石封堆，其余9座墓都没有。其中M7西北角的M12采用1重石椁1重木椁1重木棺，其余的9座墓均使用1重石椁1

[1] M. P. Serstevens, "A Chinese Inscription from a Xiongnu Elite Barrow in the Tsaraam Cemetery", *The Silk Road*, 5/1, 2007, pp. 56－58.

[2] С. С. Миняев, Л. М. Сахаровская, Элитный Комплекс Захоронений Сюнну в Пади Царам // Российская Археология 2007, No. 1. －РАН, Москва. －С. 159－166.

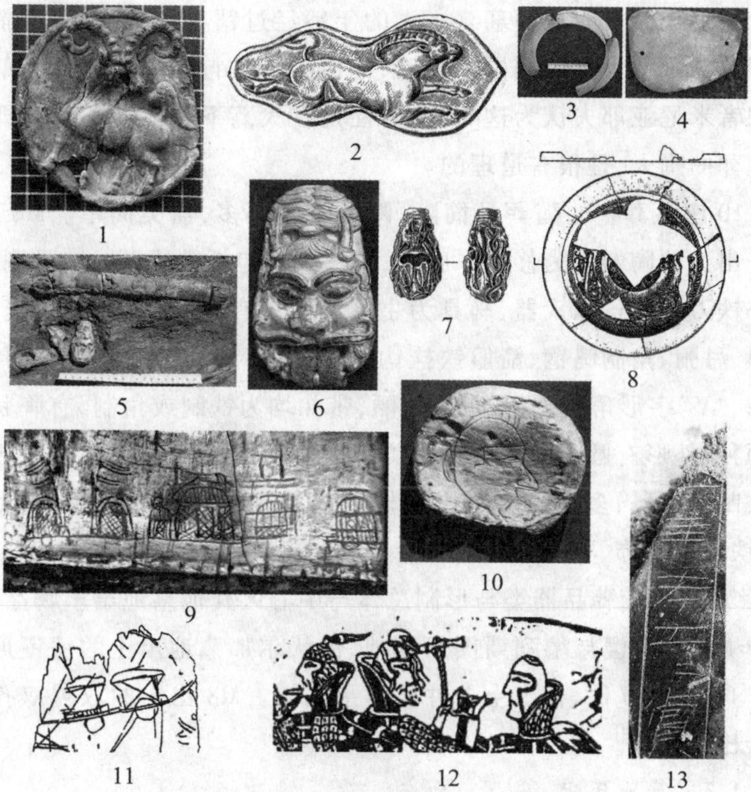

图 3－69　查拉姆 M7 随葬品

1. 银饰牌；2. 青铜饰牌；3～4. 玉器；5. 剑及带具、带饰位置；6. 铁包金镶嵌绿松石的带扣；7. 金带饰；8. 铜镜；9～11. 木盒表面的刻画图案；12. 骨带扣上的刻画图案；13. 漆器铭文（2～10、13. M7；11. 额吉河 BT－79；13. 奥拉特 M2）

重木棺的葬具。这 10 座墓葬都埋葬 1 名男性，但不同年龄的男性其墓葬规模、墓坑位置不同。M7 东侧的 5 座从葬墓中，规模最小的 M11 位于东南角，埋葬 1 名 4～5 岁的男童；M11 向北依次埋葬着 14 岁（M6）、16 岁（M8）、25 岁（M9）、30 岁（M10）的男性，墓坑及葬具尺寸也越来越大。西侧的 5 座从葬墓，从南向北分别埋葬着 6 岁（M16）、25～30 岁（M15）、25～30 岁（M14）、30 岁（M13）、35～40 岁（M12）的男性。其中西北角年龄最长的 M12 规模最大，葬具也比其他 9 座多 1 重木椁。除了 M15、M16，其余 8 座墓中相邻两座墓葬的死者年龄差都在 5 岁左右。这种规律说明从葬墓墓主人的年龄经过精心挑选，按照严整的规律埋葬在中心大墓的周围。因而，他们不会是自然死亡，先后下葬的。发掘者米尼亚耶夫认为这10名男性是在大墓下葬前后不久立即杀死并埋葬的殉人，是很有道理的。

10座从葬墓的随葬品简陋，陶器数量不多，器类简单。M8、M11、M14出土的陶器均为侈口平底罐；日用工具包括铁镬、铁锥、骨刷柄、角柄小铁刀、砺石，以武器、马具为主。武器中有三翼铁镞、燕尾铤骨镞、弓弭、弓弣、角制鸣镝、箭箙铁挂钩；马具以环形铁马衔、棒状双孔角制马镳、"V"字形角制鞍桥、带具简陋，带扣均为铁制或角制，有牌状和环状两种，外形有圆形、方形、圆首方底等，有活舌、凸钮或扣孔。腰饰牌有铁制或角质，多呈长方形。其他装饰品还包括玻璃串珠、石舌青铜铃、铁制勺形饰、羊拐等等（图3－70）。

从葬墓随葬品器类与形制总体与中心区其他墓地出土物品一致。其中M6的铁镬与德列斯图伊墓地、伊沃尔加墓地出土的铁镬形制接近；陶器仅有3件，各出土1件侈口平底罐。M8出土的双翼双孔菱形铁镞比较独特。

3.4.4.3　墓地年代

根据M7及其从葬墓的碳十四测年结果，其绝对年代集中在公元前1世纪至公元1世纪初。据法国学者研究，漆盒铭文样式不早于公元前36—27年，同时铭文中的"主"字在王莽时期代是"掌"字，且铭文笔画纤细，应在王莽之前。他还认为漆器形制与纹样与公元前8至公元4年间蜀郡工官制作的漆器接近。从而推测查拉姆漆器的制作年代也在这一时段内。M7及其从葬墓木椁的绝对测年结果也表明他们的年代不早于公元前30年。[1] 报告并未发表M7人俑漆盒中铜镜的资料，米尼亚耶夫引Guolong Lai的观点，认为M7填土中出土的四乳四虺

〔1〕M. P. Serstevens, "A Chinese Inscription from a Xiongnu Elite Barrow in the Tsaraam Cemetery", *The Silk Road*, 5/1, 2007, pp. 56－58.

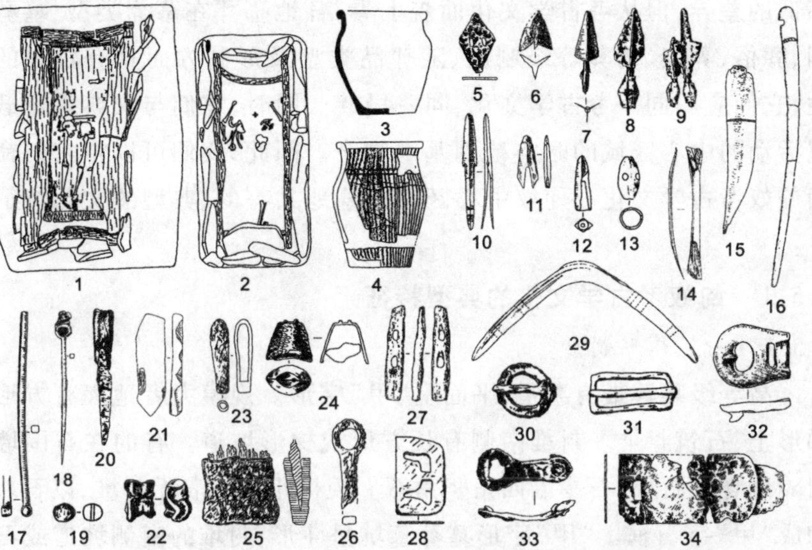

图 3－70　查拉姆 M7 从葬墓棺椁形制及随葬品示意图

1. M12 棺椁；2. M11 棺椁；3～4. 侈口平底罐；5～7. 铁镞；8～9. 穿系角制鸣镝的铁镞；10～12. 角镞；13. 角鸣镝；14～15. 角弓弣；16. 角弓弭；17. 角质骨刷柄；18. 铁锥；19. 玻璃珠；20. 角柄小铁刀；21. 砺石；22. 羊拐；23. 铁制勺形饰；24. 石舌青铜铃；25. 铁镬；26. 铁马衔；27. 角镳；28. 角制腰饰牌；29. 角制马鞍桥；30～31、33～34. 铁马镳；32. 角制带扣（1、7、17～18、21、33. M12；2、3、27. M11；4、5、15、19、24、28、31. M8；6、23、25～26. M6；8、10～12、14、16. M9；9、13、32、34. M10；20、22、29～30. M15）

镜在汉地流行时代在西汉后期至东汉前期，即公元前 1 世纪以后。[1] 根据程林泉、韩国河两位学者的研究，四乳四虺镜流行年代在西汉中期至新莽时期，我们认为 M7 及其从葬墓的年代大致在新莽时期，早于诺彦山诸墓地。

3.5　中心区匈奴考古学文化区系特征及分期

通过上一节的梳理，可以看出中心区域匈奴时期墓地虽然有规格

〔1〕S. S. Miniaev, L. M. Sakharovskaia, "Investigation of a Xiongnu Royal Tomb Complex in the Tsaraam Valley: Part 2: The Inventory of Barrow No. 7 and the Chronology of the Site", *The Silk Road*, 5/1, 2007, p54。

高低的差异,但从考古学文化面貌上看,各地墓葬在墓葬类型、墓葬形制、葬俗、葬仪、墓葬等级制度、随葬品类型及形制方面具有较强的共性,它们应属同一考古学文化、同一民族。同时,它们与汉典籍记载匈奴活动的中心区域的时空范围基本吻合。因此,我们可以将它们命名为匈奴考古学文化。匈奴中心区内诸墓地共有的、典型的文化特征如下:

3.5.1 匈奴考古学文化的典型特征

3.5.1.1 墓葬形制

高等级墓葬带有墓道,平面呈"甲"字形。规模大者地表有方形或梯形土、石筑封堆。封堆南侧有长方形或梯形坡道。有的在石围墙上间隔地竖立石块,石围墙四角竖角石。规模小者地表无封堆,以石块围砌成"甲"字石框。"甲"字形墓葬墓坑呈斗形,封堆的南侧坡道或石框下有通往墓室的斜坡墓道。墓道与墓室连接处高出椁顶。规模大者墓坑及墓道的周缘有自上而下逐级缩小的多层台阶,流行在墓坑内木椁上方随葬被拆散的汉式车马器或部分车器零件。葬具采用 2 重木椁 1 重木棺,级别低者也有 1 重木椁 1 重木棺。木棺表面流行装饰四瓣花及长条形饰件组成的菱格网状棺饰。

中小型墓葬封堆呈方形或圆形。有的在地表砌方形石板框,流行长方形竖穴土坑墓,并有少量偏室墓及带头龛的墓葬。

许多"甲"字形墓葬及中型墓葬周围有数量多寡不均的小型从葬墓。从葬者均为儿童及青、壮年男性。从葬墓数量、规格与主墓等级呈正比。"甲"字形墓葬的从葬墓多呈列分布在它封堆的东、西两侧。同一"甲"字形墓葬的从葬墓之间也有严格的等级区分。主墓东南侧从葬墓规格最低、埋葬死者的年龄最小,葬具采用 1 重石椁 1 重木椁或更低。越靠北部的从葬墓规格越高,死者年龄逐级增加。西北部的从葬墓规格最高,有的葬具有 1 重木椁 1 重木棺,木棺上彩绘髹漆,死者年龄也最长,随葬品也最丰富。方形及圆形石封堆的中型墓葬的从葬墓在主墓周围的分布无规律。

3.5.1.2 葬式、葬具、葬俗

各个级别的绝大多数匈奴墓葬普遍流行仰身直肢、北首葬。流行

在墓室北侧放置马、牛、羊等动物牺牲的头、蹄和骶骨，牺牲数量与墓葬级别成正比。葬具有石椁、木椁、木棺三种，高级贵族多采用2重木椁1重木棺，普通贵族多采用1重木椁1重木棺或1重石椁1重木棺；贵族墓葬棺椁制作精良、装饰奢华，木椁以厚木板、原木搭建而成，底板及四壁铺、挂大幅彩色毛毯、锦缎。木棺以多块松木板以细腰嵌榫、搭边透榫、铁箍接合而成，外髹黑、红漆，棺面覆裹丝、帛，装饰四瓣花形、条形、月牙形、圆形的金、银饰片组成的菱格网状棺饰。普通牧民采用1重木棺或1重石椁；木棺制作粗糙、装饰素淡，级别最低者无葬具、墓坑。中小型墓葬中流行扰乱葬习俗。

3.5.1.3 随葬品

"甲"字形墓葬流行在木椁上方填土，内随葬经不同程度拆毁的车器或车的部分零部件，墓室多出土铁、铜、铅等合金的鎏金权杖、装饰牦牛、雄鹿、麒麟等动物纹的叶形及圆形银制饰牌。

鍑为青铜制或铁制，有圈足鍑和平底鍑两种，均有双立耳，器表流行装饰连续的大花瓣纹；金制或青铜制动物纹带扣及饰牌。人身佩戴的带具以金属制带扣及饰牌最为典型，带扣主要流行四类：(1)圆首方底马蹄形带扣，表面装饰的题材常见鹿角狼身的狼形格里芬纹、公牛头、鹰形格里芬搏羊、龙、萨提罗斯等，中小型墓葬出土带扣多为青铜制、透雕，高级贵族墓葬出土的带扣多不透雕，采用铁包金、木包金、铜鎏金、表面镶嵌绿松石；(2)"P"字形透雕带扣，题材常见虎、北山羊、鹰形格里芬互搏场面；(3)长方形透雕青铜带扣，题材常见双驴互搏、虎搏鹿、双龙互噬等。带扣边框流行装饰水滴纹、竹节纹；(4)长方形宽缘环状带扣，见于级别较高的墓葬，制作精美，有的铁包金、镶嵌玻璃珠和红珊瑚珠。典型饰物的有水滴纹边框的圆形饰环、熊面纹圆形饰牌等等。

墓葬中出土汉镜多经"毁器"处理，仅余部分残片。

陶器流行小口细颈鼓腹罐、侈口平底罐两类，以夹砂灰陶、泥质灰陶为主。器体大小不等，器型略有变化，有地域差别而无明显的早晚演化趋势。流行在器物肩部施旋纹、波折纹、附加堆纹、竖向研光暗纹。

武器流行由弧角形、两端扁平的长条形弓弣、圆首弓弭组合制成的复合弓,箭镞流行三翼折棱铁镞、燕尾铤骨镞、卵形骨、角制鸣镝。马具流行锤碟锻造出的棒状双孔铁镳和双环铁衔。

3.5.2 匈奴中心区内各亚区的文化特征

在上一节中,我们结合自然地理与墓地集中分布情况将匈奴中心区细分为4个亚区。它们在考古学文化面貌上也存在一定的地域差异,可简要归纳如下:

3.5.2.1 中心西区(图3-71)

(1)呼尼河流域高勒·毛德I号墓地“甲”字形墓葬封堆北部有多道列石;其封堆与东西两列小型从葬墓之间多有圆形石堆的中型从葬墓。

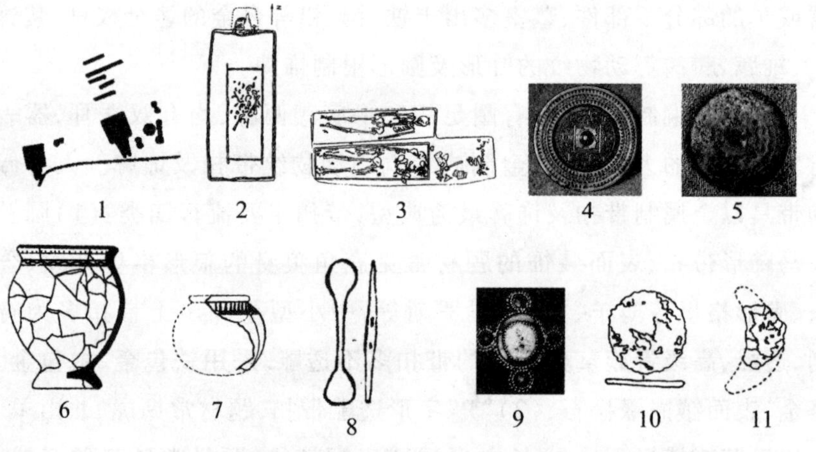

图3-71 匈奴中心区西区特殊葬仪及器类示意图

1.高勒·毛德II号墓地;2~3、6、9~11.布尔汗·托勒郭依墓地;4~5.塔米尔墓地;7~8.纳依玛·托勒郭依墓地

(2)额吉河流域布尔汗·托勒郭依墓地内有少数东首葬墓葬、偏室墓和带头龛的墓葬。

(3)塔米尔河流域墓地中出土了一些完整的汉镜和仿汉式铜镜。

(4)随葬陶器中布尔汗·托勒郭依墓地出土的侈口圈足陶鍑;纳依玛·托勒郭依墓地出土的圜底陶罐形制特殊。

(5)额吉河、呼尼河等墓地木棺头侧流行装饰圆形、月牙形象征日、月的棺饰。这种棺饰在中心北区切列姆霍夫墓地也有发现,而在中心中区、东区少见。

(6)布尔汗·托勒郭依墓地出土的四花形饰件也见于切列姆霍夫墓地,在其他区域则少见。

(7)纳依玛·托勒郭依墓地出土的哑铃型马镳与中心北区的伊里莫瓦、德列斯图伊墓地马镳接近,而在中心中区、中心东区少见。

3.5.2.2 中心中区(图 3-72)

(1)诺彦山苏珠克图墓地出土装饰牦牛题材的马身银饰牌及饰件。

(2)苏珠克图墓地出土的龙纹带扣比较独特。

(3)苏珠克图墓地少数陶器装饰旋涡纹。

图 3-72 匈奴中心区中区特殊葬仪及器类

1~5. 苏珠克图墓地

3.5.2.3 中心东区(图 3-73)

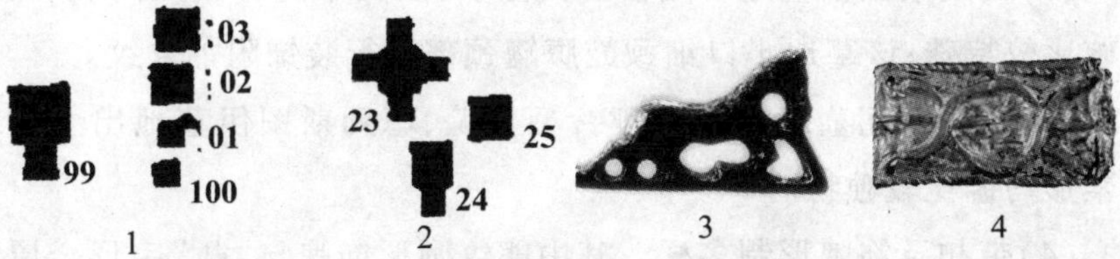

图 3-73 匈奴中心区东区特殊葬仪及器类示意图

1~4. 德尔利格墓地

(1)鄂嫩河德尔利格墓地、包尔布拉格墓地方形墓葬数量比较多。有些“甲”字形墓葬的从葬墓也为方形墓葬。

(2)德尔利格、包尔布拉格墓地中还有一些带两条及以上墓道的方形小墓。

(3)德尔利格墓地的双蛇纹金饰牌比较特殊，马形饰件也见于伊里莫瓦墓地，形制独特。

3.5.2.4 中心北区(图3-74)

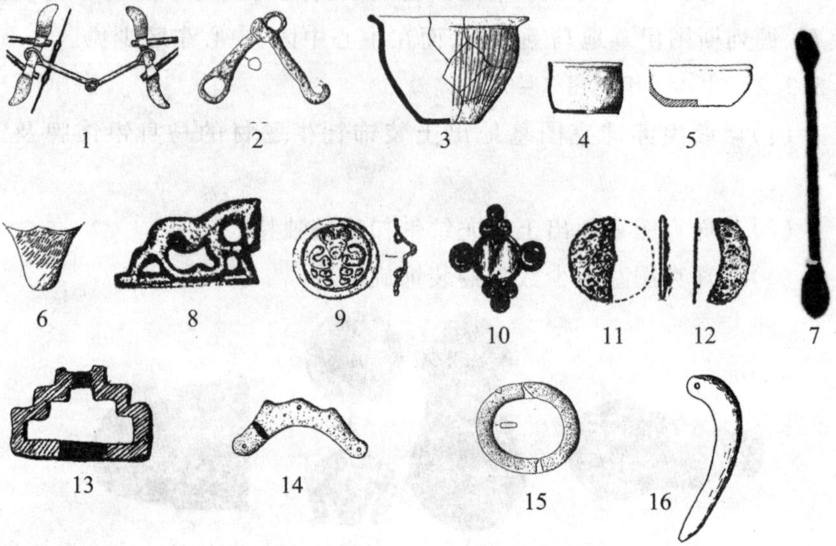

图3-74 匈奴中心区北区特殊葬仪及器类

1~6、9、13~16.德列斯图伊墓地；7.伊里莫瓦墓地；10~12.切列姆霍夫墓地

(1)切列姆霍夫墓地也出土圆形、月牙形棺饰，与中心西区接近。

(2)德列斯图伊墓地日用器皿类型多样，其中直口圈足陶碗、煤精制碗比较特殊；该墓地小口细颈鼓腹罐颈部流行装饰附加堆纹。

(3)伊里莫瓦墓地出土的哑铃型马镳、德列斯图伊墓地出土的螺旋桨形马镳比较独特。

(4)带扣及饰牌形制多样。其中熊纹圆形饰牌与“凸”字形金属饰环比较独特。

(5)多种材质制作的串饰。串饰多放置在死者腰部及身侧，而不佩戴在人身上。其中以玉髓制弯角形、扁担形饰件、石灰石制作的饰环较为独特。

总之，中心区内考古学文化面貌统一，中心区内4个不同的亚区各有中心,没有明显的时代早晚差别。我们推测,4 个亚区的中心可能分别是不同氏族的匈奴高级贵族的墓地。[1]

3.5.3 匈奴中心区考古学文化分期

在上一节中,我们对中心区各墓地的年代进行了重新勘定,进而可以对它们进行大致的考古学编年。在此基础上,我们发现匈奴墓葬在墓地布局、墓葬形制、棺椁制度、随葬品类别、形制等方面存在一定的阶段性特征,大致可分为三期(表 3-6):

表 3-6 匈奴中心区墓葬分期表*

两汉分期	匈奴分期	中心区
西汉前期	早期	德列斯图伊墓地③
西汉中期		胡德金·托勒郭依墓地③
西汉后期	中期	德尔利格① 包尔布拉格墓地②? 查拉姆墓地① 伊里莫瓦墓地② 额吉河流域诸墓地③ 纳依玛·托勒郭依③
王莽期		努赫金·阿姆③?
东汉前期	晚期	诺彦山诸墓地① 塔米尔墓地③ 高勒·毛德Ⅰ号墓地① 高勒·毛德Ⅱ号墓地①? 切列姆霍夫墓地③

*编排先后顺序以自中→北→西→南→东的方向;墓葬后圆圈内数字表示墓地等级,墓地等级划分标准详见第四章;字号小,打问号的是笔者的推测。

3.5.3.1 早期(西汉前期——西汉中期)

以德列斯图伊墓地、胡德金·托勒郭依墓地为代表。

(1)墓地布局、墓葬形制及葬具

中型墓地内的墓葬按墓葬规格及其集中情况分区。规模最大的中型墓葬及其从葬墓位于墓地中心区域,规模稍低的墓葬及其从葬墓集

[1]详见第 6 章分析。

中分布在大墓周围，除从葬墓以外的小型墓葬集中分布在墓地周缘。有的墓地内规模最大的中型墓葬彼此相距较远，在墓地中形成多个中心区域。有的墓地周缘的小型墓葬也集中在多个区域。

中型墓葬封堆呈圆形或近方形，封堆规模大、积石加多，封堆中常见方形石板框，有些石板框四角有竖角石，还有些墓葬在封堆的北部竖立石。级别高者葬具采用1重功能性石椁1重木椁1重木棺；级别稍低者葬具采用1重木椁1重木棺或1重石椁1重木棺；再次者葬具仅有1重木棺。中型墓葬封堆周围有数量多寡不均的从葬小墓。从葬墓在中型墓葬周围的分布位置不固定。从葬墓封堆规模小、墓坑浅，其数量、等级与中型墓葬规格成正比。葬具采用1重封闭式石椁1重木棺、单重木棺、单重石椁或无葬具。从葬者多为青少年男性、儿童及婴儿，有些中型墓葬的墓坑内还有人牲、墓室棺椁外侧有殉人。殉人年龄及性别与从葬墓类似。

小型墓葬封堆规模小、积石稀少，墓坑较浅。级别高者以单重木棺为葬具，低者仅有1重石椁，最低者无葬具甚至无墓坑。小型墓葬中有一部分是中型墓葬的从葬墓，另一部分相对独立，级别高者也有自己的从葬墓。

(2)随葬品

流行在墓室北侧放置牛、马、羊等动物牺牲的头颅、骶骨及肢骨。

日用陶器以小口细颈平底罐、侈口平底罐两类居多。中心北区墓葬有一些独特的器类，比如大口宽沿平底盆、直口圈足碗、陶鬲或陶甗等。同类陶器的器型不统一，但无明显的早晚演化关系。鍑以青铜制居多，双立耳、梨形腹、镂空圈足，表面基本无装饰；武器中弓弭数量较少、三翼铁镞多无折棱；三翼青铜箭镞及三棱骨、角镞占相当一部分比重；马具铁衔、铁镳较多，但双孔棒状骨、角镳占相当一部分比重；中心北区的中小型墓葬流行螺旋桨形的双孔或单孔铁马镳。该区还流行随葬装饰复杂的带具及串饰。女性带具流行长方形透雕动物纹带扣、水滴纹边框的圆形透雕饰环、勺形饰、熊面饰牌、青铜铃、五铢以及海贝、煤精、石灰岩、玻璃珠等多种材质的饰件；项链一类的串饰流行玉髓制弯角形、扁担形饰件、圆环形石灰石制饰环以及玻璃、红玉髓、琥珀、煤精、蛇纹岩等其他多种质料的小串珠。男性带具流行圆首方底的动物纹带扣和“凸”字形金属饰环。

3.5.3.2 中期(西汉后期)

高等级墓地以查拉姆墓地、伊里莫瓦墓地、德尔利格墓地为代表;中小型墓地以布尔汗·托勒郭依墓地、纳依玛·托勒郭依墓地为代表。

(1)墓地布局、墓葬形制及葬具

中心北区出现含有“甲”字形墓葬的高等级墓地,它们与其他墓地之间等级差异悬殊。高等级墓地以查拉姆墓地、伊里莫瓦墓地为代表。墓地布局情况与早期中型墓地接近:规模最大的“甲”字形墓葬及其从葬墓分布在墓地中心,彼此相隔距离较远,形成多个墓地中心区域;其余中小型“甲”字形墓葬及其从葬墓分布在大墓周围,也有的分布在墓地周缘。除从葬墓以外的中小型圆形或方形石堆墓或分布在“甲”字形墓葬的周围、或集中分布在墓地周缘。

“甲”字形墓葬规模大者有高大的方形或梯形封堆,南侧有长方形或梯形坡道。多在石围墙上间隔地竖立石,石围墙四角竖角石。规模小者地表无封堆,以石块围砌出“甲”字石框。“甲”字形墓葬墓坑呈斗形,封堆的南侧坡道或石框下有通往墓室的斜坡墓道。规模大者墓坑及墓道的周缘有自上而下逐级缩小的多层台阶。流行在墓坑内木椁上方随葬被拆散的汉式车马器或部分车器零件。葬具采用2重木椁1重木棺,级别低者也有1重木椁1重木棺。木棺表面流行装饰四瓣花及长条形饰件组成的菱格网状棺饰。

“甲”字墓葬封堆东侧或东西两侧多有南北向整齐排列的从葬小墓。同一“甲”字形墓葬的从葬墓规格(主要体现在封堆规模、墓坑尺寸、棺椁重数、材质、从葬者年龄以及随葬品精美、丰富程度)自南而北、自东而西逐级增加。

高级墓地的边缘及“甲”字形墓葬之间还分布着一批相对独立的方形、圆形石堆的中、小型墓,它们在墓地内的分布不规整。其封堆规模大小不等,规格不一,规格较高的中型墓葬的葬具采用1重象征性石椁1重木椁1重木棺,有些也有自己的从葬小墓。规格低者仅具1重石椁或1重木棺,甚至无葬具。

中级墓地以布尔汗·托勒郭依墓地为代表,墓地布局、墓葬形制、葬具与早期同级墓地诸项特征基本一致。中心西区的布尔汗·托勒郭依墓地出现的少数东首葬墓葬、同冢分穴合葬墓、带头龛墓葬以及偏室墓比较特殊,该区木棺上还流行装饰圆形、月牙形象征日月的棺饰。

(2)随葬品

殉牲情况与早期一致。"甲"字形墓葬随葬多种贵金属制品以及域外物品或融合域外物品形制、题材的物品。包括铁、铜、铅合金的权杖,装饰山羊纹的叶形、圆形马身饰牌,镶嵌绿松石的圆首方底金带扣,弯角形玉串饰及方形玉甲片,漆器、铜镜等等。一些墓葬(如查拉姆M7)还随葬用婴儿或幼儿头骨、人发辫以及漆木器制作的人俑;另外一些墓葬(如伊里莫瓦M54)出土的哑铃型鎏金铁镳,比较特殊。

汉式物品在"甲"字形墓葬中出土数量较多,包括车器、漆器、铜镜、玉器等,而在中小型墓葬中出土数量较少,包括铜镜及少量汉式陶灯、陶灶。

所有墓葬中,陶器器类仍以小口细颈平底罐、侈口平底罐两类居多,器型趋于统一。中心西区有少数侈口圈足陶鍑。青铜鍑除了早期的无装饰的双立耳圈足鍑以外,也出现平底鍑,开始流行在铜鍑表面装饰连续的大花瓣纹样;武器中细长条形及弧角形两种弓弭的数量显著增多,青铜镞、三棱骨、角镞减少;三翼折棱铁镞开始流行;马具流行棒状双孔铁马镳、骨、角镳数量减少,螺旋桨形铁镳少见。人身装饰品中长方形动物纹透雕饰牌、透雕饰环明显减少,高等级墓葬流行镶嵌绿松石或点焊小金珠的金银制带扣、带饰及串饰。串饰中角形饰、扁担形饰以及石灰岩制作的圆形饰环少见。

3.5.3.3 晚期(王莽期至东汉中期)

以苏珠克图墓地、德尔利格墓地、高勒·毛德I号、II号墓地、切列姆霍夫墓地、塔米尔墓地为代表。

(1)墓地布局、墓葬形制及葬具

除了中心北区以外，含有“甲”字形墓葬的高等级墓地也集中出现在中心区的其他各区：中心西区以呼尼河流域高勒·毛德Ⅰ号、Ⅱ号墓地为中心；中心中区以诺彦山诸墓地为中心；中心东区以鄂嫩河中游为中心。

高等级墓地内“甲”字形墓葬分布更加集中，布局更加规整。典型的如高勒·毛德Ⅱ号墓地：规模最大的三座“甲”字形墓葬分别位于墓葬中部、中北部及西北部，其余中小型“甲”字形墓葬整齐地分布在它们周围或在南侧成排分布。“甲”字形墓葬及圆形石堆的中小型墓地彼此间隔一定距离，分布错落有致。

“甲”字形墓葬封堆特征、墓坑结构、葬具结构、木棺装饰以及随葬汉式车的习俗与中期一致，其从葬墓形制、布局、等级差异也与中期一致。

各等级墓地内，圆形、方形石堆墓的中小型墓葬的诸项特征也与早期、中期接近。

(2)随葬品

殉牲情况与早期、中期一致。“甲”字形墓葬随葬物品仍大量随葬贵金属制品以及域外物品或融合域外物品形制、题材的物品。其中叶形、圆形马饰牌题材除了山羊，还出现牦牛、雄鹿、麒麟等题材，制作、装饰更加精美。

此期的显著特征是汉式物品的种类、数量显著增多，除“甲”字形墓葬以外，在中小型墓葬也开始普及。车器、漆器、玉器、丝织品、铜镜、铜盆、铜壶、铜灯、木耜在“甲”字形墓葬中出土数量很多。中小型墓葬中陶灯、铜镜、漆器数量显著增多。

其他随葬品类别、形制基本与中期一致(图3－75、3－76)。

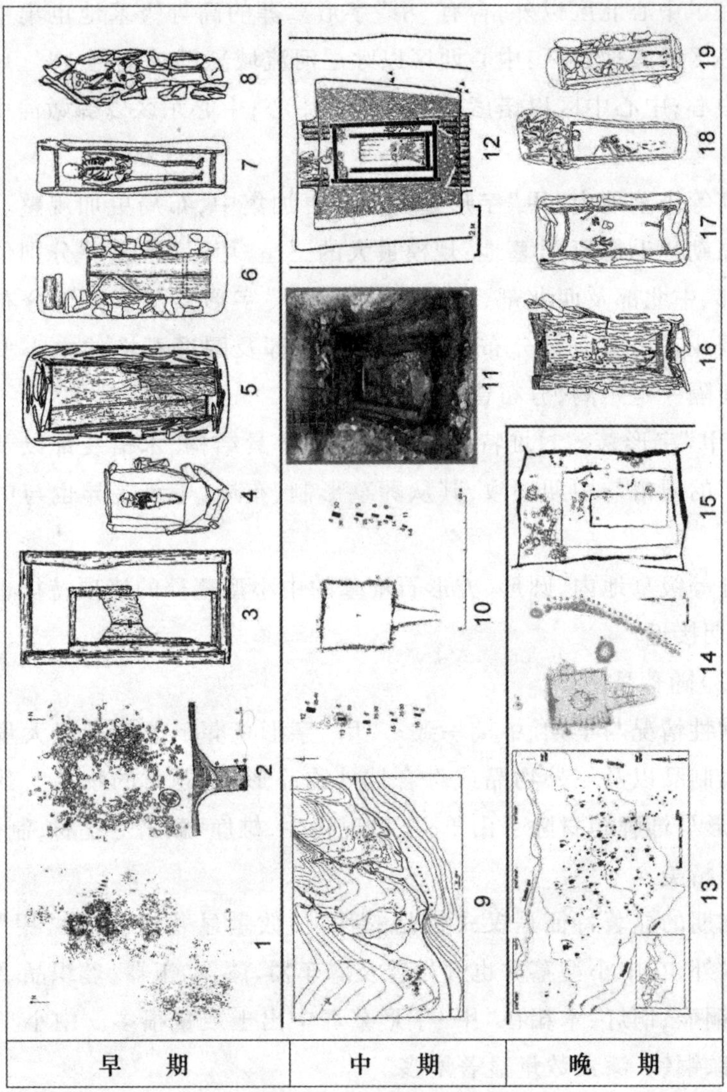

图 3－75　匈奴中心区墓葬分期示意图

1. 德列斯图伊墓地平面；2. 德 M39 及 M39a；3. 德 M39；4. 德 M53（从）；5. 德 M45；6. 德 M95；7. 德 M44（从）；8. 德 M87；9. 伊里莫瓦墓地平面；10. 查拉姆 M7 及其从葬墓；11. 查拉姆 M7 椁室；12. 伊里莫瓦 M54；13. 高勒·毛德 II 号墓地平面；14. 高勒·毛德 II 号墓地西北角大墓及其从葬墓；15. 高勒·毛德 I 号墓地 M20；16. 查拉姆 M12（从）；17. 查拉姆 M11；18. 布尔汗·托勒郭依墓地 M18；19. 布尔汗 M23

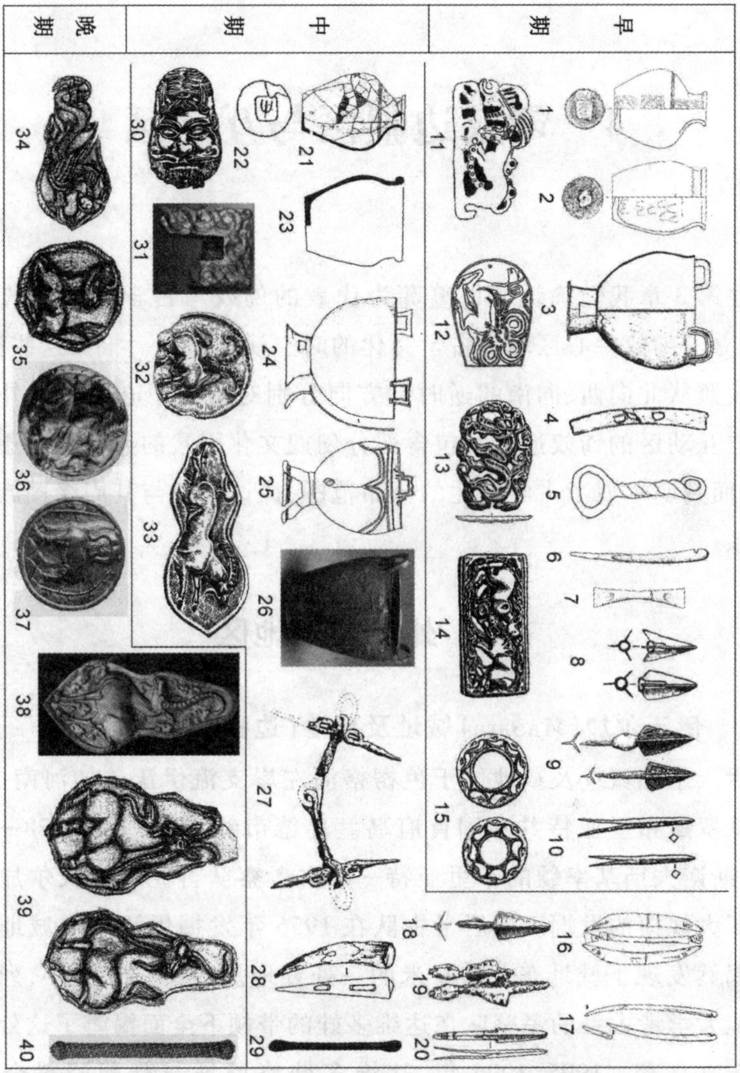

图 3－76　匈奴中心区墓葬随葬品分期示意图

1～2. 胡德金·托勒郭依墓地；3～12. 德列斯图伊墓地；16～17、21～22、24～26、28、31. 布尔汗·托勒郭依墓地；18～20、23、30、32～33. 查拉姆墓地；27、29. 伊里莫瓦墓地；34～35、37、39～40. 苏珠克图墓地；36、38. 高勒·毛德 I 号墓地

4 匈奴边疆区与互动区

在第3章我们确认了以墓葬为代表的匈奴考古学文化的典型特征,建立了匈奴中心区域考古学文化的时空演化序列。根据这些标准,本章按照从北向西、向南的逆时针方向分别对匈奴中心区域以外的边疆区与互动区的匈奴遗存及包含部分匈奴文化因素的遗存进行逐一辨识,进而判明匈奴考古学文化的分布范围,探讨匈奴与其周缘民族之间的关系。

4.1 外贝加尔地区

4.1.1 伊沃尔加(Иволга)城址及墓地(边疆区)

伊沃尔加城址及墓地位于色楞格河左岸支流伊沃尔加河南岸,东北距俄罗斯布里亚特共和国首府乌兰乌德市约16公里。1928—1929年,索斯诺夫斯基率领的布里亚特—蒙古考察队首先对伊沃尔加城址进行了大规模的发掘。此后考古队在1956年发掘伊沃尔加城址的过程中偶然发现了城址东北440米的一处墓地。1956—1970年,列宁格勒师范大学考古系的考察队在达维多娃的带领下全面揭露了这处墓地的216座墓葬。1995、1996年,达维多娃将城址与墓葬资料全部发表。[1] 我国学者乌恩、单月英、冯恩学、潘玲等先后对这批资料进行过

[1] А. В. Давыдова, ИволгинскийАрхеологическийКомплекс. ТомI: ИволгинскоеГородище. – Санкт – Петербург, 1995; А. В. Давыдова, ИволгинскийАрхеологическийКомплекс. ТомII: ИволгинскийМогильник. – Санкт – Петербург, 1996.

介绍与研究，其中以潘玲女士的梳理工作最为详尽。[1] 研究者已通过器物类别、形制比较，判定伊沃尔加墓地与城址属同一群人在同一时期形成的遗存。潘玲将墓地出的铜镜、五铢钱币断在西汉中期，同时她还广泛征引中原及中国北方考古资料，判定这处遗址群的主体年代在西汉中期，上限可能到西汉早期，下限在东汉前期以前，比较可信。在此，我们不对该处遗存作过多介绍，仅在前人研究的基础之上就相关问题展开探讨。从考古资料来看，伊沃尔加遗址群混有多种文化因素。

4.1.1.1　匈奴文化因素

伊沃尔加墓地共发掘了216座墓葬，未被盗掘的仅30座。它们在墓葬形制、葬仪、习俗等方面主体与匈奴中心区考古学文化面貌一致。这表现在：墓葬形制流行圆形石堆墓，竖穴土坑墓，葬俗流行单人葬、仰身直肢葬、北首葬、扰乱葬；葬具以单重木棺居多，其次为单重木椁，少数为1重木椁1重木棺，石椁仅1座(M197)。[2]

随葬品中，陶容器流行侈口平底罐和小口细颈鼓腹罐；颈部、腹部流行装饰旋纹、波折纹、附加堆纹、研光暗纹；一部分陶器器底有方形戳记，少数器壁下部有穿孔；燕尾铤骨镞、三翼铁镞等都是典型匈奴文化的因素。该遗址群中出土弓弭与三翼折棱铁镞数量少，也符合中心区匈奴早期文化特征。

该墓地与中心北区的匈奴墓葬的考古学文化特征接近，表现在：陶器器类都有大口宽沿平底盆、少量陶鬲或陶甗、器物肩部流行施连续的三角形蕉叶纹，颈部多施一道附加堆纹；双环立耳圈足铜鍑、螺旋桨形的单孔及双孔铁镳；三翼青铜镞；带具流行长方形动物纹透雕青铜带

---

[1]乌恩：《论匈奴考古研究中的几个问题》，《考古学报》1990年4期，第409－437页；单月英：《匈奴墓葬初步研究》，北京大学硕士研究生学位论文，2001年6月；冯恩学：《俄国东西波利亚与远东考古》；潘玲：《伊沃尔加城址和墓地及相关匈奴考古问题研究》。

[2]墓地内大多数墓葬早年被盗掘，棺椁保存状况不好，为判断葬具形制带来一定难度。潘玲将达维多娃划分的"大的木棺"归入"简易木椁"。她认为此种"简易木椁"底板边缘超出侧板，而"木棺底板和四壁是平齐的。"她的看法基本正确。这里需补充两点：一般认为棺椁的关键区别在于组装地点，木棺是下葬前制作好，整体放入墓室，木椁是在墓坑底部组装的。①从中心区其他匈奴墓中，已发现许多侧板超出挡板或挡板超出侧板的"舟"字形木棺。综合已发掘的墓葬资料来看，我们认为匈奴木棺的特点是棺底板均为纵向木板，底板不超出侧板。②按上述棺椁的区分标准，已发现的匈奴石葬具均为石椁。伊沃尔加T197也是如此。

扣、长方形石带扣以及形制多样的环状带扣、熊面纹饰牌；串饰流行石质饰环、扁担形饰、弯角形饰以及用绿松石、海贝等多种质料制作的饰件。

伊沃尔加遗址群的一些陶器肩部装饰旋涡纹与中心中区的诺彦山墓地出土的陶器纹饰接近。墓地中除了北首葬，也有相当一部分是东首葬。另外有一批埋葬1男1女的“邻冢合葬”葬，如M134和M138、M101和M102、M119和M120、M93和M100。这种情况与中心西区额吉河布尔汗·托勒郭依墓地接近。所不同的是，伊沃尔加墓地东首葬及邻冢合葬墓是分散在墓地当中的，而在布尔汗·托勒郭依墓地中是集中分布在一个墓区内。

4.1.1.2 石板墓文化因素

潘玲认为伊沃尔加遗址群的石椁葬具、大口筒形罐、陶器肩部装饰锯齿状附加堆纹、弓弭、燕尾铤骨镞等文化因素与石板墓文化有渊源，笔者亦从此说。[1]

4.1.1.3 塔加尔文化因素

伊沃尔加墓地M139出土1件球腹圈足陶鍑，陶鍑有两个乳突状的耳，同类器物在叶尼塞河中游的塔加尔文化的捷西期比较流行。[2]额吉河流域布尔汗·托勒郭依墓地M38也出土过类似的圈足陶鍑。

4.1.1.4 中国北方长城沿线文化因素

伊沃尔加遗址群出土的单耳平底罐与长城沿线春秋战国诸部落使用的陶罐接近。[3]

4.1.1.5 巴泽雷克文化及西戎文化因素

伊沃尔加遗址群出土螺旋桨形的双孔铁马镳在战国时期阿尔泰山北麓的巴泽雷克文化及甘肃东部、宁夏地区的西戎遗存都有发现。同类马镳在匈奴中心北区的德列斯图伊也有发现，其渊源可能主要来自巴泽雷克文化。伊沃尔加墓地M149葬具采用落叶松制成的独木棺，

---

〔1〕潘玲：《伊沃尔加城址和墓地及相关匈奴考古问题研究》，第87－119页。

〔2〕潘玲：《伊沃尔加城址和墓地及相关匈奴考古问题研究》，第109－110页。

〔3〕潘玲：《伊沃尔加城址和墓地及相关匈奴考古问题研究》，第103页。

这类葬具在巴泽雷克文化中非常流行。

4.1.1.6 汉地文化因素

较匈奴因素外的其他文化因素而言,汉地文化因素在伊沃尔加遗址群中占据的比重较大。瓮棺葬的习俗,盘口壶、小口鼓腹平底罐、大口宽沿平底盆及甑,[1]陶器表面装饰的研光暗纹、弦断绳纹以及陶器的轮制技术,铁锸、铁镬、铁镰等农具,铜盆、骨刷柄、石耳杯、铜镜、五铢、饰物上的正面坐立的熊纹题材。这些汉地文化因素的出现与从战国开始从中国北方迁入匈奴的移民有关。[2] 伊沃尔加城址出土砺石上刻画的"岁"、"党"、"仇"字也可说明这一点。[3]

此外,对于潘玲提及的几项汉文化因素,需补充说明几点:

(1)虽然关中秦墓与伊沃尔加墓地的生土二层台接近,但生土二层台在石板墓文化、塔加尔文化、毛庆沟墓地等地都有发现,比如石板墓文化的乌斯提—措伦(Усть—Цорон)墓地 1 号墓、毛庆沟 M81。[4] 我们发现匈奴墓葬的生土二层台以中小型墓葬居多,巴里坤东黑沟的石椁墓,均为生土二层台,上面纵向盖原木木椁,规模稍大者则没有。生土二层台很可能是低等级墓葬的一种加固墓室的简省手段。同时它的流行范围广,似不能作为判定伊沃尔加墓地有秦人移民的直接证据。

(2)铁制鱼鳞甲在战国时期的欧亚西部草原已十分流行,由于匈奴遗存中尚未出土可资复原的完整甲片,我们尚且不能判定伊沃尔加城址出土的铁甲片是效仿汉式铠甲的形制。

(3)伊沃尔加遗址群出土陶器底部及口沿的方形戳记及刻画符号。达维多娃等学者认为是汉工匠留下的符号。潘玲认为这类符号与战国晚期至秦汉之际的中国北方,尤其与秦墓的戳印接近。[5] 我们比

---

[1]一些盆底部有多个箅眼,似作蒸煮用的甑。

[2]潘玲:《伊沃尔加城址和墓地及相关匈奴考古问题研究》,第 90 - 103 页。

[3]此三字最早是由夏鼐先生隶定。林沄先生怀疑它们与秦、西汉时期字形相差较大,不一定是汉字(潘玲:《伊沃尔加城址和墓地及相关匈奴考古问题研究》,第 41 页,注 5)。

[4]А. Д. Цыбиктаров, Культура плиточных могил Монголии и Забайкалья, Улан - Удэ, 1998, 210С.;内蒙古文物工作队:《毛庆沟墓地》,收入田广金,郭素新编著:《鄂尔多斯式青铜器》,北京:文物出版社,1986 年,第 232 页。

[5]潘玲:《伊沃尔加城址和墓地及相关匈奴考古问题研究》,第 96 页。

较赞同匈奴陶器底部的方形戳记源于中国北方拍印的印戳。但汉地以陶文居多,陶符少见,包括伊沃尔加墓地、布尔汗·托勒郭依墓地等匈奴墓葬出土陶器底部的刻画符号,多不是汉字。青海大通匈奴别部的上孙家寨墓地出土的陶器,底部也有许多类似汉字的刻画符号。伊里莫瓦墓地及大保当遗址群出土小口细颈鼓腹罐的器颈上还有羌字。我们推测,匈奴陶器上这类刻画符号可能是一批从中国西北地区混入匈奴的工匠所作,其中也包括一批羌戎系移民。

总体看来,伊沃尔加遗址群文化主体符合匈奴考古学文化特征,族属应为匈奴。伊沃尔加墓地以小型墓葬为主,墓地内不分区、墓葬之间等级差异小。不同墓向的墓葬代表了不同氏族的人群,与布尔汗·托勒郭依及大保当墓地情况类似。虽然该墓地包含了多种文化因素,表明该地可能混有来自丁零(塔加尔文化)、屈射(巴泽雷克文化)、汉、羌戎、狄、石板墓文化等多个地区、部族的移民。同时该墓地不分群,墓葬形制、葬仪、习俗、随葬品方面主体共性很强,表明他们在迁入此地后受到匈奴集中、统一的管理,与当地的匈奴人进行了民族融合(图 4－1)。

同时,伊沃尔加墓地也融合了多种文化因素。比如与汉地及长城沿线有关的瓮棺葬、盆形陶甑、陶器表面装饰的研光绳纹、熊面青铜饰件、五铢;与石板墓文化有关的如陶罐、瓮肩部流行施锯齿附加堆纹;与塔加尔文化有关的如圈足陶鍑;螺旋桨形的马镳则与阿尔泰北麓及西戎文化有关。一般认为伊沃尔加墓地与伊沃尔加城址属同时期同一人群。该遗址群中多种文化因素表明当地混入了来自汉、戎、狄、丁零等多个民族、部落的成员。从伊沃尔加城址中大量冶铸作坊,制陶作坊,骨、角、石器作坊来看,匈奴以及来自不同部族的移民应以工匠为多,主要从事武器、日用器加工。

伊沃尔加遗址群是目前发现最北部的匈奴遗存,该地区在汉文献记载中原属丁零(丁灵)人活动的区域。楚汉之际冒顿单于征伐北方时占据此处。伊沃尔加城址位于贝加尔湖东缘色楞格河左岸台地之上,在地理上是南北往来的军事要冲。城的规模不大,南北长 248 米,

图 4-1　伊沃尔加墓地及城址示意图

1~6、8~9、13、28~26. 伊沃尔加城址出土；7、15. M171；10. M138；11. M211；12. M9；14. M52；17. M119；27. 苏珠克图墓地；28. 德列斯图伊墓地 M99；29. 德列斯图伊墓地；30. 德列斯图伊墓地 M48

残宽 194~216 米。城址有四道城墙及壕沟，具有显著军事防御性质。[1] 城中房址多是中小型半地穴式，并有许多冶铸、制陶、制作骨、角、玉石器的作坊。从功能上看，这处城址主要是不同行业手工业者杂居的场所，他们除了为游牧的匈奴人生产、提供武器、陶器、骨角器、装饰品等物资外，也从事一部分渔猎与农业。关于匈奴在此建城的必要性，王明珂等学者认为这种混合经济定居生活无法得到匈奴国家完全的保护，本书作者十分赞同。[2] 这里需展开说明几点：逐水草、分散的游牧部落一般不需要建城，这是因为他们转移民众、畜产的能力强于农

[1] 潘玲：《伊沃尔加城址和墓地及相关匈奴考古问题研究》，第 120-121 页；乌恩：《匈奴文化的内涵、起源、发展及其文化联系》，第 298-300 页。

[2] 王明珂：《游牧者的抉择：面对汉帝国的北亚游牧部落》，桂林：广西师范大学出版社，2008 年，第 129-130 页。

业文明,迁移本身就是防守。[1] 当游牧部族形成国家,向集权制、阶序化政体发展,尤其是要维持常备军队的时候,就需要对各类资源进行集中管理、统一调配。此时,行业分工也显得尤为重要。这些行业需要固定的工作场所,生产者无法与其他游牧民一起共进退。同时由于他们担负着为其他大多数游牧民提供必要补给的重要职责,因而建城防御是十分必要的。伊沃尔加城址就是这种匈奴游牧国家体制下的产物,匈奴于此处建城的主要目的应是防御西北部的丁零。匈奴在北伐后对丁零的控制并不稳固。后者虽退居米努辛斯克盆地,但一有机会就从北部南侵匈奴。匈奴单于多把嫡系成员封于此处,委以防御丁零,捍卫北疆的重任。据《汉书·苏武传》载,苏武在"北海"(即贝加尔湖)放牧时曾遭丁零人盗羊。匈奴第十任单于狐鹿姑(公元前96—85年在位)曾将这片封地交予自己的弟弟於靬王管理。作为后方补给重镇的伊沃尔加城,或许也是战时匈奴人临时驻防的场所。

4.2 米努辛斯克盆地

4.2.1 塔加尔文化(Тагарская культура)捷西期(互动区)

叶尼塞河中游的米努辛斯克盆地在匈奴时期的塔加尔文化捷西期(公元前2-1世纪)出现的一些匈奴文化因素,已被许多学者所关注。[2] 这些匈奴文化因素主要包括各种饰件和工具,比如水滴纹边框透雕饰环,动物纹、几何纹长方形透雕青铜带扣,长方形石、骨带扣;前圆后方的带扣和圆形透雕腰饰环。[3] 该地区流行的一些文化因素,比

[1]王明珂先生根据汉军数次俘获匈奴大批畜产、人民的史实判定游牧部落的机动能力并非以往想象的那样强(王明珂:《游牧者的抉择:面对汉帝国的北亚游牧部落》,第110-121页)。

[2]М. И. Пшеницына, Тесинский этап // Степная полоса Азиатской части СССР в скифо-сарматское время. -Москва, 1992. - С. 224-235.;潘玲:《伊沃尔加城址和墓地及相关匈奴考古问题研究》,第109页;乌恩:《匈奴文化的内涵、起源、发展及其文化联系》,第330-331页。

[3]以往学者列举的"勺形饰"在早期铁器时代的阿尔泰文化中出现较早,并在西汉时期中国北方及汉地流行,不应算作匈奴典型文化特征。

如仿铜鍑的陶鍑，不仅出现在外贝加尔匈奴遗存中，[1]也出现在图瓦地区的匈奴墓葬中。塔加尔文化分布在叶尼塞河中游的米努辛斯克盆地，该地地望在汉文典籍中是古代丁零人的领地。因此，以前有学者认为塔加尔文化是丁零的说法比较可信。[2] 我们认为塔加尔文化中的匈奴文化因素是文献记载匈奴在楚汉之际通过北伐，取得对丁零的控制以后开始出现的。塔加尔文化自早期开始一脉相承，至捷西期仍是如此。流行头向西南的仰身直肢葬，晚期流行多人同穴合葬。葬仪以及随葬器物群主体也与匈奴文化差异很大，表明当地并未被长时间占领或匈奴并没有向当地大批移民。

另外，塔加尔文化中也出现了"曰"字形偏室墓。我们认为这种偏室墓最早源于中国西北地区羌戎系部落，这些部落的一部分在战国时期至汉初融入了匈奴右部。他们的遗存见于额吉河流域、图瓦地区、新疆和静察吾呼等地。塔加尔文化出现的这类偏室墓，可能是随匈奴北伐留驻叶尼塞河中游的原羌戎系部落成员（图 4－2）。

从文献记载来看，匈奴在叶尼塞河中游的统治并不稳固，西汉早中期，丁零一直处于匈奴控制之下，武帝时期，匈奴且鞮侯单于曾封卫律为丁零王。从西汉后期开始丁零便一直借机努力摆脱匈奴的控制。宣帝时丁零曾两次对匈奴用兵：第一次是在汉宣帝本始三年（公元前71 年）："丁令乘弱攻其北，乌桓入其东，乌孙击其西。凡三国所杀数万级，马数万匹，牛、羊甚众。"第二次是在汉宣帝神爵元年（公元前 61年）："丁令比三岁入盗匈奴，杀略人民数千，驱马畜去。"此后在黄龙元年（公元前 49 年）丁零复为北匈奴郅支单于所破，直至东汉前期北匈奴衰亡才又得以独立。《后汉书·南匈奴列传》载东汉章帝元和二年（公元 85 年），"南部（南匈奴）攻其前，丁零寇其后，鲜卑击其左，西域侵其右，不复自立，乃远引而去"。[3] 正是由于叶尼塞河中游丁零部落不断地反抗，匈奴始终未能将当地居民纳入部落联盟之中。这些记载

[1]潘玲：《伊沃尔加城址和墓地及相关匈奴考古问题研究》，第 109 页。

[2]［前苏联］吉谢列夫著，莫润先等译：《南西伯利亚古代史》（上册），乌鲁木齐：新疆社会科学院民族研究所，1981 年，第 152 页。

[3]《后汉书》卷 89《南匈奴列传》。

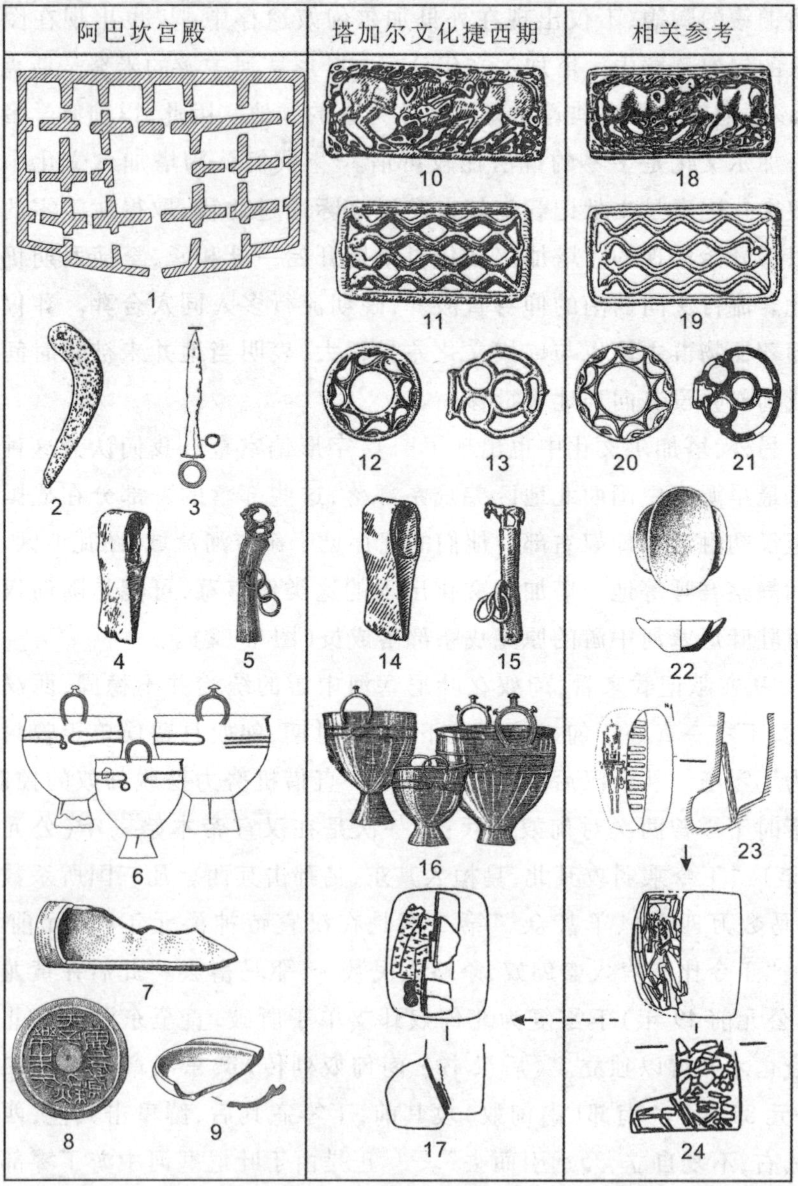

图 4－2　米努辛斯克盆地匈奴相关遗存

1～9. 阿巴坎宫殿；10～17. 塔加尔文化捷西期；18、20. 德列斯图伊墓地 M107、M108；19. 伊沃尔加墓地采集；21. 伊沃尔加墓地 M120；22. 伊沃尔加城址；23. 沙井文化永昌西岗 M140；24. 图瓦艾梅尔雷格墓地 M14

与塔加尔文化独立发展的事实是吻合的。

一般认为匈奴向米努辛斯克盆地扩张的事实,最直接的证据是阿巴坎宫殿。

4.2.2 阿巴坎(Абакан)宫殿(互动区)

1940年前苏联考古工作者在叶尼塞河中游、米努辛斯克盆地阿巴坎城南8公里处发现、发掘了一座匈奴时期的宫殿遗址。遗址中散落的板瓦、筒瓦、印有"天子千秋万岁常乐未央"的瓦当、衔环兽面铺首,表现出汉式建筑特征。吉谢列夫、郭沫若、周连宽、段连勤等学者分别对这座建筑的年代和主人进行过推断。[1] 该遗址可供精确断代的物品仅是这些瓦当。周连宽先生引清代程敦的《秦汉瓦当文字》及罗振玉《唐风楼秦汉瓦当文字》,认为王莽于始建国元年(公元9年)改"长乐宫曰为常乐室……长安曰常安",因而出土"常乐"瓦当的阿巴坎宫殿年代应在王莽篡位时期。[2]

2001年科兹拉索夫的研究性报告《叶尼塞河的匈奴宫殿》的出版为我们提供了更为丰富的资料。[3] 除了上述物品外,阿巴坎宫殿的出土物品还包括淡绿色玉耳杯、青铜鍑等日用器皿;铁镬、铁锄、铁镰等工具;铁矛、铁斧、铁刀、铁锤等武器;铁马镳,青铜带鐍以及金丝耳环、铁制弯角形穿孔饰件、青铜勺形饰等人身饰物。其中各类铁工具、勺形饰、铁制弯角形穿孔饰件在西汉时期伊沃尔加古城、墓地、德列斯图伊墓地等匈奴遗迹中出土过许多,装饰波折纹、旋纹的陶片也与匈奴流行的陶器接近。因此,学者们对宫殿主人是匈奴贵族成员的看法并无异议。一般认为,这处宫殿的设计、建造有汉、匈奴、丁零工匠的参与。前两者已十分明显,对于丁零人是否参与了宫殿的建造,吉谢列夫认为瓦

---

[1]吉谢列夫认为是公元前99年李陵降匈奴后所建;郭沫若认为宫殿主人是汉室下嫁匈奴的公主;周连宽认为是出生于王莽篡位时期的王昭君长女须卜居次云;段连勤则认为是武帝征和元年(公元前92年)降匈奴的卫律。我们认为,汉式居址在匈奴境内已发现多处,目前发表的考古资料尚不支持将这处宫殿与史书中的某个人物直接对应(周连宽:《苏联南西伯利亚所发现的中国式宫殿遗址》,《考古学报》1956年4期,第55－66页;段连勤:《丁零、高车与铁勒》,桂林:广西师范大学出版社,2006年,第74－78页)。

[2]《汉书》卷99《王莽传》。

[3]Л. Р. Кызласов, ГуннскийдворецнаЕнисее. －Москва, 2001.

当上的一些刻画符号与塔加尔墓石符号一致,应出自丁零工匠之手。[1] 同时他还指出阿巴坎宫殿的兽面铺首是在汉式铺首基础之上按照当地丁零的欧罗巴脸形改造而来。[2] 前一条证据比较可信,后一条似欠妥当。从科兹拉索夫刊布的资料来看,阿巴坎宫殿的丁零文化因素不止于此。宫殿中出土了多件环形双立耳的青铜鍑,耳顶部多有1个蘑菇状乳突;圜底、器底有倒置喇叭口状圈足,圈足表面无镂空。器物肩部多施两道绳索状凸弦纹。[3] 这种形制的铜鍑与匈奴中心区域流行的铜鍑截然不同,而与当地塔加尔文化铜鍑有明显的渊源关系。宫殿中还出一种山羊首青铜杖首,也是塔加尔文化的典型器。这可作为匈奴统治丁零的两例直接证据。

塔加尔文化的一部分成员在早期铁器时代就渗透到萨彦—阿尔泰地区,其中以叶尼塞河上游图瓦地区的乌尤克文化最为典型。我们判断后者属古坚昆部落。[4] 值得注意的是,塔加尔封堆呈方形,外侧砌石围墙,石围墙上间隔立多根石柱的形制可能在西汉中期被匈奴贵种墓葬的地面建筑所效仿。塔加尔普通居民使用的封闭式石椁葬具与匈奴小型墓葬石椁葬具十分接近。[5]

塔加尔后继的塔施提克文化(公元前1至公元5世纪)一般被认为是混入部分坚昆的丁零人遗存。吉谢列夫注意到该文化贵族墓葬随葬车轮、伞盖的习俗可能是效仿汉人或汉化的匈奴贵族。[6] 我们更倾向于认为该文化葬车的习俗主要受到匈奴影响。该文化发现的"凹"孔带扣、菱格几何纹带扣及武器等方面与匈奴遗物接近。同时也出土汉地丝绸及漆器,这些汉地奢侈品应是塔施提克贵族通过匈奴辗转获得的。

---

〔1〕周连宽:《苏联南西伯利亚所发现的中国式宫殿遗址》,《考古学报》1956年4期,第55-66页。

〔2〕〔前苏联〕吉谢列夫著,莫润先等译:《南西伯利亚古代史》(上册),乌鲁木齐:新疆社会科学院民族研究所,1985年,第81页。

〔3〕Л. Р. Кызласов, ГуннскийдворецнаЕнисее. – Москва, 2001, 44С., Рис. 18.

〔4〕详见本章第四节讨论。

〔5〕详见本章第二节讨论。

〔6〕〔前苏联〕吉谢列夫:《南西伯利亚古代史》(下册),第72-73页。

总体看来,两汉期间米努辛斯克盆地的塔加尔文化、塔施提克文化主体在发展过程中并未受到匈奴文化的深刻影响。匈奴曾派遣小王去统治管理当地的丁零人,向他们征收赋税、征调劳役。但当地丁零人的反抗时有发生,始终没有纳入到匈奴部落联盟之中。

目前多数学者仍习惯于将俄蒙边界北遗存全部归入匈奴中心区以外的外贝加尔区域内。从考古学资料来看,俄蒙边界以北、吉达河以南集中分布的伊里莫瓦、查拉姆、德列斯图伊等多处墓地在墓葬布局、形制、葬具等方面与呼尼河、诺彦山、鄂嫩河、额吉河等匈奴高级贵族墓地以及中小级别墓地的诸项特征都十分吻合。同时,它们在自然地理上与达尔汗山、诺彦山同处鄂尔浑河、色楞格河中下游的山间盆地,彼此接近,其间也没有天然屏障阻隔,不宜用现代国界的眼光把它们从中心区中分割出去。我们把它们归入中心区内的北区,而不与中区并为一区,是因为该地的考古学文化面貌中的一部分特征,比如封堆内的方形石板框、螺旋桨形马镳、凸字形带扣、狗牺牲、装饰附加堆纹陶器的比例等,与中心区苏珠克图墓地之间又存在一定的差异。

4.3　蒙古西部与南部地区

4.3.1　塔希特(Takhilt)墓地(边疆区)

4.3.1.1　调查与发掘

塔希特墓地位于蒙古西南科布多省中部满汗(Mankhan)县名为“Bunkhan”山丘的沙地上。1960年沃尔科夫(Volkov)与道尔吉苏荣率领的考察队首次发现了这片墓地,并发掘了THL-64的两座圆形石堆从葬墓。此后在1987—1990年间,纳万(Navaan)又发掘了两座“甲”字形石堆墓(THL-83、THL-82)。2006年7月,在“丝绸之路基金会”资助下,美国匹兹堡大学与蒙古科学院考古所联合启动蒙美科布多考古计划(Mongol-American Khovd Archaeology Project),对科布多省的古代遗迹进行重新调查,在塔希特墓地调查确认了132座匈奴时期墓葬。

2007年夏,蒙美考察队发掘了1座编号THL-64的“甲”字形墓葬,以及5座小型从葬墓。[1]

4.3.1.2 墓地形制及葬式葬具

墓地呈东西走向分布,墓葬形制有"甲"字形墓葬和小型圆形石堆墓两种。一些"甲"字形墓葬两侧有数量不超过5个小型圆堆从葬墓。相较而言,比高勒·毛德I号、II号墓地"甲"字形墓葬从葬墓的数量少得多。同时不少"甲"字形墓葬封堆北侧,也有多道东西向列石,比如THL25北部就有7道列石。这种情况与高勒·毛德II号墓地接近。有学者推测这种列石源自蒙古中、西部至萨彦—阿尔泰地区自青铜时代至11世纪流行的赫列克苏尔祭祀遗迹,可备一说。[2]

(1)"甲"字石堆墓。形制基本与呼尼河接近,所不同的是,THL-83、THL-84这几座墓葬墓道都很浅,墓道直接与墓坑上部连接。显然这些墓道只为象征墓主人等级身份,同时也是一种节省财力的做法。[3] 已发掘的这3座"甲"字形墓葬规模都较小,规格也较低。它们的封堆长、宽都在25米以下,均采用一椁一棺的木制葬具,其中THL-64木椁外另砌1重石椁。[4] 木棺都采用"细腰"榫拼合,THL-64木棺上钉有铁制四瓣花形、条形饰件以及月牙形、圆形金饰片组成的菱格网状棺饰。类似的棺饰在THL-83也有发现。[5]

墓主人均仰身直肢、头向北。其中THL-82埋葬1名成年女性,又被称为"王后墓",THL-64也埋葬1名35~40岁女性。THL-83埋葬1名成年男性。3座大墓都有大量殉牲,常见牛脊椎、羊蹄、马头。

[1]此5座陪葬墓是:THL-82的2座陪葬墓,编号THL-82-1、THL-82-2;THL-25的3座陪葬墓,编号THL-25-1、THL-25-2、THL-25-3(B. K. Miller, B. Jamsranjav, E. Tseveendorj etc. "Xiongnu Elite Tomb Complexes in the Mongolian Altai: Results of the Mongol-American Havd Archaeology Project, 2007", *The Silk Road*, 5/2, 2008, pp. 27-36.)。

[2]关于赫列克苏尔遗迹的详细情况请参考冯恩学《俄罗斯东西伯利亚与远东考古》,第347-350页。

[3]其实,呼尼河、诺彦山等墓葬的斜坡墓道虽然比较深,但也是竖穴式"悬封"下葬,不具备实际功能。

[4]报告称THL-82有两重木棺,实有误,据线图来看,外重木葬具为"井"字形,大出木棺许多,应为原木木板搭建的木椁。

[5]月牙形、圆形饰件在额吉河、外贝加尔伊里莫瓦谷地都有发现,有学者认它们分别象征"月亮与太阳",与《汉书·匈奴传》中"单于朝出营,拜日之始生,夕拜月"的记载相合,反映出匈奴人对日、月的崇拜(B. K. Miller,前揭文,第30页)。

牺牲一般放置在墓主人头上方，棺外椁内的位置。THL－64 则在墓坑底部人骨头侧的墓壁上掏挖出一个与墓室等宽的头坑，其中也放置牺牲。类似头箱在额吉河 BT－5、BT－18、BT－29、BT－33 都曾发现过（图 4－3）。

THL－83 的椁顶上方还出土了一些马车零件，墓室出土两根青铜权杖。从诺彦山、呼尼河以及查拉姆 M7 等其他匈奴高级贵族墓葬来看。车器和权杖这类象征等级、权力的随葬品，很可能只限于男性。这些大墓均遭盗掘，其中 THL－64 墓室中出土一柄铁勺、一双骨筷以及水滴形绿松石、叶形骨饰件。

（2）从葬墓。均为竖穴土坑墓，但葬式葬具以及墓葬的位置有明显差异。THL82 的两座从葬墓、THL25 的 3 座从葬墓均为仰身直肢，无任何葬具。然而 THL64 的两座从葬墓均为仰身屈肢，有 1 重石椁葬具。屈肢的葬式在匈奴墓葬中很少见。但塔希特墓地东北不远的图瓦地区，在早期铁器时代的乌尤克文化的阿迪拜勒（Aldybelskaya Culture）类型就流行侧身屈肢石椁葬。我们怀疑，THL64 从葬墓中所埋葬的很可能是匈奴在西汉初期征服的萨彦岭部落移民。[1] 从葬墓葬具的差异除了与墓主自身等级身份有关，也与他们所陪葬的贵族身份有关。比如呼尼河高勒·毛德 I 号墓地 M1、M20、外贝加尔查拉姆 M7 这种“单于”级大墓的从葬墓，多有 1 重木棺 1 重石椁。有的木棺上还有髹漆，例如高勒·毛德 I 号墓地 M21C。而塔希特 THL82、THL64、THL25 这种中小型“甲”字形墓葬，其从葬墓的葬具相对也简陋许多。此外，THL－25－2 在人身头、胸部压两块大石，此习俗在巴里坤东黑沟发现多例。

从葬墓在大墓周围分布的位置也反映出墓主人的等级身份的差异。比如 THL－25 的 3 座从葬墓分布在东侧从南向北排成一列，THL－25－1 在最南，葬 1 名 8 岁男孩；THL－25－2 居中，葬 1 名 30～35 岁成年男性；THL－25－3 在最北，葬 1 名 40～45 岁男性。可见，位居东

〔1〕发掘者怀疑塔希特墓地具有许多地方文化因素，但并未详细阐述（B. K. Miller，前揭文，第 40 页）。

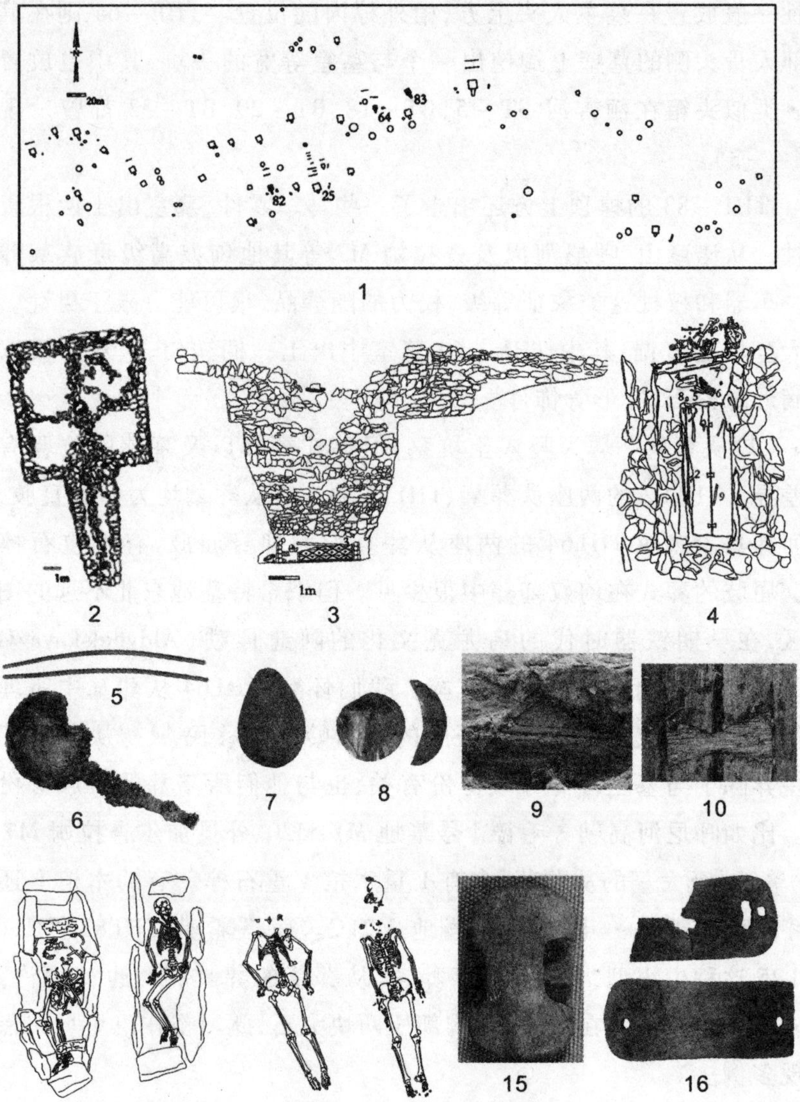

图 4－3　塔希特墓地

1. 墓地平面图. 2～4. THL－64 墓葬形制及棺椁平面；5. 骨筷；6. 铁勺；7. 骨饰；8. 金棺饰；9. 铁制棺饰；10. 细腰榫；11～12. 石椁屈肢葬；13～14. 直肢葬；15. 骨髁；16. 骨带扣（2～10. THL－64；11. THL－64－1；12. THL－64－2；13、16. THL－82－1；14. THL－82－2；15. THL－25－2）

南的陪葬者年龄最小,而越靠北的年龄越长。此类现象并非偶然,查拉姆 M7 也发现类似的规律,这反映出严格的等级差异。据分析,绝大多数从葬墓的人骨都有不同程度的人为创伤。[1]

从葬墓的随葬品简单,以武器、马具和带具为主。THL82 - 1 出土两件骨制长方形带扣;THL - 25 - 2 出土双孔骨马镳、骨弓弭、弓弣及典型的匈奴三翼铁镞。与其伴出的一件骨韘(骨扳指)值得注意,这在匈奴墓葬中尚属首次发现。另外 THL - 25 - 2 出土的一件骨刷柄在外贝加尔、鄂尔浑河流域的匈奴墓葬中也很常见。[2]

4.3.1.3 族属及相关问题

塔希特墓地的测年结果尚未公布,墓葬中可供精确断年的物品不多。2008 年 10 月 14 日下午米勒博士在乌兰巴托蒙古博物馆内曾向我们展示了塔希特从葬墓的发掘资料。两种形制的弓弣与弓弭同出,三翼折棱铁镞等特征表明该墓地时代不会早于匈奴中期。墓地内"甲"字形墓葬以东西向布局,与匈奴晚期特征接近。由此我们推测该墓地的年代可能在东汉前期左右。"甲"字形墓葬是匈奴高级贵族的典型墓葬形制,但墓葬规模小,葬具至多采用 1 重木椁 1 重木棺。规格显然比呼尼河、诺彦山、鄂嫩河大型墓葬低。墓地地处匈奴西部,应是匈奴"右方王将"的氏族墓地。

法国的安纬将科布多省的一批墓葬归入匈奴贵族墓葬集中分布的西区,[3]我们觉得不妥。因为以塔希特为代表的"西区"墓地中,"甲"字形墓葬的封堆规模(封堆边长没有达到 35 米以上者)、葬具(1 重木椁 1 重木棺)等方面规格都小于中心区的高级墓地。而且据中心西区墓地距离很远,周围墓地分布并不集中,与中心区无法连接起来,因此更宜归入边疆区。

4.3.2 乌兰固木(Улангом)墓地(又称昌德曼山墓地,边疆区)

1972—1974 年,苏蒙历史文化联合考察队在蒙古最西北部库苏泊

〔1〕其中 THL - 25 - 2 墓主人骨保存完好。琼斯等学者认为创伤可能是死者从马上摔下来或者被人从马上抛落所导致的(B. K. Miller,前揭文,第 27 - 36 页)。

〔2〕B. K. Miller,前揭文,第 27 - 36 页。

〔3〕安纬,奚芷芳:《蒙古匈奴贵族墓地初步研究》,第 71 页。

省乌兰固木市郊区昌德曼山下发现一处早期铁器时代墓地,并发掘了56座墓葬。随后,前苏联学者沃尔科夫(V. V. Volkov)最早将1972年发掘的9座墓葬材料公布,并初步将乌兰固木墓葬归入乌尤克文化。[1] 同年,策温道尔吉也发表《昌德曼文化》一文,将乌兰固木墓地独立命名为"昌德曼文化"。[2] 该墓地主体延续时代在公元前5—3世纪,研究者认为,该墓地中的5座墓葬(M29、M30、M44、M50、M51)属匈奴时期。这几座墓葬均为小型圆形石堆墓,封堆直径都在7米以下,墓葬之间无依附关系。葬式均为仰身直肢北首葬。其中M29、M30、M44采用1重功能性石椁1重木棺;M29、M30墓主人头骨被移位,具有扰乱葬习俗特征。墓葬均为仰身直肢、北首葬,葬具采用1重石椁或1重石椁1重木棺。随葬侈口平底罐、骨筷、角制弓弭、弓弣、燕尾铤骨镞、铁矛头等,与中心区典型匈奴遗存形制接近(图4-4)。

有学者认为乌兰固木墓地的这些墓葬表明匈奴向西部的扩张。[3] 这里需要补充说明的是,所谓"昌德曼文化"均为圆形石堆、竖穴土坑墓,流行侧身屈肢西首葬。其主体为多人同穴合葬单重木椁墓,并有部分单人或双人合葬的石椁墓。该文化是在公元前5世纪以后图瓦乌尤克文化向西扩张后形成的。[4] 公元前2世纪匈奴占据此地,当地部族成员遂融入匈奴联盟,应受匈奴右部王将统辖。因而当地屈肢葬减少,木棺葬、直肢葬增多,塔希特墓地THL-64号墓两座从葬墓中石椁屈肢葬的成员,很可能来自这一地区。其次,乌兰固木29号墓、30号墓人头骨被移位的情况,也体现了匈奴的扰乱葬习俗。

由于随葬品形制简单,乌兰固木这几座匈奴墓葬的年代不宜判别。M29同出两种形制的角制弓弣,尤其是装配在弓前方的细长条形的弓弣,在中心区中期的布尔汗·托勒郭依墓地、胡德金·托勒郭依墓地中

---

[1] [前苏联]沃尔科夫著,陈弘法译:《乌兰固木古墓群》,载《文物考古参考资料》1984年第6期,第42-46页。

[2] [蒙]策温道尔吉著,陈弘法译:《昌德曼文化》,载《文物考古参考资料》1984年第6期,第46-51页。

[3] 乌恩:《匈奴文化的内涵、起源、发展及其文化联系》,第316-317页。

[4] 昌德曼文化从各方面来看都属于乌尤克文化,不应单独分出。其石椁墓源自乌尤克文化的阿迪拜勒类型。

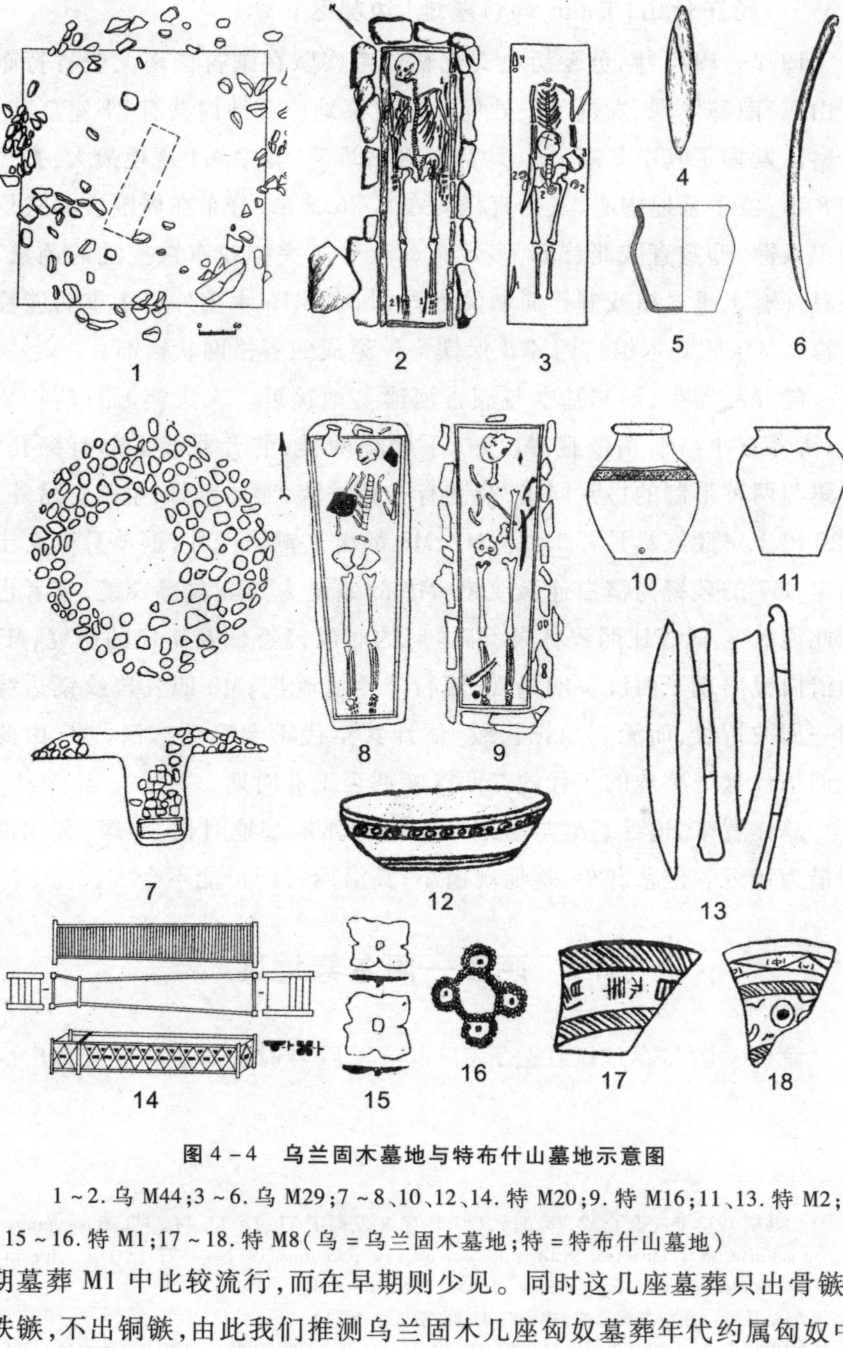

图 4－4　乌兰固木墓地与特布什山墓地示意图

1～2. 乌 M44；3～6. 乌 M29；7～8、10、12、14. 特 M20；9. 特 M16；11、13. 特 M2；15～16. 特 M1；17～18. 特 M8（乌＝乌兰固木墓地；特＝特布什山墓地）

期墓葬 M1 中比较流行，而在早期则少见。同时这几座墓葬只出骨镞、铁镞，不出铜镞，由此我们推测乌兰固木几座匈奴墓葬年代约属匈奴中期，在西汉晚期至王莽时期。

4.3.3 特布什山(Тэбш уул)墓地(边疆区)

1972—1977年,苏蒙历史文化联合考察队在蒙古国南戈壁省特布什山东、南麓发现、发掘了一处匈奴时代墓地。墓地内共有21座墓葬,考察队发掘了其中8座。[1] 均为圆形石堆墓,其中M1规模最大,直径在8米,位于墓地中心,其余直径均在5~6.5米,分布在周围。葬式均为单人葬、仰身直肢北首葬,多数墓葬人骨不完整或有被扰乱的迹象。葬具都有1重木棺或制作简陋的木椁,其中M16木棺外有1重功能性石椁。M1、M20木棺钉四瓣花形铁饰件组成的菱格网状棺饰。

随葬品器类、形制基本与额吉河诸墓地接近。人头侧流行动物牺牲、陶器有小口细颈鼓腹罐、侈口平底罐两类,前者器壁下部有穿孔。弓弭与两种形制的弓弣同出,箭镞有三翼铁镞、燕尾铤骨、角镞。另外,M20出土黑漆红彩耳杯1件。M7、M8都出土铜镜残片,据单月英女士判定,M7的残镜为清白连弧纹镜,M8的残镜为四乳禽兽纹镜,笔者也从此说。[2] 通过比照程林泉、韩国河的对汉镜特征及年代的研究,M7的清白镜出现于西汉中期偏晚,流行于西汉晚期;M8四乳兽纹镜边缘有一周波折纹,而无三角锯齿纹,估计其年代不会晚至东汉。[3] 由此我们估计这处墓地的年代约在西汉晚期至王莽时期。

总体看来,这处墓地与布尔汗·托勒郭依墓地时代、等级、文化面貌最为接近。但墓葬少、墓地规模小,其沿用时间可能不会太长。

4.4 萨彦—阿尔泰地区

萨彦—阿尔泰地区在公元前3世纪以后与匈奴部落联盟有着广泛

---

〔1〕其中1972年发掘了T7、T8、T16、T20,1977年发掘了T1、T2、T3、T4。[Д. Цэвээндорж, Новые данные по археологии хунну (по материалам раскопок 1972 - 1977 гг.) // Древние кулитуры Монголии. - Новосибирск, 1985. - С. 51 - 87]。

〔2〕单月英:《匈奴墓葬研究》第40-41页,图二之13、14。

〔3〕程林泉,韩国河:《长安汉镜》,第82-86页、117-120页;乌恩:《匈奴文化的内涵、起源、发展及其文化联系》,第331页。

的文化交流,遂出现一批匈奴人的遗存和具有某些匈奴文化因素的遗存。[1] 在此,需对两者区别进行说明。

4.4.1 阿尔泰山北麓(互动区)

不少学者认为该地区是受匈奴物质文化影响波及的地区之一,他们认为分布于中央阿尔泰地区的尤以布朗—科宾文化晚期文化(乌斯特—额吉干期,公元前2—公元1世纪)随葬品与匈奴文化有很多相似之处。另外,也有学者主张当地文化的主体不属于匈奴文化范畴,在装饰品(如绞丝金耳环、几何纹金饰牌)方面则更多地吸收了中亚萨尔玛提亚文化因素,表明萨尔玛提亚部落的东进阿尔泰地区。[2] 第二种推论似难以成立。[3] 乌恩先生列举的诸条证据中,哑铃型马镳、螺旋桨形马镳在战国中晚期的巴泽雷克文化、甘宁地区的西戎文化中发现较多,而在匈奴领域内数量很少,似难作为匈奴文化因素;口沿、领部、肩部施多道附加堆纹的小口细颈鼓腹罐,肩部施多道凸弦纹的圈足鍑与外贝加尔地区伊沃尔加、德列斯图伊匈奴墓出土物接近;"凹"形镂空带扣与伊沃尔加墓地、鄂尔多斯地区西沟畔墓地出土物接近;三翼铁镞、环首铁刀等武器在当时欧亚草原流传非常广泛,不能单独作为判定匈奴族属的标准。我们认为要弄清楚阿尔泰地区与匈奴部落联盟的关系,还需要结合葬仪、葬俗等多方面因素作综合考量。

可确认的匈奴墓葬在阿尔泰地区为数不多,比如巴泽雷克西南两公里的巴里克提尤勒(Балыктыюл)河谷内曾发现400多座大大小小

---

[1]阿尔泰西北的西比尔克文化(公元前5—3世纪)的一些特征:石椁墓、北首葬、马、牛等动物牺牲、牵马纹透雕动物纹饰牌与匈奴文化十分接近。以博罗斯马克为代表的一批学者据此认为匈奴文化起源于阿尔泰地区。关于西比尔克文化的年代,目前学界尚存较大争议,因此暂不列入本书讨论范畴。

[2]YU. S. Khudyakov, "Problems of the Genesis of Culture of the Hunnic Period in the Altai Mountains", *Ancient Civilizations* 3,2 - 3, 1996, pp. 329 - 346.

[3]持此观点的认为阿尔泰地区萨尔玛提亚文化因素的出现与公元1—2世纪匈奴在南西伯利亚的控制减弱有关。我们认为这些饰物体现出的时尚和身份,只反映了文化交流,而不能体现政治格局的变化。以葬式葬俗为代表的阿尔泰文化主体,在匈奴时期并未受到萨尔玛提亚文化的影响。

不同时期的墓葬。[1] 其中上游的两座墓葬：下巴泽雷克（Пятого Пазырыкского）M23、M24 为仰身直肢、东首葬的封闭式石椁墓，墓中出土的骨弓弣、弓弭与匈奴葬式、葬具、葬物十分接近。由于出土物品简单，这几座墓葬的年代只能大致判定为匈奴时期。

实际上，从葬具葬俗来看，匈奴时期阿尔泰山北麓绝大多数地区仍保留着自身的文化传统，仍然流行屈肢葬，在椁外一侧殉葬整匹马。该地区在公元前 2 世纪以后墓葬中出现的弓弣、弓弭制作的复合弓，反映出对匈奴文化因素的吸收。阿尔泰地区的许多发达的传统工艺，比如贴花毛织技术木器加工技术以及鹰形格里芬博麋鹿等艺术题材也被融入匈奴文化当中，例如诺彦山苏珠克图 6 号墓出土的毛毯上也以贴花技术表现鹰形格里芬搏麋鹿的题材。上述匈奴墓的螺旋桨形马镳、哑铃型马镳都可在巴泽雷克文化中找到渊源，另外鲁金科也认为匈奴马鞍桥、毛毡制鞍垫的形制和制作技法与巴泽雷克文化接近。[2] 这些实例都表明，当地应有一批阿尔泰工匠迁入漠北，为匈奴所用（图 4 - 5）。[3]

关于阿尔泰部落的族属，学界仍存争议。日本学者榎一雄、林俊雄等人认为是月氏，但并未举出直接证据。[4] 据我们所知，阿尔泰山北麓的巴泽雷克文化在早期铁器时代已掌握了发达的木器加工、金器加工以及毛织技术，除了发达的马具、武器以外，该地区还在融合西方多种文化因素的基础上创造出以格里芬题材为主的土著艺术风格。[5] 这些文化因素被战国时期中国北方诸部族以及后来漠北的匈奴广泛吸纳。从这些特征出发，我们可以尝试对其族属进行推断。从西方文献

---

〔1〕С. С. Сорокин，Погребения эпохи Великого переселения народов в районе Пазырыка // Археол. Сб. БКНИИ вып. 18. – Ленинград，1977. – С. 57 – 67.

〔2〕С. И. Руденко，Культура Хуннов и Ноинулинские Курганы. – Издательство Академии Наук СССР，Москва – Ленинград，1962，– С. 48 – 51.

〔3〕有关尖帽的论述详见本书 7.4。

〔4〕〔日〕林俊雄著，张志尧译：《欧亚草原古代墓葬文化》，载《草原丝绸之路与中亚文明》，乌鲁木齐：新疆美术摄影出版社，1994 年，第 194 – 209 页。

〔5〕马健：《公元前 8—3 世纪的萨颜—阿尔泰——早期铁器时代欧亚东部草原文化交流》，《欧亚学刊》第 8 辑，北京：中华书局，2008 年，第 38 – 84 页。

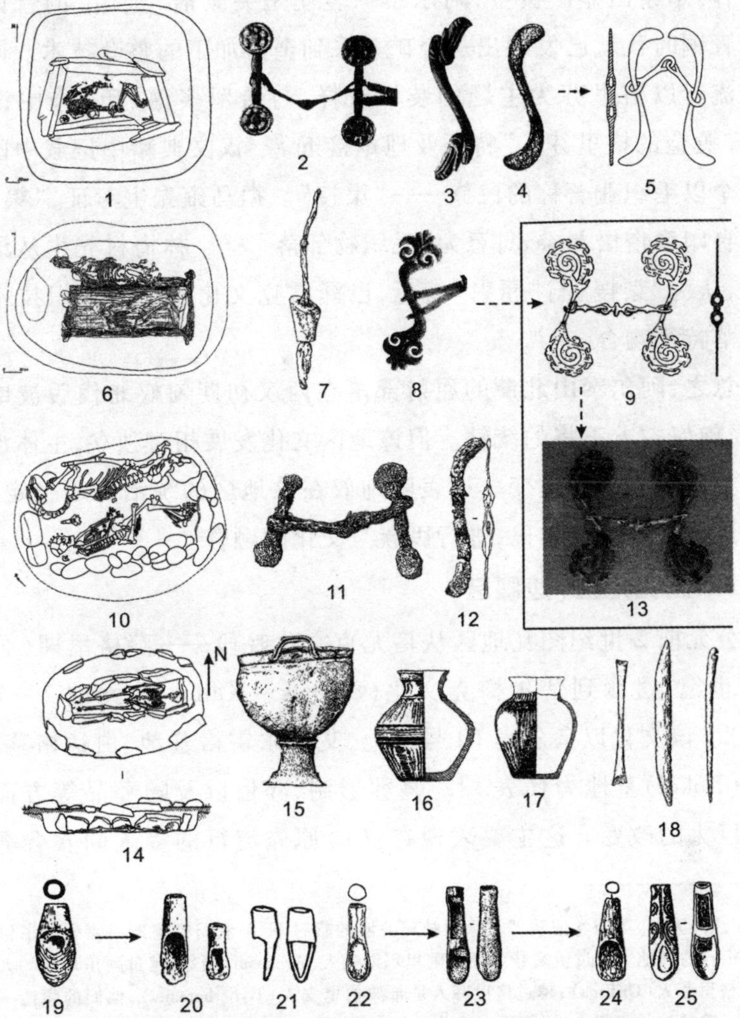

图 4－5　阿尔泰山北麓与匈奴、中国北方地区的文化联系示意图

1～8. 巴泽雷克文化；10～12、14～18. 阿尔泰山北麓匈奴时期的遗存；19～25. 勺形饰的演化与传播；3～5. 阿尔泰马镳对西戎的影响；8～9、13. 阿尔泰马镳对汉、匈奴的影响［1. 乌科克（Ukok）M12；2、7. 巴 M3；3. 巴 M2；4. 奥珑库林河 M10；5. 张家川 M1；6. 乌科克 M27；8. 巴 M1；9. 烧沟 M632；11～12、15～17、23. 雅罗曼 II 号墓地；13. 高勒·毛德 I 号墓地 M1；14、18. 下巴泽雷克 M24；19. 乌兰德里克（Ulandryk）M6；20. 奥切宾斯基（Ochlebinskij）M172；21. 图兹·戈尔（Tuz－Ger）；22. 考斯卡（Kosika）24～25. 德列斯图伊 M48、M100；巴＝巴泽雷克墓地］

来看，阿尔泰山盛产黄金，阿尔泰一名便是突厥语“金山”的音译。这里自青铜时代就已发展出从金矿开采到金器加工的整套技术。同时该地区流行以格里芬为主题的装饰纹样，与希罗多德《历史》中记载的“看守黄金的格里芬人”特征及地望接近。[1]汉文典籍中记载中国西北有一个以毛织业著称的民族——“渠搜”。据马雍先生考证，“渠搜”一词出自印度俗语 kośava，意为“毛织物部落”。[2] 林梅村先生从语言学出发，认为“渠搜”与“屈射”音近，巴泽雷克文化发达的毛织技术也与该部落特征吻合。

总之，阿尔泰山北麓的屈射部落在西汉初期匈奴北伐后被匈奴占据，受匈奴右方王将的统辖。但该地区文化发展相对独立，主体没有在匈奴文化影响下而改变。这表明匈奴在该地区的统治并不稳定，也没有向该地区大规模移民，进行民族与文化的融合。

4.4.2 图瓦地区（边疆区）

公元前2世纪图瓦地区从乌尤克文化晚段——萨格里期（公元前5—3世纪）过渡到楚尔梅克文化（Šurmak - Kultur，公元前2—公元5世纪）。该文化以乌尔宾III号墓地、艾梅尔雷格墓地、白达格墓地、考里克（Kokel）墓地为代表。[3] 墓葬形制、葬俗以及随葬品等方面都发生了巨大的改变。这主要表现在：(1)原先流行的多人同穴合葬的木

---

〔1〕据《历史》第四卷记载：“在太阳神阿波罗的感召下，阿利司铁阿斯一直来到了伊塞顿人（Issedones）的领地。越过伊塞顿人便是阿里玛斯帕人（Arimaspi）领地，越过阿里玛斯帕人是看守黄金的格里芬人（Griffins）；越过格里芬人是希波伯里安人（Hyperboreans），他们的领地一直延伸到大海。除希波伯里安人之外，所有这些民族，首先是阿里玛斯帕人，都一直不断地一个入侵另一个的领地。伊塞顿人被阿里玛斯帕人驱逐，斯基泰人被伊塞顿人驱逐，辛梅里安人（Cimmerians）又被斯基泰人驱逐，被迫离开了他们在黑海沿岸的故乡。”关于这些部落在欧亚草原的分布，请详细参考菲利普斯文章及著作（E. D. Phillips，“The Legend of Aristeas: Fact and Fancy in early Greek notions of East Russia, Siberia, and inner Asia”, *Artibus Asiae*, Vol. XVIII, 2, 1955, pp. 161 - 177; E. D. Phillips, “New Light on the Ancient History of the Eurasian Steppe”, *American Journal of Archaeology*, Vol. 61, No. 3. 1957, pp. 269 - 280; E. D. Phillips, “The Argippaei of Herodotus”, *Artibus Asiae*, Vol. XXIII, 2, 1960, pp. 124 - 128; E. D. Phillips, *The Royal Hordes: Nomad Peoples of the Steppes*, New York: McGraw - Hill, 1965）

〔2〕马雍：《新疆佉卢文书中之 Kośava，即氍毹考 - 兼论“渠搜”古地名》，载《西域史地文物丛考》，北京：文物出版社，1990年6月第1版，第112 - 115页。

〔3〕乌恩：《匈奴文化的内涵、起源、发展及其文化联系》，第328 - 330页。

椁墓急剧减少,单人或双人合葬的木棺墓和石椁墓增多;(2)侧身屈肢、西首葬骤然减少,仰身直肢北首葬增多;(3)小口鼓腹罐、侈口平底罐、双耳平底铜鍑、陶鍑、包括弓弭、弓弣在内的复合弓、三翼折棱铁镞、骨鸣镝、铁矛、环首铁刀、长方形透雕带扣等大量典型匈奴文化因素的出现。〔1〕 有学者认为这与匈奴向西北扩张,大批匈奴人进入图瓦地区有关。〔2〕 对此,学界认识仍有较大分歧,在此需作简要说明。在第一章我们已说明,判定游牧文化族属的时候,应以其独特的墓葬形制、葬式、葬具以及葬俗为定性标准,器物形制、组合只可作为辅助参考。图瓦地区在早期铁器时代晚期流行侧身屈肢葬、西首葬、多人同穴合葬、木椁葬具,公元前2世纪以后仰身直肢葬、北首葬、单人或双人同穴合葬、以木棺为葬具的情况迅速增多。此外,图瓦白达格II墓地还发现带墓道的“甲”字形墓葬,形制与匈奴高级贵族墓葬十分接近。这种葬仪在短时间内发生的巨大变化不会是文化自然发展或文化交流的结果,而只能理解为拥有不同文化习俗的部族成员的大批涌入。同时结合上述墓葬中出现的大批典型匈奴遗物的情况来看,这个部族无疑就是匈奴部落联盟。

西汉初期,图瓦被纳入匈奴部落联盟后,大批入驻的匈奴人迅速与当地部落进行文化融合,对当地的一些文化因素也进行了改造。比如墓葬中普遍流行双耳圈足陶鍑,耳呈方形或圆形,不少陶鍑器表也施多组弧曲的大花瓣形附加堆纹。这些陶鍑与鄂尔浑河匈奴墓葬中的铜鍑、铁鍑的特征十分接近。同时当地有近一半的陶鍑环耳顶部施三颗凸起的乳钉,其形制与匈奴铜、铁鍑不同,而颇具塔加尔文化铜鍑的遗风。其次,当地广泛使用的小口鼓腹平底罐,在肩、腹部流行装饰多组弧曲的大花瓣形附加堆纹。这种纹样是漠北匈奴使用的铜鍑、铁鍑的

〔1〕本书作者并未看到原文,此观点转自乌恩先生的引注(乌恩,前揭文,第328–330页)。文中所举铁锥、方形或圆形有舌的铁带扣在当时欧亚草原流行广泛,不能算作典型的匈奴文化因素。而球腹圈足鍑肩部装饰两道凸弦纹,与外贝加尔匈奴铜鍑接近,但与鄂尔浑河铜鍑上流行的连续大花瓣凸弦纹不同,因此我们暂不将其列入典型匈奴文化因素的范畴。

〔2〕乌恩先生对此观点持保留意见,只说匈奴文化在较早就渗入图瓦地区(乌恩,前揭文,第330页)。

典型装饰纹样,而不见于陶器。这些陶鍑的形制以及陶器上的纹样,显然是在匈奴铜鍑、铁鍑基础上改造、创新的产物。当地发达的木制业以及一些传统日用器器类,也被保留下来,比如椭圆形四足浅木盘、单把木桶、有柄木瓢等。

白达格 II 号墓地的“甲”字形墓葬,应是驻牧图瓦地区匈奴右方王将的陵冢。[1]

关于图瓦地区楚尔梅克文化的族属,以前鲜有论及。历来中国历史学家考察文献,认为叶尼塞河上游至阿勒泰之间地区是古代坚昆活动的区域,两者在地望上十分吻合。这里再举一例旁证:《新唐书·回鹘传》载:“黠戛斯,古坚昆国也。……其种杂丁零,乃匈奴西鄙也。”[2]从考古学考察,早期铁器时代图瓦地区就出现了许多来自叶尼塞河中游的“丁零”文化因素,比如图瓦地区乌尤克文化的阿迪·拜勒类型(公元前7—6世纪)流行的侧身屈肢西首葬、封闭式石椁葬具、多人同冢分穴合葬习俗都与塔加尔文化十分接近。近年来德国考古研究所与俄罗斯科学院南西伯利亚分院在图瓦地区考察发现的阿尔赞 II 号王陵,其坟冢中有许多石椁从葬墓。再如他们在巴尔苏其·罗格(Барсучий Лог)谷地新发掘的 1 号坟冢,封堆呈方形,周围砌石围墙,石墙内间隔地竖多根石立柱。[3] 这些考古证据都表明在当时图瓦境内,已混入一批来自米努辛斯克盆地的塔加尔文化的移民。这与坚昆部落杂居丁零的记载十分吻合。由此,图瓦乌尤克文化应为古坚昆部落,楚尔梅克文化应为匈奴化的坚昆部落。另外,吉谢列夫称塔式提克文化中不断增多的蒙古人种与南部(蒙古西北部)坚昆人的涌入有关,但他并未说明坚昆部落与什么考古学文化相对应。[4] 从考古学资料

---

[1]笔者掌握资料有限,无法对该墓地“甲”字形墓葬的形制及随葬品的具体情况作出说明。

[2]《新唐书》卷217《回鹘传》。

[3]В. И. Молодин, Исследования Российско – Германско – Монгольской Зкспедиции на Северо – Западе Монголии летом 2006 г. // Российская Археология 2007, No. 4. – РАН, Москва. – С. 42 – 50; Б. Г. Парцингер, Новые исследования погребений знати скифского времени в Южной Сибири // Российская Археология 2007, No. 4. – РАН, Москва. – С. 23 – 31.

[4][前苏联]吉谢列夫:《南西伯利亚古代史》(上册),第76–77页。

来看，楚尔梅克文化与塔式提克文化共有一些文化特征及葬仪：比如单把的小木桶、单把圜底木瓢、陶鍑、流行在墓葬中随葬小型木雕动物、人俑等。前者时代较后者为早，像木雕动物、人俑等葬仪习俗的接近很也可能意味着人口的流动（图4－6）。

另外，公元前2世纪以后，图瓦地区还出现了偏室墓，有的偏室墓还带有放置陶器的头龛。前苏联学者什塔姆布里尼克认为他们是东进的中亚萨尔玛提亚人，米尼亚耶夫则认为他们来自新疆，似说不通。[1]本书作者认为，图瓦地区的偏室墓是融入匈奴部落联盟的原河西走廊土著羌戎系移民。[2]

坚昆可能在西汉后期曾摆脱了匈奴的控制，史载汉宣帝黄龙元年（公元前49年）匈奴郅支单于曾"西破坚昆"，"北降丁令（丁零）"、"北击乌揭（呼揭）"，兼三国而都于坚昆。[3]

可见，西汉初期匈奴北伐、西征后遂取得了对萨彦—阿尔泰地区屈射、坚昆两部落的统治。从考古学文化特征来看，图瓦坚昆部落原居地在大批匈奴人入驻后，葬仪、葬俗、葬物等方面都已被匈奴同化，其族属已属匈奴。而阿尔泰山北麓的屈射部族则受匈奴人羁縻控制，虽与匈奴有物质文化交流，但在葬仪、葬俗等方面依旧固守传统，得以独立发展。

4.5 中亚地区

许多学者认为中亚地区至少有两批墓葬资料是西迁的匈奴人留下的遗存：(1)吉尔吉斯共和国塔拉斯河上游的肯科尔墓地；(2)哈萨克

[1]米尼亚耶夫将图瓦偏室墓与新疆鄯善苏贝希、宁夏倒墩子、青海上孙家寨等匈奴墓葬进行比较，从而认为新疆的偏室墓在维吾尔时期（Uigar Period）分别向北传入图瓦，向东传入河西（S. S. Miniaev, L. M. Sakharovskaia, "Niche grave burials of the Xiong－Nu period in Central Asia", *Information Bulletin*, Vol. 17, 1990, pp. 91－99）。他所谓的"维吾尔时期"是对新疆"维吾尔"自治区、宁夏"回族"自治区的误解。

[2]详见本章第六节关于西域察吾呼沟口三号墓地讨论。

[3]《汉书》卷70《陈汤传》；《汉书》卷94《匈奴传》。

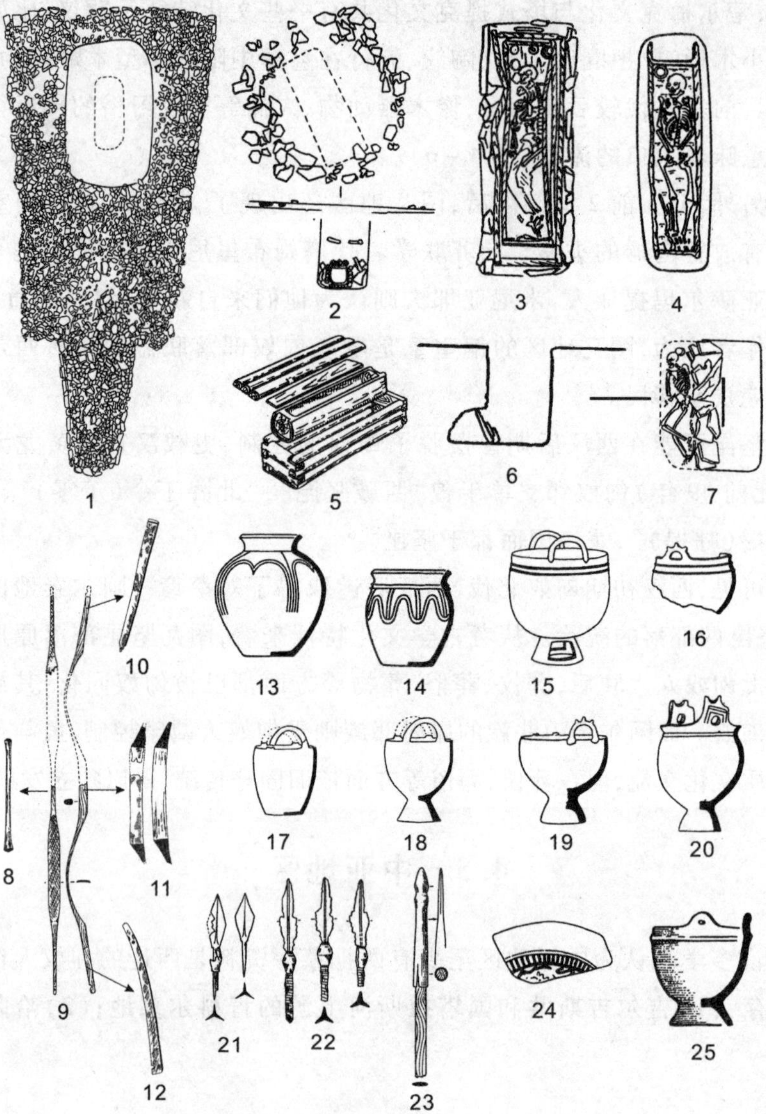

图 4－6　匈奴时期的图瓦示意图

1."甲"字形墓葬;2. 圆形石堆墓;3. 1 重功能性石椁 1 重木椁 1 重木棺;4. 单木棺;5. 棺椁结构;6～7. 偏室墓;8～12. 弓弭、弓弣位置图;13～14. 陶罐;15～16. 铜鍑;17～20、25. 陶鍑;21～22. 三翼铁镞及骨鸣镝;23. 铁矛;24. 铜镜残片(1. 白达格 II 号墓地;2～7. 艾梅尔雷格墓地 M13;8～24. 考里克墓地;25. 塔加尔文化)

斯坦阿拉木图州的别里克塔什墓地。[1] 他们将墓主人判定为匈奴的依据主要是肩部施波折纹的小口细颈平底罐、箭镞、弓、点焊金珠的金制装饰品。其中点焊金珠、镶嵌宝石的金器加工技术是中亚的传统，后被引入匈奴。布鲁赛德女士已就此进行过细致的研究。箭镞、弓等武器，当时在欧亚草原流传很广，不为匈奴专有。[2] 可见，所列诸条中只有肩部施波折纹的小口细颈鼓腹罐具有匈奴文化特征，而它也可以理解为文化交流的结果，不能作为判别族属的标准。

我们已明确说明，判断游牧文化墓葬族属的首要标准是特殊的墓葬形制、葬仪及葬俗。据哈布杜里娜、阿基舍夫撰写的报告，别里克塔什Ⅰ号墓地中分布着6座土冢直径在40～60米的大墓，以及周围20座中小型墓葬。1997年发掘的1号墓封堆直径42米，高4米，封堆西北有一条长8米、宽约1米的斜坡墓道，墓道通向封堆下方的长方形墓室。墓室上方有原木铺设的顶盖，顶盖上有火烧的痕迹，顶盖下有数根木柱支撑。墓室内合葬25～30岁一男一女两人，男性头朝西、女性头朝南。尸骨由一具木担架盛托。这些特征显然与上述漠北匈奴墓葬差别太大，两者根本不属同一种文化。发掘者还认为这座墓与早期铁器时代中亚偏室墓有渊源关系，但从考古资料来看，中亚早期偏室墓并没有斜坡墓道。其实，这种墓葬形制与新疆吐鲁番沟西台地1994—1996年发掘的一批“斜坡墓道洞室墓”十分接近。这类墓葬经学者判定，其年代在公元4世纪以后，部分属高昌王国遗存。[3] 至于两者有什么样的联系，还需别里克塔什详细报告的公布后再作比较研究。

除了上述遗物外，墓室中还出土有柄铜镜、釉陶。有柄铜镜是中亚自早期铁器时代以来的传统器型。从墓葬形制、随葬品出发，发掘者判定墓葬年代在公元前1—2世纪，但这一论断实难让人接受。另据乌恩

〔1〕笔者并未见到肯科尔墓葬资料，以下讨论均据乌恩先生的介绍（М. К. Хабдулина, К. А. Акишев, Хуннский могильник Бериктас I // Археология, палеоэкология и палеодемография Евразии. – Москва, 2000, – С. 316 – 328；乌恩：《匈奴文化的内涵、起源、发展及其文化联系》，第316－317页；单月英：《匈奴墓葬初步研究》，第43页）。

〔2〕详见本书4.6的讨论。

〔3〕新疆文物考古研究所：《交河沟西——1994—1996年度考古发掘报告》，乌鲁木齐：新疆人民出版社，2001年，第44－100页。

先生介绍的肯科尔墓地内墓葬形制等方面特征也与别里克塔什接近，墓葬中出土的联弧纹铜镜实为仿汉镜。

另外，前苏联学者波塔洛夫曾于2000年发文综论了欧亚草原从早期铁器时代以来匈奴从兴起到西迁成为"Hun"人的历程。[1] 他所列证据仍是一些武器、马具和金属装饰品，并认为墓葬形制、葬具葬俗的变化反映了西迁途中匈奴人对地方文化的吸纳。我们认为武器、马具、金属装饰品这类游牧民使用频率很高、流传速度快的物品在欧亚草原各地的出现只能表明一个时期内的文化交流情况，早期铁器时代已是如此。而且欧亚草原西部各地墓葬出土的陶器、装饰品等多数随葬品的器类、器型及器物组合都与匈奴使用的物品差异很大，不宜归入同一文化。需要注意的是，欧亚草原上自然环境、生产方式、生活习俗接近的游牧民，即使迁徙，或融入其他部族，其独特的墓葬葬仪、习俗较使用物品而言也不会轻易发生改变。

总之，中亚地区被判定为西迁匈奴的墓葬根本不属匈奴遗存。匈奴西迁问题十分复杂，不能通过简单的器物比对来解决，而需要日后更广泛的考古学调查、发掘和系统性研究。

4.6 中国新疆地区

汉文帝六年（公元前174年）匈奴征服西域后，在当地设置"僮仆都尉"来统一管理西域诸国，向他们征缴赋税。《汉书·西域传》载："匈奴西边日逐王置僮仆都尉，使领西域，常居焉耆、危须、尉黎间，赋税诸国，取富给焉。"僮仆都尉何时建立？史书中没有详细说明。一般认为，这里的"日逐王"与狐鹿姑单于在位时（公元前96—85年在位）左贤王的儿子"先贤掸"。他在武帝太始元年（公元前96年）被谪封的"日逐王"后不久可能就赴西域设置了僮仆都尉。[2] 西汉时期匈奴对

[1] S. G. Botalov, The Xiong－nu and the Huns, Archaeology, *Ethnology & Anthropology of Eurasia* 1(13), 2003, pp. 106－127.

[2] 余太山：《两汉魏晋南北朝正史西域传研究》，北京：中华书局，2005年，第66页，注36、40。

西域的控制一直持续到宣帝时期,以西域都护府的建立而告一段落。王莽至东汉中期,汉朝与西域曾“三通三绝”。

中国新疆境内已发现多处遗存与匈奴有关,它们分别是哈密巴里坤东黑沟遗址、和静察吾呼沟口三号墓地、吐鲁番交河沟北一号台地墓地、交河沟西墓地。[1]

4.6.1 巴里坤东黑沟(石人子沟)遗址(边疆区)

2006—2007年间,新疆文物考古研究所与西北大学文化遗产与考古学研究中心合作发掘了巴里坤县石人村南东天山(巴里坤山)北麓山前缓坡上的一处包括高台、居址、墓葬在内的游牧聚落遗址群。其中墓葬共发现12座,均为竖穴土坑的圆形石堆墓,封堆直径在3~16米不等。封堆直径在8米以上的中型墓葬共4座,其中3座(M1、M12、M15)均以1重木椁为葬具,木椁外多砌一周零散的功能性石椁,其中M12木椁底板发现黑色漆皮。规模稍小的M11有1重石椁葬具,椁底铺设一层薄木板。封堆在8米以下的8座小型墓葬均以1重石椁为葬具,石椁顶部纵向铺设的原木形成椁盖。所有墓葬的葬式均为仰身直肢葬,多数墓主头向北。小型墓葬人骨上身肢骨均遭不同程度的扰乱。其中M4人骨腿上压一块大石头,大石头在椁盖下方,因此不属墓坑内的填石。

(1)人牲及祭祀坑。中型墓葬流行在封堆下埋葬人牲,在封堆周围、墓坑填土,在墓室头侧放置动物牺牲。人牲发现于两座墓葬的封堆下,其数量与墓葬规模成正比。封堆直径13米的M1有1具人牲、封堆直径16米的M15有5具人牲。多数人牲都有自己的随葬品,包括陶容器、青铜带饰、耳环、环首铜刀、骨镞等。M1、M12在封堆周围有祭祀性石堆,埋葬动物牺牲:M1封堆南侧有1个祭祀性石堆,M12封堆西侧有3个祭祀堆,分别殉葬1匹骆驼、2匹马。4座中型墓葬都在墓坑

〔1〕中国社会科学院考古研究所新疆队,新疆巴音郭楞蒙古自治州文管所:《新疆和静县察吾呼沟口三号墓地发掘简报》,载《考古》1990年第10期,第882-889页;新疆文物考古研究所,联合国教科文组织驻中国代表处,新疆文物事业管理局:《交河故城——1993—1994年度考古发掘报告》,北京:东方出版社,1998年。

填充物中埋葬动物牺牲,多见头颅与躯干分开的完整马骨。多数墓葬在墓室内墓主人头侧都放置羊骶骨。

(2)随葬品。随葬品中陶器以红陶为主,器型有单耳罐、陶碗、陶杯等、器体小,烧制火候低,多为模型明器。其中M1出土的小口鼓腹罐、酒杯等应为一套酒器。武器马具均为铁制,包括马衔、三翼铁镞、铁刀等。人身饰物在M11中出土丰富,包括坠绿松石、红玉髓的金丝耳环以及红玉髓串珠等。M1墓主人腰间出土大量穿孔海贝,应为腰带饰物。M12墓主头侧放置一件长方形木函,出土大量金器,数量最多的是长条形、四瓣花形金饰件。其次是长方形、圆形的金、银制动物纹穿孔金饰片,以单体鹰喙鹿形鹰形格里芬以及虎博格里芬场面的装饰题材为主。其中长条形、四瓣花形金饰件应为仿汉式棺饰,而其余应为人身饰牌、饰件。

据未发表的测年结果,墓葬的绝对年代为距今2200±70年。相当于西汉初期。

(3)族属判定。巴里坤东黑沟遗址墓葬竖穴土坑、仰身直肢葬、北首葬、木椁、石椁葬具、扰乱葬、祭祀坑、殉牲等葬仪葬俗,都符合漠北典型的中小型墓葬诸特征。M12木函内出土的大批装饰鹿形格里芬纹样的金、银饰件,与以鄂尔多斯地区为主的中国北方战国晚期至西汉早期遗存出土饰物接近,该题材源于阿尔泰山北麓巴泽雷克文化。长条形、四瓣花形金饰件则是漠北匈奴贵族用于装饰木棺的流行饰物。这种棺饰是匈奴在仿汉的基础上发展出来的,四瓣花叶周缘都有折角,与汉地弧边写实的柿蒂形棺饰区别明显。这些物品都是匈奴贵族象征等级、身份的标志。M12将它们珍藏在木函当中,一则表明物品自身珍贵,二则因为这些物品是匈奴贵族身份、等级的象征,可能表明墓主对它们的珍视。东黑沟高等级墓葬(M1)随葬酒壶、酒杯等陶明器的习俗也与额吉河匈奴贵族墓葬(BT-42、BT-85)葬仪相同。另外,东黑沟M1、M12在封堆周围设置马、骆驼等祭祀坑的习俗在诺彦山苏珠克图1号墓、6号墓周围都有发现。总之,东黑沟墓地中埋葬人群(不包括人牲)的主体应为匈奴无疑。

发掘者还注意到，墓葬中随葬一些器物，如单耳罐、钵、串饰等，与高台及高台周围居址内出土物的形制一致。表明高台、居址也曾被当地的匈奴人所使用。值得注意的是，墓葬中随葬陶器的器类、形制都与漠北匈奴不同，也与当地附近早期铁器时代遗存中使用的陶器不同。其渊源有待于进一步的发掘工作与研究来揭示，但这并不影响我们判定其族属为匈奴的论断。另外，墓葬人牲随葬的陶器与当地自公元前1千纪以来传统器类、器型接近。[1] 这表明东黑沟匈奴部落对当地土著部落的征服与统治。

另据我们2005年的调查，东黑沟墓地除了圆形石堆墓外，还有一类地表封堆内有方形石板框的墓葬，其形制与漠北草原德列斯图伊墓地、胡德金·托勒郭依墓地的一些中小型墓葬十分接近。这类墓葬的墓坑结构、葬具、随葬品究竟与漠北匈奴有什么样的关系，还期待以后的发掘来逐步揭示。

西部的巴里坤湖汉代称“蒲类”、“蒲类泽”，原居此地的蒲类国有万余口人。在西汉前期右贤王征服西域后受匈奴“僮仆都尉”管辖，后因得罪单于，6000多蒲类人被强制迁往匈奴右部的阿恶地，蒲类从此衰落。匈奴右方王将常设庭于巴里坤草原，汉朝为断匈奴“右臂”而通西域，多次发兵东天山与匈奴在此作战。据我们调查，与东黑沟匈奴聚落遗址群地表结构接近，规模相当或更大的遗迹在巴里坤草原还有多处，表明当时有许多匈奴牧民在此活动。未发掘的大型墓葬封堆直径有在30米以上者，很可能埋葬着匈奴的高级贵族(图4－7)。

4.6.2 木垒东城公社(边疆区)

1983年，王炳华先生在木垒县城西十多公里的东城公社征集到几件动物纹饰牌，其中1件表现“猪马互斗”的长方形透雕带扣，带扣周缘装饰竹节纹边框。[2] 这件带扣的造型及题材与西汉时期长城沿线

[1] 新疆文物考古研究所，西北大学文化遗产与考古学研究中心：《2006年巴里坤东黑沟遗址发掘》，载《新疆文物》2007年2期，第32－60页。

[2] 王炳华：《新疆东部发现的几批铜器》，载《考古》1986年10期，第888－890页，图二之1；图四。

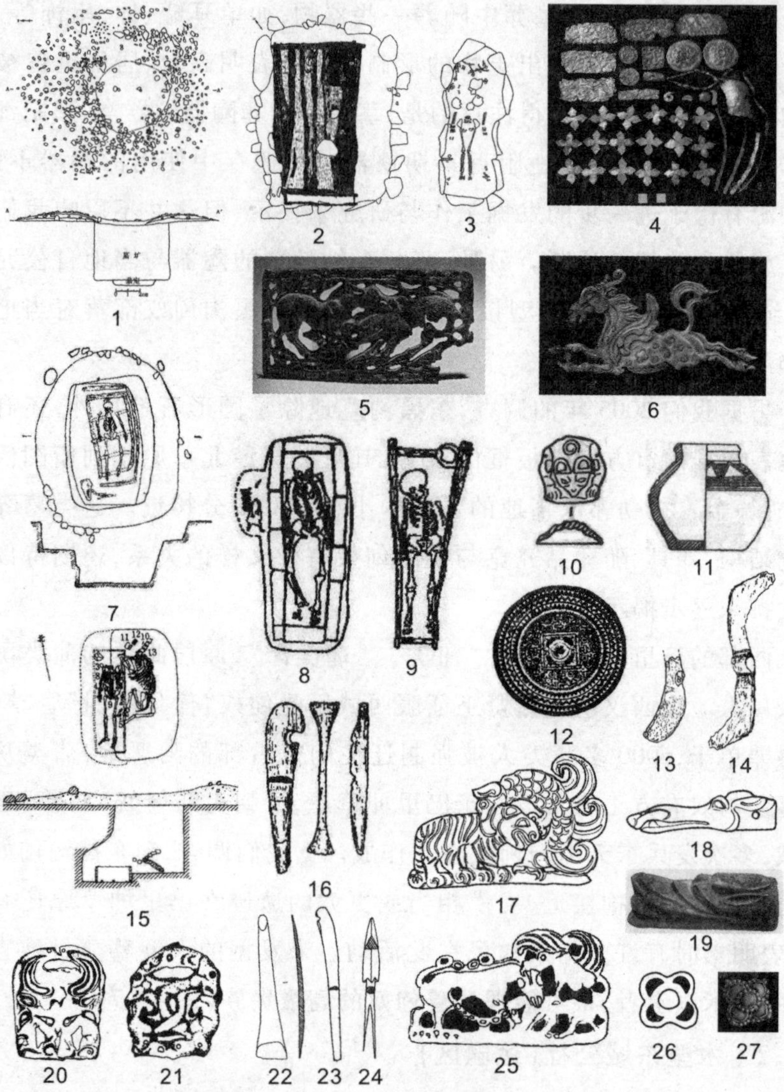

图 4－7　西域匈奴相关遗存示意图

1. 东黑沟 M15；2、4. 东黑沟 M12；3. 东黑沟 M10；5. 木垒东城；6. 清河阿热勒；7、10、12. 察吾呼 M7；8. 察吾呼 M20；9. 察吾呼 M18；11. 察吾呼 M15B；13、20～21. 沟西 JVI12－M16；14. 德列斯图伊 M48；15. 察吾呼 M8；16. 察吾呼 M10、M5；17. 沟北 M01mb；18. 沟北 M23；19. 苏珠克图 M1；22～23. 沟北 M01mj；24. M27 殉马坑；25. 德列斯图伊 M7；26. 沟北 M16k9；27. 高勒·毛德 I 号墓地 M20（察吾呼＝察吾呼沟口三号墓地、沟西＝交河沟西墓地；沟北＝交河沟北一号台地）

及色楞格河下游匈奴墓葬流行的带扣非常接近。文献记载木垒与巴里坤同属汉代匈奴右部活动中心区域，这件饰牌应是他们的遗存。[1]

4.6.3 察吾呼沟口三号墓地（边疆区）

该墓地位于新疆巴音郭楞蒙古自治州和静县县城西北30公里处。1983—1988年间，新疆文物考古研究所、中国社会科学院考古研究所新疆队、新疆巴音郭楞蒙古自治州文管所、和静县文化馆等多家单位先后在此进行过调查、发掘。墓地内共有255座墓葬，已发掘40座。其中，社科院新疆队发掘了20座墓葬，均为直径在4~5米的圆形石堆墓。墓坑结构分竖穴土坑、偏室两种，葬式多见头向东的仰身直肢葬，流行在墓室内放置牺牲，以马、羊的头、腿为主。葬具有木椁、木棺、土坯椁和无葬具三种。随葬品简单，包括环形带活舌的铜带扣、骨弓弭、木弓弣、三翼铁镞、铁剑、熊纹金饰泡、鹰形格里芬搏虎的动物纹金饰泡以及几件小口平底罐和一面八乳规矩禽兽纹镜。发掘者认为殉牲的习俗以及墓葬内出土的陶罐与宁夏同心倒墩子、内蒙古东胜补洞沟、凉城毛庆沟以及诺彦乌拉匈奴墓地中的陶罐接近，从而推测墓地埋葬人群的族属是东汉前期匈奴。

其实除了陶器以外，墓葬出土的弓弭、弓弣、熊纹、鹰形格里芬搏虎的动物纹金饰件等也与漠北匈奴人普遍流行的物品形制接近。

从墓葬形制、葬具来看，除了竖穴土坑墓，还有相当一部分偏室墓。偏室墓在鄂尔浑河流域匈奴中心区域内不见，只在额吉河以及匈奴西鄙的图瓦地区有少量。公元前1千纪以前偏室墓的起源与流行情况十分复杂，在欧亚草原西部、中亚及中国西北地区都有发现，对此本书暂不涉及。[2] 2003年北京大学考古文博学院本科生李高峰曾就中国境内早期铁器时代的偏室墓进行过研究。他发现，河西走廊的沙井文化与新疆的苏贝希文化、伊犁河流域文化的偏室墓并无渊源关系，前者流

---

〔1〕王炳华，前揭文，第890页。

〔2〕多数前苏联学者倾向于认为偏室墓形制是从西向东传播，而以陈戈、谢端琚为代表的中国学者则认为偏室墓起源于甘青，而后从东传入中亚（陈戈：《新疆发现的竖穴洞室墓》，《中国考古学论丛》，北京：科学出版社，1993年，第401－414页；谢端琚：《试论我国早期土洞墓》，载《考古》1987年12期，第1097－1104页）。

行仰身直肢北首葬,后者则以东首葬、西首葬、屈肢葬为主,而且两者之间隔着竖穴土坑屈肢葬的焉布拉克文化。这项研究为我们探讨匈奴部落联盟的形成带来很大启发。正如发掘者吕恩国先生从器物、葬具、葬式注意到的:察吾呼三号墓地是外来文化,其中的偏室墓也不是由当地发展起来的。

以往有学者通过比较西汉中晚期倒墩子墓地与沙井文化的墓葬形制、葬仪、葬物,从而推测沙井文化的部分成员后来融入了匈奴部落联盟。[1] 但由于两者时代相差太大,长久以来这个观点并没受到学术界的广泛关注。图瓦、额吉河的一批偏室墓资料的发表,为我们提供了更多的证据。图瓦地区的偏室墓出现在公元前2世纪左右,与伊犁河及中亚东部偏室墓葬式、头向不同,而与沙井文化仰身直肢、北首葬俗相同。沙井文化流行于西周末至春秋时期(公元9—6世纪),与图瓦偏室匈奴墓仍有400年的时间差,仍需日后考古学工作来填补这一空白,但两者之间的联系是很明显的。这对揭示匈奴部落联盟的形成,又更进了一步。沙井文化一般被学者们归为羌戎系文化,其与春秋时期长城沿线中、东部西戎、白狄、山戎文化的联系也已被广泛承认。其具体融入匈奴的时间应该在图瓦地区出现偏室墓之前,也就是公元前2世纪以前。值得注意的是,西汉初期匈奴部落联盟已基本完成了诸部族文化的融合。当时漠北绝大多数匈奴普通贵族及普通牧民的墓葬都流行竖穴土坑、仰身直肢北首葬习俗,文化面貌比较统一。图瓦地区这批偏室墓人群,应是随匈奴右部北伐、西征迁入此地的原羌戎系移民。该地因地处匈奴西鄙,受匈奴中心区文化影响较弱,故能保留部分传统葬仪。

布尔汗·托勒郭依墓地的33号墓,是漠北匈奴中心区内极少见的1例偏室墓。墓坑正下方木棺内埋葬墓主人,其头上方放置大量牺牲、陶器。墓室北侧掏挖一个“曰”字形偏室,内葬有一人,无葬具葬物,显然是他的殉人。两人均为东首葬。这座偏室墓与一批东首葬的匈奴墓

〔1〕李水城:《沙井文化研究》,载《国学研究》1994年第2卷,北京:北京大学出版社,第493－524页。

葬集中埋葬在一起，除了偏室以外其葬仪、葬式、习俗以及随葬品方面与其他匈奴墓并无差别。偏室葬俗表明墓主人很可能是匈奴部落联盟裹胁下的原羌戎系遗民。

察吾呼沟口三号墓地的偏室墓以仰身直肢葬、东首葬为主，出土陶器、武器、饰物都与额吉河东 BT-33 接近。我们已在前文讨论过，布尔汗·托勒郭依墓地中集中埋葬的东首葬匈奴墓可能是属于匈奴部落联盟下的不同氏族。察吾呼的这批偏室墓成员，很可能也是羌戎系的匈奴别部，他们是在西汉初期以前融入了匈奴部落联盟的，并随匈奴右部北伐、西征迁居此处。

新疆文物考古所发掘的 M8 不仅是仰身直肢、北首葬的偏室墓，而且墓主人左侧墓坑中殉葬1匹完整的马。上述讨论已说明，这种在人身侧殉葬整匹马的习俗源于阿尔泰北麓的屈射部落。这座墓显然融合了多种文化的葬俗，但我们认定墓主人来自北方的萨彦—阿尔泰匈奴部落应该问题不大。这与史料记载匈奴右方王将南下天山，对西域诸国进行管理的史实也是吻合的。

同时察吾呼三号墓地中普遍流行的东首葬在漠北匈奴墓地很少见，只在额吉河流域发现过一些。多数墓葬采用的木椁、木棺是漠北匈奴流行的葬具，而 M20 采用的土坯椁形制很可能模仿了匈奴小型墓葬流行的石椁。

发掘者还指出，墓葬分布有规律、葬俗葬式统一以及随葬品形制接近等特征表明整个墓地为同时期的同一种文化。这与我们上述的判断也是吻合的。

4.6.4 交河沟西与沟北（互动区）

吐鲁番交河古城在两汉时期是车师前国的统治中心。1993—1994年新疆文物考古研究所在交河沟西、沟北台地上发掘了一批属车师前国的墓地。其中沟西 JVI12 区的 M16 墓主人腰部出土一件圆首方底、带穿孔的金箔片。金箔片长6.8厘米，宽4.7厘米，表面锤揲出牛首形象。[1] 它与德列斯图伊等匈奴墓葬出土的青铜带扣形制、题材十分接近。这件金箔片原先当是裹覆在木、铁一类的带扣上;该墓死者两脚踝各出1件长4厘米、宽3厘米的圆首方底金饰片,表面锤揲左右对称的双鹿纹样,饰片前端还有1枚穿钉。[2] 从它们的出土位置来看,可能是靴或裤脚上的装饰,其造型、风格也与匈奴饰物接近。该墓葬还出土两件铁器残片,与屈射、西戎、匈奴德列斯图伊、伊沃尔加墓地的螺旋桨形铁马镳接近。[3] M16出土3枚五铢,其中编号M16:4、M16:5的两枚五铢"金"字头呈镞形,"朱"字头方折、"五"字交笔较直,属西汉中期五铢;M16:6的"金"字头稍大,呈三角形,"朱"字头方圆折,"五"字交笔弯曲,上下划出头,属西汉后期的昭宣五铢。由此可知这座墓葬的年代在西汉后期左右。

交河沟北一号台地的西汉时期墓地内出土一批"虎、鹰嘴怪兽搏斗金饰牌、金鹿、铜兽头饰和铁鹤嘴锄等具有浓郁的鄂尔多斯式风格"的遗物。[4] 通过比对匈奴墓葬的出土物,我们发现沟北一号台地M27殉马坑出土的燕尾铤木镞、M01mb出土的鹰形格里芬搏虎纹的"P"字形透雕金带扣、M01mj出土的骨弓弭、弓弣属典型的匈奴文化因素。[5] 另外,M16k9出土的骨花形骨饰片与高勒·毛德I号墓地M20出土的金制镶嵌绿松石的饰物形制接近;M23出土的青铜狼首铜饰与苏珠克图M1出土的青铜狼首饰件接近。交河沟北M16墓坑周围有多个殉马坑、殉驼坑,这类习俗与巴里坤东黑沟M12、M1以及诺彦山等地匈奴墓葬接近。

车师国与巴里坤草原仅一山之隔,"界迫匈奴,尚为所拘"。[6] 常

---

〔1〕新疆文物考古研究所:《交河沟西——1994—1996年度考古发掘报告》,第30页,图33之5。

〔2〕新疆文物考古研究所,前揭文,第30页,图33之7。

〔3〕原报告作"铁刀"(新疆文物考古研究所,前揭文,第32页,图34之3、4)。

〔4〕新疆文物考古研究所:《交河沟西——1994—1996年度考古发掘报告》,第73页。

〔5〕弓弣在原报告中作"骨匕"(新疆文物考古研究所,前揭文,第67页,图50之1、3)。

〔6〕《汉书》卷96《西域传》。

受匈奴右部挟制，昭帝时，匈奴曾发车师兵共侵乌孙。[1] 交河沟西、沟北墓地车师人墓葬中出土带有匈奴文化因素特征的遗物，见证了两民族间的文化交流。当然，我们也不排除有部分匈奴成员入居车师的可能性。

4.6.5 青河阿热勒乡“麒麟纹”金饰牌（边疆区）

新疆阿勒泰青河县阿热勒乡征集到一件金饰牌，饰牌无边框，锤揲出马身、长角、带翼的麒麟形象。[2] 麒麟四肢分别向前后伸展，尾扬起，作飞奔状。马身、带翼、长山羊角的麒麟形象与高勒·毛德I号墓地M20的马身银饰牌上表现的麒麟非常接近。四蹄张开做奔驰状的姿态与查拉姆M7马身饰牌上的山羊接近。麒麟这类题材约在西汉晚期从西汉引入匈奴，以山羊首、鹿身的形象居多，质地以银质居多、形制有圆形及叶形两种多用作匈奴贵种宝马身上的饰牌，比如诺彦山苏珠克图M20出土的马身饰牌。到东汉前期的高勒·毛德I号墓地，麒麟表现为山羊角、马身形象。青河饰牌上山羊角、马身麒麟形象与东汉前期匈奴麒麟接近，从外形看它与匈奴马具饰牌不同，很可能用于装饰腰带或衣物。该地位于巴里坤西北部，东北与蒙古国西南科布多省塔希特墓地临近，属匈奴右部辖地。这件饰牌很可能是东汉前期匈奴右部贵族的遗物。

---

〔1〕《汉书》卷96《西域传》载：“昭帝时，公主上书，言：‘匈奴发骑田车师，车师与匈奴为一，共侵乌孙，唯天子幸救之！’”

〔2〕祁小山，王博：《丝绸之路·新疆古代文化》，乌鲁木齐：新疆人民出版社，2008年，第228页，图1。

5 汉地的匈奴及其相关遗存

5.1 不同性质匈奴遗存的区分

“中国北方”这一概念泛指漠南长城沿线及其邻近地区。这里生活的多支半农半牧的古部族在春秋战国时期已形成了一个“北方文化带”。[1] 战国末期至两汉时期,他们不仅参与了匈奴部落联盟的构成,同时也充当了南北之间汉、匈文化交流的桥梁。有关这一地区与匈奴相关的遗存,田广金、郭素新、乌恩、林沄、盖山林、单月英、潘玲、杜林渊,以及法国的渔圣爱女士都已就此专门发表多篇文章、论著进行研究,此不赘述。[2] 我们仅就相关研究中的个别问题提出一些看法。

首先,从考古学文化认定的“匈奴”晚于历史文献记载的“匈奴”崛起的时代。包括葬仪、葬俗、随葬品在内的统一、典型的匈奴考古学文化,是在西汉前期至中期逐步形成、定型的。文献记载战国末至西汉初期,匈奴部落联盟正值扩张、壮大时期,其与多支戎、狄部落势力消长、融合的情况十分复杂。即使这里的一些部落已纳入匈奴部落联盟,但其自身的传统文化因素仍比较强烈,葬仪、葬俗等方面与稍后漠北典型的匈奴文化特征仍有不少的出入。因此,对于这一阶段漠南的相关遗存,我们建议放入匈奴起源研究部分进行探讨,而不列入匈奴考古学文化范畴。

其次,两汉时期漠南匈奴人的遗存由于受到强势地位的汉文化影

[1]林沄:《中国北方长城地带游牧文化带的形成过程》,载《燕京学报》新14期,北京:北京大学出版社,2003年,第95－146页;杨建华:《东周时期中国北方文化带形成初探》,载《燕京学报》新14期,北京:北京大学出版社,2003年,第147－192页。

[2]其余学者的参考文献已在第一章列出。

响,与漠北匈奴遗存在考古学文化面貌上存在不同程度的差异,不宜与漠北匈奴考古学文化并在一起讨论。他们因时代、地域不同而呈现出不同的面貌,这与他们降汉的时间不同、在汉地居住的时间长短不同、原属匈奴氏族不同有直接关系。我们结合时代与地域,可将他们大体分作归义北匈奴遗存、南匈奴遗存两类。

第一类遗存主要属于西汉中、晚期南下降汉的北匈奴部族。从考古学文化面貌观察,这类遗存较多地保留了漠北典型的匈奴考古学文化特征。根据历史文献记载,西汉中期武帝多次打击匈奴以后,陆续有多批匈奴部落归降汉朝。他们被安置在汉王朝北方诸郡县,作为"保塞蛮夷"。

第二类遗存主要属于东汉时期的南匈奴部落。由于长时间在汉地生活并濡染汉文化,这些匈奴人在葬仪、习俗方面发生了很大的变化,仅在很少的一些方面还保留着漠北匈奴的传统文化特征。

总之,长城沿线与匈奴相关的遗存虽多,但他们的文化内涵、属性因其所处的不同时代、地域、文化背景而有质的差异。我们需将这些材料逐一甄别、归类,阐释其内涵。

5.2 长城沿线匈奴相关遗存分类

5.2.1 归义北匈奴遗存

指匈奴分南北之前归降汉朝的北匈奴人的遗存,此类遗存已发现的有:

(1)陕西西安客省庄 M140。1955 年发掘,[1]竖穴土坑,仰身直肢北首葬,墓主人腰间出土一对水滴纹边框的圆形镂空饰环、铁刀等方面都与外贝加尔匈奴文化特征一致。[2] 墓葬还出土一对表现人物摔跤的长方形透雕带扣,这类表现人物的带扣也多在西汉时期长城沿线以

[1]中国社会科学院考古研究所:《沣西发掘报告》,北京:文物出版社,1963 年,第 138 - 140 页。

[2]潘玲:《伊沃尔加城址和墓地及相关匈奴考古问题研究》,北京:科学出版社,2007 年,第 147 - 148 页。

匈奴为主的部落中流行。[1] 发掘者将该墓年代断在武帝之前是很有道理的。

(2)宁夏同心倒墩子墓地。1983—1985年间发掘32座墓葬,[2]葬制葬俗方面,竖穴土坑、仰身直肢北首葬、随葬牛、羊头、蹄的习俗与漠北匈奴一致;随葬品方面,肩部饰波折纹、器身施研光暗纹的小口细颈鼓腹罐,墓主腰部装饰的镂空铜铃、水滴纹边框的圆形镂空饰环、勺形饰,装饰水滴纹边框、双鹿互咬、双龙纹的长方形透雕带扣,饰牌在外贝加尔匈奴墓葬中非常流行。林沄先生、潘玲女士认为墓地中埋葬的是武帝元狩二年(公元前121年)在安定、天水郡故塞外安置的匈奴浑邪王降部,我们认为很有可能。倒墩子墓地内的"曰"字形偏室墓以及在墓坑设头龛的习俗,在额吉河布尔汗·托勒郭依墓地、图瓦地区、新疆察吾呼沟口三号墓地的匈奴墓地中都有零星发现。

需要说明的是,倒墩子墓地的"曰"字形偏室墓与当地春秋战国时期流行的杨郎墓地的"凸"字形偏室墓并无渊源关系。这也说明了他们与当地的西戎文化并无直接渊源关系。"曰"字形偏室墓在漠北较少,而额吉河、图瓦、察吾呼的偏室墓也都是中小型墓,不见于高等级墓地,可以推测这些羌戎系部族在匈奴部落联盟中可能不是贵种。倒墩子原居的匈奴部落可能在匈奴占据河西走廊以后其主体仍在原居地附近活动,受匈奴休屠王、浑邪王辖制、调遣。由于他们距离漠北遥远,受匈奴中心区文化的影响相对弱一些,因而还保留着偏室的传统葬仪。另外,倒墩子墓地出土表现人物、车辆的"P"字形饰牌,也多在西汉时期长城沿线以匈奴为主的部落中流行。

(3)宁夏同心李家套子墓地。1983年发掘5座墓葬,[3]其中TLM1为竖穴土坑墓,墓坑底部有一具木椁,木椁内并排放置三具木

[1]单月英、潘玲两位女士都发现表现人物、车辆的带扣,多在西汉时期长城沿线以匈奴为主的部落中流行,而在匈奴中心区则十分罕见(单月英:《匈奴腰饰牌及相关问题研究》,《故宫博物院院刊》2008年2期,第130-158页;潘玲:《伊沃尔加城址和墓地及相关匈奴考古问题研究》,第183-189页)。本书以下叙述的相同观点,均出自她们的研究,不再重复注出。

[2]宁夏文物考古研究所等:《宁夏同心倒墩子匈奴墓地》,第335-356页。

[3]宁夏文物考古研究所,同心县文管所:《宁夏同心李家套子匈奴墓清理简报》,第17-20页。

棺。墓室内出土青铜制衡末、车轪、车軎等车器零件；TLM2 为砖券墓，墓室内置两具木棺，出土水滴纹边框的圆形镂空饰环。发掘者根据出土货泉认为该墓地年代可能在东汉早期，并通过比照西岔沟墓地带扣、倒墩子墓地镂空饰环将墓地族属判定为匈奴。

根据第 4 章分析，仰身直肢北首葬、竖穴土坑、石椁葬、水滴纹镂空青铜饰环、长方形双鹿纹透雕带扣、骨弓弭、肩、腹部施波折纹、砑光暗纹的小口细颈鼓腹罐与中心区匈奴墓葬葬仪及早、中期随葬器物接近。因此，以往研究者将其族属判定为匈奴比较可信。从水滴纹镂空饰环及左右对称的双鹿纹透雕带扣在西汉时期的倒墩子、西岔沟等地流行，而在东汉时期的匈奴墓中少见来分析，我们推测这处墓地的年代下限在东汉初期左右。

另据发掘者介绍，还有一座石椁墓，据报告描述其葬具应为封闭式石椁。[1] 这座墓葬出土的五铢钱币中，有“朱”字上下均方折、“五”字交笔直的武帝五铢以及“金”字头窄小、“朱”字上下均方圆折、“五”字交笔略带弯曲的昭宣五铢。这座墓葬时代应比出货泉的 TLM1、TLM2 略早，属西汉后期。

李家套子墓地较倒墩子墓地的时代为晚，两者同属汉三水属国都尉范围。从 TLM1 多人同穴合葬、TLM2 小砖券顶墓等特征来看，该墓地主人濡染汉文化的时间也长一些。总之，该墓地应属归义北匈奴遗存。

5.2.2 南匈奴遗存

指在东汉前期偏晚（约在公元 1 世纪中叶及以后）汉朝境内的匈奴遗存，比文献记载光武帝建武二十四年（公元 48 年）匈奴分南北的时间略晚。

(1)鄂尔多斯补洞沟墓地。1980 年发掘 9 座墓葬。[2] 仰身直肢北首葬、随葬牛、羊、马头牺牲的习俗，方立耳平底铁鍑、环首铁剑、铁刀、三翼铁镞、铁马衔、骨勺、肩部施波折纹的侈口平底罐、小口细颈鼓腹罐，以及陶罐器腹下部穿小孔的特征，都与漠北匈奴墓葬一致。发掘

[1]原报告没有给出这座墓葬的编号。

[2]鄂尔多斯市文物工作站：《补洞沟匈奴墓葬》，第 394 – 402 页。

者根据规矩镜,将墓地年代断在西汉末至东汉初。此后乌恩、潘玲女士等学者根据墓地中出土马蹄形足铁鼎,不出透雕饰牌、饰环、骨镞的现象进一步将该墓地年代精确定在东汉前期。林沄先生、潘玲女士认为补洞沟地处汉西河郡美稷县,墓地年代也与东汉前期南匈奴内附、在此设王庭(公元50年)的时间基本相当,可能属东汉初年归附的南匈奴嫡系成员。补洞沟墓地较多地保留了西汉中期以后漠北典型的匈奴文化因素的特征,而汉文化因素较少,这应与他们内附时间短有关。[1]我们注意到,补洞沟墓地发掘的这几座墓均无葬具。如果说他们内附时间短的话,应该有与漠北匈奴同等规格的葬具。像M2、M4、M5、M7这些出土铁鍑、铁鼎的墓葬,在漠北至少应有一具木棺。这其中的原因我们暂时还无法探明,姑且搁置存疑。

(2)准格尔旗大饭铺墓地。1983年发现20座,清理4座。[2] 竖穴土坑墓、墓葬出土肩部施波折纹的侈口平底罐、小口细颈鼓腹罐、骨筷、铁马衔、桥钮兽面铜饰以及经“毁器”处理的联弧纹镜、锯齿纹镜等特征均为典型匈奴文化因素。乌恩先生认为这几座墓葬的年代属东汉早中期。[3] 鉴于墓地中缺少可资准确断代的物品,我们暂且将其归入南匈奴遗存。

(3)准格尔旗西沟畔墓地。1980年发掘9座。[4] 仰身直肢北首葬、银勺、研光暗纹小口细颈鼓腹罐、陶罐器腹下部穿小孔、铁包金“凹”字形孔带扣等符合漠北典型的匈奴文化因素特征。潘玲女士根据玉觿、双龙纹玉璜的特征推断其中的3座(M4、M5、M12)为东汉中晚期南匈奴贵族墓地,而其余6座为北朝鲜卑墓葬,很有道理。[5]

(4)神木大保当城址及墓地。1999发掘一座城址及城南1公里一处墓地的26座画像石墓。[6] 发掘者根据出土物品,判定城址与墓地

---

[1]潘玲:《伊沃尔加城址和墓地及相关匈奴考古问题研究》,第141页。

[2]内蒙古文物考古研究所,鄂尔多斯市文物工作站:《内蒙古准格尔煤田黑岱沟矿区文物普查述要》,《考古》1990年1期,第1-10页。

[3]乌恩:《匈奴文化的内涵、起源、发展及其文化联系》,第294页。

[4]鄂尔多斯市文物工作站,内蒙古文物工作队:《西沟畔汉代匈奴墓葬》,第375-393页。

[5]潘玲,前揭文,第141-145。

[6]陕西省考古研究所等:《神古大保当——汉代城址与墓葬考古报告》。

时代相当,在东汉初至东汉中晚期。城址与墓地均出土器底打有方形印戳的小口细颈平底罐。墓葬中还出土骨勺、骨筷、骨刷柄、弓弭,以及M1、M6、M10墓道、墓室内随葬狗、羊、鹿等动物牺牲的习俗都符合漠北典型的匈奴文化因素特征。大保当地处两汉上郡辖地,史载西汉中期以后已有降胡移居此处。表现神仙思想的画像石题材、券顶墓形以及墓葬中出土的大批随葬品均与陕北汉墓一致,表明这里的南匈奴人濡染汉文化时间已久。另需注意的是,大保当M23出土一件小口平底罐的肩部刻有一个篆书的"羌"字,发掘者认为与东汉"徙西河郡居离石,上郡居夏阳"的羌人有关。我们在外贝加尔伊里莫瓦墓地出土的一件小口细颈鼓腹罐肩部,也发现篆书刻写的"羌"字。[1] 战国至两汉的汉地陶文,一般被分为两类:一是记载当政者纪念、管理陶业的官吏名称、陶工名字、地名、器名等具有"物勒工铭"性质的王国官玺和戳记;另一类是记载私人制陶者居住乡名、里名与制陶者名字的私人印记。[2] "羌"字应属私人印记,很可能表明制陶者的族属或居住地。学者们已通过化学分析证实,外贝加尔地区以及漠北匈奴墓葬中的陶器都是在当地制作的。伊里莫瓦的陶器应是匈奴部落联盟下的羌人工匠制作的,大保当的这件"羌"字陶器可能也是如此。据历史学家研究,武帝以前河西走廊被匈奴占据,当时有许多羌人就已融入匈奴部落联盟。这些羌人在当时受匈奴昆邪、休屠王等匈奴右方王将管辖。[3] 伊里莫瓦、大保当匈奴墓地出土陶器上的"羌"字,可能与融入匈奴部落联盟的羌人有或多或少的联系。

(5)大通上孙家寨墓地。1973—1981年发掘182座墓葬,其中乙区东汉晚期的M1出土一枚"汉匈奴归义亲汉长"驼钮印明确地标明了墓主人的身份。发掘者认为与其同区、同时期的其他几座墓葬(乙M2、M3、M4、M6、M8)都是匈奴别部卢水胡人,[4]单月英女士则推测乙

[1]参见科诺瓦洛夫1976年报告图版XXIV,6。
[2]高明:《战国陶铭》,上海:上海书画出版社,2000年。
[3]马长寿:《氐与羌》,桂林:广西师范大学出版社,2006年,第93-94页。
[4]青海省文物考古研究所:《上孙家寨汉晋墓》,第217-220页。

区12座墓葬均属匈奴。[1]

墓地甲、乙两区早晚墓葬都流行扰乱葬、殉牲以及在陶器底部打方形戳记、刻画符号的习俗。比如西汉中期的M132，西汉晚期M105、M128、M135、王莽M85、M109、M118，东汉早中期的M9、M20、M91、M116，东汉晚期的M35，汉末魏晋初的M12、M14都出土器底打有方形或圆形的陶器。甲区东汉晚期的M24中还出土了一对长方形网纹透雕带扣。可见，这些与漠北匈奴接近的习俗及特殊形制的器物在墓地中早晚都是存在的。据此我们推测该墓地的甲、乙两区都有匈奴人，至少在西汉晚期就有匈奴人，汉人以及土著羌人等多支民族在这里杂糅、混居。融合的程度已经比较深了。除了乙区M1，我们很难从考古学特征上辨别其余墓葬的族属。

总体而言，上孙家寨墓地受汉文化影响较大，墓葬形制从土洞墓到砖券墓的变化趋势以及随葬品方面均与中原汉墓接近。这表明这些在西汉中晚期就归降的匈奴部落，在葬仪上受汉文化影响较深并发生了很大改变。

另外，以往许多学者对上孙家寨乙区M3出土的1件镀金单耳银壶进行过讨论。对它的产地意见不一，有安息、中亚、新疆等多种说法。布鲁赛德女士也发现高勒·毛德I号墓地M1也出土1件镀金银制残片与上孙家寨的这件银壶口沿部位接近。最近仝涛注意到银壶上的波浪纹、卷草纹源于希腊风格，雉堞纹则源自阿契梅尼德波斯，三者随机组合的题材在南俄罗斯的萨尔玛提亚人、希腊化的帕提亚波斯帝国出土的银碗上十分流行。从卷草纹呆板、不连续的特点来看，它可能是"黑海草原和蒙古高原之间某处的仿制品"。[2] 笔者也从此说，并认为高勒·毛德、上孙家寨等匈奴贵族流行使用的银壶都是在中亚制作的。

5.2.3 带有部分匈奴文化因素的遗存

一些匈奴文化因素，尤其是装饰动物纹、几何纹的方形马蹄形带

[1]单月英:《匈奴墓葬初步研究》,第35-68页。

[2]仝涛:《论青海大通上孙家寨汉晋墓出土银壶的异域风格》,载《考古》2009年5期,第57-65页。

扣，在长城沿线东北部的鲜卑、乌桓的遗存中发现很多，典型的如齐齐哈尔三家子山墓地、内蒙古陈巴尔虎旗完工墓地、辽宁西丰西岔沟墓地等。乌恩、林沄、潘玲等学者已就此作过详细分析，此不赘述。[1] 这里需要说明的是，东胡系部族是冒顿立为单于以前最早并入匈奴部落联盟的一批部族成员，匈奴单于还在此专设“东胡王”对他们进行管理。从葬制、葬俗以及触角式铁剑、陶器等方面特征分析，把他们归入东胡系部族是正确的。同时我们注意到，诸多匈奴文化因素包含的文化背景信息是不同的。像马蹄形装饰单体狼形格里芬的带鐍，以及鹰形格里芬、虎、北山羊互搏的“P”字形饰牌，属典型的匈奴文化因素。它们除了装饰功能外，更主要的是象征佩戴者的地位、身份。但这些物品在上述遗址中不仅出土数量多，而且形制与中心区匈奴的物品十分接近。我们认为这种情况不仅是简单的物品流通，更折射出统一民族心理认同下文化的趋同。这类特殊物品的形制、样式、制作工艺及其包含的特定涵义只有在强有力的统治下才能够按原样推广，否则就可能或多或少地发生一些改变。这种改变包括元素的重组、增加或减少，比如汉以及中亚的萨尔玛提亚都吸收了匈奴的腰饰牌的纹样、形制上的部分元素，但又都按自身的传统进行了改造：汉地贵族所用的饰牌背面增加多个桥形固定用钮，萨尔玛提亚贵族流行用黄金制作“P”字形饰牌和水滴纹边框的圆形饰环，并镶嵌绿松石、红玉髓。另外动物纹虽然在欧亚草原广泛流行，但各地在动物组合、表现手法、制作工艺方面都存在一定差异，可以区分出来。这些差异是由不同民族的不同文化造成的。因此像西岔沟、三家子山、完工这类遗存，原先很可能曾受到匈奴的辖制。他们在葬仪、出土触角式铁剑、陶器等物品方面与匈奴文化区别明显，表明匈奴并未向该地大批移民，也没有把当地大批居民迁离他处。匈奴在该地的统治与其在阿尔泰山北麓、叶尼塞河中游以及天山以南地区的统治情况接近，都不稳固。

〔1〕乌恩：《匈奴文化的内涵、起源、发展及其文化联系》，第328－330页；林沄：《西岔沟型铜柄铁剑与榆树老河深、彩岚墓地的族属》，北京：中国大百科全书出版社，1998年，第368－386页；潘玲：《伊沃尔加城址和墓地及相关匈奴考古问题研究》，第148－155页。

(1)翁牛特旗带扣及饰牌。1973—1985年,内蒙古赤峰市翁牛特旗文物管理站陆续采集、征集到5件表现驱车人物、鹰形格里芬、北山羊、虎搏斗等动物纹搏斗题材的青铜饰牌。[1] 其中驱车人物的饰牌主要于西汉早中期在长城沿线的北方文化带内流行,而鹰形格里芬、虎、北山羊互搏的"P"字形饰牌以及斗兽纹长方形凹框的饰牌也在同时期的漠北匈奴墓葬中流行。可见,这几件饰牌的年代相对集中,大致在西汉早中期。作者虽未说明,但这些饰牌都应出自墓葬。同时翁牛特旗地处西汉右北平郡以北,汉长城外,大致位于乌桓、鲜卑等东胡系部族的活动范围。我们怀疑翁牛特旗几件饰牌的主人可能与西岔沟等遗存族属接近。

(2)陕西铜川枣庙M25。这座墓葬位于已发掘的25座秦墓之中,是一座竖穴土坑墓。与周围其他墓葬并无打破关系,发掘者称这些墓葬分布很有规律,很可能是一处完整的墓地,但墓向、葬式、葬具都不清楚。[2] 墓葬中曾出土一件表现虎、北山羊、鹰形格里芬搏斗场面的"P"字形透雕动物纹青铜带扣和一件肩部施多道旋纹的小口鼓腹平底罐。其中,带扣与德列斯图伊等漠北西汉时期匈奴流行的带扣十分接近。据此,以往学者常将这座墓葬判作匈奴墓。[3] 由于孤例不足为证,且刊布信息不完整,我们还无法确认M25的墓主人就是匈奴,只能暂时将这件动物纹带扣归入匈奴文化因素。

5.3 匈奴及其相关遗存的分区与分期小结

以上我们梳理了匈奴及其相关遗存的区系特征和时代特征,以下可对这些结果作出简要概括。

5.3.1 中心区

匈奴考古学文化中心区内墓葬数量最多、墓地分布最为集中,规模

[1]庞昊:《翁牛特旗发现两汉铜牌饰》,载《文物》1998年7期,第42-43,78页。

[2]发掘者称多数墓葬的墓坑是东西向、屈肢葬,有木制棺椁,但并未列出墓葬编号(陕西省考古研究所:《陕西铜川枣庙秦墓发掘简报》,载《考古与文物》1986年2期,第7-17页)。

[3]乌恩:《匈奴文化的内涵、起源、发展及其文化联系》,第294页;单月英:《匈奴墓葬研究》,第38页。

最大。同时,其考古学文化面貌统一,代表了匈奴统治中心及周围匈奴民族主体的文化面貌。西、中、东、北四个亚区分别代表了中心区内四个地方类型,四者各有中心,年代彼此接近,很可能属于匈奴部落联盟内不同氏族的高级贵族的辖区。

5.3.2 边疆区

匈奴领域中心区以外匈奴人长期控制、活动的边疆区与中心区匈奴考古学文化面貌基本一致,同属匈奴。该区域在匈奴早期兴起、扩张的时候就已纳入到匈奴版图之下,进行了民族与文化的融合。边疆区内严格执行的葬仪等级制度与中心区匈奴墓地一致,表明匈奴在当地的统治模式也与中心区一致。与中心区相比,边疆区的匈奴考古学文化中杂糅了许多其他考古学文化的因素,这当与该地区匈奴与其他民族混杂而居、文化融合的情况有关,同时也反映出匈奴在当地的文化影响力相对较弱的事实。

5.3.3 互动区

互动区是匈奴部落联盟形成之初裹挟的周邻民族活动的区域。这些区域在一定时段内受匈奴辖制,该地区的民族并未被匈奴文化所同化。

两汉时期匈奴与汉及周边民族势力消长、变化的情况致使匈奴对互动区内诸部族的控制相对较弱且不稳定。匈奴虽然会在当地设置行政机构(比如僮仆都尉),派专员(比如丁零王、东胡王等)进行管理、监控,但是匈奴始终未能把互动区内的民族纳入到匈奴部落联盟内,实施与中心区、边疆区一样的统治模式。实际上,匈奴在互动区主要实行羁縻统治,该区域是王明珂先生所谓匈奴辅助性生业的重要来源地。迫于匈奴强悍的武力,受辖制的互动区部族需定期向匈奴缴纳高额的赋税,且被征调部分人力。努力摆脱匈奴控制的互动区部族也常会遭到匈奴劫掠牲畜和人民。正是在这种局势下,互动区部族的文化传统得以延续、发展。因此,互动区考古学文化代表了与匈奴保持特殊联系的部族,它们代表了与匈奴中心区、边疆区不同性质的文化。

5.3.4 汉地

归降汉王朝,安置在河西走廊及长城沿线的匈奴人,在与汉地居民混居，接受汉朝官吏管理的过程中，不断地濡染汉文化，在习俗、礼仪方面逐渐与汉文化融合。因南下降汉、吸收汉文化时间不同，生活在汉地的匈奴人的遗存也表现出不同的文化面貌。内附不久的北匈奴人在很大程度上保留了漠北匈奴葬仪、习俗的典型特征，而久居汉地的南匈奴人则更多地吸收了汉地的葬仪、习俗。

最后，我们结合匈奴墓地的分布区域、年代，制成图 5－1 及两张表，来详细说明匈奴各区考古学文化面貌的异同（图 5－1，表 5－1、5－2）。

表 5－1　匈奴及其相关遗存分区分期表*

<table>
<tr><th>两汉分期</th><th>匈奴分期</th><th>中心区</th><th>边疆区</th><th>互动区</th><th>域外汉地</th></tr>
<tr><td>西汉前期</td><td rowspan="2">早期
融合期</td><td rowspan="2">德列斯图伊墓地③
胡德金·托勒郭依墓地③</td><td rowspan="2">伊沃尔加墓地④及城址
东黑沟墓地③
考里克墓地③</td><td rowspan="2">塔加尔文化
捷西期
雅罗曼 II 号墓地
陕西铜川枣庙 M25？</td><td rowspan="2">北匈奴遗存
客省庄 M140</td></tr>
<tr><td>西汉中期</td></tr>
<tr><td>西汉后期</td><td rowspan="2">中期
定型期</td><td rowspan="2">德尔利格①
包尔布拉格墓地②？
查拉姆墓地①
伊里莫瓦墓地②
额吉河流域诸墓地③
纳依玛·托勒郭依③
努赫金·阿姆③？</td><td rowspan="2">考里克墓地③
乌兰固木墓地④
特布什山墓地③</td><td rowspan="2">木垒东城？
交河沟西沟北西汉墓葬
西岔沟墓地
三家子山墓地
完工墓地
翁牛特旗墓地？</td><td rowspan="2">倒墩子墓地
李家套子墓地
上孙家寨墓地甲区部分墓葬</td></tr>
<tr><td>王莽期</td></tr>
<tr><td>东汉前期</td><td rowspan="2">晚期
传播期</td><td rowspan="2">诺彦山诸墓地①
塔米尔墓地③
高勒·毛德 I 号墓地①
高勒·毛德 II 号墓地①？
切列姆霍夫墓地③</td><td rowspan="2">考里克墓地③
察吾呼沟口三号墓地④
青河阿热勒
塔希特墓地②？
白达格 II 号墓地②？</td><td rowspan="2"></td><td rowspan="2">南匈奴遗存
上孙家寨墓地乙区部分墓葬
大保当墓地及城址
大饭铺墓地？
西沟畔 M4、M5、M12
补洞沟墓地</td></tr>
<tr><td>东汉中期</td></tr>
<tr><td>东汉后期</td><td colspan="5">不　明</td></tr>
</table>

* 编排先后顺序以自中→北→西→南→东的方向；墓葬后圆圈内数字表示墓地等级，墓地等级划分标准详见第 4 章；字号小、打问号的是笔者的推测。

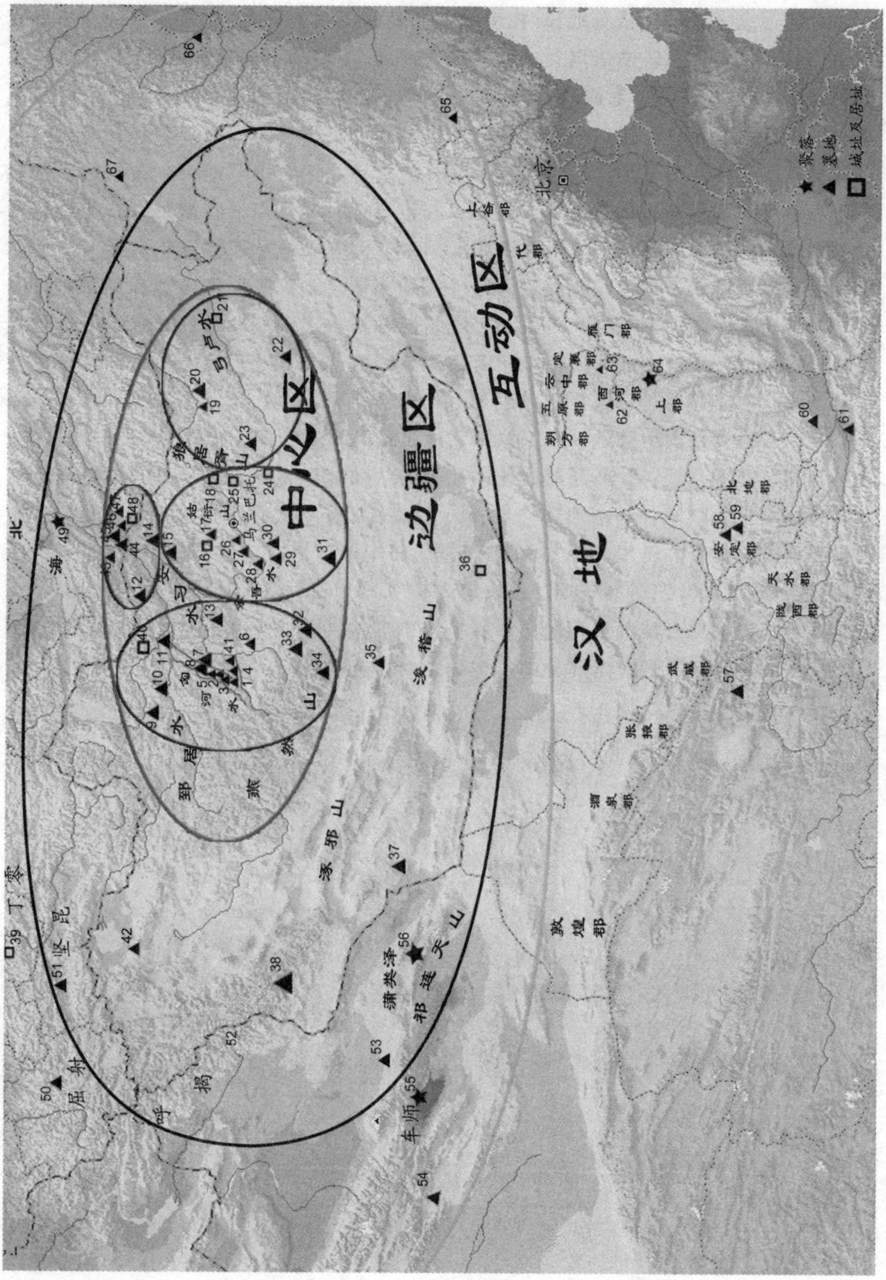

图 5－1　匈奴及其相关遗存分区示意图

（图说见下页）

1. 胡德金·托勒郭依墓地;2. 扎米恩·托勒郭依墓地;3. 艾兹吉梯恩·胡日勒墓地;4. 索勒毕山墓地;5. 纳依玛－托勒郭伊墓地;6. 艾麦勒·托勒郭依墓地;7. 高勒·毛德Ⅰ号墓地;8. 高勒·毛德Ⅱ号墓地;9. 苏勒·托勒郭依墓地;10. 努赫金·阿姆墓地;11. 额吉河墓地;12. 扎尔·托勒郭依墓地;13. 鄂乌贡特墓地;14. 萨利希特·欧尔都墓地;15. 达尔汗山墓地;16. 包尔吉·苏林城址;17. 诺言山墓地;18. 布尔欣·都勒布尔吉城址;19. 包尔布拉格墓地;20. 德尔利格墓地;21. 巴斯浩特城址;22. 德勒格雷赫墓地;23. 都勒尕山墓地;24. 特列津城址;25. 古阿多夫城址;26. 巴尔乌恩·哈伊尔汗墓地;27. 塔尔亚特墓地;28. 莫尔伊恩·托勒郭依墓地;29. 巴彦·温珠勒墓地;30. 巴彦墓地;31. 巴尕·嘎兹林·楚鲁;32. 塔尔巴尕塔依·阿姆墓地;33. 呼欣·侯都勒墓地;34. 奥尼托利特墓地;35. 特布什山墓地;36. 巴彦布拉格;37. 希尔吉斯特·霍洛依墓地;38. 塔希特墓地;39. 阿巴坎宫殿;40. 额吉河居址;41. 塔米尔墓地;42. 乌兰固木墓地;43. 德列斯图伊墓地;44. 查拉姆墓地;45. 伊里莫瓦、切列姆霍夫墓地;46. 布尔冬墓地;47. 艾堆墓地;48. 都列尼城址;49. 伊沃尔加墓地城址及墓地;50. 下巴泽雷克墓地;51. 考里克墓地;52. 清河阿热勒;53. 木垒东城;54. 察吾呼沟口三号墓地;55. 交河沟西沟北墓地;56. 巴里坤东黑沟聚落遗址;57. 上孙家寨墓地;58. 李家套子墓地;59. 倒墩子墓地;60. 铜川枣庙 M25;61. 客省庄 M140;62. 补洞沟墓地;63. 西沟畔及大饭铺墓地;64. 大保当城址及墓地;65. 翁牛特旗墓地;66. 三家子山墓地;67. 完工墓地(其中 55、60、65～67 是包含部分匈奴文化因素的遗存)

表 5－2　匈奴及其相关遗存区域特征比较表

<table>
<tr><th rowspan="2">地域</th><th colspan="5">区内共性及差异</th><th rowspan="2">区间差异</th></tr>
<tr><th>北部</th><th>中部</th><th>西部</th><th>南部</th><th>东部</th></tr>
<tr><td rowspan="2">中心区</td><td colspan="5">1. 流行“甲”字形墓葬、圆形石堆墓、方形石堆墓。
2. 以高、中等级墓地为主。高级墓地中，“甲”字形墓葬以规模最大者为中心，按南北成列、东西成行的顺序先后下葬；大墓周围的从葬墓按先东后西、南卑北尊，“长左而北向”的规律南北成列分布；中级墓地中，规模大者按南北成列、东西成行分布。高、中级墓地中其余墓葬围绕在大墓周围，或远或近，分布无明显规律。
3. 高等级“甲”字形贵族墓葬均采用两重木椁 1 重木棺，随葬豪华车马器、合金权杖、装饰麒麟、鹿、牦牛的金银制马身饰件等特殊物品；中小型贵族墓葬采用 1 重木椁 1 重木棺，无特殊葬物；普通牧民采用 1 重石椁 1 重木棺（或木椁）；再次者用 1 重石椁，最次者无墓坑葬具；墓地内等级制度严格。
4. 贵种、贵族墓葬木棺多采用燕尾榫、透榫、铁箍等加工技术。棺面流行髹黑、红漆，裹覆丝帛、毛毯，装饰四瓣柿蒂形、条形饰件组成的网状棺饰。
5. 所有墓葬均流行竖穴土坑、仰身直肢、北首葬、单人葬，在墓室内放置马、牛、羊等动物牺牲的头、蹄、骶骨。铜镜多经“毁器”处理，小型墓葬流行扰乱葬习俗。
6. 陶器流行小口细颈鼓腹罐、侈口平底罐；以泥质、夹砂灰陶为主，器物颈、肩流行装饰波折纹、旋纹、砑光暗纹。流行在器底打方形印戳、在器腹下部穿小孔的习俗。
7. 金属鍑有圈足、平底两种，双立耳呈环形或方形，器腹流行装饰连续大花瓣纹样。
8. 弓弭、弓弣复合弓、燕尾铤骨镞、三翼折棱铁镞。
9. 铁马具流行棒状双孔马镳、双环马衔。
10. 流行装饰狼形格里芬、鹰形格里芬、鹿、虎等动物纹的马蹄形、“P”字形、长方形、“凹”孔透雕饰牌及带扣。</td><td rowspan="2">1. 最高规格的“甲”字形墓葬集中分布区域；
2. 以圆形石堆墓、方形石堆墓为主的中小型墓地集中分布区域；
3. 文化面貌统一，葬仪等级制度严格。</td></tr>
<tr><td>1. 陶器器类繁多；
2. 哑铃型、螺旋桨形马镳；
3. 带扣多样：凸字形；
4. 腰部佩戴饰环、角形饰、勺形饰。</td><td>1. 装饰牦牛题材的饰牌；
2. 狮形格里芬头龙纹带扣；
3. 旋涡纹陶器。</td><td>1. “甲”字形墓葬封堆北部有多道列石；
2. 偏室墓、东首葬、合葬墓；
3. 仿汉镜、完整铜镜。</td><td>不明</td><td>1. 小型多墓道墓葬；
2. 方形墓葬数量多。</td></tr>
</table>

续表 5－2

<table>
<tr><th rowspan="2">地域</th><th colspan="5">区内共性及差异</th><th rowspan="2">区间差异</th></tr>
<tr><th>北部</th><th>中部</th><th>西部</th><th>南部</th><th>东部</th></tr>
<tr><td rowspan="2">边疆区</td><td colspan="5">1. 流行圆形石堆墓;
2. 以中小型墓地为主;
3. 竖穴土坑、仰身直肢、北首葬,以石椁、木棺、木椁为葬具,墓室内放置动物牺牲,扰乱葬——葬仪、葬俗与中心区基本一致;
4. 武器、马具特征与中心区墓葬接近;
5. 陶器、木器、铜鍑、饰物等与中心区墓葬有程度不同的差异。</td><td rowspan="2">1. “甲”字形墓葬少见
2. 墓地级别低;
3. 地域文化特征突出。</td></tr>
<tr><td>1. 瓮棺葬;
2. 陶器、带扣类型多样;
3. 腰部佩戴饰环、角形饰、勺形饰;
4. 女性地位高。</td><td>无</td><td>1. 部分“甲”字形墓葬的从葬墓是屈肢葬;
2. 偏室墓、东首葬、合葬墓;
3. 人牲习俗流行。</td><td>不明</td><td>不明</td></tr>
<tr><td rowspan="2">互动区</td><td colspan="5">1. 不同程度地吸收了匈奴文化中武器、马具、饰牌、饰物等方面的文化因素;
2. 各区独立发展、文化面貌主体并未受到匈奴文化影响。</td><td rowspan="2">1. 文化面貌主体与匈奴不同;
2. 受部分匈奴文化因素影响。</td></tr>
<tr><td>屈射、坚昆、丁零诸部族</td><td>无</td><td>西域及河西走廊羌、氐诸部族</td><td>西戎、白狄诸部族</td><td>鲜卑、乌桓诸部族</td></tr>
<tr><td rowspan="2">域外汉地</td><td colspan="5">1. 受汉文化及地方文化不同程度的影响,残留部分匈奴文化特征;
2. 流行人物题材的透雕饰牌。</td><td rowspan="2">1. 具有比重不等的匈奴典型文化因素;
2. 受汉文化影响强烈。</td></tr>
<tr><td colspan="2">无</td><td>1. “曰”字形偏室墓;
2. 砖室墓;
3. 腰部佩戴饰环、角形饰、勺形饰。</td><td>1. 砖室画像石墓;
2. 大量佩戴玉器。</td><td>不明</td></tr>
</table>

6　匈奴葬仪的多种文化因素及社会等级制度研究

本书第3章探讨了以墓葬为代表的匈奴考古学文化的典型特征及其在各个时期流行、演化的情况。本章运用文化因素分析法讨论匈奴中心区及边疆区内各类墓葬在地面建筑、墓坑结构、葬具、特殊葬物等方面的渊源及其融合、发展的情况。在此基础之上尝试探讨匈奴葬仪所反映的社会等级制度的形成与发展过程。

6.1　匈奴葬仪起源研究存在的问题

匈奴起源问题一直伴随着匈奴研究的兴起与发展，是国际学术界长久不衰的热点话题。在第1章我们简要介绍了早期历史学家、语言学家在研究匈奴起源过程中作出的贡献。19世纪末20世纪初外贝加尔、蒙古高原的一批匈奴墓葬资料发现以后，考古学、体质人类学、遗传学逐渐成为这项研究的主要手段。随着考古学资料的丰富，这项研究在国际学术界已形成多支流派。多学科结合为探索匈奴起源提供了多种研究视角和线索，不断推进着这项研究向前发展。可以说，多数学者们都已意识到匈奴起源是十分复杂的问题，任何一个学科的证据、任何一个地区的新发现都无法充分诠释整个过程。在此，我们想结合新发现的资料，尝试对匈奴葬仪，尤其是匈奴葬仪等级制度形成问题作一些探讨。

从考古学资料出发探索匈奴葬仪起源最早的是前苏联学者。格林采维奇、科诺瓦洛夫、索斯诺夫斯基、捷普楼霍夫等人在“木椁墓”与“木棺墓”的讨论中逐步建立了外贝加尔、蒙古高原匈奴葬仪的发展序列。随后蒙古、中国、日本、法国、美国的一批学者相继参与进来，除了以上两个区域,还在中国北方、萨彦阿尔泰、中亚等地区追寻匈奴的遗迹。乌恩先生曾就此问题做过综述,我们按照他的分类,对目前研究中存在的相关问题进行简要说明。

6.1.1 石板墓文化起源说

蒙古学者道尔吉苏荣的《北匈奴》、俄罗斯学者诺芙格罗多娃的《古代蒙古》等著作,都认为早期匈奴文化的主体,包括陶器、生产工具和日用装饰品等与石板墓文化存在显著的亲缘关系。[1] 但这一观点难以解释石板墓文化墓多东首葬、石椁葬,而匈奴多北首葬、木椁、木棺葬的矛盾。

6.1.2 夏家店上层文化起源说

以俄罗斯学者米尼亚耶夫为代表,他在《论匈奴起源问题》、《论匈奴"早期"和"晚期"遗存问题》以及《德列斯图伊墓葬》报告中都指出,"普通墓葬"代表了匈奴墓葬结构的基本特征。而欧亚草原东部诸考古学文化中,唯有夏家店上层文化中流行的"仰身直肢葬"、"木棺"、"石椁"的习俗与匈奴葬仪的基本特征相符,由此他推断匈奴源于夏家店上层文化。[2] 乌恩先生则指出夏家店上层文化时代不晚于春秋,与匈奴见于史册、与考古学确认的西汉时期的匈奴遗存尚有数百年差距,不应把两者直接联系起来。[3] 从近年刚发表的《军都山——玉皇庙》报告来看,被称作"山戎"的夏家店上层文化多东首葬,而且还流行"凸"字形墓葬,这些特征与匈奴北首葬、长方形竖穴土坑的习俗不尽相同。

6.1.3 毛庆沟文化和桃红巴拉文化起源说

以内蒙古文物考古研究所的田广金、郭素新两位学者为代表。他们在《近年来内蒙古地区的匈奴考古》、《北方文化与匈奴文明》中,多

---

〔1〕Э. А. Новгородова, Древняя Монголия. – Москва, 1989.

〔2〕С. С. Миняев, Л. М. Сахаровская, К проблеме происхождения Сюнну // Информацио – нный бюллетень Выпуск 9. – Москва, 1985. – С. 75 – 77; С. С. Миняев, Л. М. Сахаровская, К проблеме《ранннч》и《поздних》памятников Сюнну//Древние памятники северной Азии и их охранные раскопки. – Новосибирск, 1988 – С. 40 – 51。

〔3〕乌恩:《匈奴文化的内涵、起源、发展及其文化联系》,第 345 页。

次阐释了鄂尔多斯地区自青铜时代以来独立发展起来的“毛庆沟文化”、“桃红巴拉文化”，即所谓“白狄”是匈奴文化的前身。[1] 匈奴的竖穴土坑墓、木棺、椁葬具、北首葬及殉牲的习俗、各种纹饰的饰牌等特征，均可在鄂尔多斯地区找到源头。但匈奴厚重的半剖木木椁、石椁葬具在鄂尔多斯地区并不流行。此说似乎也不能完全说明匈奴起源的问题。

6.1.4 阿尔泰起源说

以博罗斯马克女士为代表。她发现阿尔泰北部的西比尔克墓地也有以马、牛、羊殉牲、仰身直肢、头向西北的习俗，墓葬中出土的动物纹透雕饰牌、铠甲片等遗物都与匈奴的墓葬形制、随葬品接近。西比尔克墓地年代在公元前5—3世纪。博罗斯马克从而推断中亚的一批塞种人经由阿尔泰山进入蒙古西部，他们与中国长城沿线的诸部族构成了匈奴人群的主体。[2] 从博罗斯马克列举的证据来看，殉牲、石椁葬具等特征在蒙古石板墓文化、中国北方夏家店上层文化也有；阿尔泰地区在公元前8—3世纪普遍流行侧身屈肢的西首葬，西比尔克这类遗存在该地区十分少见，并不具备代表性；[3] 西比尔克墓葬出土的表现人物牵马的“P”字形饰牌在中心区匈奴墓葬中不见，其余的甲片、耳环等也不属于典型的匈奴文化因素。总之，这种观点的说服力不强。

6.1.5 匈奴文化多源说

代表人物是中国社会科学院考古所的乌恩先生和吉林大学边疆考古研究中心的林沄先生。乌恩先生在《论匈奴考古学研究的几个问

---

[1]田广金，郭素新：《近年来内蒙古地区的匈奴考古》，载《北方考古论文集》，北京：科学出版社，2004年，第256－273页，原载《考古学报》1983年2期，第7－24页；田广金，郭素新：《匈奴墓葬的类型和年代》，《北方考古论文集》，北京：科学出版社，2004年，第244－255页，原载《内蒙古文物考古》第2期，1982年，第8－17页；田广金，郭素新：《北方文化与匈奴文明》，南京：凤凰出版社，2005年。

[2]Н. В. Полосьмак, Некоторые аналоги погребениям в могилнике у деревни Даодунцыи проблема происхождения сюннуской культуры // Китай в эпоху древности. – Новосибирск, 1990.

[3]马健：《公元前8—3世纪的萨颜—阿尔泰——早期铁器时代欧亚东部草原文化交流》，第38－84页。

题》、《匈奴文化的内涵、起源、发展及其文化联系》中先后多次谈到，春秋战国时期长城沿线的杨郎、毛庆沟、桃红巴拉诸文化以及蒙古高原、外贝加尔地区的石板墓文化的成员一起，共同形成了匈奴文化。[1] 林沄先生则结合考古发现与文献，将长城沿线诸考古学文化自东向西分为6个区域，认为这些区域对应汉文献记载或未记载的各支“戎”、“狄”部落，他们都有可能参与了匈奴文化的创造。匈奴文化面貌在后期发展中虽然趋于一致，但不同“戎”、“狄”部族的文化特征仍可能从匈奴文化中甄别出来。[2]

上述五类观点中，前四种“单元说”过分地强调了某个地区考古学文化对匈奴起源的重要作用，但又无法合理解释匈奴考古学文化中的其他因素。因而显得比较单薄，似不可取。最后一种“匈奴文化多源说”比较全面地考虑了匈奴文化构成的复杂性，较为科学，同时也符合史实。

以往的研究主要建立在外贝加尔、中国北方地区等地的中小型墓葬资料以及蒙古国境内零星的大型、中小型墓葬资料基础之上。21世纪以前，受技术条件、研究方法所限，蒙古国内的匈奴墓葬经大规模揭露的很少，报告记录的信息相对也比较少。21世纪以后，法国、美国、韩国等国与蒙古合作，进行了科学、系统地调查，发掘了大批匈奴墓葬，既有布尔汗·托勒郭依、胡德金·托勒郭依这样的中小型墓地，也包括高勒·毛德、塔希特、德尔利格这类含有“甲”字形墓葬的高等级墓地。蒙古国考古资料的丰富为我们探索、了解匈奴葬仪起源带来了新的契机。我们从地面建筑、墓坑结构、葬式葬俗、葬具、特殊葬物等最能反映葬仪特征的几个方面入手，尝试分析匈奴葬仪在起源、发展过程中对周边诸多文化因素的吸纳、融合的情况。进而探讨了在这一历史及文化的背景下，匈奴葬仪等级制度形成与发展的过程。以下讨论仅以匈奴中心区及边疆区墓葬为主。

---

〔1〕乌恩：《论匈奴考古研究中的几个问题》，409－437页；《匈奴文化的内涵、起源、发展及其文化联系》，第290－363页。

〔2〕林沄：《关于中国的对匈奴族源的考古学研究》，第368－386页。

6.2 匈奴葬仪融合的多种文化因素

6.2.1 “甲”字形墓葬

6.2.1.1 汉文化因素

埋葬匈奴高级贵族的“甲”字形墓葬在墓坑结构、墓道、木棺制作工艺、木棺装饰、棺椁防水处理技术、特殊葬物等多个方面都吸收了汉文化的因素。

(1)墓坑及墓道

①墓坑。匈奴“甲”字形墓葬的墓坑均为方形或长方形的竖穴土坑。墓坑口大底小,呈斗形。规模较大的墓坑四壁自上而下有逐级缩小的台阶,例如查拉姆 M7、苏珠克图 M6、M24 等。这类特点与战国秦汉时期汉地的大中型墓葬墓坑结构特点非常接近,而在周缘其他地区均找不到来源。

②墓道。“甲”字形墓葬墓坑南侧都有一条斜坡墓道。规模大者在墓道上方的地表上还堆筑南高北地的坡道,规模小者仅在地表以石块围砌出墓道及墓坑的轮廓。坡道及石块围砌出的“甲”字形石框,显然是标识墓道的位置。匈奴中心东区的德尔利格墓地、包尔布拉格墓地都发现封堆边缘连接多条坡道或长方形石框的墓葬。它们的封堆边长都在 20 米以下,规模都比较小,与墓地中的“甲”字形墓葬级别悬殊。由于这类墓葬尚未发掘,我们还不知道它们的坡道、石框下面是否真的有墓道,还是只用来表达某种象征意义。“甲”字形墓葬规模大的墓道平面呈梯形,墓道侧壁自上而下也有逐级缩小的台阶,例如查拉姆 M7,规模小的墓道平面呈长方形。采用斜坡墓道及墓道侧壁设台阶的形制在汉地有着古老的传统,可追溯到青铜时代。匈奴墓坑的这一特点,显然是模仿了汉式墓葬的墓坑结构特点。

可与匈奴“甲”字形墓葬相参照的有西汉时期诸侯王、列侯及其夫人的墓葬。西汉的“甲”字形诸侯王及夫人墓典型的有:西汉前期河北石家庄赵王张耳墓、湖南长沙象鼻嘴长沙王吴著(或刘发)墓,西汉中期河北定县八角廊中山怀王刘修墓,西汉后期北京广阳倾王刘建及其夫人墓。〔1〕但这些诸侯王墓的墓室都有门道，多采用“黄肠题凑”，有的墓室分为多个小室，这些特点是匈奴贵族”甲”字形墓葬所不具备的(图6－1)。

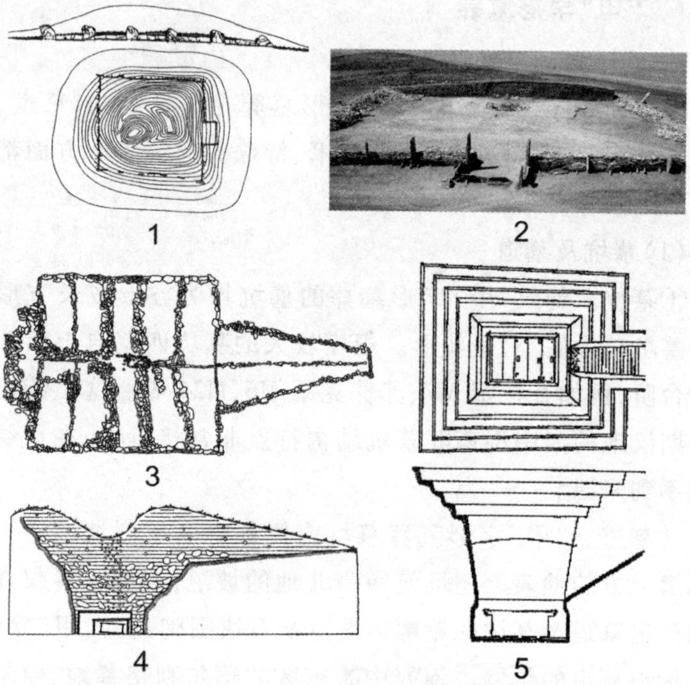

图6－1　匈奴“甲”字形墓葬形制来源示意图

1.塔加尔文化二期坟冢石围墙；2.乌尤克文化阿迪·拜勒类型坟冢石围墙；3.伊里莫瓦 M54；4.苏珠克图 M24；5.马王堆 M1 平剖面

③“悬封”。从西汉列侯墓葬来看，湖南长沙马王堆一号墓、西安新安机砖厂汉墓都是西汉前期的“甲”字形列侯墓葬，〔2〕墓口尺寸、墓道长度与匈奴“甲”字形墓葬接近。但是，汉地的“甲”字形列侯墓葬在形制上分为两种。两者的差异主要体现在墓道与墓室连接位置、是否

〔1〕河北省文物研究所：《河北定县 40 号汉墓发掘简报》，载《文物》1981 年 8 期，第 1－10 页；湖南省博物馆：《长沙象鼻嘴一号西汉墓》，载《考古学报》1981 年 1 期，第 111－130 页；石家庄市图书馆文物考古小组：《河北石家庄市北郊西汉墓发掘简报》，载《考古》1980 年 1 期，第 52－55 页；中国社会科学院考古研究所：《北京大葆台汉墓》，北京：文物出版社，1989 年。

〔2〕湖南省博物馆，中国社会科学院考古研究所：《长沙马王堆一号汉墓》，北京：文物出版社，1973 年。

有墓门。马王堆一号墓的墓道连接墓室的一端高出墓室底部数米，没有墓道、墓门。这表明下葬方式是从墓口上部悬吊下棺，也就是所谓的“悬封”。[1] 而新安机砖厂汉墓墓道与墓室连接处与墓室底部平齐，木棺是顺着墓道横向送入墓室的。以往中国学者欧燕、黄晓芬、日本学者町西章、西村俊范等人都曾以“竖穴式墓”、“横穴式墓”来区分西汉中期墓葬形制的变革。[2] 最近赵化成先生将这两类墓葬与“周制”、“汉制”联系起来，清晰地阐明了葬制变革背后所反映的社会制度、观念变化等深层问题。[3] 埋葬匈奴贵族的“甲”字形墓葬，墓道陡峭、墓道连接墓室的一端均高出墓室底部数米，与外层椁室上部大致平齐。已发掘的呼尼河高勒·毛德I号墓地M1、苏珠克图M1、M6、M20、M25、德尔利格M2、伊里莫瓦M54、查拉姆M7都是如此。而塔希特的THL-64，墓道连接墓坑处距墓口仅两米，距7米深的墓室相差5米。墓道显然不是用于横穴式送棺进入墓室，而只是象征墓主人身份、等级的标志。其余THL-83、THL-84两座墓葬也是如此。

汉地高级贵族墓葬在西汉中期向“横穴式墓”发展、西汉晚期至东汉逐渐流行砖室墓，而匈奴高级贵族墓葬并没有随着汉墓的演化轨迹而变化。东汉前期呼尼河高勒·毛德I号墓地的M20，墓道平缓，墓道与墓坑连接处与墓室内外椁顶平齐，或许体现了向“横穴式”墓发展的趋势，但仍未摆脱“竖穴式”周制的特征。

总之，汉地竖穴式的墓葬形制在西汉后期被匈奴贵族所吸纳，并一直沿用至东汉而鲜有变化。匈奴的“甲”字形墓葬的规格与汉地列侯或个别诸侯王墓葬相当。

(2)木棺制作工艺及装饰

①木棺制作工艺。匈奴“甲”字形墓葬的木棺制作工艺复杂，以苏

[1]《礼记·檀弓上》：“县棺而封。”《后汉书·周磐传》：“若命终之日，桐棺足以周身，外椁足以周棺，敛形悬封，濯衣幅巾。”李贤注：“悬封，谓直下棺，不为埏道也。”

[2]这一概念最早由町西章提出，此后欧燕提出“竖穴墓”、“洞室墓”，黄晓芬女士提出“椁墓”、“室墓”等不同命名方式。

[3]赵化成：《从商周“集中公墓制”到秦汉“独立陵园制”的演化轨迹》，载《汉唐陵墓制度研究》，待刊；赵化成：《从“周制”到“汉制”——先秦两汉墓制的变革与发展》，载《汉唐陵墓制度研究》，待刊。

珠克图墓地保存状况较好的木棺来看，它们一般选用优质松木板拼合而成。侧板、挡板、底板及盖板一般由2~3块木板拼合而成，接缝处以搭边“细腰榫”榫合，有的在细腰榫之间另加长条形铁箍加固，铁箍两端用铁铆钉钉在棺板上。侧板与挡板之间以“透榫”榫合，侧板、挡板与底板、盖板之间以“穿榫”榫合。有的在侧板与底板、盖板接缝处也加钉直角形铁箍，木棺侧板多超出挡板，平面呈“舟”字形。

木棺的这套制作工艺在汉代以前的汉地有完整的发展序列，类似的木棺在春秋战国时期中国北方地区的山戎部落中流行，在白狄系部落中亦曾出现过一些。比如军都山玉皇庙墓地、毛庆沟墓地M23、M25。羌戎系沙井文化、庆阳、固原的西戎墓地中多不用木棺。夏家店上层山戎文化不晚于春秋，因此我们更倾向于认为西汉早期漠北的中小型匈奴墓就使用这种木棺的木棺形制及其制作工艺，源自汉地及与汉地有着频繁文化交流的鄂尔多斯白狄系部落。

②木棺的装饰。木棺表面多有髹漆、棺外流行裹覆丝织品、装饰四瓣花形、条形饰件。

③髹漆。木棺髹漆是汉地墓葬流行的做法，如苏珠克图24号墓。木棺表面一般有彩色髹漆，例如苏珠克图1号墓棺底板残余有凤鸟纹漆皮，显然出自汉工匠之手。一般认为漠北环境不适合漆树生长，因此漆应是从汉地进口的。

④棺束。保存较好的苏珠克图6号墓木棺上包裹了一层半透明的薄纱，由紫色、棕色、砖红色、灰绿色长方形纱块缝合而成。在棺外裹覆丝绸是先秦两汉时期汉地葬仪的重要内容之一。汉地称直接裹覆于棺面的丝织品为“褚”或“幄帐”，“褚”之上是“帷荒”。[1] 另外匈奴贵族棺内也发现大幅丝织物，这些物品可能也具有汉地“绞衾”的性质。

⑤“杂金簪”。匈奴贵族墓葬木棺外流行钉四瓣花形、条形饰件组成的菱格网状棺饰，例如苏珠克图20号墓、高勒·毛德Ⅰ号墓地M20、

---

〔1〕《礼记·丧大记》载：“饰棺，君龙帷，三池，……素锦褚，加帷荒……”郑玄注：“大夫以上有褚，以衬覆棺，乃加帷荒于其上。”贾公彦疏：“云素锦褚，谓幄帐，诸侯以素锦为幄帐，以覆棺上……既覆棺以褚，乃加帷加荒于其上。”高崇文先生结合考古资料对先秦两汉丧葬制度进行过详细论述（高崇文：《试论先秦两汉丧葬礼俗的演变》，载《考古学报》2006年4期，第447－472页）。

M1、塔希特 THL－64、伊里莫瓦 M54。这些棺饰多为铁制，外包金箔，用铁钉钉在棺面。其中高勒·毛德 I 号墓地 M20 的棺饰十分奢华，金箔表面镶满绿松石。苏珠克图 6 号墓也出土木制四瓣花形棺饰，表面镂刻出花形纹样。这种棺饰的形制与装饰技法在汉地十分流行，例如西汉前期江苏陈墩泗水国王亲属夫人的 M1，木棺上就钉有多个鎏金柿蒂形棺饰。[1] 匈奴棺饰虽然效仿汉棺饰，但形制及制作技法略有不同：匈奴的四瓣花棺饰形制与汉地流行的采用柿蒂形棺饰类似，但在造型上存在一定差异；匈奴四瓣花形棺饰有铁制包金箔、木制等多种，中间留孔穿以铁钉，汉柿蒂形棺饰则以铜制鎏金者居多，底部的钉是焊在饰泡底部的。《礼记·丧大记》载："君，椁棺用朱、绿，用杂金鐕。大夫，裹棺用玄、绿，用牛骨鐕。"关于"鐕"，郑玄注曰："鐕，所以琢著裹。"孔颖达注："鐕，钉也。旧说云：'用金钉，又用象牙钉，杂之以琢朱、绿著棺也。'"[2] 据俞伟超先生的研究，这类棺饰就是文献所称的"杂金鐕"。[3]

⑥象征"日、月"的棺饰。塔希特墓地 THL－64、THL－83 木棺上除了钉有铁制四瓣花形、条形饰件组成的菱格网状棺饰以外，还在棺窄端钉有月牙形、圆形金饰片。[4] 这类棺饰在高勒·毛德 I 号墓地、布尔汗·托勒郭依墓地、伊里莫瓦墓地的"甲"字形墓葬及中小型墓葬中都有发现。道尔吉苏荣最早提出，这类棺饰分别象征"月亮与太阳"。[5] 此后学者多从之，认为这与《汉书·匈奴传》中"单于朝出营，

---

[1] 江苏泗阳三庄联合考古队：《江苏泗阳陈墩汉墓》，载《文物》2007 年 7 期，第 39－60 页。

[2]《礼记集解》卷 44《丧大记》。

[3] 俞伟超：《汉代诸侯王与列侯墓葬的形制分析》，收入《先秦两汉考古学论集》，北京：文物出版社，1985 年，第 117－124 页。

[4] 月牙形、圆形饰件在额吉河、外贝加尔伊里莫瓦谷地都有发现，有学者认它们分别象征"月亮与太阳"，与《汉书·匈奴传》中"单于朝出营，拜日之始生，夕拜月。"的记载相合，反映出匈奴人对日、月的崇拜（B. K. Miller, etc. "Xiongnu Elite Tomb Complexes in the Mongolian Altai", p30）。

[5] Ц. Доржсүрэн, Ц. Доржсурэн Археологийн Судолгаа Эрдэм Шинжилгээний Бүтээлийн Эмхтгэл, Монгол Улс Шинжлэх Ухааны Академи Археологийн Хурээлэн, Улаан－баатар, 2003, －С. 168－280.

拜日之始生,夕拜月”的记载相合,反映出匈奴人对日、月的崇拜。[1]我们认为,匈奴在棺面装饰日、月的习俗更可能是在改造汉地葬仪的基础上发展出来的。据以往的发现与研究,至少从西汉早期开始,汉地贵族墓葬就流行在棺面的髹漆彩绘或棺上的旌旗帛画上绘制太阳、新月及象征日、月的金乌、蟾蜍,表现日月同辉、引魂升仙的思想,比如马王堆1号、3号墓,山东临沂金雀山9号墓。这种葬仪在汉地及汉文化波及的地域内流传很广、延续时间很长。2003年楼兰LE城东北4公里抢救发掘的一座魏晋墓葬内出土一口漆绘彩棺,两端分别绘金乌、蟾蜍,象征日月。[2]以圆形、月牙形金属饰片表现日月的升天思想,很可能与匈奴木棺制作工艺、棺束、“杂金簪”的棺饰一样,都是汉工匠设计、制作的。当然,死后升天的思想与《匈奴传》记载匈奴生人的日月崇拜也可能存在间接的联系(图6-2)。

(3)棺椁的防水处理技术

①白膏泥与木炭。匈奴贵族的“甲”字形墓葬墓坑内除了建筑石墙、木构架来加固墓坑以外,还在墓坑内填充多层石、土、原木、芦苇等。其中呼尼河高勒·毛德I号墓地M1、M20在木棺外均填充白膏泥,外贝加尔查拉姆M7在墓坑内填充木炭。这些吸湿防潮的技术在先秦时期已为汉地大中型墓葬广泛采用,西汉时期仍是如此。前述西汉前期湖南长沙象鼻嘴长沙王墓在竖穴岩坑就铺一层白膏泥;马王堆一号墓的木椁是用一万多斤的木炭包裹起来的,木炭外侧也有一层白膏泥。显然,这项技术是随着竖穴式、单墓道的“甲”字形木椁墓一起,作为整套葬仪由汉工匠引入匈奴的。

(4)棺椁等级制度

埋葬匈奴高级贵族的“甲”字形墓葬的墓室内都置2重木椁1重木棺或1椁1棺,并在棺椁之间形成的回廊内放置随葬品,这与汉墓棺椁特征十分接近。最早从棺椁考察死者身份的是马长寿先生,他引《礼记·丧大记》:“国君大棺八寸、属六寸、椑四寸。”郑玄注:“大棺最

[1]B. K. Miller, etc. “Xiongnu Elite Tomb Complexes in the Mongolian Altai”, p30.

[2]祁小山,王博:《丝绸之路·新疆古代文化》,第32页,图2、3。

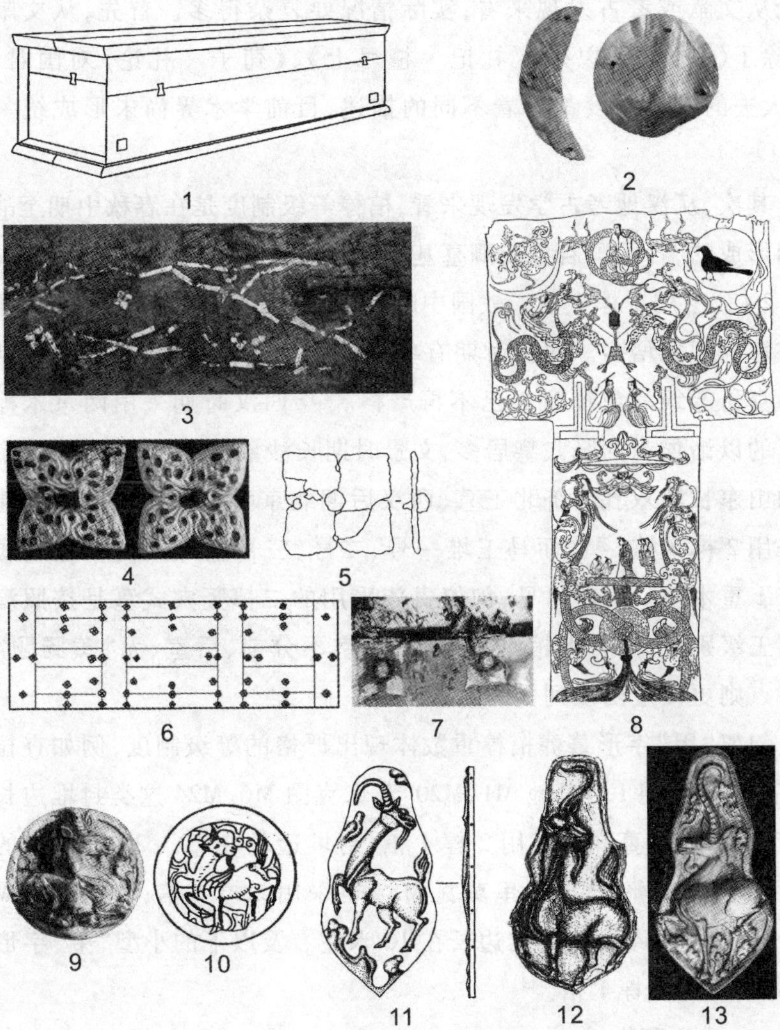

图 6 - 2　匈奴与汉棺饰及马身饰牌比较示意图

1. 苏珠克图 M24;2. 塔希特 THL - 64;3. 德尔利格 M2;4、9、13. 高勒 · 毛德 I 号墓地 M20;5. 高勒 · 毛德 I 号墓地 M74;6 ~ 7. 江苏陈墩 M1;8. 马王堆 M1;10. 长安武库;11. 林西普驮铜鼓墓;12. 苏珠克图 M20

在外,属在大棺内,椑又在属内,是国君三重也。”认为诺彦山苏珠克图 6 号墓采用了国君一级的葬具,里面埋葬的应是匈奴单于。[1] 但目前

〔1〕马长寿:《北狄与匈奴》,第 67 页。

无论从文献或考古发现来看,实际情况要复杂得多。首先,从文献出发,除了《丧大记》以外,《礼记·檀弓上》、《荀子·礼论》对国君、诸侯、大夫的棺椁制度都有着不同的描述,目前学术界尚未形成统一认识。[1]

其次,从汉地考古学发现来看,棺椁等级制度是在春秋中期至战国早期形成的,各国国君墓或卿墓基本采用2椁2棺或1椁3棺;大夫用1椁2棺,士用1椁1棺。战国中晚期以后礼崩乐坏,棺椁制度遭僭越与破坏的现象增多。西汉时期有些地区仍承袭先秦旧制,但棺椁制度作为身份等级的象征意义已不再严格。[2] 西汉时期采用两重木椁为葬具的以诸侯王的竖穴墓居多,文景时期长沙象鼻嘴长沙王墓、武帝时期的山东长清双乳山济北王墓,西汉后期北京大葆台广阳倾王刘建墓都采用2椁3棺。[3] 而马王堆一号、二号、三号墓等列侯级竖穴式墓只有1重木椁。由此可见,匈奴贵族采用的二椁竖穴式墓是按照汉代诸侯王级别设计的,但棺木重数少、墓室不分前、后室、无"黄肠题凑"的特点则更接近西汉列侯的墓葬。

匈奴"甲"字形墓葬棺椁重数体现出严格的等级制度,例如查拉姆M7、高勒·毛德Ⅰ号墓地M1、M20、苏珠克图M6、M24这类封堆边长超过20米的大型墓葬都采用2椁1棺;封堆边长在10~20米之间的中型"甲"字形墓葬,比如伊里莫瓦M54也采用2椁1棺;德尔利格M2、塔希特THL-64这样封堆边长在10米左右及以下的小型"甲"字形墓葬,葬具仅为1椁1棺。

(5)特殊葬物

---

[1]《礼记·檀弓上》载:"天子之棺四重。"郑玄注:"诸公三重,诸侯再重,大夫一重,士不重";《荀子·礼论》载:"天子棺椁七重,诸侯五重,大夫三重,士再重。"据此,高崇文先生认为:天子用二椁五棺,诸侯用一椁四棺或三棺,大夫用一椁二棺,士用一椁一棺(高崇文:《试论先秦两汉丧葬礼俗的演变》,第453页)。赵化成先生则认为:天子三椁四棺,诸侯二椁三棺,大夫一椁二棺,士一椁一棺(赵化成:《周代棺椁多重制度研究》,载《国学研究》第五卷,北京:北京大学出版社,1998年4月第1版,第27-74页)。

[2]赵化成,前揭文,第27-74页;高崇文,前揭文,第455页。

[3]山东大学考古系,山东省文物局,长清县文化局:《山东长清县双乳山一号汉墓发掘简报》,载《考古》1997年3期,第1-9页。

①汉式车马器。“甲”字形匈奴墓葬中流行随葬汉式车马器，详见下章分析。

②葬玉。受汉文化影响，匈奴高级贵族墓葬中流行葬玉。除了觿、璜等人身佩玉以外，还有玉璧等丧葬用玉。比如苏珠克图 1 号墓棺西侧出土 1 件素面玉璧，德尔利格 M2 也出土过 1 件装饰玉地纹的青绿色玉璧。另外苏珠克图 M20 还出土过卵黄色的玉刀、玉剑（或玉圭?）残片。据《汉书·匈奴传》记载甘露三年（公元前 51 年）呼韩邪单于来朝时，宣帝曾颁赐他“玉具剑、佩刀……”匈奴贵族葬仪用玉的习俗，显然受到了汉文化的影响。另外，德尔利格 M2、苏珠克图 1 号墓都出土过有穿孔玉片，形状有方形、梯形及圆形。这些玉片与满城汉墓诸侯王所着玉衣甲片形制接近，由于匈奴大墓多遭盗掘，无法判断这些玉片的准确位置及数量，我们怀疑匈奴贵族或许也仿汉俗有玉衣制度。

③麒麟。“甲”字形匈奴高级贵族墓葬中，多随葬一些装饰特殊题材、纹样的马具及饰物，其中以叶形和圆形的马身饰牌最为多见。这类饰牌多为银质，其题材因时代、地域而不同。西汉后期的查拉姆 M7 出土的饰牌，表现奔跑及伫立的北山羊；王莽时期的苏珠克图 6 号墓出土饰牌表现牦牛及雄鹿形象。差不多同时期的苏珠克图 20 号墓出土饰牌表现山羊首、长一只或两只角，颈、腿细长，躯体似鹿的神话动物形象。东汉前期的高勒·毛德 I 号墓地 M20 则出土长有一只山羊角、马头、鹿身、带翼的神话动物形象。我们认为，这种动物就是汉典籍中的“麒麟”。

孙机先生曾结合文献及考古资料对这类神话动物题材在汉地产生、流行的情况进行过详细梳理。文献中的麒麟，是一种独角、马身或鹿身的神话动物。其图像资料在汉代画像石、铜镜、饰牌上十分流行。[1]

孙机先生列举的资料中，有两例在形状、图案上与匈奴的麒麟饰牌最为接近。一例是广西西林县普合大队普驮粮站西汉早期墓葬出土的 5 件叶形鎏金铜饰牌。这几件饰牌与马具同出，体积小，应是马勒上的

[1] 孙机：《几种汉代的图安纹饰》，载《文物》1982 年 3 期，第 63－69 页。

饰件而不是当卢。[1] 普驮粮站这件麒麟饰牌的造型及其姿态与苏珠克图20号墓出土的麒麟十分接近;另一例是汉长安武库第七遗址出土的一件圆形玉雕饰牌,阴刻一只独角、山羊首、带翼的麒麟。据发掘者推测武库废止于王莽时期,由此可知这件饰牌的年代在西汉晚期以前。[2] 这两批饰牌除了麒麟的姿态、身体细部的描绘以外,就连麒麟背后的山川、云雾等构图方式也与王莽时期以后漠北匈奴墓葬流行的麒麟饰牌非常接近。这种汉式的麒麟纹样及叶形饰牌的造型在早先的漠北草原不见,应该是在西汉后期引入匈奴,专用于装饰匈奴贵族宝马的。

麒麟在汉地属五灵之一,但在神兽谱中的地位并不属于最高一级,为什么匈奴偏选取这类题材作为高级贵族的马身装饰?李零先生的研究为我们提供了重要的线索。他发现鲁哀公十四年(公元前481年)"西狩获麟",汉武帝在公元前122年西祠五畤猎获"白麟"作麒麟阁这两个重要的历史事件促使鹿、羊一类动物逐渐被神化为麒麟,列为汉地尊崇的神兽。他还认为武帝获"白麟""当时是作为汉征四夷、武功全盛的象征,特别是与他对匈奴的征服有关。"[3]

麒麟形象在汉地流行可能与武帝建麒麟阁这一事件有很大关系。麒麟形象引入匈奴可能在宣帝前后。宣帝时,曾令人把霍光等十一功臣像绘于麒麟阁,这里逐渐变为表彰功臣卓越功勋的地方。甘露三年(公元前51年),呼韩邪单于来长安朝汉称臣,宣帝赐予他玺绶、冠带、衣裳、刀剑、安车、黄金、锦绣、缯絮等大批财物,并"思股肱之美,迺图画其人于麒麟阁"。[4] 颜师古注引张晏曰:"武帝获麒麟时作此阁,图画其像於阁,遂以为名。"可见,麒麟阁中画有麒麟。把呼韩邪头像绘于麒麟阁,赐予他这样高规格的荣誉,既是嘉奖也是勉励。汉宣帝对呼

---

[1]广西壮族自治区文物工作队:《广西西林县普驮铜鼓墓葬》,载《文物》1978年9期,第45页,图三。

[2]中国社会科学院考古研究所:《汉长安城武库遗址发掘的初步收获》,载《考古》1978年4期,第265页,图六。

[3]李零:《入山与出塞》,第99–100页。

[4]《汉书》卷54《苏武传》。

韩邪高规格的礼遇后来收到了很好的效果。元帝永兴元年(公元前43年)呼韩邪北归前,“刑白马”、“以径路刀金留犁挠酒,以老上单于所破月氏王头为饮器者”,与韩昌、张猛“共饮血盟”,“世世毋得相诈相攻”。遂迎来此后40余年汉边陲长无兵事的局面。

漠北匈奴墓葬出土的麒麟饰牌始于西汉后期,图案、造型、风格与汉饰牌图案十分接近,很可能产于汉地。同时这些饰牌多用于装饰马身,且仅见于匈奴高级贵族墓葬。我们推测,麒麟题材传入匈奴可能与西汉后期汉王朝多次馈赠匈奴单于车马的事件有关。

至于匈奴贵族是否真正明白麒麟的含义,这很难说。因为麒麟所融合的鹿的形体至少从青铜时代以来就被欧亚草原东部诸部落视为神物,倍加崇拜。从铜石并用时代的奥库涅夫文化到青铜时代晚期的鹿石文化,再到早期铁器时代的欧亚草原武器、马具、饰件,都流行装饰鹿。安纬先生认为匈奴马具的麒麟具有引导墓主人灵魂通往冥界的作用,有一定道理。[1] 但我们更倾向于认为,匈奴并不真正明白汉地赋予麒麟的含义,他们是在西汉中、后期接触到了汉地流行的麒麟造型,以为汉地崇尚麒麟与他们崇尚神鹿的含义相通,因而把麒麟作为一种异域奇兽引入了自己的装饰题材。

综上,匈奴墓地西汉后期出现的“甲”字形墓葬在墓坑结构、木棺制作及装饰技法、棺椁防水技术、棺椁等级制度、丧葬用玉等方面都受到了汉文化的影响。这应与西汉中期以后汉匈关系缓和、文化交流增进的历史背景有直接关系。这些特征在形成之后一致沿用到东汉时期,而并未随汉地西汉晚期至东汉时期葬仪的变化而变化。麒麟题材也是在西汉后期从汉地引入匈奴,专用于装饰匈奴贵族的马具。

6.2.1.2 阿尔泰山北麓及叶尼塞河中、上游地区的文化因素

(1)封堆形制

以前许多学者认为“甲”字形墓葬的地表建筑与石板墓、或蒙古西北流行的“赫列克苏尔”祭祀性遗址有关。[2] 但是石板墓规模小、墓坑

---

〔1〕安纬,奚芷芳:《蒙古匈奴贵族墓地初步研究》,第86-87页。

〔2〕安纬,奚芷芳:《蒙古匈奴贵族墓地初步研究》,第72页。

也很浅,与"甲"字形匈奴贵种墓不可同日而语;同时"赫列克苏尔"是祭祀性遗址,与墓葬性质不同。[1] 这样用不同量级、不同性质的遗迹相互比较的方法似乎都不能直接说明"甲"字形墓葬的渊源。

我们发现具有同等规模、方形封堆四边砌石围墙、石围墙上及四角立石的建筑形式可以在米努辛斯克盆地的塔加尔文化、西萨彦岭乌尤克文化中找到源头。塔加尔文化(公元前7—1世纪)分早晚四期,发展序列清楚,其早期源自青铜时代晚期的卡拉苏克文化(公元前15—8世纪),卡拉苏克文化墓葬地表有彼此相连呈网格状的方形石板框,每个石板框内有竖穴土坑、以石椁为葬具、流行单人葬。进入塔加尔第一期文化(公元前7—6世纪),墓葬封堆高4米、封堆周围起建石围墙,石围墙内以及四角竖4~8块立石,围墙内中心有1~2个墓坑,分别埋葬1~2人。从塔加尔二期文化(公元前6—5世纪)开始,石围墙规模增大,一般面积达在200~300平方米,规模最大的(Bolshoi Salbykskii)坟冢,封堆边长大70米,高度据估算最高可达11米。石围墙四角及每边间隔的立石有20根,每根高3~6米。石围墙中心墓坑的墓室采用大型木椁,内合葬7人,随葬品数量大、奢华。周围墓坑的墓室内或用石椁,或无葬具,随葬品数量少、朴素。[2] 乌尤克文化(公元前8—3世纪)分早晚三期,其第二期也称阿迪·拜勒类型(公元前7—6世纪),也开始流行方形石围墙、石围墙上及四角竖多根立石、石围墙内也以中心墓坑为中心葬多人的葬俗。近年来德国考古研究所与俄罗斯科学院南西伯利亚分院在图瓦地区新发掘的巴尔苏其·罗格(Барсучий Лог)

---

[1]"赫列克苏尔"主要分布于蒙古西北部至阿尔泰山之间地区,沿用时间从青铜时代一直到11世纪。地表有方形或圆形的石围墙,有的方形石围墙四角立石。围墙中央有圆形积石堆。一般认为赫列克苏尔是追悼死者的祭祀建筑(冯恩学:《俄国东西伯利亚与远东考古》,第374-350页)。

[2]N. A. Bokovenko, "The Tagar Culture in the Minusinsk Basin", *Normads of the Eurasian Steppes in the Early Iron Age*, Berkeley, CA: Zinet Press, 1995, pp. 297-314.

谷地1号坟冢，除石围墙、立石外，封堆南侧还有开有一个门道。[1] 上一章我们提到塔加尔与阿迪·拜勒类型相似的地面建筑及封堆内的墓葬布局表明，叶尼塞河中游丁零人向叶尼塞河上游坚昆部族中的渗透。两者在西汉前期匈奴北伐西征后都曾被纳入匈奴部落联盟，受匈奴统治。匈奴贵种的"甲"字形墓葬，最有可能模仿了塔加尔文化或阿迪·拜勒类型的地面建筑形式。

当然，赫列克苏尔与方形高大的坟冢都具有供部族成员瞻仰、纪念的性质，两者在这个意义上是相通的。

结合年代及墓葬分布，我们发现"甲"字形墓葬是西汉后期的匈奴中心区形成的，以伊里莫瓦 M54、查拉姆 M7、德尔利格 M2 为代表。它在王莽至东汉前期已十分流行，不仅大量出现在中心区内的诺彦山、鄂嫩河、呼尼河等地，还推广至边疆区西部，比如塔希特墓地、白达格 II 号墓地。

总之，匈奴封堆的形制应主要借鉴了叶尼塞河中、上游的坚昆、丁零墓葬的地表建筑特征。

(2)木椁制作技术及装饰

"甲"字形墓葬和一些圆形、方形石堆的中小型墓葬所采用的木椁，都用半剖的松木原木和厚木板搭建而成。只在侧板与挡板以燕尾套榫或透榫扣合，而组成侧板及挡板的半剖木之间无榫卯。匈奴木椁的样式类似原木搭建的木屋。这种木椁的制作工艺及形制与汉地木椁不同，像战国曾侯乙墓、西汉马王堆 M1 的木椁都用长条方木垒成，侧板、挡板间用沟槽暗榫、套榫扣合，组成盖板、侧板、底板的方木之间以搭边榫等方式扣接。汉地木椁的制作较匈奴木椁精密的多。这种用半剖原木及厚木板搭建的木屋式的木椁，在早期铁器时代的萨彦—阿尔泰地区的乌尤克文化、巴泽雷克文化以及塔加尔文化中的大中型墓葬

[1] В. И. Молодин, Исследования Российско – Германско – Монгольской Зкспедиции на Северо – Западе Монголии летом 2006 г. // Российская Археология 2007, No. 4. – РАН, Москва. – С. 42 – 50.; Б. Г. Парцингер, Новые исследования погребений знати скифского времени в Южной Сибири // Российская Археология 2007, No. 4. – РАН, Москва. – С. 23 – 31.

中十分流行。匈奴的大中型墓葬的木椁样式及制作技法当主要源于这些地区。

"甲"字形石堆墓在木椁底板、侧壁铺、挂毛毯的习俗也与巴泽雷克文化接近。诺彦乌拉6号墓出土毛毯表现的鹰形格里芬搏麋鹿的题材,以及毛毯上用多块不同颜色的毛布块以贴花技术缝制的方法在巴泽雷克文化中十分流行。[1] 除了木椁装饰毛毯的习俗、毛毯制作技术、装饰纹样以外,匈奴的马鞍以及一些马镳的形制、制作技法也继承了巴泽雷克文化的部分文化因素(图6-3)。

6.2.1.3 其他文化因素

(1)权杖。匈奴"甲"字形墓葬中常随葬铅、铁、铜等合金制作的杖。一般一座墓葬只出1件。呼尼河高勒·毛德I号墓地M1、M20、M79,诺彦山苏珠克图M24、M25以及鄂嫩河德尔利格M2中各发现1件。长度在半米以内,通体呈圆柱形,两头略粗,重的可达4公斤。其中高勒·毛德I号墓地M1、M20以及德尔利格M2出土的杖表面还有鎏金。这种杖质地坚硬并且沉重,原先可能用作武器。匈奴贵族使用的这种制作精致的杖应该主要象征持有者的权力与身份,也就是权杖。据李水城先生对欧亚大陆权杖头的研究,这类物品在古埃及、近东、小亚、黑海、里海等地的出现时代很早,约在距今5500年或更早,此后在距今5000年左右传播到了中国西北地区。[2] 可见权杖的出现时代很早,流行地域主要在欧亚大陆西部至中国西北部。早期铁器时代,杖既是武器,也用作权杖。巴比伦出土的1件大流士二世二年(公元前422年)的文书中列举了一个骑兵的装备:"一匹配备马具的马、一顶头盔、一副铁铠甲、一面青铜盾牌、120支箭、一柄铁杖和两杆铁矛。"[3] 权杖的图像资料在阿契梅尼德波斯、帕提亚、大夏、贵霜等地石雕上屡有发

---

〔1〕马健:《公元前8—3世纪的萨颜－阿尔泰——早期铁器时代欧亚东部草原文化交流》,第38－84页。

〔2〕李水城:《权杖头:古丝绸之路早期文化交流的重要见证》,载《中国社会科学院古代文明研究中心通讯》2002年第4期。

〔3〕此条文献转引自沙巴兹(A. Sh. Shahbâzi)教授的《古代伊朗军队》(http://www.cais-soas.com/CAIS/History/hakhamaneshian/achaemenid_army.htm)

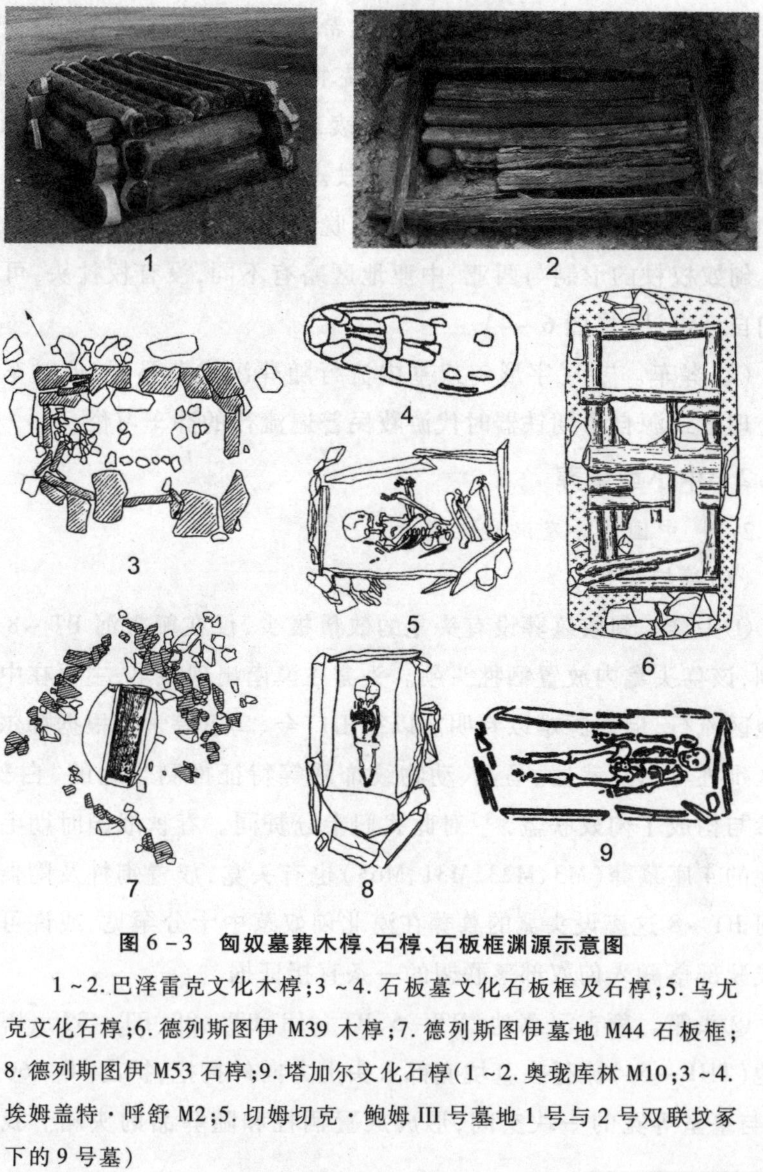

图 6-3　匈奴墓葬木椁、石椁、石板框渊源示意图

1～2. 巴泽雷克文化木椁；3～4. 石板墓文化石板框及石椁；5. 乌尤克文化石椁；6. 德列斯图伊 M39 木椁；7. 德列斯图伊墓地 M44 石板框；8. 德列斯图伊 M53 石椁；9. 塔加尔文化石椁（1～2. 奥珑库林 M10；3～4. 埃姆盖特·呼舒 M2；5. 切姆切克·鲍姆 III 号墓地 1 号与 2 号双联坟冢下的 9 号墓）

现。波斯波里斯王宫门柱浮雕上就表现了手握权杖的大流士一世及其身后的薛西斯。[1] 罗斯塔姆波斯（Naqsh－i－Rustam）王陵崖雕表现

［1］A. U. Pope, *A Survey of Persian Art*, New York: Oxford University Press, 1967, plate 84.

了手握权杖的阿胡拉玛兹达向阿尔达希尔一世君权神授的场景。[1]

时代及地域与匈奴接近者如巴克特里亚的卡尔查延(Khaltchayan)王宫的浮雕。宫殿大厅门楣正中表现了坐姿的赫劳斯(Heraus)血统的贵霜君主,他手里就拿着一柄权杖。[2] 权杖在匈奴早期墓葬中不见,而是随"甲"字形墓葬出现于西汉晚期,其渊源或许与中亚地区有关。匈奴权杖的形制与西亚、中亚地区略有不同,没有权杖头,可能是他们自己设计的(图6-4)。

(2)葬车。"甲"字形匈奴墓中流行随葬汉式车马器,但对车马器的处理方式源自早期铁器时代游牧民普遍流行的葬车习俗。

6.2.2 中小型墓葬

6.2.2.1 中国北方及汉文化因素

(1)墓坑结构

①头龛。匈奴墓葬设有头龛的数量极少,仅在额吉河BT-8发现一例,该墓头龛内放置牺牲头颅。头龛在漠南出现很早,主要在中国北方地区流行,但渊源难以判明。以往田广金、乌恩等学者根据鄂尔多斯地区殉牲习俗及武器、马具、动物纹饰牌等特征推测当地的"白狄"后来参与构成了匈奴联盟,[3]对此我们十分赞同。春秋战国时期毛庆沟墓地的4座墓葬(M3、M23、M31、M63)也有头龛,放置殉牲及陶器。额吉河BT-8这座设头龛的墓葬在漠北匈奴墓中十分罕见,或许可以作为戎狄部落融入匈奴部落联盟的一条直接证据。

②头箱。额吉河墓地(BT-5、BT-18、BT-29、BT-33)、塔希特墓地(THL-64)流行在墓坑底部人头上方向外掏挖,扩出40~60厘米长、与墓室等宽的一块空间,形成放置牺牲和随葬品的头箱。我们认

---

[1] A. U. Pope, *A Survey of Persian Art*, New York: Oxford University Press, 1967,图版154A。

[2] 关于卡尔查延遗址的年代目前学术界仍然存在争议,有认为可早至公元前一世纪后半叶,也有认为是在纪元初兴建的([俄]普加琴科娃等著:《贵霜艺术》,载《中亚文明史》第2卷,北京:中国对外翻译出版公司,2001年,第267-271页;M. A. R. Colledge, *Parthian Art*, London: Paul Elek, 1977, p53)。

[3] 田广金,郭素新:《北方文化与匈奴文明》,第391-405页;乌恩:《匈奴文化的内涵、起源、发展及其文化联系》,第345页。

图 6-4　蒙古及中西亚权杖比较

1. 波斯波里斯王宫浮雕；2. 罗斯塔姆陵墓崖雕；3. 卡尔查延王宫浮雕；4. 高勒·毛德Ⅰ号墓地 M20 出土鎏金权杖；5. 苏珠克图墓地 M25 出土青铜权杖

为，这种头箱的功能、性质与额吉河 BT-8 的头龛一样，可能也来自中国北方地区。

③偏室墓。上一章我们已经指出，匈奴的“曰”字形偏室墓与早期铁器时代河西走廊的羌戎系土著文化有渊源关系，而与鄯善苏贝希、伊犁河以及中亚等地偏室墓不同。前者以仰身直肢葬、北首葬居多，后者以屈肢葬、西首葬居多。总体看来，偏室墓在匈奴边疆区西、南部发现的数量较多。这些羌戎系部落大约在匈奴兴起之初就融入了匈奴右部，其中一部分在楚汉之际跟随匈奴右贤王西征北伐而迁驻图瓦、西域，比如楚尔梅克文化、察吾呼沟口三号墓地。另有一些迁入匈奴中心西区，如额吉河流域西汉末期的 BT-33、BT-73。倒墩子的归义北匈奴墓葬，既有“曰”字形偏室墓，也有头龛，应来自匈奴右部的原羌戎系部落。林沄先生认为他们是浑邪王降部，很有可能(图 6-5)。

(2)功能性石椁与木棺

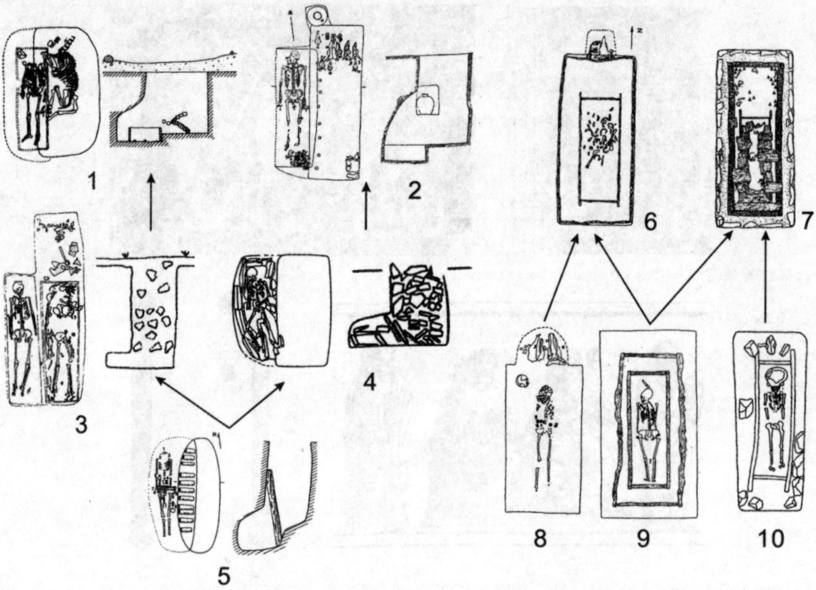

图 6-5　匈奴中小型墓葬结构及棺椁比较示意图

1~5."曰"字形偏室墓;6~10.竖穴土坑墓(1.和静察吾呼沟口三号墓地 M8;2.同心倒墩子 M13;3.额吉河 BT-33;4.图瓦艾梅尔雷格墓地 M14;5.永昌西岗 M140;6.额吉河 BT-8;7.伊里莫瓦 M53;8.毛庆沟 M23;9.毛庆沟 M25;10.玉皇庙 M59)

①功能性石椁与木棺。指围砌在木制棺椁外侧,起支撑墓室作用的石板、石块。这类石椁多无底板、侧壁石头彼此有间隙、数量多寡不一,不构成封闭的空间。多数情况下,功能性石椁是配合木制葬具使用的。漠北大多数匈奴贵族墓葬中,均可看到功能性石椁与木制棺椁组合使用的情况。匈奴墓葬的这类葬具在蒙古高原、外贝加尔地区都找不到渊源,而与春秋时期中国北方地区的夏家店上层文化非常接近。该文化的军都山玉皇庙遗址,就流行1重功能性石椁与1重木棺的葬具。[1] 可是,夏家店上层文化不晚于春秋,与匈奴崛起的时间无法衔

〔1〕"功能性石椁"也就是《军都山》报告所谓的"象征性石椁",但我们认为这类石椁只起加固功能而不代表墓主人的身份等级,因而"象征性"似不准确,不如"功能性"更能反映这种石椁的性质。同时,报告称木制葬具为木椁,但从描述及图版来看,应为木棺(北京市文物研究所:《军都山墓地——玉皇庙》,北京:文物出版社,2007年,第60-63页)。

接。这也是乌恩先生质疑米尼亚耶夫的主要理由。田广金先生认为夏家店上层代表“山戎”文化的南山根类型后来南下燕山,沿长城向西融入了鄂尔多斯地区的白狄系文化,因此又称夏家店上层文化为先匈奴,以示他们与匈奴文化的渊源关系。[1] 可是我们注意到,毛庆沟文化、桃红巴拉文化代表的楼烦、林胡人不流行使用功能性石椁,且绝大多数没有葬具。这些特征又与漠北匈奴葬仪相差比较大,这个矛盾似无法合理解释。从夏家店上层文化与匈奴考古学文化都使用功能性石椁与木棺组合的葬具的情况来看,两者之间不太会经历毛庆沟、桃红巴拉的从有到无、再到有的转折阶段。据余太山先生考证,战国时期匈奴活动的范围大致在楼烦、林胡以北及长城以北。[2] 这表明夏家店上层的山戎文化的一支很可能在春秋晚期至战国初期就迁到了林胡、楼烦以北地区。战国早期的《逸周书》卷7《王会解》所列“战国时北方游牧部族的总名单”中,就有匈奴:“正北空同、大夏、莎车、姑他、旦(且)略(貉)、貌(豹、貊)胡、戎(代)翟、匈奴、楼烦、月氏、韯犁、其龙、东胡。请令以橐驼、白玉、野马、騊駼、駃騠、良弓为献。”[3]

虽然目前中国北方还未发现战国时期的采用功能性石椁与“舟”字形木棺组合的葬具的墓葬,但我们相信匈奴的这种葬具的来源一定在漠南地区,可能是一些山戎系部落的移民。

②棺椁等级制度。以木制棺椁重数象征身份、等级的制度在战国以前的汉地已发展得十分完备。与汉地邻近的鄂尔多斯地区在春秋战国时期出现了同类现象,比如毛庆沟墓地 M25 有 1 重木椁 1 重木棺,椁、棺均呈“舟”字形,形制与漠北匈奴普通贵族采用的棺椁接近。墓地并未发现墓葬打破的现象,且地表无标识。同时 M25 这种南北向的

---

[1]田广金先生注意到:夏家店上层文化代表的“山戎”文化流行东首葬,杨郎墓地代表的“西戎”文化流行北首葬,“凸”字形偏室墓、以毛庆沟、桃红巴拉墓地为代表的鄂尔多斯“白狄”文化流行竖穴土坑的北首葬。他认为其中“白狄”与匈奴葬俗最相似,应是匈奴的祖先(田广金,郭素新:《北方文化与匈奴文明》,第 448 页)。上文我们分析过,河西走廊以沙井文化为代表的羌戎系文化也流行北首葬,其偏室墓成员的遗存在额吉河、图瓦、新疆察吾呼等匈奴墓地中都有发现。因此,单就北首葬一项,很难说明匈奴一定起源于白狄部落。

[2]余太山:《匈奴的崛起》,第 1 - 7 页。

[3]匈奴一词见诸史册有明确的指代,具体请参考余太山先生《匈奴的崛起》一文。

墓葬多处于墓地中心，规模也大于其他东西向的小墓，表明墓主人身份等级较高。这处墓地原先有一定规划，而非分属不同时期。[1] 以军都山玉皇庙为代表的山戎墓地，以及甘肃庆阳、宁夏固原地区的西戎墓地，并未发现明显的墓葬分等级、分群的情况。可见，中国北方诸戎狄部落中以木制棺椁重数标识身份的等级制度，在鄂尔多斯白狄系部落中出现的时间较早，反映了他们对汉葬仪的融合。匈奴棺椁等级制度，最有可能与白狄系部落有关。

③木椁分厢。2椁1棺、1椁1棺两重木葬具的匈奴墓葬多在棺椁之间留出放置随葬品的头箱、回廊。这些显然是效仿汉墓的做法。[2] 近年新出土的资料表明，一些单重木椁的墓葬也是如此，比如额吉河BT－11木椁分头箱、侧室、BT－27也分头箱，都反映出汉文化的影响。

④瓮棺葬。伊沃尔加墓地及城址多发现过一些埋葬小孩的瓮棺葬。这种葬俗在新石器时代就已经出现在黄河流域，而战国秦汉时期出现在长城以北地区。潘玲女士认为这种葬俗在外贝加尔地区的出现表明有汉地或中国北方地区人口的迁入，很有道理。[3]

(3)葬俗

①仰身直肢北首葬。早期铁器时代欧亚草原东部诸文化中，石板墓文化、夏家店上层文化都流行仰身直肢东首葬。鄂尔多斯及以西的羌戎系文化中北首葬相对多一些。比如鄂尔多斯毛庆沟墓地的79座墓葬中10座墓为仰身直肢北首葬，而且这类墓葬规模大，处于墓葬中心位置，有的还有1椁1棺，级别显然比周围的东首葬墓葬高。宁夏固原杨郎墓地的49座墓葬中，有11座为仰身直肢北首葬。因此匈奴墓葬的北首葬习俗，很可能与中国北方中西部地区的戎狄系文化有某种联系。

---

〔1〕田广金由墓葬之间无打破关系推测墓葬地表原先有标识，实难令人信服。12座南北向墓葬中多只出带钩一件，其中M1、M24、M25、M53、M81都出土了所谓的II式带钩，仅M20出土1件III式带钩，应归入他所划分的第二至四期，这与报告划分将南北向墓葬全归入第四期的做法相矛盾(内蒙古文物工作队:《毛庆沟墓地》，第230－299页)。

〔2〕冯恩学:《俄国东西伯利亚与远东考古》，第489页。

〔3〕潘玲:《伊沃尔加城址和墓地及相关考古问题研究》，第90页。

②扰乱葬。匈奴的小型墓葬中多见人头骨移位,上身肢骨被扰乱的现象。外贝加尔地区的德列斯图伊墓地、伊沃尔加墓地、蒙古高原的额吉河、呼尼河、新疆巴里坤东黑沟、青海上孙家寨、鄂尔多斯毛庆沟等多个地区都发现这种现象。以往学者曾怀疑其为老鼠啃咬或二次葬。但大批相似资料的出现使学者们逐渐意识到这种现象绝非偶然,而是某种特殊的习俗。因为多数情况下这些墓葬填土并没有二次翻动的迹象,而且许多尸体的下肢骨、趾骨均在原位,从而可以排除二次葬或二次扰乱的可能性。

以米尼亚耶夫为代表的学者认为这种扰乱葬都是依附于大中型墓葬的殉人墓,其依据是德列斯图伊墓地和查拉姆墓地。我们认为这种说法可能并不全面:

首先,扰乱葬是中国北方一种古老的葬俗,比如在朱开沟文化、卡约文化都有发现。学者们一般称之为二次扰乱葬。

我们注意到春秋战国时期,中国北方还有一种一次扰乱葬。也就是说在死者去世后,其尸骨在墓坑回填以前就被扰乱。田广金、郭素新等学者曾怀疑毛庆沟墓地的一些人骨不全的墓葬不是二次扰乱葬,也不是老鼠啃咬的结果。从我们发掘的巴里坤东黑沟墓葬来看,多数死者腿骨、脚趾骨都在原位,且保存完好,而头骨及上肢骨被扰乱。有的腿骨上还压有石块,同时人骨被埋葬在坚固的石椁内,也不会是因椁室塌陷造成的。因而,我们认为这属于一种特殊的葬俗,就是一次扰乱葬,以下简称扰乱葬。

扰乱葬在各地匈奴中小型墓葬中都很流行。伊沃尔加墓地、胡德金·托勒郭依墓地、布尔汗·托勒郭依、东黑沟墓地等一批中小型圆形石堆墓都采用扰乱葬,这些墓葬中有相当一部分不是从葬墓,也与其他大墓无明显的依附关系。我们怀疑上孙家寨的一批“二次扰乱葬”,可能也是一次扰乱葬(图 6-6)。

从已发掘的匈奴墓葬资料来看,扰乱葬虽然不尽是从葬墓,但也有一定规律:A. 只见于中小型墓葬;B. 以男性居多,尤其年龄在 35 岁以下者居多。C. 大中型墓葬周围的从葬墓,人骨扰乱现象比较普遍。

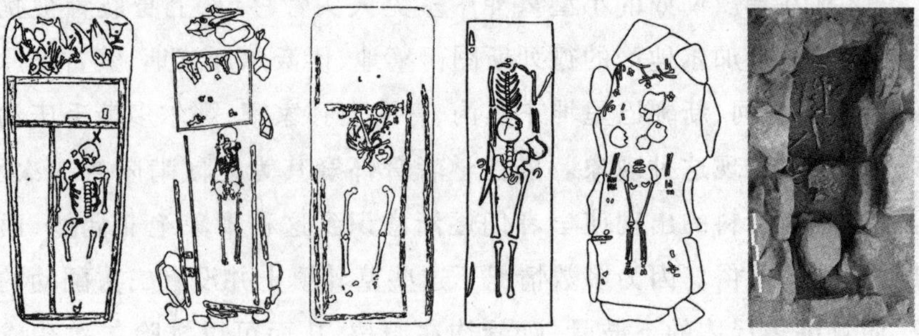

图 6-6　匈奴木椁分箱及扰乱葬示意图

1~3.布尔汗·托勒郭依墓地 M11、M27、M1;4.乌兰固木墓地 M29;5~6.东黑沟 M10、M4

这种葬俗在匈奴部落联盟形成之初,等级制度完备之前就已经在匈奴某些部族中流行,比如伊沃尔加墓地、巴里坤东黑沟墓地。此后随着匈奴等级制度的发展扰乱葬遂被明确列入匈奴葬制,在匈奴贵族墓葬尤其是高级贵族墓葬中执行得十分严格,比如查拉姆 M7 的从葬墓。匈奴部分普通牧民采用的扰乱葬,是对传统葬俗的沿袭,而不具有强制性。

此外,本书作者参加发掘的巴里坤东黑沟墓地,M1、M3、M4 在人骨上方压 1~2 块大石头。其中 M3 的大石块位于原木盖板的下方,因而说明它不是墓坑内填石在木椁塌落后滚进椁室的。无独有偶,类似的现象在漠北高原如胡德金·托勒郭依墓地、塔希特墓地(THL-25-2)等许多匈奴墓地都有发现。

受包括匈奴在内的中国北方民族流行的"毁器"习俗的启发,[1]我们怀疑,这种人骨移位、人身压石的习俗基于这样一种观念:死者的灵魂,尤其是青、壮年男性的灵魂,会对生人的生理、心理或运势造成某种侵害。在下葬时扰乱死者的骨骼、在腿部压石块,会起到破坏死者灵魂,减弱其移动能和破坏的作用。

(4)葬物

〔1〕张英:《从考古学看我国东北古代民族毁器习俗》,载《北方文物》1990 年 3 期,第 21-27 页。

乌恩、田广金、郭素新等学者已考察过匈奴遗存中典型的游牧文化特征,如武器、马具、各式带扣以及其他人身装饰品等,都可在春秋时期长城沿线的戎狄文化中找到源头。[1]

6.2.2.2 石板墓文化

(1)石板框

"石板墓文化"一词以石板框得名。但据目前考古学发现统计,已发掘的五百多座石板墓中,只有一半左右(288座)有人骨。其余可能不是墓葬,而是祭祀性遗址。关于石板框的功能,一般认为与祭祀有关。[2] 据上述讨论可知,石板框在塔加尔、乌尤克文化的阿迪·拜勒类型中也十分流行。封堆有石板框或呈方形的中小型匈奴墓葬主要集中在蒙古中部偏东的鄂嫩河流域和外贝加尔地区,这与石板墓文化的分布范围吻合。石板墓文化的弓弭、燕尾铤骨镞、肩部施锯齿附加堆纹的大口圈足罐、平底罐也被匈奴所继承。[3] 另据张全超和朱泓先生的体质人类学研究,外贝加尔、蒙古高原匈奴人的人种构成具有显著地域性,多延续了当地石板墓文化的"古西伯利亚类型"、"古蒙古高原类型"的人种特征。[4] 这表明当地并未发生大规模的人群融合及移动。总体看来,中小型墓葬地表的石板框应与石板墓文化关系最大,与祭祀活动有关。

(2)封闭式石椁

封闭式石椁是指由多块石板围砌呈一个长方形且封闭的空间,西方学者一般称为石箱或石棺(stone cist)。封闭式石椁多见于时代较早(西汉时期)的中小型匈奴墓葬,比如德列斯图伊墓地,布尔汗·托勒郭依墓地、胡德金·托勒郭依、德尔利格等墓地。以单重封闭式石椁为葬具的墓葬的规模较小、随葬品简陋,许多为大中型墓葬的从葬墓,而

---

[1]乌恩:《匈奴文化的内涵、起源、发展及其文化联系》,第290-363页;田广金,郭素新:《北方文化与匈奴文明》,第371-429页。

[2]冯恩学:《俄国东西伯利亚与远东考古》,第334、347-350页。

[3]潘玲:《伊沃尔加城址与墓地及相关匈奴考古问题研究》,第105-107页。

[4]张全超,朱泓:《关于匈奴人种问题的几点认识》,载《中央民族大学学报》2006年6期,第34-38页。

1重封闭式石椁内嵌套1重木棺的墓葬等级较高。

有学者指出,石板墓文化流行封闭式石椁,形制与匈奴石椁接近,两者具有明显的渊源关系。同时我们也不能忽视,米努辛斯克盆地的塔加尔文化、图瓦地图的乌尤克文化的中小型墓葬也都流行封闭式石椁葬具,两者都源于青铜时代晚期的卡拉苏克文化,形制与匈奴中小型墓葬的石椁非常接近。前文已指出,匈奴在北伐以后,上述文化人群的一部分融入匈奴已被考古学证实,他们完全有可能继承原有的葬俗。因此,我们认为匈奴石椁葬具主要源于石板墓文化,同时也包含了部分丁零、坚昆的文化因素。

6.2.2.3 其他文化因素

殉牲。匈奴之前的石板墓文化已流行殉牲,牺牲中以马头颅居多,其次是羊骨、牛肩胛、肢骨,狗骨少见。以军都山玉皇庙为代表的夏家店上层文化殉牲种类与其类似,但狗骨稍多。鄂尔多斯、宁夏固原、甘肃庆阳等地同时期文化也有类似的习俗,但狗骨少见。匈奴墓葬中,外贝加尔的伊里莫瓦墓地、伊沃尔加墓地殉葬这四种动物,而在蒙古高原的其他地区,狗骨非常少见。因而匈奴殉牲的习俗,是在欧亚草原东部诸游牧文化普遍殉牲的背景下承袭而来的,并不只源于一种文化。

综上,匈奴中心区及边疆区内墓葬的葬仪融合了石板墓文化以及汉、中国北方、萨彦—阿尔泰、米努辛斯克盆地的多种文化因素。这与匈奴部落联盟兴起、扩张过程中不断裹胁了多个部族的史实吻合。相较而言,西汉晚期出现的“甲”字形匈奴高级贵族墓葬受汉文化影响最为强烈,同时也吸收了阿尔泰山北麓及叶尼塞河中、上游地区、中亚等地的一些文化因素。其葬仪形成后一直沿用到东汉时期,期间没有随汉文化葬仪的变化而发生改变;中小型墓葬形成于西汉早期,主要受中国北方诸戎狄部落及蒙古高原的石板墓文化影响,其葬仪形成之后在两汉期间并没有发生太大改变。

6.2.3 关于匈奴贵族墓葬的封树问题

汉典籍描述的许多匈奴葬仪和习俗,都已被证实。《汉书·匈奴传》载:“单于朝出营,拜日之始生,夕拜月。”道尔吉苏荣最早判定匈奴木棺头侧钉着的圆形、月牙形金、银饰片象征匈奴对日月的崇拜。这类棺饰后来在布尔汗·托勒郭依墓地、塔希特墓地中亦发现多例。匈奴北首葬一般被认为是他们"北向"习俗的反映。我们发现匈奴贵种的从葬墓的等级差异和分布位置,也体现出他们"尚左而北向"的习俗。关于匈奴贵族葬仪,史书集中的记载只有一条:"其送死,有棺椁、金银、衣裳,而无封树丧服;近幸臣妾从死者,多至数十百人。"

考古发掘的大批匈奴贵族墓葬已证明匈奴贵族流行厚葬,有"棺椁、金银、衣裳"。捷普楼霍夫最早判定诺彦乌拉匈奴贵种墓葬出土的大批发辫,象征殉葬的妻妾。他的观念也为后来大批学者所接受,但"数十百人"的从死者数量可能是夸张的说法。织物一般难以保存,而且匈奴贵种墓葬均遭盗掘,很难判断他们是否有专门用于葬仪的"丧服"。在记载匈奴葬仪的文字下方,《集解》注引张华曰:"匈奴名冢曰逗落。"这与前文"无封树"的记载似有矛盾。田广金、乌恩等学者认为,墓葬地表无封树标识的记载反映了匈奴在漠南崛起之初部落联盟内部白狄、西戎系文化的葬仪特征,有一定道理。我们认为"无封树"的记述可能也与漠北匈奴高级墓地的自然环境有关,已发现的匈奴贵种墓地,都分布在群山环抱的溪谷密林之中。高大茂密的松柏林为大型墓葬提供了很好的遮掩,一般难以发现。法国考察队在高勒·毛德I号墓地的环境调查表明,墓葬近旁的松林在墓葬埋葬前就存在。俄罗斯学者发掘的伊里莫瓦M54,封堆中长有一棵高大的松树。这棵树的年代晚于坟冢,因为墓室塌陷后,地表的封堆会随之下陷形成一个凹坑。墓葬规模越大、墓室越深,凹坑也越深。同时,封堆及墓坑填充物间隙大、水分易于渗入,经过翻动的土质又比较肥沃。这种环境易于植物种子附着、生长。因此,漠北匈奴的墓葬是"有封无树"。

6.3 匈奴葬仪的特点及墓葬等级划分

6.3.1 墓地等级

早期对于匈奴墓地等级的划分,多以有无"甲"字形墓葬标准大致分为大、小两类。此后陆续有学者注意到在小型墓地中,伊沃尔加墓地比其他匈奴墓地的规模明显较小。潘玲女士结合墓坑尺寸及墓地是否分群的特征将漠北匈奴墓地分为4个等级。[1] 她以墓坑边长20米为标准，将“甲”字形匈奴高级贵族墓地分为高低两级，比较成功。结合前文的分析，墓地等级除了墓葬规模，还体现在从葬墓数量、木制棺椁重数、棺椁装饰，特殊葬物方面，同时也与墓地分布的地域有关。在潘玲的基础上，我们将这些项目也加入分级标准之中，对中心区及边疆区的代表性匈奴墓地进行等级划分，并对相关材料进行调整（表6-1）。比如苏珠克图墓地中1号墓封堆边长21米、6号墓封堆边长24.5米，按20米标准，该墓地应归入第一级而不是第二级。[2]

表6-1　中心区及边疆区匈奴墓地等级划分*

等级	墓地布局	封堆形制及葬式	从葬墓数量	棺椁	棺饰	特殊葬物	时期	地域	代表性墓地
一	分群	甲>24 圆、方 北首葬	10	3	髹漆	山羊纹马饰牌；金带扣、带饰；汉式车	中	中北	查拉姆
			5左右	3?	杂金簪 髹漆	权杖、玉璧；汉式车	中	中东	德尔利格
			29	3	杂金簪 髹漆	马面麒麟纹马饰牌；权杖；汉式车	晚	中西	高勒·毛德Ⅰ、高德·毛德Ⅱ
			不明	3	杂金簪 髹漆	山羊、羊面麒麟、牦牛、雄鹿纹马饰牌；权杖；玉璧；金带扣；汉式车	晚	中中	苏珠克图、珠鲁木图
二	分群	10≤甲≤20 圆、方 北首葬	<5	3	杂金簪	权杖	中	中北	伊里莫瓦
			<4	不明	不明	不明	中	中东	包尔布拉格
			<5	2	杂金簪 髹漆	权杖	晚	边西	白达格Ⅱ、塔希特

〔1〕潘玲：《蒙古和外贝加尔地区匈奴墓地的等级差别》，载《内蒙古文物考古》2006年2期，第61-70页。

〔2〕潘玲女士这篇论文，受资料局限很大。当时许多大型墓地，比如高勒·毛德Ⅰ号墓地、德尔利格墓地、塔希特墓地，正在发掘当中，资料尚未发表。她在文末也提到，她并没有使用近几年蒙古与其他国家合作发掘的资料。另需说明的是，以往发表的漠北匈奴墓葬资料，其考古记录详细程度很不均衡。多数只记载了“甲”字形封堆边长，而记述坑口尺寸的并不多。当然这类墓葬的墓坑都是开在封堆石围墙内侧，只是坑口长、宽数值比封堆长、宽数值稍小一点。大体而言，封堆尺寸完全可以代表墓葬级别。因此为统计方便，以下讨论都以封堆尺寸为准。

续表 6－1

等级	墓地布局	封堆形制及葬式	从葬墓数量	棺椁	棺饰	特殊葬物	时期	地域	代表性墓地
三	分群	圆、方 直径≤20 北首葬	≤4	2	髹漆	金带扣	早	中北	德列斯图伊
			≤3	1	髹漆	铁带扣	早	中西	胡德金
		少数： 偏室墓 头龛墓 东首葬	不明	2	杂金簪	金带扣、带饰	早	边西	东黑沟、考里克
			不明	1	无	铁带扣	中?	中西	纳依玛、努赫金
			不明	1	杂铁簪 髹漆	铁带扣	中	边南	特布什山
			≤3	2	杂金簪 杂铁簪	金带扣	中	中西	布尔汗
			不明	1	杂铁簪	铁带扣	晚	中西	塔米尔
			不明	2	髹漆	铜、铁带扣	晚	中北	切列姆霍夫
四	不分群	圆、方 直径≤10； 北首葬 少数： 东首葬	无	2	无	铜、铁带扣	早	边北	伊沃尔加
			无	1	无	铜、铁带扣	早	边西	乌兰固木
			无	1	无	铜、铁带扣	晚	边西	察吾呼

＊以上统计诸项均以墓地中最高规格墓葬的相关数据为准。“?”表示推测；甲＝“甲”字形石堆墓；“圆、方”＝圆形及方形石堆的中小型墓葬；“甲”字形墓葬以封堆边长、中小型墓葬以封堆直径为准；封堆规模统计中，单位均为米；棺椁统计仅指木制棺椁的最大重数；区域“中西”＝中心西区，“边北”＝边疆北区，依此类推；胡德金＝胡德金·托勒郭依墓地；布尔汗＝布尔汗·勒郭依墓地；纳依玛＝纳依玛·托勒郭依墓地；努赫金＝努赫金·阿姆墓地；察吾呼＝察吾呼沟口三号墓地。

从表6－1可以看出，匈奴最高等级的墓地都集中在中心区域内，中期主要分布在中心北区，晚期则遍及中心区各区。墓地内分群，规格最高的墓葬的从葬墓数量多、木制葬具采用2椁1棺，装饰奢华，随葬汉式车马器、权杖、葬仪用玉、装饰山羊、麒麟等题材的银质马饰牌、金质带扣及带饰；第二等级墓地也有“甲”字形墓葬，中期也集中在中心北区，晚期除了中心区以外，还分布到了边疆西区。与上一级相墓葬比，墓地中规格最高的墓葬规模小，从葬墓数量少、木制葬具采用1椁1棺，很少随葬汉式车、山羊、麒麟等题材的马饰牌以及玉璧等葬仪用玉；第三等级墓地在早期就已经出现，中心区及边疆区均有分布。与上一级墓葬相比，墓葬规模小，从葬墓数量更少，木棺杂金簪者数量少，不随葬汉式车,玉璧、山羊、麒麟等题材的马饰牌,金质带扣、带饰数量少。第四等级墓地也在早期出现、主要分布在边疆区内。与上一级墓葬相比,墓地内不分群,墓葬规模小,木葬具棺椁重数少、棺面无髹漆,不杂金簪、铁簪,装饰简陋,随葬品无金质带扣,多见青铜及铁制带扣。

从墓地等级的划分可以看出,最高等级的墓地从晚期开始分布在中心区各小区内,表明这时匈奴最高等级的贵族并不集中埋葬在某一墓地内。晚期第二等级墓葬在边疆区的出现,表明葬仪等级制度在匈奴领域内向周边区域的传播。偏室墓、头龛墓、东首葬只在第三等级墓地中出现,表明匈奴部落联盟中、下层的构成中有一部分原戎狄部落成员的参与。第四等级墓地多分布在匈奴边疆区,它们与中心高等级墓地的差异表明,中心区、边疆区墓地之间也有规格的差异。结合第5章对伊沃尔加墓地的分析来看,第四等级墓地中的东首葬以及融合的多种文化因素表明这一阶层中来自不同部落的人群的混同现象比较普遍。该地区在葬仪、习俗、随葬品等文化面貌上主体的一致性,表明他们受到统一管理,对同一民族文化的认同感较强(图6-7、图6-8、图6-9)。

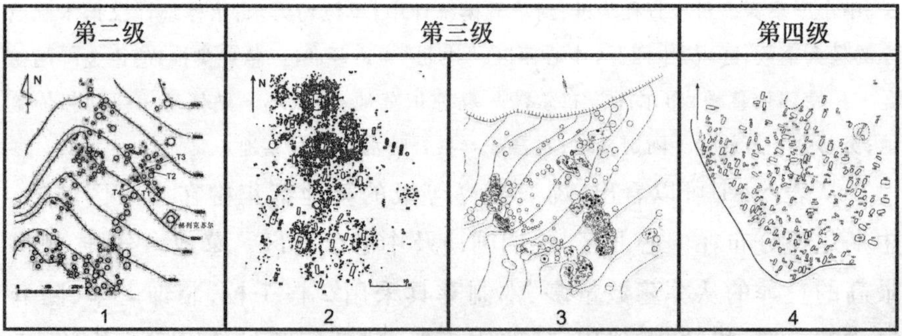

图6-7 匈奴早期墓地布局与等级差异示意图(一)

1.胡德金·托勒郭依墓地;2.德列斯图伊墓地;3.考里克墓地;4.伊沃尔加墓地

6.3.2 墓葬等级

以往许多学者都尝试对匈奴墓葬进行划分,早期格林采维奇等学者划分的“木椁墓”、“木棺墓”主要是以分期断代为目的,这种观点后

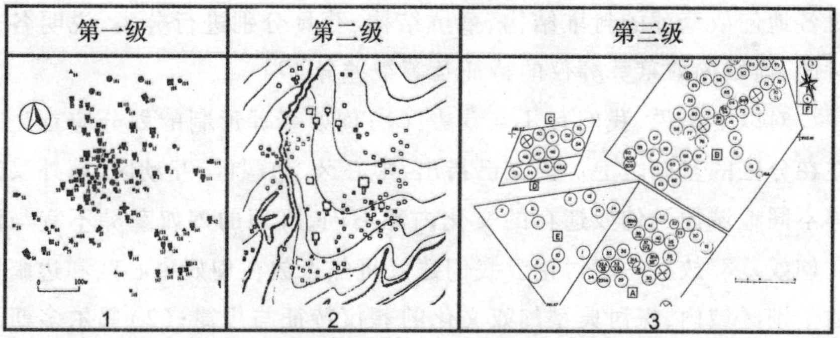

图 6－8　匈奴早期墓地布局与等级差异示意图(二)

1. 德尔利格墓地;2. 伊里莫瓦墓地;3. 布尔汗 · 托勒郭依墓地

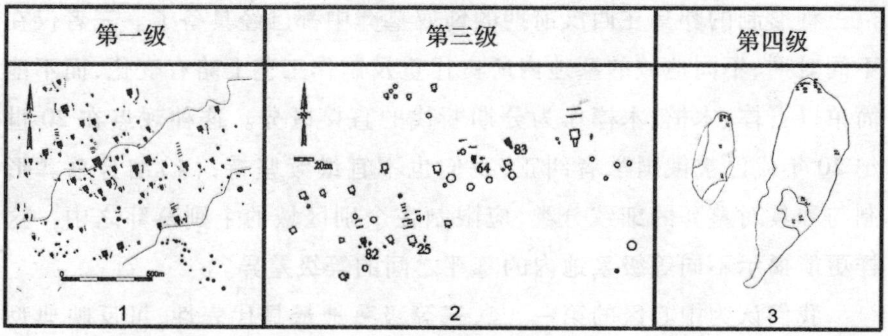

图 6－9　匈奴早期墓地布局与等级差异示意图(三)

1. 高勒 · 墓地 II 号墓地;2. 塔希特墓地;3. 察吾呼沟口三号墓地

来被索斯诺夫斯基纠正。此后的学者倾向于结合封堆、墓坑结构与葬具将他们所认为的各地匈奴墓葬放在一起划分形制。比如道尔吉苏荣把漠北匈奴墓葬划分为大型墓葬及普通墓葬两大类,普通墓葬下又分为“石椁墓”、“木椁墓”、“木棺墓”三细类。乌恩先生划分的八种类型还包括了汉地的归义匈奴墓葬。[1] 田广金、郭素新划分的墓葬类型也是以分期为目的,他们在早期俄国学者划分的两期墓葬前后各加了一期,把鄂尔多斯地区的毛庆沟墓地、桃红巴拉墓地归入“土坑墓阶段”,放在“木棺墓阶段”之前,并把上孙家寨等匈奴墓归入“砖室墓阶段”,放在“木椁墓阶段”之后。[2] 单月英女士在《匈奴墓葬研究》一文中,

---

〔1〕乌恩:《论匈奴考古研究中的几个问题》,第 409－437 页。

〔2〕田广金:《匈奴墓葬的类型和年代》,第 244－255 页。

对各地匈奴墓葬的封堆结构、墓坑结构、葬具分别进行分类,说明各个时期、地域匈奴墓葬葬仪的特征及等级差异。[1]

对以上诸说,我们有几点看法:(1)匈奴墓葬形制的划分应首先建立在分区的基础之上。前文已指出,中心区、边疆区、互动区、域外汉地等不同地域内的匈奴遗存的文化内涵不同,汉地的匈奴墓葬不宜与漠北匈奴墓葬放在一起讨论。我们建议将焦点放在匈奴中心区和边疆区的个别区域内,探讨典型匈奴文化的葬仪特征与规律;(2)鄂尔多斯地区的一些战国时期墓地的人群虽然可能参与了匈奴部落联盟,但其族属在当时可能属林胡、楼烦,也不宜归入匈奴文化;(3)石椁、木椁、木棺三种形制的葬具在西汉前期的匈奴墓葬中都已经具备了。三者仅在不同时期、不同地域的墓地内所占比重及制作工艺上略有变化,而不能简单以石椁、木棺、木椁作为分期断代的直接区分。这种观点在20世纪20年代已被俄国学者纠正,我们也不宜继续坚持;(4)结合墓葬形制与葬具对墓葬的细致分类,应限制在个别区域的个别墓葬之中。这样更能揭示不同等级墓地内的墓葬之间的等级差异。

我们认为中心区的第一、二、三等级墓地最具代表性,可反映典型匈奴墓地内墓葬的等级差异。

6.3.2.1 第三等级墓地墓葬等级

目前,米尼亚耶夫对德列斯图伊墓地墓葬的分类研究最为成功。他的分类不仅结合了封堆、墓坑的结构、规模以及葬具特征,同时也详细考察了各类墓葬在墓地中的分布位置,墓葬之间的相互关系。他所划分的墓葬类型基本体现了墓地内墓葬等级的差异。[2] 德列斯图伊墓地、布尔汗·托勒郭依这类第三等级墓地在匈奴早期就已经出现,晚期出现的高等级墓地(第一、二等级墓地)在墓地布局、墓葬规模、葬具重数及组合情况、带具等象征身份的随葬品所反映的墓葬等级制度,明显是在早期第三等级墓地的基础上发展起来的。同时,我们认为对单

---

〔1〕单月英:《匈奴墓葬研究》,第35-68页。

〔2〕米尼亚耶夫对某些墓葬形制、等级的划分过细,主观因素多了一些,我们对米氏分类的修正意见及理由详见第三章关于德列斯图伊墓地的分析。

个墓地内墓葬形制的细致划分能够体现墓地内墓葬等级的差别，很有意义。但这种细致地分类不能用作衡量不同地域、不同等级所有匈奴墓地的墓葬等级的标准。也就是说，若要讨论各地匈奴墓地普遍存在的等级差异，对墓葬的分类不宜过细。另外，从墓葬等级来看，也需与其他独立的墓葬区别对待。

以德列斯图伊墓地为例，我们可以根据墓葬规模、葬具特征，同时结合从葬墓、墓葬分布位置及特殊随葬品等特征把独立的墓葬大致分为四类，也即四个等级（表 6－2）：

表 6－2　德列斯图伊墓地墓葬等级划分*

等级	在墓地中的分布位置	墓葬规模	有无从葬墓	葬具	特殊随葬品	墓葬举例
一	中心	直径＞7 米 深＞2.5 米	有	1 功石 1 椁 1 棺	动物纹金带扣、青铜带扣	M39 M64
二	中心	直径＜7 米 深＞2.5 米	有	1 椁 1 棺、 1 石 1 棺		M42 M43
三	中心及周缘	直径＜5 米 深＜2.5 米	有	1 棺		M44
四	中心及周缘	直径＜10 米 深＜1 米	无	1 封石、 或无葬具	随葬品稀少	M87 M88

*功石＝功能性石椁；封石＝封闭式石椁；石＝石椁，包括功能性石椁及封闭式石椁。

从葬、人殉与人牲。米尼亚耶夫将墓室内以及大墓周围的小墓埋葬的人都称为人殉，其他一些西方学者也将他们通称为“Human sacrifice”。汉典籍以及中国考古学研究者对陪葬、从葬、殉葬、人牲的区分是很清楚的，“Human sacrifice”包括了后三者。其中人牲地位最低，人被视同动物牺牲处理；人殉是与墓主人葬于同一墓坑内，殉人骨骼比较完整，有的还有一定数量的随葬品。从葬墓都有独立的墓坑、分布在主墓周围，从葬者不与主墓死者同穴埋葬。[1] 以上三者多不是自然死亡，其死亡、埋葬的时间与主墓死者下葬的时间相隔不远（图 6－10）。

与“甲”字形墓葬一样，中小型匈奴墓葬也有从葬墓。德列斯图伊

〔1〕黄展岳：《中国古代的人牲人殉》，北京：文物出版社，1990 年，第 1～9 页。

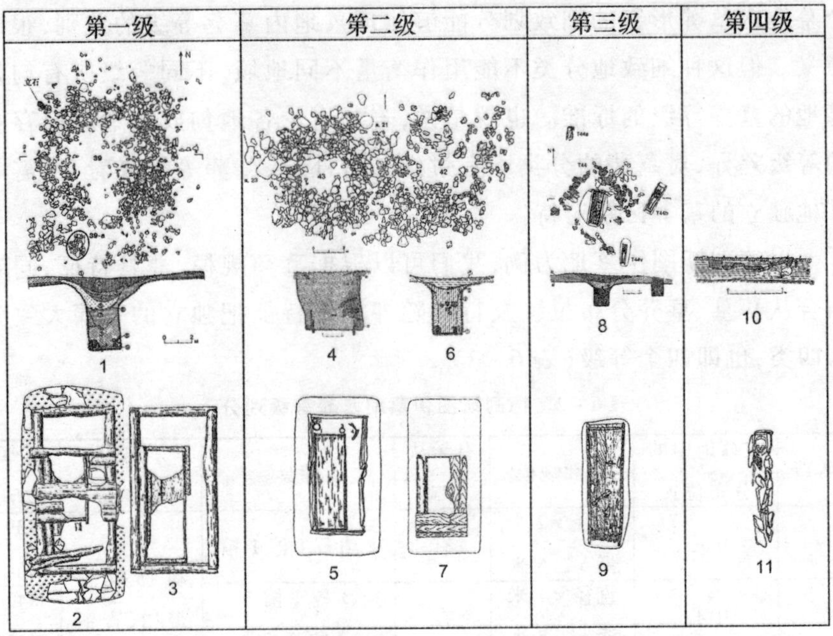

图 6－10　德列斯图伊墓地墓葬等级划分示意图

1～3. M39；4～5. M43；6～7. M42；8～9. M44；10～11. M88

墓地 M39 是一座带有 1 重木椁 1 重木棺的中型墓葬，其封堆南缘有一座浅坑从葬墓（M39a）。墓坑内有一具封闭式石椁，内葬一个 6 月大的婴儿，骨骼比较完整。典型的人殉在额吉河流域发现一例：布尔汗·托勒郭依 M33 主室有木棺一具，头侧棺外葬有大量牺牲、陶器；其北侧的偏室内葬有一人，骨骼比较完整，无葬具葬物，应是主室墓主的殉人。人牲在巴里坤东黑沟墓地中发现多例，人牲多置于封堆下，数量与墓葬规模成正比。例如封堆直径 13 米的 M1 有 1 具人牲、封堆直径 16 米的 M15 有 5 具人牲。这些人牲仅有几块下颌、肢骨，人骨附近放置几件陶片、耳环、骨镞等。他们应是大墓下葬时被处死，作祭祀之用的牺牲。发掘者注意到人牲随葬的陶器，如直口双耳鼓腹的彩陶罐与当地焉布拉克、寒气沟、艾斯克霞尔墓地等土著文化的传统器类接近，表明匈奴对当地土著部落的征服。

同一墓地从葬墓之间也有等级差异。以德列斯图伊墓地为例，我们根据墓葬规模、葬具、从葬者年龄的特征可把这些从葬墓大致划分为两个等级(表 6－3)：

表 6－3　德列斯图伊墓地从葬墓等级划分

等级	墓葬规模	葬具	年龄	墓葬举例
一	直径 <5 米;1 < 深 <2 米	1 棺;1 封石	少年	M44b、M44v、M61
二	直径 <10 米;深 <1 米	1 封石 1 棺;1 封石	幼儿	M39a、M44a、M53

对于同一座墓葬的多个从葬墓,还可以根据上述特征细分为多个等级,比如德列斯图伊墓地 M44 的三座从葬墓。从中可以看出中小型墓葬从葬墓在主墓周围的位置并不固定。这种从葬制度发展至匈奴中期已十分成熟。第一、二等级墓地"甲"字形墓葬的从葬墓布局十分规整,从葬墓之间的等级差别也严格体现在他们在主墓周围的分布位置上(图 6－11)。

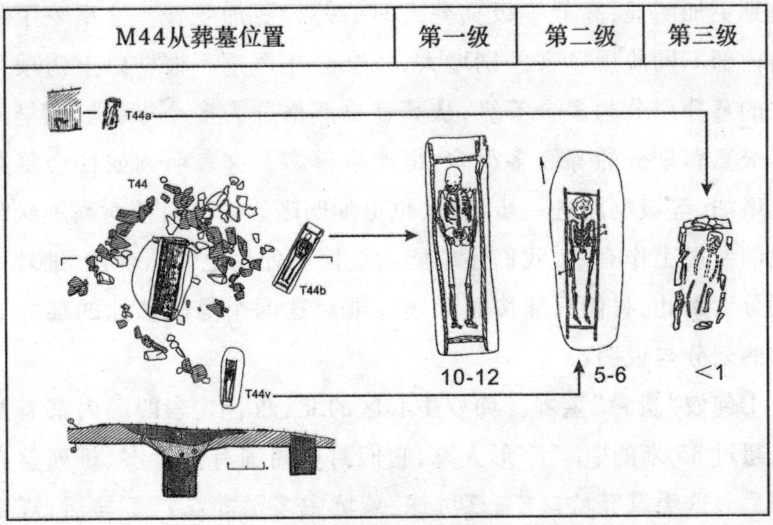

图 6－11　德列斯图伊墓地 M44 从葬墓等级差别比较示意图

(从葬墓下的数字指墓主人年龄)

从以上两图来看,独立的中小型墓葬的等级划分主要体现在墓葬规模与葬具特征上;从葬墓的等级还体现在从葬者的年龄上,其等级约与第三、四等级的独立墓葬相当。其他各个区域内第三等级墓葬的墓葬等级分类,大致与此接近,只在具体数据上有些浮动。针对资料提供信息的丰富程度,有时也可酌情增加一些新的比较项。例如对于布尔汗·托勒郭依墓地,棺的装饰有用四瓣花形铁包金箔的"杂金簪",等级低的用"杂铁簪"、等级更低的用"杂木簪"。有的墓地中墓葬可细分为更多等级。

在第2章已讨论过匈奴中心区第三等级墓地的布局情况。边疆区的其他同级墓地,情况与此类似。两汉时期,匈奴中心区及边疆区第三等级墓地的墓地布局、墓葬等级划分、墓葬形制、葬仪等方面基本没有发生大的变化。

6.3.2.2　第一、二等级墓地的墓葬等级

(1)墓葬等级

第一、二等级墓地出现在西汉晚期,以"甲"字形墓葬的出现为标志。它们以墓葬形制、规模、棺椁重数、棺椁装饰、特殊葬物为标识的等级差别更加明显,高低等级墓葬之间的差异更加悬殊。这反映了匈奴社会内部不同阶层贫富差别增大,社会分化严重。根据以上诸项可将独立的墓葬划分为多个等级,从葬墓也严格分为多个等级。比早期第三等级墓葬划分的等级多得多,也严格得多。这表明匈奴社会复杂化程度增加,等级制度进一步细化,也更加明晰。由于目前对高等级匈奴墓地的发掘工作有限,我们还未能对任何一处墓地作综合性、细致的等级区分。因此,我们只能按照上述标准对这两个等级墓地的墓葬进行大致的划分与说明:

①匈奴"贵种"墓葬。匈奴中心区的北、西、中、东四区内都有封堆边长超过35米的"甲"字形大墓,它们封堆周围有数量多、排列整齐的从葬墓。这类墓葬坑口广、墓坑深、墓坑中多随葬汉式车马器,规格高者葬具采用两重宽大的木椁及1重做工精细的漆木棺,棺外裹覆丝绸,棺面装饰长条形、四瓣花形饰件组成的菱格网状棺饰,也即"杂金簪"。墓室内多随葬合金权杖、玉璧等葬仪用玉、金质带具、装饰山羊、麒麟、牦牛等特殊题材的叶形、圆形银质马身饰牌。这些特征均表明墓葬中墓主的高贵身份与等级。除此之外,墓葬中出土的大量汉地产品,包括铜壶、铜灯、丝绸、玉器、汉工官制作的漆器,以及中亚风格的毛毯、金饰品等等,绝非一般匈奴人所能享用。这些高等级墓葬又集中分布在匈

奴中心区域内，与汉典籍记载的匈奴高级贵族活动的区域相符合。西方学者称他们为匈奴的“精英集团”，我们建议采用文献中固有的称谓——贵种。史料中已明确记载，匈奴单于姓“挛鞮氏”（也称虚连题氏），与呼衍氏、兰氏等三姓并称匈奴贵种。东汉以后，又增加了须卜氏、丘林氏等（图6-12）。[1]

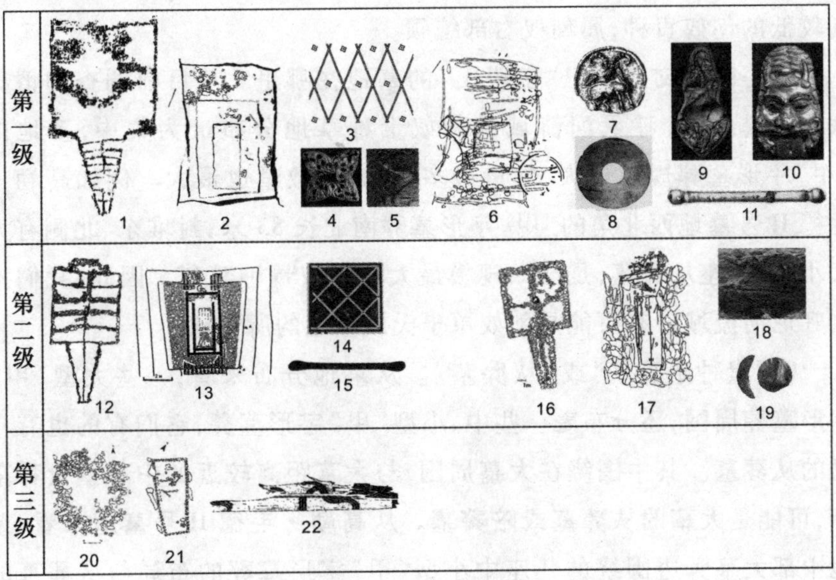

图6-12　高等级匈奴墓地墓葬等级差异示意图

1~4、6、9、11.高M20；5、8.苏M1；7、10.查M7；12~15.伊M54；16~19.塔HL-64；20~22.高M9；5、22.棺面漆画；3、14.杂金簪复原；18.杂铁簪（高=高勒·毛德Ⅰ号墓地；查=查拉姆墓地；苏=苏珠克图墓地；伊=伊里莫瓦墓地；塔=塔希特墓地）

上文已述中心区内含有“甲”字形贵种墓葬的墓地之间也有等级差异，大致可划分为两级。同一墓地中的“甲”字形墓葬可能属同一氏族的匈奴贵种，同一氏族的匈奴贵种墓葬之间也有显著的等级差异，以高勒·毛德Ⅰ号墓地为例，等级高者地面有石土堆砌的高大封堆、坡道，如M1、M20；等级最低者地面无封堆，仅有石块围砌成的“甲”字形

〔1〕据马长寿先生考证，须卜氏是东汉时期列入匈奴贵种的。而在魏晋时期，又增加了屠各氏、沮渠氏（马长寿：《北狄与匈奴》，第50页）。

石框,如M4、M8、M23、M25。

中心区与边疆区之间的匈奴贵种墓地也存在等级差异,比如匈奴西鄙的塔希特墓地、白达格II号墓地,规格最高者墓葬封堆边长不超过20米,葬具仅有1重木椁1重木棺。文献记载匈奴"各有分地",这些边疆区西部的"甲"字形墓葬埋葬的应是分封、驻牧在匈奴西鄙的级别较低的匈奴贵种,属匈奴右部统领。

中心区内匈奴单于"挛鞮氏"的墓地在哪里？从目前调查的情况来看,后杭爱省呼尼河流域的匈奴贵种墓地分布最为集中,墓地内"甲"字形墓葬规模最大、数量最多、从葬墓数量也最大。例如高勒·毛德II号墓地西北角的"甲"字形墓葬南北长83米,封堆东、北侧有大大小小29座从葬墓,是已知规模最大的匈奴贵种墓葬。因此,我们推测呼尼河流域最有可能是匈奴单于氏族墓地的所在地。

②"贵种陪葬墓"或"从葬墓"。从墓地分布来看,一些大型"甲"字形墓葬周围,还分布着一些中、小型"甲"字形墓葬,它们有的也有自己的从葬墓。其中围绕在大墓周围,与大墓距离较近的中小型贵种墓葬,可能是大墓的从葬墓或陪葬墓。从高勒·毛德II号墓地来看,墓地中部大墓旁边围绕的几座中小型"甲"字形墓葬的布局与从葬墓的布局类似,比较规整;而与大墓南部更远处的一排东西向分布的墓葬有别。前者可能具有从葬墓性质,后者应属大墓的陪葬墓。至于墓主的身份,仍需日后进一步发掘以及通过人骨遗传学研究来揭示。

③从葬墓。匈奴贵种墓葬的从葬墓与中小型墓地圆形、方形墓葬的从葬墓不同。它们不仅数量大,而且在主墓周围按照墓葬规模、葬具规格、从葬者年龄的布局十分规整。我们可将它们分作贵族从葬墓和普通从葬墓两类。

④普通从葬墓。多分布在"甲"字形墓葬的东西两侧,按南北向排成1列,多为圆形石堆墓,德尔利格墓地也有方形石堆的从葬墓。这些从葬墓在墓葬规模、葬具、从葬者年龄方面体现出严整的等级差异。

发掘资料完整、详尽的是查拉姆M7的10座从葬墓、塔希特THL-25的3座从葬墓。M7封堆东西两侧各1列从葬墓,两列从葬墓与

M7 的距离都在 25 米左右，每列相邻的两座从葬墓间距在 3～4 米，布局十分规整。东侧 5 座从葬墓自南而北分别埋葬 4～5 岁（M11）、14 岁（M6）、16 岁（M8）、25 岁（M9）、30 岁（M10）的男性；西侧 5 座从葬墓自南而北分别埋葬 6 岁（M16）、25～30 岁（M15）、25～30 岁（M14）、30 岁（M13）、35～40 岁（M12）的男性。相邻两座墓葬死者年龄接近或相差 5 岁左右。

除年龄以外，从葬墓的规模（墓坑宽广及深度）、葬具（棺椁重数、材质、尺寸及制作的精良程度）也体现出严整的等级差异，随葬品丰富程度也有一定差别。其中西北角的 M12 墓坑最宽、最深（深近 3 米），墓坑葬具采用 1 重功能性石椁 1 重木椁 1 重木棺，规格最高；其次是东北角的 M10，葬具采用 1 重封闭式石椁 1 重木棺；再次是西列从葬墓 M12 北部的 M13，虽然葬具与 M10 同，但墓坑宽阔程度、随葬品又低于 M10；依此类推，可将这 10 座从葬墓细分为 10 个等级（表 6－4）：

表 6－4　查拉姆 M7 从葬墓等级划分*

M12（35~40 岁）［1 功石 1 椁 1 棺］	→	M10（30 岁）［1 封石 1 棺］
M13（30 岁）［1 封石 1 棺］	← →	M9（25 岁）［1 封石 1 棺］
M14（25~30 岁）［1 封石 1 棺］	← →	M8（16 岁）［1 封石 1 棺］
M15（25~30 岁）［1 棺］	← →	M6（13 岁）［1 功石 1 棺］
M16（6 岁）［1 封石 1 棺］	← →	M11（4 岁）［1 封石 1 棺］

* 石＝石椁；椁＝木椁；棺＝木棺；封石＝封闭式石椁；功石＝功能性石椁

可见 M7 从葬墓的等级是自南而北，自东而西，自西而东，呈“之”字形逐级增高的（图 6－13）。

塔希特 THL－25 的从葬墓在封堆东侧，自南而北分别埋葬 8 岁（THL－25－1）、30～35 岁（THL－25－2）、40～45 岁（THL－25－3）男性及儿童，3 座墓葬均无葬具。这些从葬墓墓主的人骨，多遭到不同程度的扰乱（THL－25－2 除外）。可见这些从葬墓墓主的位置、年龄、葬

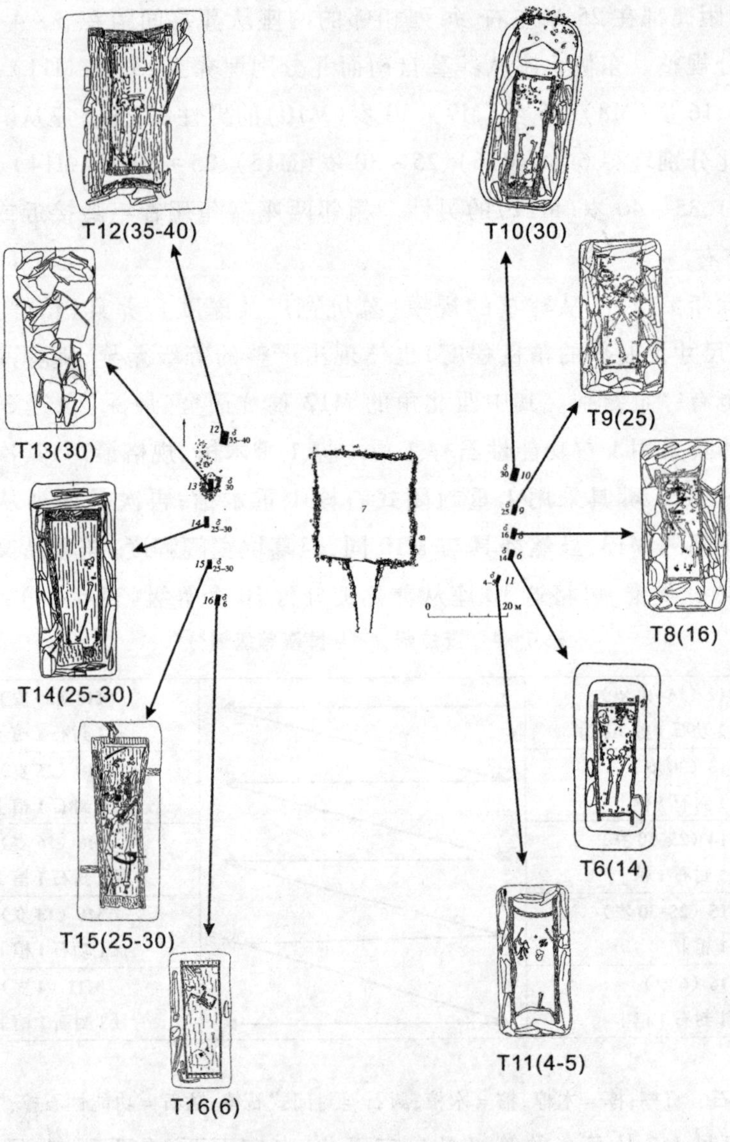

图 6－13　查拉姆 M7 从葬墓等级示意图[1]

（括号内数字表示墓主人年龄）

具间的差异体现出严整的规律，显然不会是自然死亡的陪葬墓。米尼亚耶夫认为他们是在大墓下葬后不久被立即杀死并埋葬的殉人。我们

〔1〕本图根据米尼亚耶夫报告改绘而成。

更倾向于认为他们不属殉人，而是从葬。前文已说明从葬与殉人的区别在于从葬者有独自的墓坑、封堆、葬具、随葬品。像高勒·毛德I号墓地 M21 西北角的 M21C，葬具还采用了彩绘漆棺。这说明他们本身具有一定的身份地位，比殉人地位要高。关于从葬者的死因，琼斯等学者认为塔希特墓地多数从葬者可能从马上摔落或者被人从马上抛落而致死的。[1] 但从报告发布的人骨图来看，多数有肢骨残缺（THL－25－1、THL－25－3）、头骨残缺（THL－82－1、THL－25－3）、头骨移位（THL－82－2）、上身肢骨被扰动（THL－64－1）的现象，仅少数墓葬（THL－64－2、THL－25－2）人骨较为完整。这些现象似乎用摔落致死的观点解释不通，而更符合上述扰乱葬习俗的特征。总之，我们认为从葬者人骨不完整、遭扰动的现象并不是他们被致死的直接原因，而是匈奴中小型墓葬流行的扰乱葬习俗。正因为这种习俗的存在，对于我们探究从葬者的死因也带来了很多困难。

从葬是在匈奴之前大漠南北都存在的一种古老习俗。在汉典籍中，从葬不仅是一种习俗，也是荣誉的象征；既有自愿从葬的，也有被迫从葬的。匈奴从葬者多可能也是如此。比如那些规格最低的从葬墓中埋葬的儿童，就可能是被迫从葬的。

可见从葬者的年龄是经过精心挑选的，从葬墓之间的等级差异明显，自南而北、自东而西逐级增高。从葬墓规格与主墓规格成正比。比如塔希特 THL－25 等级低于查拉姆 M7，前者从葬墓的规模、葬具等级也明显低于后者。已发掘的从葬墓以成年、青、少年男性、儿童居多，墓葬多随葬马具、武器，有的还随葬铠甲片（高勒·毛德I号墓地 M1 的从葬墓 M32 出土）。从装备上看他们应是武士，是被专门挑选出来，作为匈奴贵种在冥界的贴身侍卫或奴仆。

⑤贵族从葬墓。匈奴贵种墓葬封堆周围还有一些与普通从葬墓不在一列分布、规模较大的圆形或方形石堆墓。这些墓葬多分布在主墓东侧、南侧及西侧，较普通的从葬墓与主墓更为接近。从墓葬规格上看其墓主属于匈奴贵族，也是匈奴贵种的从葬墓，可能是匈奴贵种的近臣

〔1〕B. K. Miller, etc. "Xiongnu Elite Tomb Complexes in the Mongolian Altai", pp. 27－36.

(图 6－14)。

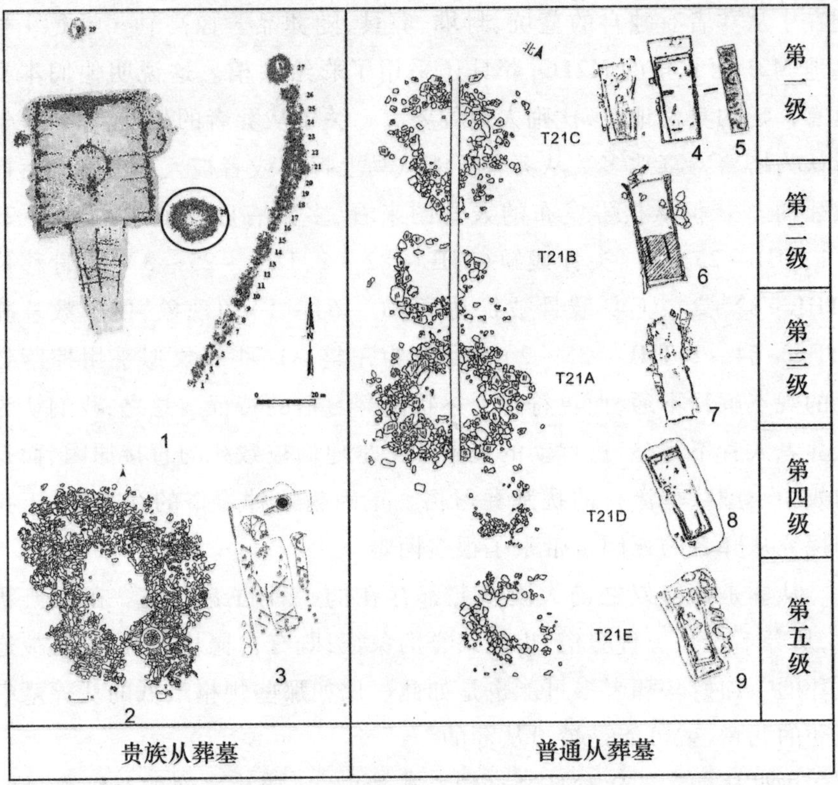

图 6－14　匈奴贵种墓葬的贵族从葬墓及普通从葬墓示意图

1. 高 II;2～3. 高 I－M74(1 椁 1 棺);4～5. 高 I－M21C(1 椁 1 棺);6～9. 高 I－M21A～B、D～E(1 棺)3. 棺面杂铁箍;5. 棺面漆画(高 I＝高勒·毛德 I 号墓地;高 II＝高勒·毛德 II 号墓地)

根据高勒·毛德 I 号、II 号墓地、德尔利格墓地的调查情况来看,仅在大墓东侧置一列从葬墓的情况占多数,东西两侧均置一列从葬墓的占少数,仅在西侧置一列从葬墓的情况最少。可见从葬墓的位置首先是考虑安置在大墓东侧,而数量较多的情况下才考虑西侧。从葬墓级别又是北高南低,这种情况或许符合《汉书·匈奴传》记载的匈奴人“长左而北向”,其贵族送死,“近幸臣妾从死者,多至数十百人”。现在看来,匈奴贵种墓葬的从葬人数没有史书中记载的那么多,不排除其中有夸张的成分。

(2)下葬顺序

三宅俊彦与加藤真二两位学者曾对鄂嫩河中游的德尔利格、包尔布拉格墓地两处墓地的布局及形成过程作出推测。他们将这个过程划分为墓地发展的三个阶段。德尔利格墓地首先是在墓地中心营建M15、M47、M99、M182、M186等规模最大的“甲”字形墓葬,然后围绕大墓建造中、小型墓葬形成小墓群。第二期,在大型墓葬周围建造东西成排的中型墓葬,中型墓葬周围也建造小型墓葬,形成一个个小墓群。第三期,在墓地边缘建造独立的中型墓葬,不形成小墓群。[1] 他们还将墓地形成过程与文献中关于西汉晚期以后北匈奴内乱、势力衰落的记载联系起来,推测墓地在第二、三期(公元1世纪中叶以后)不再兴建大型墓葬、中型墓葬沿东西向松散地分布的现象与此有关。

我们赞同他们对于墓葬下葬顺序的推测,但各阶段墓葬的形成时间不会相隔如此之长。这个过程与历史记载不能直接对应。

高勒·毛德II号墓地为我们探讨墓地内墓葬布局,墓葬下葬顺序提供了很多线索。其中边长在40米以上的超大型“甲”字形墓葬共有3座,分别位于墓地的中部、北部以及西北。报告中为刊布该墓地的墓葬编号,方便说明,我们暂且将它们分别命名为M1、M2、M3;中部M1南部邻近地分布着至少5座中型“甲”字形墓葬,可能是其从葬或陪葬墓。它南部向东也分布一排中型“甲”字形墓葬,再往南是一排小型“甲”字形墓葬和独立圆形石堆墓。北部M2南部没有一周中型“甲”字形墓葬,而有东西一排中型“甲”字形墓葬,以及它们周邻的一些零散的小型“甲”字形墓葬和独立圆形石堆墓。西北部M3南部只有零星几座中小型“甲”字墓葬。同时,我们发现中部5座“甲”字形墓葬北部都有多道列石,它们在墓地中处于不同纬度。列石多少显然与墓葬规格无关,很可能起到分隔墓区的作用。从墓地平面图可以看出,每座有列石的墓葬后面与列石等宽、东西走向的一段空间内很少有墓葬分布。可以看出墓地中是以M1、M2、M3三座超大的“甲”字形墓葬为中心,它们与其周围及南侧成排分布的中、小型“甲”字形墓葬、圆形石堆墓属

[1] [日]三宅俊彦,加藤真二:《关于蒙古国鄂嫩河中游地区的匈奴墓地调查》,第144页。

同一单元,而相邻两个单元相隔的时段并不长。

墓地中部的M1应该是在墓地中最先建造的,它占据的地理位置最好。这座大墓形成后,中型"甲"字形墓葬围绕在它周围、或在它南侧成排陆续建造;与此同时,小型"甲"字形墓葬及独立圆形石堆墓在更南部也在东西成排陆续建造;M1北部的两排中、小型墓葬之间有等级差异,而无时代早晚的区别。M1南部的墓葬数量最多,也表明它在墓地中沿用的时间最长。M2位于M1北部,纬度较低,接近河谷,地理位置稍差,是晚于M1下葬的。M2南部的一排中小型墓葬是在M2下葬后陆续建造的,这些墓葬数量少,说明M2在墓地中沿用时间短于M1;M3偏居墓地西北一隅,纬度最低,距艾尔赛金河(Elsetiin gol)仅有400米,地理选址最差。其南部的从葬墓数量更少,表明它兴建时代晚,在墓地中延续时间短。M1、M2、M3埋葬的均为匈奴贵种中等级最高者,地位相当于匈奴单于或者右贤王,三者至少是连续三代匈奴单于或小王。他们墓葬南侧中小型"甲"字形墓葬埋葬的可能是他们的妻妾、亲属,独立圆形石堆墓内可能埋葬着他们的近臣。墓地周边的其他小墓,埋葬的是低等级的匈奴贵种及该氏族中的其他部落成员。这些小墓的建造年代可能是在墓地的各个时期建造的。根据以上分析,高勒·毛德II号墓地内超大的"甲"字形墓葬与其南部东西成排分布的中小型"甲"字墓葬同属一群。

从高勒·毛德I号墓地发掘的墓葬来看,墓葬中心规模最大的"甲"字形墓葬M1、M20的年代都在东汉前期,它们与周围的M74、M75、M79以及M21的从葬墓同类随葬品形制接近。说明它们时代接近,相隔不远。可见,东汉前期至中期的漠北草原仍有相当数量的大型"甲"字形墓葬,至于鄂嫩河的包尔布拉格墓地是否是匈奴墓葬发展到最晚期匈奴贵种权力削弱的结果?我们持怀疑态度。因为,同区内同时存在不同等级的匈奴贵种墓地的情况在中心北区就有发现,比如第一等级的查拉姆墓地与第二等级的伊里莫瓦墓地的年代彼此相隔相差不远,都在西汉后期。那么,同处于一区的第一等级的德尔利格墓地与第二等级的包尔布拉格墓地时代接近,也是完全有可能的。

总之,匈奴贵种墓地之间的等级差异以及墓地的形成过程不能与文献记载的西汉后期至东汉中期匈奴分裂、势力衰落的史实直接对应。

6.3.3 葬仪等级制度所反映的匈奴社会问题

中外学者从史籍出发探讨匈奴社会与国家组织的研究已有很多。[1] 王明珂先生从人类学出发,深刻剖析了游牧经济固有的特点与游牧社会组织、政体之间的关系。[2] 从他的分析中可知,匈奴虽然形成了集权制"国家"政体,能够统一调配人力物力,但却与游牧经济自然导向的"分歧、分散性"、"平等自主性"社会特质之间存在不可调和的矛盾。这种矛盾的发展伴随着匈奴兴衰始末。

王明珂先生所述匈奴社会内部"分散"与"集权"的矛盾在考古学资料中得到了充分的体现。首先,葬仪体现出匈奴的"集权"特征非常明显。在上述讨论中,我们已了解到匈奴中心区及边疆区文化面貌统一,中心区内墓地、墓葬等级差别严格、中心区与边疆区之间也存在严格的等级差别,这些差别主要表现在墓地布局、墓葬规模、棺椁结构及装饰和特殊随葬品方面。在广阔的地域内严格实施、维持这种葬仪的等级制度需要中央统治集权化达到一定的程度。另外,在伊沃尔加遗址群一节我们也讨论过,将不同部族成员迁至一处集中管理、统一分工、调配也体现出匈奴集权化政体的特征。其次,匈奴最高等级的贵种氏族墓地不只分布在一处,而是散布、集中在中心区内各个亚区内。比如中心西区的呼尼河流域、中心中区的诺彦山地区、中心东区的鄂嫩河中游地区、中心北区的鄂尔浑河下游地区等。高勒·毛德、德尔利格、苏珠克图、查拉姆等各区的几处墓地内规模最大的墓葬规格接近,表明匈奴贵种之间没有明显的等级差异。这又体现出匈奴游牧社会内部军

---

〔1〕谢剑、护雅夫、林幹等强调在匈奴"国家"中央集权、阶序化的政体可以有效配合地方游牧经济,从而能在战争动员与战事上发挥游牧"机动性",保证强大的战斗力。巴菲尔德(Thomas Barfield)、麦高文等更多的学者则认为匈奴二十四长等地方官员享有相当的自主权,类似于独立于中央之外的地方领主。因而判定匈奴"国家"具有更多的军事联盟性质(王明珂:《游牧者的抉择:面对汉帝国的北亚游牧部落》,第 144 – 145 页)。

〔2〕王明珂:《匈奴的游牧经济:兼论游牧经济与游牧社会政治组织的关系》,第 9 – 50 页;《游牧者的抉择:面对汉帝国的北亚游牧部落》,第 101 – 147 页。

事联盟政体"分散"的特征。可见,匈奴社会是"分散"中有"集权","集权"中有"分散"。在这对矛盾的制约下,匈奴"国家"政体的集权化程度并未发展、达到汉朝等农业文明中央集权的程度,仍保留着许多部落酋长联席议事制的残余。

从匈奴葬仪的早晚发展来看,墓地、墓葬的等级差异在西汉后期日益显著、严格。此时在原先第三等级墓地基础之上又发展出第一、二两级墓地,而第三、四等级墓地与早期相比并无显著变化,表明葬仪的等级制度的发展主要发生在匈奴统治阶层。这些都反映了匈奴政体集权化程度逐渐加强的过程。正如王明珂先生所论及的,为补充不稳定、分散性游牧经济,建立在军事联盟基础之上的匈奴"国家"可以实现内部资源的统一调配,维持强悍的常备军队,他们通过掠夺、贸易、纳贡、抽税及胁迫赐予的手段从周围部族中获取外在资源。然而,维持辅助性生业和国家集权体制所进行的军事活动却严重影响了帝国内部广大牧民的正常游牧生活,基础生业受到破坏需要更多的辅助性生业来填补。为解决这些矛盾,匈奴又需要进行不断的扩张与更频繁的军事活动。汉朝强盛后一方面与其他民族联合对匈奴实施不断的军事打击,致使匈奴在向获取资源受挫的情况下产生内部矛盾;同时汉朝运用外交手段,赐予靠近长城的一些匈奴民族以优厚的待遇,使其对汉依赖性增强,最终导致了匈奴离心离德、分裂与衰亡。[1] 可见,匈奴这个分散性本质的游牧社会一旦选择了军事联盟的集权制政体,他们对辅助性生业的依赖便逐渐增强。保持军事优势与扩张是他们维持辅助性生业、使政体得以延续、发展的基础。一旦这些优势失去了,他们就走向了分崩离析的边缘。

6.4　匈奴葬仪所反映的社会等级制度的形成与发展

通过上两节的分析,我们发现匈奴葬仪中融合了多种文化因素,

〔1〕王明珂:《游牧者的抉择:面对汉帝国的北亚游牧部落》,第101－147页。

匈奴葬仪等级制度在两汉期间通过吸收、改造、融合多种文化因素而不断发展。结合时代与墓葬分布地域，我们尝试对匈奴葬仪等级制度的形成与发展的过程作出复原，并对该过程反映的历史、文化背景进行讨论。

6.4.1 早期(融合期——战国晚期至西汉中期)

战国晚期至西汉前期，匈奴在漠南兴起，通过对周边诸部族的兼并而逐渐强大。首先纳入匈奴部落联盟的主要有河西走廊的羌戎系部落、甘肃庆阳、宁夏固原等地的西戎部落、鄂尔多斯楼烦、白羊等白狄系部落。楚汉之际至西汉前期，匈奴通过向北、向西的两次大规模扩张，占据了北起外贝加尔，西至阿尔泰山，西南至东天山，南抵河西走廊、长城沿线，东达大兴安岭的辽阔地域。这一时期融入匈奴部落联盟的有蒙古中、东部的石板墓文化、叶尼塞河上游的坚昆部落(乌尤克文化)、中游的丁零部落(塔加尔文化)、阿尔泰北麓的屈射部落(巴泽雷克文化)。

此后，在匈奴部落联盟裹胁下的诸部族逐步完成了民族、文化的融合，在以色楞格河、鄂尔浑河为中心的地区形成了统一的匈奴考古学文化。这种文化形成后，便从中心区向四周的边疆区、互动区传播、推广开来。

匈奴葬仪融合的多种文化因素主要包括：以木制棺椁重数为标识的葬仪等级制度、“舟”字形木棺及其制作工艺、木棺表面的“杂金簪”、木椁分箱等特征主要源自汉及与汉地存在广泛文化交流的白狄系部落；木棺外设置功能性石椁的习俗主要来自山戎系部落遗民；“曰”字形偏室墓形制主要源自羌戎系部落；墓葬封堆设置石板框、以封闭式石椁为葬具的文化因素主要来自石板墓文化，后者也包括部分丁零、坚昆文化因素；以半剖木、原木搭建木椁的制作技术源自阿尔泰北麓、叶尼塞河中上游地区文化；墓坑设头龛、头箱、仰身直肢北首葬、扰乱葬、动物纹带具、瓮棺葬等文化因素源自中国北方地区。

这一时期匈奴墓葬以中小型、圆形及方形石堆墓为代表。墓地大致分为两个等级：(1)高等级墓地(也即中、晚期第三等级墓地)内以规模大的墓葬为中心分群、分区。墓葬在封堆、墓坑规模、木制棺椁重数、木棺的装饰、带具等方面体现出鲜明的等级差异。这类墓地主要分布在匈奴中心区,以德列斯图伊墓地、胡德金·托勒郭依墓地为代表。图瓦考里克墓地、巴里坤东黑沟墓地也属同类墓地,表明匈奴葬仪在边疆区的传播。(2)低等级墓地(也即中、晚期第四等级墓地)内墓葬不分群,墓葬之间体现在以上诸项的等级差异不明显。这类墓地主要分布在匈奴边疆区,以伊沃尔加墓地、乌兰固木墓地为代表。表明中心区域边疆区之间的匈奴部族也存在等级差别。

边疆区与中心区匈奴文化特征基本一致,同时包含一些其他文化因素。表明了边疆区内匈奴与多部族成员的融合以及匈奴文化在当地的影响力相对较弱。

6.4.2 中期(定型期——西汉后期)

随着匈奴的强盛及其与汉朝、周边地区交流的增进,匈奴在吸收汉葬仪及叶尼塞河中上游地区葬仪的基础之上,创造了匈奴式的"甲"字形墓葬形制。墓地及墓葬分为多级,等级间差异明显,等级差别严格,等级制度完备。

这一时期匈奴墓地等级差异显著,在早期两级墓地之上又增加了两级含有"甲"字形墓葬匈奴贵种墓地。高等级匈奴墓地主要分布在中心北区。第一级墓地以查拉姆墓地为代表,第二等级墓地以伊里莫瓦墓地为代表。墓地布局仍以规模最大的高等级墓葬为中心分群、分区。相对于较早期高等级墓地(第三等级墓地)而言,第一等级墓地内的墓葬在封堆、墓坑形制、规模、从葬墓数量、木制棺椁重数、棺的装饰、带具等方面体现出的等级差异更加悬殊,等级差别严格。匈奴贵种墓葬的从葬墓在主墓周围布局规整,在墓葬规模、葬具、从葬者年龄方面表现出严整的等级差异。第三、四等级匈奴墓葬的葬仪与早期相比并无显著变化。

匈奴"甲"字形墓葬地上建筑吸收了叶尼塞河中、上游坚昆、丁零文化的大型墓葬封堆的石围墙、立石的文化因素;木椁仍沿袭早期特征;墓道、墓坑结构、棺椁制度、木棺装饰主要模仿了汉地诸侯王、列侯的葬仪特征。丧葬用玉、马具饰牌上装饰的麒麟题材，丧葬用的汉式车辆也是在这一时期融入了匈奴贵族的葬仪。以权杖标识身份、等级的观念也是这一时期从中亚引入匈奴，融入匈奴葬仪的——他们将自己设计、制作的权杖随葬在墓室中。综合来看，此期匈奴葬仪发生的重大变化主要发生在中心区的匈奴贵族阶层，其中受到汉文化的影响最为强烈。这应与西汉后期发生的一连串历史事件直接相关。

据汉典籍记载，西汉早中期的漠北匈奴人虽然与汉地存在战争、商贸形式的文化交流，匈奴对汉文化的喜好，多只限于丝绸、食物等物质文化层面。对此，可以西汉前期中行说嘲汉使一事为证。西汉中期经过武帝对匈奴的数次打击，元封四年（公元前 107 年）匈奴乌维单于首次派遣一名贵种成员入朝侍汉。随后在宣帝时期匈奴经历了五单于争立的内乱，呼韩邪单于首次南面称臣、来汉觐见。并在公元前 53 年向汉朝遣送质子。从此开始，汉匈关系逐步缓和、增进，双边商贸往来日益频繁。匈奴定期朝汉、向汉朝遣送质子，汉朝政府也颁赐他们大批锦绣缯帛、絮、粮食，数额也在逐年增长，匈奴对汉的依赖逐步增强。这个局面虽时有中断，但一直延续到东汉时期。[1]

西汉后期开始的汉匈高级贵族阶层交往的日益增进，应是匈奴"甲"字形高等级墓葬出现、匈奴葬仪发生重大变化的主要原因。

6.4.3　晚期（传播期——王莽期至东汉中期）

葬仪基本承袭中期特征，高等级墓地布局趋于规整，墓葬等级制度进一步完备。第一等级墓葬仍以规模最大的"甲"字形匈奴贵种墓葬为中心分群、分区，中小型匈奴贵种、贵族墓葬分布在它周围。同时大墓南侧还分布多排着东西向的中小型匈奴贵种、贵族墓葬，每排墓葬之间也存在着等级差异。

此期高等级墓地（第一等级、第二等级墓地）也出现在中心区内的西、中、东三区以及边疆区的西部地区。表明匈奴葬仪及其等级制度在中期形成之后从中心区向边疆区迅速传播开来。中心西区第一等级墓

〔1〕详细统计及说明请参看余英时先生的相关论著（余英时：《汉代贸易与扩张》，第 47－49 页）。

地以呼尼河高勒·毛德Ⅰ号、Ⅱ号墓地为代表，中心中区第一等级墓地以诺彦山苏珠克图墓地为代表，中心东区第一等级墓地以鄂嫩河中游德尔利格墓地为代表。边疆区规格最高的白达格Ⅱ号墓地、塔希特墓地均为第二等级墓地，表明中心区与边疆区的匈奴贵族之间也存在着等级差别。

总之，匈奴葬仪的典型文化特征及其等级制度，是在西汉早期融合多种文化因素的基础之上首先在中心区内形成，然后在边疆区、互动区传播、推广的。自西汉后期开始，随着汉匈双边关系缓和、高级贵族阶层交往的日益增进，匈奴高级贵族的葬仪及其等级制度在主要吸收、融合汉贵族葬仪特征基础上发生了重大变化并进一步完备，进而也传播到了边疆区域。迁入汉地不久的匈奴成员在很大程度上保留了原有的葬仪特征，随着他们在汉地居住时间越来越久，汉化程度也越来越深，其葬仪的变化、发展轨迹逐步与汉葬仪区域一致，与漠北匈奴葬仪的差别越来越大。

综上，匈奴葬仪等级制度的发展与匈奴部落联盟兴起、扩张，以及与周边地区文化交流的情况有直接的联系。漠南的匈奴遗存因其所属部落在匈奴领地内的等级不同、归降时间不同、在汉地居住时间不同而呈现出不同的文化面貌。

7 考古所见匈奴习俗与礼仪

匈奴考古学文化的形成、扩大与发展,一直伴随着对周边地区考古学文化的吸纳与融合。他们的一部分衣、食、住、行、宗教礼仪以及丧葬习俗也被载入汉文典籍,已被学者们辨识出来。随着近年来匈奴考古学资料的丰富,我们有必要对以往的研究进行重新审视,进而对一些问题提出新的看法。

7.1 匈奴的生活器具

7.1.1 工具及饮食器皿

匈奴的社会经济主要是游牧业。多数匈奴人“随草畜牧而转移”,畜群种类主要是马、牛、羊。同时也畜养少量“橐佗、驴、駃騠、騊駼、驒奚”,也就是骆驼、驴和骡一类动物。[1] 当时的匈奴人的畜养技术已经很成熟,他们能够很好地掌握对牲畜的宰杀时机,从而保证牲畜为自己提供稳定、充足的奶、肉和毛等基本生活资料。[2] 蒙古高原、外贝加尔、长城沿线、西域等地匈奴墓葬中普遍流行随葬马、牛、羊等动物牺牲的头颅、肢骨、骶骨、蹄的习俗充分说明了这一史实。骆驼牺牲在诺彦山、巴里坤草原等地的匈奴墓葬中也有发现。除饮用乳汁以外,匈奴人

〔1〕关于“駃騠”、“騊駼”、“驒奚”,江上波夫、内田吟风、蒲立本、方状猷等学者均作过考证,争议颇大。基本认为它们指其他品种的马、驴、骡一类家畜(内田吟风:《〈史记·匈奴传〉笺注》,第21页,注3)。

〔2〕斯坦福大学的玛卡瑞维茨(Cheryl Makarewicz)女士的研究运用了动物考古学、同位素、基因学等多学科研究手段,比较研究了额吉河流域现代牧民与匈奴人对羊的畜养、宰杀情况,从而得出这一结论(C. Makarewicz, “Documenting Complex Subsistence Strategies in Xiongnu Economic Systems”, *International Conference of Xiongnu Archaeology*, Ulaanbaatar, 16 - 18 October 2008)。

还将乳汁制作成“湩酪”、[1]“煤蠡”[2]等乳制品,便于储存与携带。

匈奴人也要从事一些辅助性生业来补充生计。这些辅助性生业有渔猎、农业、劫掠及贸易。[3]匈奴人“随畜田猎禽兽为生业”的实物证据已发现不少。例如在伊沃尔加城址中就发现过鱼钩、鱼叉、网坠;伊沃尔加、德列斯图伊、诺彦山等墓地中出土不少鹿角、肢骨及用鹿骨制作的工具(图7-1)。

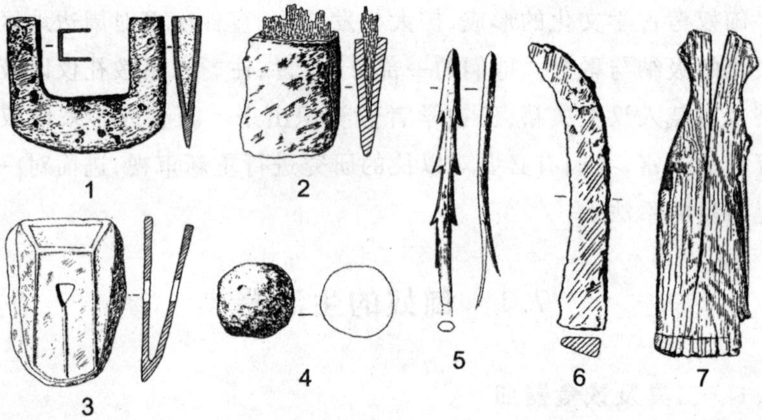

图7-1　匈奴遗存中发现的农具及渔猎工具

1.铁锸;2.铁镬;3.铁犁铧;4.石网坠;5.骨鱼叉;6.铁镰;7.木耜(1~2.德列斯图伊墓地M28、M62;3~6.伊沃尔加城址;7.苏珠克图M6)

匈奴部族中也有一部分人“常居耕田之业”,专事农业生产。他们过着相对定居的生活,或居住在城市里,或居住在游牧民相对固定的营地当中,可能以妇女居多。匈奴人耕作所使用的铁制镬、锸、犁铧、镰、木耜等工具,在伊沃尔加、德列斯图伊、胡日尔德比等地城址、墓葬中均有发现,形制与汉代农具接近。这些证据表明,至少在西汉前期汉地的

[1]“湩酪”,乳酪。《史记·匈奴列传》载中行说“得汉食物皆去之,以视不如湩酪之便美也。”裴骃《集解》注“湩,乳汁也。音都奉反。”《汉书·匈奴传》作“重酪”,颜师古注“重,乳汁也。重音竹用反,字本作湩,其音则同。”

[2]“煤蠡”,乳汁精炼成的块状食物,可能类似于现代牧民俗称的“奶粑子”,比湩酪坚硬。《汉书·杨雄传》下《长杨赋》曰“驱橐驼,烧煤蠡”。张宴注:“煤蠡,乾酪母,烧之,坏其养生之具也。”

[3]辅助性生业一词及其分类借自王明珂先生的论著,本书只根据考古遗存就相关问题进行说明。

包括农具在内的整套农耕技术就已经被引入漠北匈奴部落当中。达尔汗山、诺彦山、台布希乌拉等匈奴墓葬中都发现黍粒，这些黍粒或为匈奴人自己种植，或源自汉地。匈奴人除了食用谷物以外，也用它来酿酒。匈奴向汉朝索要的大量"秫糵"，其中有一部分就被用来酿酒。匈奴储酒的器皿称为"服匿"。

匈奴人的日用器皿中，炊具主要有侈口平底陶罐、铜鍑及铁鍑，塔米尔流域、胡德金·托勒郭依等地匈奴墓葬出土的侈口平底罐上还有厚厚的烟炱，里面还盛放着羊的腿骨。铁鍑、铜鍑多出自大中型墓葬，一般体型较大，用于煮肉。有平底鍑、圈足鍑两种。都有双立耳，耳有方形或圆形两种。方耳外侧内、外沿多起1道突棱。器表通常在领部施两道平行弦纹，肩部、腹部施两组弧曲的大花瓣形凸弦纹，弧瓣相切处施1道竖向弦纹。此外，德列斯图伊墓地和伊沃尔加墓地都发现少量鬲足；伊沃尔加城址出土甑或甗，可知匈奴人也使用鬲、甗一类蒸煮器皿。这两类器型可能源自汉地或中国北方地区，普通匈奴人日用的饮食器具包括小铁刀、木勺、骨勺、椭圆形的小木盘。匈奴贵族则大量使用金属器皿，器类也十分复杂。比如诺彦山苏珠克图1号墓出土过1件青铜勺和1件三足的匜形铜器，苏珠克图6号墓也出土1件木匜。这类匜与苏珠克图25号墓出土的1件高直领鼓腹青铜壶可能用作酒器。随着匈奴与汉地文化交流的增进，尤其是匈汉和亲之后，大批汉地制作的精美物品落入匈奴贵族手中。使用漆耳杯、铜壶、铜盆等器皿逐渐成为匈奴贵族的风尚。他们也将这些物品随葬在墓室之中，尤其以西汉后期出现的"甲"字形墓葬最为典型。不仅呼尼河高勒·毛德墓地、诺彦山苏珠克图墓地、鄂嫩河德尔利格墓地以及外贝加尔伊里莫瓦墓地、切列姆霍夫墓地、查拉姆墓地等多处大中型墓葬中都普遍出土漆耳杯，就连塔米尔I号墓地、德列斯图伊墓地等中小型墓葬中也出土过很多。这些物品的来源不尽相同，大中型墓葬中出土的一些制作精美、带有"上林"、"蜀郡"题款的漆耳杯以及阿巴坎宫殿出土的两件淡绿色玉耳杯，应是汉朝廷赐予匈奴的；而中小型墓葬出土的一些制作相对粗糙的漆器，则可能是通过边境贸易从汉地购得的。毕竟，漆器、玉器在当时价格昂贵，不易获得，匈奴地区的工匠也开始仿制出石耳杯。伊沃尔加城址就曾出土过这种石耳杯。汉式的青铜壶在苏珠克图9号(D4号)墓墓室东北部出土1件，通高35厘米，肩部两侧各有一个兽面衔活环铺首。汉式的青铜洗在呼尼河高勒·毛德I号墓地M1以及诺彦山苏珠克图25号墓葬中各出土1件，肩部都有一对衔活环的兽面铺首。此外，受汉地饮食习俗的影响，约从西汉中后期开始，匈奴人也使用骨筷作为餐具，[1]比如西汉中后期的伊里莫瓦墓地、东汉的大保当墓地都发现过骨筷。[2]

服匿。匈奴大中型墓葬中普遍出土的一种高度30厘米以上的小口细颈鼓腹罐，其中许多器物下腹部还穿有1个小孔。我们怀疑这类器物的主要功能可能是酿酒、储酒。《汉书·苏武传》载匈奴于靬王曾因赏识苏武而赐给他"马畜、服匿、穹庐"，其中"服匿"是匈奴语，就是指这种储存酒酪的小口细颈鼓腹罐。[3] 这种服匿多用泥质灰陶烧成，制作精细。器物领部、肩部流行装饰波浪纹、旋纹及研光暗纹。中型墓葬出土的服匿体型稍小，高度35~50厘米左右，而像诺彦山苏珠克图1号墓等大型墓葬出土的服匿，高度可达到1米之多。对这类器物的用途，以往学者众说纷纭。前苏联的鲁金科认为器体较大的服匿用于酿酒，而器体较小的服匿用于制乳酪或奶酒，器腹下部的穿孔便于排放奶渣。[4] 达维多娃只承认大型器皿用于酿酒，穿孔用于出酒。潘玲则怀疑这类器物是储存粮食的瓮，穿孔适于粮食通风。[5] 我们认为这类小口细颈鼓腹罐均为酿酒、储酒的酒坛，器腹下部的穿孔，是为品酒、出酒而专门设计的。理由如下：(1)这类器物是用于储存液体而不是粮食。它们口小、腹深，尤其是那些高达1米的，无论倾倒或舀取粮食都

[1]冯恩学：《俄国东西伯利亚与远东考古》，第490页。

[2]潘玲：《伊沃尔加城址与墓地及相关匈奴考古问题研究》，第81－83页。

[3]"服匿"，颜师古在注解中征引了多家说法，可归为两种解释：①储酒器。持此观点的孟康注曰："服匿如罂，小口大腹方底，用受酒酪。"晋曰："河东北界人呼小石罂受二斗所曰服匿。"②小毡帐。刘德曰："服匿如小旃帐。"这里服匿既与穹庐同时出现，应指储酒器。

[4]С. И. Руденко, Культура Хуннов и Ноинулинские Курганы. － Издательство Академии Наук СССР, Москва－Ленинград, 1962, －С. 30－38.

[5]潘玲：《伊沃尔加城址与墓地及相关匈奴考古问题研究》，第26页。

极不方便。而且还有些器体较大但却没有穿孔的陶罐,从相同功用的角度出发难以解释。另外,它们无论体型大小,外形、装饰都比较接近,无法明确区分出哪些是罐、哪些是瓮。(2)这类陶器也不会是水器。有些器高在35厘米左右的罐子也有穿孔。它们器体并不大,若用作水器完全可以从口部倾倒,穿孔显得多于而难以解释。(3)不少器物表面都有明显的磨损、使用痕迹,表明原先是实用器。器壁上的小孔不应解释为某种特殊的习俗或葬仪的产物。(4)从器型观察,这类小口细颈鼓腹罐最适于酿酒。口小易于封堵、防止酒精挥发,鼓腹易于发酵。因此,我们认为这种小口细颈鼓腹平底罐很有可能是酿酒、储酒的"服匿"。原先酿酒时,可能先在服匿的口部覆以软皮,并用毛线束于颈部封好。每次酿酒都同时使用多件服匿。其中一些器壁下部有穿孔的,原先可能用木塞堵塞,方便酿酒师定期打开品尝、了解同一批服匿中酒的酿造情况。因此并非所有的服匿都需要穿孔。还有一些高度在35厘米以下的小口细颈鼓腹罐或小口细颈折肩罐,器壁多无穿孔,很可能用作酒壶。

据《南齐书·陆澄传》记载:"竟陵王子良得古器,小口方腹而底平,可将七八升,以问澄,澄曰:'此名服匿,单于以与苏武。'子良后详视器底,有字仿佛可识,如澄所言。"[1]在伊沃尔加遗址群、额吉河布尔汗·托勒郭依墓地、上孙家寨匈奴遗存中出土的小口细颈鼓腹罐底部,在方形戳记内或旁边多有一些符号。这类符号也有类似汉字的笔画,因而可能造成"有字仿佛可识"的印象。

小口细颈鼓腹罐体型的大小与其使用者的身份、地位有着直接的对应关系,比如高度在50厘米以上的大型器多发现在诺言乌拉、伊里莫瓦谷地等高等级贵族墓葬中,做工精良,装饰水波纹、弦纹或研光暗纹;而在1重木棺或无葬具的墓葬中则极为少见。小型的小口细颈鼓腹罐除明器外,其陶质粗细程度、烧制、装饰工艺好坏也体现着被埋葬者身份等级的高低。比如德里斯图伊墓地中装饰研光暗纹、烧制精美的小口细颈鼓腹罐就多出自1椁1棺、封堆体量较大的贵族墓葬,而在

[1]《南齐书》卷39《陆澄传》。

1重薄木棺的小墓中较为罕见。

匈奴饮酒之风很盛,对此汉文史籍保存着丰富的记载。比如公元前124年,匈奴右贤王曾因"饮酒醉"而险些被卫青擒获;[1]再如天汉二年(公元前99年),匈奴且鞮侯"单于置酒赐汉使者","持牛酒劳汉使,博饮"。[2]匈奴单于常以美酒犒赏军功卓著的勇士,他们如能"斩首虏赐一卮酒"。[3]贾谊在其《新书·匈奴》篇中也写道:"以匈奴之饥,饭羹啖膹炙,嗶多饮酒,此则亡竭可立待也。"[4]

7.1.2 日用工具

7.1.1.1 燧

匈奴人使用弓弦钻木法取火。这种取火方法采用的工具包括燧木板、钻弓、钻杆和钻杆帽,由1人即可操作。使用时将燧火板铺于一个平面,一手握钻杆帽扣在钻杆一端,将钻杆的另一端垂直抵在钻火板表面。另一只手握钻弓,用弓弦在钻杆上端绕几圈或从钻杆的穿孔中穿过以固定钻杆。用手横向拉动弓弦,带动钻杆在燧木板表面摩擦,当燧木板发热起烟时用芯绒、棉絮等易燃物凑近即可引燃。诺彦山苏珠克图6号墓出土过1块燧木板、6根钻杆;苏珠克图25号墓出土过木制钻弓;德列斯图伊墓地则发现用山羊肩胛骨或公牛肋骨制成的钻弓,伊里莫瓦墓地出土过用公牛距骨制作的钻杆帽。当然,这种取火方式并不是匈奴的发明,早在早期铁器时代,欧亚草原及绿洲诸部族已经普遍掌握了这种技术。据新疆考古所于志勇先生统计,新疆和静县察吾呼沟、伊吾县拜其尔、且末县扎滚鲁克、吐鲁番洋海等多处墓地都发现过这类燧木板。[5]汉代也普遍采用这种取火方式,汉文献称之为"木燧"、"钻燧"、"出火燧"。除新疆以外,其实物在居延、敦煌等地也多次发

[1]《汉书》卷94《匈奴传》。

[2]《汉书》卷54《李广苏建传》。

[3]《汉书》卷94《匈奴传》。

[4]《新书》卷4《匈奴》。

[5]于志勇:《光り輝きつづける火の光——新疆で発掘した火鑽具について》,载《中日共同尼雅遗迹学术调查报告书书》(第三卷),真阳社,2007年,第249-268页。

现。[1] 木燧的起源很早，匈奴这种取火方法的来源，已不可考。

7.1.1.2 灯

匈奴本民族使用的照明物品我们尚不太清楚，但西汉中后期匈奴墓葬中多出汉灯或汉式灯（见图版十一）。诺彦山苏珠克图6号墓、德尔利格M20都出土三足有柄的青铜油灯，灯盘内有炷，应与同出的那件“上林”漆耳杯一样都是汉廷馈赠的物品，从造型上看应属“行灯”。德尔利格M20铜灯内还残有未燃烧尽的动物油脂。苏珠克图9号（D4号）墓出土1件豆形铁灯。灯盘内虽无炷，很可能也是灯芯立于膏状动物油脂中燃烧的烛灯，当然我们也不能排除它是灯芯搭边燃烧的油灯的可能性。[2] 匈奴中小型墓葬中也出土了一些汉式陶灯，有豆形陶灯和盘形陶灯两种。豆形陶灯在呼尼河胡德金·托勒郭依墓地M1中出土过1件，灯盘中无炷。这座墓绝对年代在西汉末至东汉初。盘形灯在外贝加尔地区西汉后期至东汉前期伊里莫瓦谷地M7中出土过1件，内部带有环状凹槽，而在东汉的塔米尔河墓地中普遍出土。除了内部有环状凹槽的盘形灯，还有一些没有凹槽的，有些表面有火烛燃烧的烟炱，可知为实用器。这类没有炷、内部有凹槽的盘形灯，可能有多条灯芯，燃烧固态动物油脂或液态植物油。可见在西汉末东汉初，盘形灯已在匈奴低等级贵族或普通部族成员中广泛流行了。这些中小型墓葬中出土的豆形灯、盘形灯与汉地陶灯的形制十分接近。它们可能是在匈奴当地制作的，制作过程应有汉地工匠的参与。当然，在陶灯成分分析结果刊布以前，我们也不能排除它们来自汉匈边境贸易的可能性。塔米尔墓地中与陶灯同出的还有许多汉地制作的漆器、弩机、成串的五铢等，同时这些物品制作并不精良，而且在中小型墓葬中普遍出土，不太可能是汉廷馈赠匈奴并由匈奴单于在部族中分配后获得的。

7.1.3 其他

(1)家具。惯于游牧生活的匈奴人日常生活中并不使用太多家具，这已为大量考古资料所证实。他们常用的是一种小木案，诺彦山苏

[1]孙机：《汉代物质文化资料图说》，北京：文物出版社，1990年，第348－349页。

[2]关于汉代灯的种类及使用参见孙机：《汉代物质文化资料图说》第88篇《灯》。

珠克图6号墓出土的1件圆形的木案，桌面平整，直径26厘米。底部有三个长方形榫眼，原先应有三条腿。类似的三足小木案在新疆山普拉墓地84LSIM49出土过1件，里面还盛放着羊头骨、脊椎和肩胛骨。[1] 台布什乌拉8号墓出土过四足小木盘，这类木制的矮足案、盘在欧亚草原及绿洲地区发现过许多，是匈奴等游牧人用于盛放食物等物品的日用器皿。另外，苏珠克图6号墓还出土多根漆木腿，高度在12～14厘米，有蹄形和四棱柱形两种，表面都髹黑、红漆。原器应是汉地制作的案、几一类家具，它们应与墓葬中的漆耳杯、织锦一样都来自汉廷的馈赠。

(2)枕。匈奴贵族使用的毛套棉枕，在诺彦山苏珠克图6号墓外回廊东侧出土过1件，这件枕套长40厘米，宽25厘米，由两层彩色、平纹毛布缝制而成，里面填充着棉絮。它可能是在匈奴当地制作的。

7.2 匈奴的武器

匈奴是一支勇敢善战的游牧民族，汉典籍载匈奴武器"长兵则弓矢，短兵则刀鋋"。[2] 匈奴宝刀称为"径路"，[3] 即弓、箭、刀、短矛四种。从考古发现来看，还有剑、甲、杖、棒等。弩作为收藏之用。

7.2.1 长兵

7.2.1.1 弓

弓、箭是匈奴人最常使用的武器，既用于狩猎，也用于作战。待他们死后，弓、箭作为随葬品往往放置在死者身体两侧。这种情况在已发掘的匈奴人墓葬中非常普遍。弓体在图瓦地区保存较好，出土较多，均为木弓。弓体内胎由多层韧木片黏合而成，表面缠牛筋，保护并增强了弓体的弹性。这种弓的长度在1.2～1.6米之间。伊里莫瓦的弓复原

---

〔1〕M49的绝对年代2040±59、2089±74，大概在西汉后期至东汉前期之间。

〔2〕颜师古注："鋋，铁把小矛也，音蝉。"《说文解字》注："鋋，小矛也。从金延声。"

〔3〕《汉书·匈奴传》载汉元帝初元二年（公元前47年），"昌、猛与单于及大臣俱登匈奴诺水东山，刑白马，单于以径路刀金留犁挠酒，……"颜师古注引应劭曰："径路，匈奴宝刀也。金，契金也。留犁，饭匕也。挠，和也。契金著酒中，挠搅饮之。"

长度在1.4~1.6米之间。弓中央抓握处两侧分别贴1片宽大的弧角形弓弣,前端贴1件形体细长、两端内凹的弓弣进行加固。弓渊宽大且扁,大幅度增强了弓的强度与拉力。弓萧稍细,末端附着弓弭。弓弭上的缺口用于钩挂弓弦。弓弣与弓弭多用牛骨、角制成,表面均打磨光滑,减少了与箭杆、弓弦的摩擦。[1] 完整的弓应包括4件弓弭、3件弓弣(图7-2)。

根据谢肃芳曾对尼雅、甘肃等地出土汉代弓作过复原研究,上弦的弓体长度在1.62米左右,其制作技术与匈奴使用的弓基本一致。[2] 限于出土资料的不均匀,我们很难判断这种弓的发明、传播情况。但是可以约略对匈奴及汉地出土弓的差异作一些说明:首先,弓体质地及装饰不同。汉地使用弓多用竹制弓体,有些表面髹漆,而匈奴多用木弓,无髹漆;[3] 其次,弓弣形制不同。匈奴弓多采用两片弧角形弓弣与1片细长两端扁平的弓弣的组合,而汉弓有细长条弓弣,但两侧弓弣呈长方形而不是弧角形。可见,是否髹漆、弓弣的形状可能是区分匈奴弓与汉弓最显著的标准。

匈奴复合弓的形制在两汉时期也经历了不断发展、革新的过程。弓弭在西汉前、中期匈奴墓中已经流行,但细长条形弓弣及弧角形弓弣发现的数量远少于弓弭的数量。西汉中期偏晚两种类型的弓弣与弓弭同出的现象才比较普遍。我们推测,长条形、弧角形弓弣的出现与弓体的变化有关。弓弭在春秋战国时期中国北方地区已发现许多,春秋战国时期的宁夏固原杨郎墓地、河北怀来北辛堡墓地、内蒙古凉城崞县窑子墓地都发现过骨制弓弭。保存较好的弓实物在新疆吐鲁番洋海墓地

---

〔1〕韩国学者曾根据呼尼河胡德金·托勒郭依墓地1号墓出土弓弭、弓弣复原过匈奴的弓,似不准确。首先弓弭和弓弣是用胶粘和固定在弓体上而不是用毛绳捆绑;其次,弓体并不是粗细均匀,弓渊宽大的匈奴残弓已发现多件实物(Монголын Үндэсний ТүүхийнМузей, Шинжлэх Ухааны Академийн Археологийн Хүрээлэн, Солонгосын Үндэсний Музей, Худеийн Толгойн Хүннүгийн Үеийн Булш, Сол, 2003, 55с)。

〔2〕Stephen Selby, "Two Late Han to Jin Bows from Gansu and Khotan", *ATARN Newsletters*, *Apr.*; *Sept*, 2002. (http://www.atarn.org/chinese/khotan_bow.htm)

〔3〕关于汉弓的形制,杨泓先生有详细论述[杨泓:《中国古代兵器论丛》(增订本),北京:中国社会科学院出版社,2007年,第292-293页]。

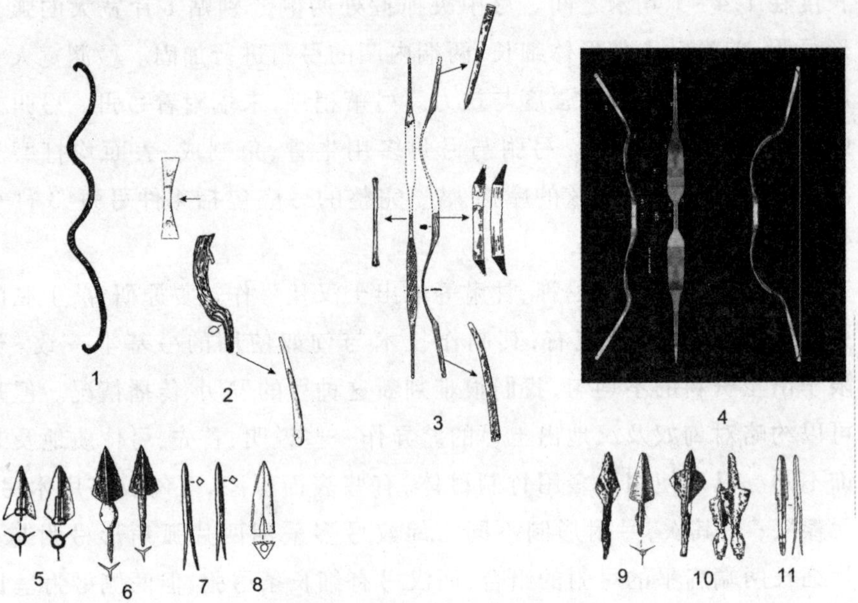

图 7-2　匈奴弓、箭演化示意图

1. 洋海木弓(M317:7);2~3. 匈奴木弓;4. 尼雅竹弓(谢素芳复原);5. 铜镞;6,9~10. 铁镞及鸣镝;7~8、11. 骨、角镞

出土了多张。[1] 二号台地墓葬出土的弓是用多层韧木粘贴而成,弓稍贴附弓弭,无弓弣,弓渊窄、松弦的弓稍向后部弯曲的幅度小;三号台地墓葬出土的弓的弓渊宽大、中部装弧角形弓弣、两端有弓弭,松弦的弓稍向后部弯曲的幅度较大。二号台地墓葬一般认为属春秋战国时期、三号台地墓葬时代晚一些,已进入汉代。后者出土弓稍向后弯曲幅度大,表明原弓的拉力大,宽大的弓渊也是为增大弓的拉力设计的。在弓的拉力增强的情况下,受力最大的弓弣部位显然也需要加固、增强才行。考里克匈奴墓出土的西汉末至东汉时期的复合弓保存状况较好,也都有宽大的弓渊以及两种形制的弓弣。我们推测,匈奴早期使用的有弓弭无弓弣的弓,也该是与洋海弓形制接近的拉力小的复合弓。

〔1〕洋海墓地编号 M180:3 的一件骨弓弣在报告中被误作骨锥(新疆文物考古研究所,吐鲁番地区文物局:《鄯善县洋海一号墓地发掘简报》,《新疆文物》2004 年 1 期,第 24 页,插图四四之3)。

潘玲女士曾比较过匈奴、石板墓文化、长城地带及平洋墓葬燕尾铤骨镞、骨弓弭形制的异同，认为匈奴的这两类器物主要继承了石板墓文化的传统，笔者亦从此说。[1]

总之，匈奴的弓弭主要承袭石板墓文化弓弭的样式，早期的匈奴弓弓渊窄，拉力小，有弓弭而多无弓弣。西汉中期左右逐步发展出弓渊宽大、拉力增强的复合弓，开始以细长条形、弧角形弓弣作加固。单以弓弭不能作为匈奴的标型器，而应与形制特殊的弓弣一起作为匈奴典型的文化因素。进入东汉，匈奴与汉弓都向弓渊宽大、拉力大的复合弓发展。这表明武器的技术革新在作战双方传播很宽，因此，我们还无法判明究竟是哪个民族率先使用了这种弓渊宽大的弓。

7.2.1.2　箭

匈奴人使用的箭多用桦木制成，箭杆尾部插鸟的羽毛。诺彦山苏珠克图6号墓就出土过插着羽毛的箭杆。箭镞多用铁镞、骨镞，青铜镞少见。铁镞分三翼、两翼两种。三翼铁镞在两汉时期比较流行，数量最多。西汉早中期的三翼铁镞折棱者较少，西汉晚期三翼折棱箭镞逐渐流行。两翼、扁平的铁镞数量较少。骨镞分三棱锥形无铤骨镞和前锋窄小、扁平的燕尾铤骨镞两种，以后者居多。青铜镞呈三棱锥状，多见于西汉早中期的外贝加尔地区，晚期少见。值得注意的是，青铜镞保留了早期铁器时代箭镞的遗风，在西汉中后期逐渐为铁镞取代。而铁镞与骨镞一直并存，并无早晚继承、替代的关系。新疆洋海、苏贝希、扎滚鲁克、山普拉等墓地中发现同一箭箙中同时存放金属镞与骨镞，表明两者具有不同功能。匈奴墓葬中同出的铁镞与骨镞，也应是如此。燕尾铤骨镞前锋窄小，只能用于短距离射杀，应是用于狩猎形体较小的动物；三翼铁镞前锋尖锐、翼宽大，可长距离稳定飞行，应用于狩猎大型动物或作战。[2]　此外，德列斯图伊、查拉姆墓地中还出土多件骨、角制的“鸣镝”。这种鸣镝呈球状，中空，上下各有一个小孔，可套在箭镞底部。鸣镝表面钻2～4个小孔，在箭离弦时空气从小孔吹入发出声响。

[1]潘玲：《伊沃尔加城址和墓地及相关匈奴考古问题研究》，第108－109页。

[2]鲁金科在报告中也曾对箭镞的功用进行分类，但并未陈述理由。

《汉书·匈奴传》记载冒顿单于曾制作"鸣镝",命令部下射杀自己的爱马、爱妻以及父亲头曼,可见鸣镝是匈奴人指挥作战、发布指令的重要工具。

7.2.1.3 箭箙

匈奴人装箭用的箭箙在德列斯图伊墓地 M120 中发现 1 件,是用桦树皮制作的。箭箙中还残留有一套青铜箭镞。箭箙与腰带是以皮带相连,皮带与箭箙以铁带扣系结,皮带上方有个小铁钩,可以钩挂在腰带上。箭箙一般难以保存,而箭箙上的铁挂钩在其他匈奴墓葬中已发现过许多。

7.2.1.4 弩

弩是汉地杀伤力最强的长兵。汉文帝时,晁错上言兵事,认为:"劲弩长戟,射疏及远,则匈奴之弓弗能格也;坚甲、利刃,长短相杂,游弩往来,什伍俱前,则匈奴之兵弗能当也。"[1]可见,当年汉兵与匈奴交战时,弩是最主要的武器之一。汉武帝时,更封路博德为"强弩都尉",驻守居延。从考古资料来看,匈奴武士并不装配弩。这主要有两方面原因:(1)弩是阵地战汉兵习用的武器,两次发箭之间拉弓装箭的时间长,需要其余兵种配合掩护。同时汉弩的拉力大,需要步兵在地面以双手拉弓上箭。匈奴以机动性强的运动战为主,兵种单一。弩对于匈奴骑兵来说,装箭速度慢而且困难,不如弓箭便利。另外,像西方那种装配于单手的小型弩在漠北还尚未发现;(2)弩机构造精密,由汉朝工官严密控制生产。而且汉律明文规定,禁止武器出关。据《汉书·汲黯传》载:"(武帝元狩二年)浑邪王至(长安),贾人与市者,坐当死五百余人。"可知当时"阑出财物于边关"是很严重的罪名。颜师古注引应劭曰:"阑,妄也。律,胡市,吏民不得持兵器及钱出关。虽于京师市买,其法一也。"臣瓒曰:"无符传出入为阑也。"[2]所以,即使一些汉朝部队投降匈奴,匈奴也难以掌握这项军事技术。

塔米尔河的一座匈奴墓葬 M97 出土 1 件弩机,构造、形制与汉弩

〔1〕《汉书》卷94《匈奴传》。

〔2〕《汉书》卷50《汲黯传》。

十分接近。该墓规模小，而且普遍出土的大批实用五铢、规矩镜、漆器，这些汉式物品不太可能是匈奴自行制作或单于的赏赐，弩机很可能是通过汉匈边境的走私贸易获得的。

7.2.2 短兵

7.2.2.1 刀与剑

匈奴人虽然称宝刀为“径路”并专设神祠祭祀，但实物并未发现。普通的刀分长刀、短刀两种。长刀在伊沃尔加墓城址32号房址中发现1件，残长30.1厘米，刀刃微曲，柄窄长。原器应装有木制刀柄，长度在50厘米左右，这类刀应用于格斗。短刀分青铜制、铁制两种，铁制短刀在漠南、漠北的匈奴墓葬中都比较常见，长度在20厘米左右，刃有直有曲，刀首有环首、也有末端窄小装木柄的。环首的青铜短刀十分少见，在宁夏同心倒墩子M10出土1件，保留有先秦时期北方系青铜短刀的遗风。短刀的功能较多，主要用作日常餐具，可能也用于刮削木器及近身搏斗。剑也分长剑、短剑两种。长剑均为铁制，长度在40～100厘米，剑首或呈环形、或装木柄。保存较好的环首铁剑在补洞沟M3出土1件，残长63厘米，外有木制剑鞘。短铁剑少见，在伊沃尔加M35、德列斯图伊M48中都有发现，其中德列斯图伊M48出土的铁短剑断面呈菱形，外侧还有木制剑鞘的残余（图7－3）。

7.2.2.2 杖与短棒

匈奴高级贵族的墓葬中常随葬1种金属制作的杖。呼尼河高勒·毛德Ⅰ号墓地M1、M20，诺彦山苏珠克图M24、M25以及鄂嫩河德尔利格M2等“甲”字形墓葬中各发现1件。长度在30～49厘米之间，通体呈圆柱形，两头粗大，呈球形；由铅、铁、青铜合金制成，重4公斤左右。其中高勒·毛德Ⅰ号墓地M1、M20出土的杖表面还有鎏金。另外，高勒·毛德Ⅰ号墓地M75（中型圆形石堆墓）也出土一根铁杖。这些杖质地坚硬并且沉重，又多出自匈奴贵族墓葬，应是象征权力的权杖。其最初的功用应是武器（图7－3）。

诺彦山苏珠克图25号墓中出土过两件青铜短棒，是由两根圆锥形的短棒接铸而成，两头粗大，也是一种打击性武器（图7－3）。

7.2.2.3 鋋

矛头在德列斯图伊 M48 出土 1 件,铁制,呈长圆锥状,底部有銎。矛头短小,侧边无锋,无镦。应为游牧骑士单手持握、近距离投射的短柲小矛,也就是史书中记载匈奴人使用的"鋋"(图 7-3)。

7.2.3 防御武器

7.2.3.1 铠甲

匈奴人也使用铠甲作为防御性武器。汉典籍称匈奴"士力能弯弓,尽为甲骑",[1]可见匈奴士兵装备铠甲已十分普遍。他们用皮革制成的铠甲成为"革笥",《汉书·晁错传》载:"材官騶发,矢道同的,则匈奴之革笥木荐弗能支也。"颜师古注引孟康曰:"革笥,以皮作如铠者被之。"[2]皮甲易朽蚀,难于保存。考古发现的匈奴铠甲质地有铁、青铜、角、骨、玉等,甲片周缘都有数个穿系的小孔。甲片的大小在 4~7 平方厘米(图 7-3)。

按杨泓先生的研究,这类小型甲片均属"鱼鳞甲"。[3] 这种鱼鳞甲的形状有两类:(1)弧角长方形。这种形状的铁甲片出土数量最多,在伊沃尔加城址 49 号房址、德列斯图伊墓地 M48 均有发现。[4] 骨、角制甲片在德列斯图伊墓地中也有少量发现,形制与铁甲片相似。这类甲片与西汉时期的鱼鳞甲十分接近。(2)桃叶形甲片。在高勒·毛德 I 号墓地 M32 中出土多片,均为青铜制。鱼鳞甲在欧亚大陆的起源尚不明了,从考古发现来看,公元前 6 世纪黑海北岸的斯基泰士兵已经开始使用青铜制的鱼鳞甲。公元前 5 世纪,鱼鳞甲传入伏尔加河下游的萨夫罗马泰部落,除了青铜甲片,还出现了铁制甲片。公元前 4 世纪,铁制、青铜制的鱼鳞甲传入了中亚的萨尔玛提亚人部落并一直沿用到公元 4 世纪。[5] 汉地的鱼鳞甲最早见于西汉初期咸阳杨家湾陶俑。甲片呈圆形,仅用于防护胸腹,与大型札甲片组合使用。约从武帝晚期开

---

[1]《汉书》卷 94《匈奴传》。

[2]《汉书》卷 49《晁错传》。

[3]杨泓:《中国古代兵器论丛》(增订本),第 27-40 页。

[4]铁甲在汉代也称"玄甲"[杨泓:《中国古代兵器论丛》(增订本),第 27 页]。

[5]T. Sulimirski, *The Sarmatians*, London: Thames and Hudson, 1970, p30.

始，弧角长方形的铁制鱼鳞甲逐渐增多并成为汉军主要的防御装备。[1] 可见欧亚草原中西部的鱼鳞甲有从青铜甲片向铁甲片逐步过渡、发展的过程，而汉地鱼鳞甲出现较晚，是在西汉时期直接出现铁制鱼鳞甲片的“玄甲”。从形制上观察，中亚公元前6—4世纪伏尔加河下游萨夫罗马泰武士使用的青铜、铁制甲片也为弧角长方形，已与西汉时期使用的铁甲片形制十分接近。匈奴遗迹出土的弧角长方形鱼鳞甲都不能复原出整套铠甲，其来源已难判定。高勒·毛德Ⅰ号墓地M32出土的桃叶形青铜制鱼鳞甲，在匈奴遗存中尚属首次发现，在同时期及早先的汉地不见，它们的来源可能与中亚游牧民有关。值得注意的是，诺彦山苏珠克图1号墓、德尔利格墓地M2都出土过玉甲片，有圆形、方形、梯形三种，边缘也有2~6个穿孔。由于棺室都被盗扰，完整甲片的数量及位置已无法判明。我们不知道这些玉片是仅作铠甲之用，还是具有汉地玉衣的性质（图7-3）。

7.2.3.2 盔

查拉姆M7外回廊西侧1号人俑随葬的木盒底部刻画出人面的形象，此人细目、尖鼻、下颌及胡须向前翘起，头戴头盔。这类桦树皮制作的木盒在额吉河布尔汗·托勒郭依墓地出土过多件，其中BT-79与M7出土的另一件木盒底部都刻画汉式辎车等形象，它们应出自匈奴本地工匠之手。木盒上的人面，很可能是表现匈奴人的形象。乌兹别克斯坦奥拉特（Orlat）2号坟冢出土的骨带扣上，刻画出一组穿戴盔甲的骑兵作战的场面。其中的骑兵脸形及头盔的样式与查拉姆刻画的人面非常接近，一般认为这处墓地的年代在公元1—2世纪。对该墓地中埋葬人群的族属，学界有康居、大月氏、匈奴等多种看法。[2] 我们认为，武备在作战双方传播的速度很快，从装束上似难判断族属，匈奴的防御武器除了甲也应有盔（图7-3）。

---

〔1〕苏里米尔斯基曾认为中国铠甲是在吸收萨尔马提亚铠甲基础上发展起来的，但他并未列举出详细的理由。鉴于目前中亚与汉地之间考古学资料缺环还很多，仍需进一步的调查与研究工作以证实这一观点。

〔2〕Mode Markus, “Heroic fights and dying heroes — The Orlat battle plaque and the roots of Sogdian art, Transoxiana”.

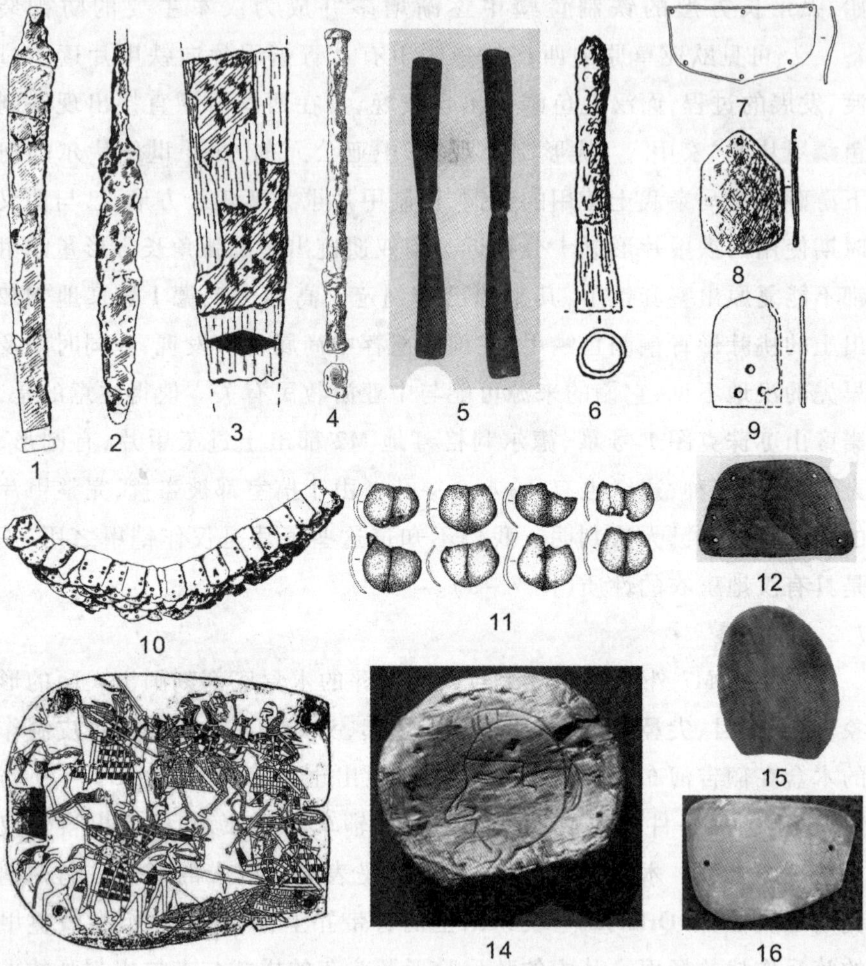

图 7－3　匈奴的短兵及防御武器

1. 铁刀；2～3. 铁剑；4. 铁杖；5. 铜短棒；6. 铁鋌；7、9. 骨、角甲片；8、10～11. 铁甲片；12、15～16. 玉甲片；13. 奥拉特骨带扣；14. 查拉姆 M7 木盒刻画人面

7.3 匈奴的交通

7.3.1 马具

马是匈奴人迁移、作战、运输的主要交通工具,精良的马具必不可少。匈奴人使用的功能性马具有马衔、马镳、勒带环、勒带扣、鞍、鞯、拂尘;装饰性马具包括护胸、当卢、铃、勒带泡、饰牌等等。与早期铁器时代相比匈奴的马具已有了长足的进步,主要表现在铁制马具的大量使用上。匈奴墓葬中发现的马衔、马镳、勒带环、勒带扣等功能性马具,绝大多数是铁制的。

7.3.1.1 功能性马具

(1)马衔。形制统一,均为铁制,分作两段,每段中部是细铁棒,两端捶打出一大一小两个铁环。两段马衔多以小环相套接,大环套在马颊两侧的马镳上。匈奴中心北区德列斯图伊墓地以及北部边疆区伊沃尔加墓地出土的一些马衔比较特殊,是一段马衔的小环套在另一段马衔小环上的铁棒上。有的马衔两端大环上还加套一个长方形的铁环来穿系缰绳,例如诺彦山苏珠克图 D2 号墓就出土过这样的马衔。

(2)马镳。多数为铁制,呈棒状,中部有两个穿孔用以系结颊勒。一些小型墓葬中也出土骨制马镳,形制与铁镳同。除棒状马衔外,外贝加尔的德列斯图伊墓地、伊沃尔加城址及墓地流行出土一种螺旋桨形的铁马镳。这种马镳在当地早期文化中不见,而在战国时期阿尔泰山北麓的巴泽雷克文化以及甘肃东部宁夏等地的西戎文化中发现较多。比如蒙古阿尔泰战国晚期的奥珑库林河(Olon - Kurin - Gol)10号墓、宁夏西吉陈阳川、彭阳交岔乡、甘肃张家川等春秋战国时期的西戎墓地中都发现这种马镳。[1] 西戎马镳形制显然受到了巴泽雷克文化的影响。德列斯图伊墓地、伊沃尔加遗址群出土螺旋桨形马镳形制与巴泽雷克文化更为接近,前者应主要受到后者的影响(见图3-4)。

伊里莫瓦 M54 出土哑铃形铁包金马镳,也与巴泽雷克3号、5号墓出土的木制马镳形制接近(图3-4)。

高勒·毛德Ⅰ号墓地 M1 曾出土一套鎏金铁马衔、镳。马镳呈大花叶螺旋桨形,两端宽扁,装饰透雕卷叶纹。其形制与洛阳烧沟东汉晚期 M1038 出土的两套青铜镳、衔非常接近。这件鎏金铁马镳与同一墓地中出土的车器的制作工艺精湛,属高等级车马器。这类纹样的马镳最早也见于巴泽雷克1号墓,但后者马镳是木雕,工艺与匈奴、汉马镳有一定差别。我们已尝试讨论过巴泽雷克文化与战国晚期中国北方的西戎、北狄文化之间存在密切的文化交流。[2] 洛阳烧沟的这件大花叶螺旋桨形马镳,很可能是在巴泽雷克马镳原型的基础之上改造、发展出来的。高勒·毛德Ⅰ号墓地 M1 这件马镳在漠北匈奴墓中极少见,其制作精良,与汉式马镳非常接近,很可能是从汉地进口或为汉王朝颁赐车马器的一部分。

(3)马鞍。匈奴的马鞍沿袭了早期铁器时代阿尔泰巴泽雷克文化的传统工艺。[3] 鞍桥由两块木板拼合而成,呈倒置的弧角"V"字形,鞍桥上裹覆皮革或毛毡。鞍鞯或为厚毛毡,或为衬毛布的皮革,有的表面还缝丝绸。鞍鞯边缘均缝有鬃毛或条状毛织物的流苏。鞍、鞯在诺彦山苏珠克图6号墓葬中出土过多件,做工十分精细。

(4)勒带扣、环。马勒上的扣、环是马具必不可少的部件,多为铁

---

[1] Цэвээндорж, Археология Монголии, Улаанъаатар, 2008, - С. 114 - 119;宁夏文物考古研究所,西吉县文管所:《西吉县陈阳川墓地发掘简报》,《宁夏考古文集》,银川:宁夏人民出版社,1994年,第61-70页;甘肃省文物考古研究所:《2006年度甘肃张家川回族自治县马家塬战国墓地发掘简报》(甘肃省文物考古研究所、张家川回族自治县博物馆合编),载《文物》2008年9期,第4-28页;杨宁国,祁悦章:《宁夏彭阳县近年出土的北方系青铜器》,载《考古》1999年12期,第28-37页。

[2] 马健:《公元前8—3世纪的萨颜—阿尔泰——早期铁器时代欧亚东部草原文化交流》,第38-84页。

[3] С. И. Руденко, Культура Хуннов и Ноинулинские Курганы. - С. 48 - 51.

制。勒环主要起分力、穿引的作用,功能类似于节约,但比节约用途广得多。马辔、胸勒、臀勒几乎都要用到勒环。勒扣用于扎紧勒带、将马具固定于马身。勒带扣的造型简单,常见方形及圆形,有死舌或活舌。这种勒扣有时也用作人腰带带扣,两者只在形体大小上有差异。

(5)拂尘。匈奴贵族也使用一种为马驱赶蚊蝇的工具——拂尘。诺彦山苏珠克图6号墓葬出土的1件拂尘有1个棒状的木柄,前端扎着一缕马尾。

7.3.1.2 装饰性马具

装饰性马具直接体现着马匹拥有者的地位与身份。装饰的部位主要集中在马头、胸、臀部上。

(1)当卢。匈奴贵族为马匹装备的当卢多为青铜制,分两种:一种呈长条形,圆弧的窄端在前,靠近马鼻;尖角形的宽端在后,遮盖马额。当卢背面的穿环可通过马勒固定在马额上。诺彦山、伊里莫瓦谷地、额吉河等地大中型墓葬中都发现过这种当卢,其中苏珠克图25号墓出土了两件青铜当卢,以前被许多学者误作人身装备的臂甲,其实不然。这种长条形当卢在汉地很常见,例如大葆台I号墓就出土过5件。[1] 另一种当卢体细长,表面有镂空花纹。苏珠克图M20出土1件青铜当卢整体细长、尖角端边缘有锯齿,中间镂空呈三齿叉形。它与汉地变体马面形当卢非常接近,比如北京大葆台1号墓出土1件错金银鎏金马面当卢和1件青铜模型当卢。[2] 洛阳烧沟西汉晚期的M416就出土过1件类似的青铜当卢。[3] 这类当卢多数应是随汉车一起,由汉朝政府送给匈奴贵族的。

(2)护胸。匈奴贵族也在爱马胸部装饰护胸。这种护胸在诺彦山苏珠克图6号墓出土了1件。上端的一根绳索可束于马颈,绳索上扎着的鬃须散落在马的胸前,起到装饰的作用。

[1]中国社会科学院考古研究所:《北京大葆台汉墓》,文物出版社,1989年,第89页,图版八五之8;插图八二之10,图版八六之8。

[2]中国社会科学院考古研究所:《北京大葆台汉墓》,文物出版社,1989年,第89,插图八二之5,图版八五之6。

[3]中国科学院考古研究所:《洛阳烧沟汉墓》,1990年,第179页,插图81之14。

(3)饰牌与饰泡、饰铃。普通匈奴人墓葬中常随葬马身装饰的青铜制饰泡、饰铃,而匈奴贵种墓葬则随葬马身装饰的银制饰牌。银质饰牌分为圆形、叶形两种,多装饰在马头、胸部。第6章已详述了呼尼河高勒·毛德M20、诺彦山苏珠克图6号墓、20号墓、外贝加尔查拉姆M7等匈奴高级贵族墓葬饰牌装饰的山羊、麒麟、牦牛题材的渊源以及与普通贵族马身饰物的等级差异。在此补充一条材料:苏珠克图M20与麒麟纹饰牌同出的还有一件圆形饰牌,上面以希腊化风格浮雕出坐在石台上的一对裸体男性和女性。男性身后长有尾巴、用手撑扶在石台上,上身半仰;女性背对男性,左手向后搭于男性右肩,意欲起身,作推搡男性的姿势。女性右侧有一弹奏竖琴的小人,她脚下的水草清晰可见。巴基斯坦西北边境的查尔莎陀(Charsada)附近塔克希拉(Taxila)遗址曾出土的许多圆形陶制化妆盒,其中一件表面就浮雕出长尾巴的森林之神萨提罗斯(Satyrs)与月神宁芙(Nymph)。一般认为这件物品是帕提亚希腊化艺术的产物。[1] 苏珠克图M20这件饰牌与塔克希拉化妆盒的题材十分接近。萨提罗斯及其主神西勒诺斯(Silenus)在希腊神话中都是森林之神,是酒神狄奥尼索斯(Dionysus)的随从。神话中的萨提罗斯长有公羊的角、腿、耳朵和尾巴,他生性好淫,常纠缠宁芙女神和众迈纳德斯。古希腊、罗马的艺术品中保留着许多有关他的雕塑及图像资料。[2] 这件饰牌应是由中亚工匠设计制作的(见图7-9)。

7.3.2 车器

匈奴的交通工具也有车,匈奴人自己本会造车。《考工记》载:“胡之无弓车也,非无弓车也,夫人而能为弓车也。”[3]《盐铁论》载:“胡车相随而鸣”,[4]“匈奴车器无银黄丝漆之饰,素成而务坚。”[5]可见,匈

---

[1] M. A. R. Colledge, *Parthian Art*, London: Paul Elek, 1977, p114, pl.45b.

[2] 魏庆征:《古代希腊罗马神话》,太原:北岳文艺出版社,1999年,第876页;[英]伍德福德著,贾磊译:《古代艺术品中的神话形象》,济南:山东画报出版社,2006年,第116-118页。

[3]《周礼》卷6《冬官考工记》,郑玄注:“胡,今匈奴”。

[4]《盐铁论》卷6《散不足第二十九》。

[5]《盐铁论》卷9《论功第五十二》。

奴人自己制造的车既不坚固,也无华丽的装饰,行车时还会发出较大的噪音。阿尔泰山北麓战国晚期的巴泽雷克5号坟冢曾出土过一辆四轮车,有棚顶,死轴。轴与轮之间有多根辐条,整架马车素面,无金、银、漆饰,没有任何金属部件。据此,耶特马尔认为这辆马车是模仿中国样式制造的明器。[1] 匈奴人制作的车,大概就是这种无华丽雕饰的车。

正史中记载汉朝多次馈赠匈奴车辆。最早的一次是汉惠帝三年(公元前192年),吕后赠匈奴冒顿单于"御车二乘,马二驷",这两辆车应是驷马安车。此后在汉宣帝甘露三年(公元前51年)向匈奴呼韩邪单于"赐以冠带衣裳,黄金玺盭绶、……安车一乘、鞍勒一具、马十五匹、……"建武二十六年(公元50年),东汉光武帝颁赐南匈奴呼韩邪单于"冠带、衣裳、黄金玺、……安车羽盖,华藻驾驷,……"据王振铎先生对汉代车制的研究,匈奴单于按诸侯王礼遇,故颁赐安车。[2]

7.3.2.1　葬仪用车

汉式车辆的实物在"甲"字形匈奴贵种墓葬中屡有发现,一般放置在木椁上方的填土中。车辆随葬的情况有两种:一种是车体虽然遭一定程度拆毁,但车辆部件保存比较完整,另一种是将车辆的部分零件集中埋葬起来。车辆的零件在呼尼河高勒·毛德Ⅰ号墓地M1、M20,诺彦山巴勒洛德墓、康德拉梯耶夫墓、苏珠克图1号、6号、24号、25号、46号墓。它们包括衡首、衡末、轙,祕轚,轭軥首,伞盖上的盖斗、盖弓帽,漆木车厢、车轮,以及车轴上的軎、辖等等。保存比较完整的车辆在查拉姆M7、高勒·毛德Ⅰ号墓地、苏珠克图M20、德尔利格M2等墓葬中都有发现。对这些车辆的形制和级别,外国发掘者都曾作出判定:米尼亚耶夫根据车衡上的三个轭首以及车厢内的座椅推断M7随葬的是一辆三匹服马的双辕双衡车。同时他还参引大葆台二号车的复原图认为这辆车达到安车级别;[3] 安纬据"马车旁的马具饰物的数量和功能",推测高勒·毛德Ⅰ号墓地M20的2号车"应属轺车,甚至属于安

[1] Karl Jettmar, *The Art of the Steppes*, New York: Crown Publishers, 1967, pp. 116 – 117.

[2] 王振铎:《东汉车制复原研究》,第83、137页,附表11。

[3] С. С. Миняев, Л. М. Сахаровская, Ханьская колесница из Могильника Царам // Археологические Вести 14. – РАН, Санкт – Петербург, 2007. – С. 130 – 140.

车的类型”。[1] 博罗斯马克对比汉画像资料推测苏珠克图20号墓出土马车为施耳轺车；[2] 德尔利格墓地M2的资料还未刊布，韩国学者Yun Hyeung won比对孙机先生的车辆复原图推测墓坑中所葬为轺车。[3] 据安纬先生、米尼亚耶夫等学者的考察，匈奴车辆是在本地装配，金属零件是由汉工匠参与制作、漆是从汉地进口，车上铺的毛毡等物品则是匈奴自己制作的。而从车辆零部件来看，这些车都没有使用痕迹，应是专为葬仪定制的。

在讨论之前，我们需要对汉车的车制作简要说明。汉典籍记载车辆的名称有多种，有些是根据车辆的用途命名，有些是根据车辆的某些特征命名。孙机、王振铎先生曾结合文献与汉画像石的图像资料，以及汉墓出土的实物车马、模型明车等考古资料，对不同形式的汉车名称以及汉代车制进行过细致的考证。[4] 结合他们的研究以及《后汉书·舆服志》的记载，我们选取其中一些重要特征制作出《汉车规格比较表》来说明不同形制的汉车所反映的驾乘者的身份尊卑的情况（表7-1）：

从表7-1可知，轺车、轩车、安车基本反映了车辆规格的高低，但前两者也有重合。同种车型内部高低有别，主要体现在驾马个数、车体大小、是否设轓、帷盖，轓、伞盖、车衡、车辀、车轮、车毂及其金属部件（如盖弓、车軎、轭、轭首、衡首等）上的髹漆、颜色、雕绘图案（即“文画”）以及鎏金（即“涂黄”）的情况。我们更赞同王振铎先生的看法，将轩车单列为一种等级；轓车不宜单列为一种等级，因为轓仅是600石以上官吏、王公贵族使用车辆的一项等级标志。单此一项标准无法准确区分轺车、轩车与安车。

---

[1] 安纬，奚芷芳：《蒙古匈奴贵族墓地初步研究》，第83页。

[2] N. Polosḿak, “Xiongnu Culture According to the Material of Tomb 20 from Noyon - uul”.

[3] Yun Hyeung won, “Royal Tombs of the Xiongnu in East Mongolia: Excavations at Durlig Nars”.

[4] 孙机：《中国古舆服论丛》（增订本），北京：文物出版社，2001年；王振铎：《东汉车制复原研究》。

表 7-1 汉式车规格比较表 *

规格 / 比较项	≤200（石）	300~600（石）	600~1000（石）	1000~2000（石）	>2000（石）公、列侯	皇太子 皇子	天子
车型	轺车	轺车	轩车 轺车	轩车 轺车	安车	安车	安车
耳	无	无	无	施耳	施耳	施耳	施耳？
轓	无	无	朱左轓	朱两轓	黑轓	画两轓	画两轓？
较轼					倚鹿较 伏熊轼	同左？	金薄缪龙 文虎伏轼
伞盖 盖弓	白布盖	皁布盖	皁盖	皁盖	皁缯盖	青盖 金华蚤	羽盖 华蚤
轮					朱班轮	朱班轮	朱班重牙 金根
其他 特征			铜五末	铜五末？	铜五末？	金涂五末 黑櫎文 文辀	贰毂两辖 龙首衔轭 鸾雀立衡 櫎文画辀
驾马数量(匹)	1~2	1~2	2~4	2~4	4	4	6

* 表 7-1 内容只反映车制等级的大致区别，不包含特殊情况；加“？”的项目属笔者推测。

在此基础之上，我们选取了一些能反映车辆等级的参数将匈奴贵种墓葬中比较完整的马车与北京大葆台一号墓、河北高庄一号墓等诸侯王墓出土实物马车作简要比较（表 7-2）：

表 7-2 汉地及匈奴出土汉式车形制比较

比较项 / 车编号	轮				辀	衡		轭	轙	舆			车型及等级
	轮径	辐数	辐宽	轨宽	辀长	衡长	衡径	数量	数量	宽	长	高	
大葆台一号车	142	24	4	200	333	160	4	2	5	165	63	55	轺车

续表 7-2

比较项 / 车编号	轮：轮径	辐数	辐宽	轨宽	辀：辀长	衡：衡长	衡径	轭数量	钗数量	舆：宽	长	高	车型及等级
大葆台二号车	142	22	4	200	360	160	4	2	5	165	110	89	安车
大葆台三号车	146	26	4	206	未知	160	4	2	5	170			辎车？
高庄一号车	284		2～4		375	137	4～8	2	5	144	?	≥98	轺车
高庄二号车	108		3～4		430	182				140	120	50	施耳安车
高庄三号车	160		3		423*					138	198		辎车
查拉姆 M7	120	22	3～4	200	95* / 100*	250* / 300	7 / 7	3	6				
高勒·毛德 I 号墓地 M20	140	不明	不明	不明	不明	不明	不明	不明		1.5 米见方			

单位为厘米；* 号表示残长。

从上表比较可知，查拉姆 M7 的马车与大葆台一号墓二号车最为接近，都有 22 根辐条、辐条宽度都为 4 厘米，轨宽都为 2 米。同时这辆车两侧有车耳，伞盖、车厢、车辀、车衡上都有髹黑、红漆，绘红、白二色纹样，综合来看，它的规格应达到安车级别。但是查拉姆的车轮直径较小，且车辀前后有两根长且粗的车衡，车辀上都有三个轭。据米尼亚耶夫认为车舆前的一根车衡是专门安置在车辀上，象征车辀前方的车辀而不具备实际功用。由此他将这辆车复原成三匹马驾辕的双辀双衡车。他的复原基本是准确的，这里仍需补充说明几点：首先，这种车型无论在汉地实用车、模型明车或图像资料中都不曾发现过，而双辕多只有两匹服马。[1] 同时两根车衡长且粗大、车轮窄小的特征说明它们不会是实用车。这可佐证米尼亚耶夫、安纬等学者认为它们是专为葬仪设计、制作的说法。其次，车厢前安置的第二个车衡似不是象征辀前方的车衡，而是象征这辆车另有三匹马驾辕。汉文献称汉天子“六驾”，

〔1〕王振铎：《东汉车制复原研究》，第 87 页。

M7 的这辆双衡车的设计，很可能有仿汉天子之制的用意。

从规格上看，它应是一辆朱轮华毂的驷马施耳安车。高勒·毛德Ⅰ号墓地 M20 的 2 号车配有制作精良的兽面青铜衪鐊，车轮表面饰红漆，是所谓“朱班轮”，直径在 1.4 米左右，也有 22 根辐条，有两车耳及 35 根盖弓。唯车厢较小，仅有 1.5 米见方。规格稍低于查拉姆 M7 的安车，但也应是一辆规格接近安车的施耳軺车。

诺彦山的康德拉梯耶夫墓、苏珠克图 1 号墓、6 号墓、25 号墓均出土顶部呈花叶型、鎏金的“金华蚤”，也达到安车规格。

据发掘者演示的部分资料来看，苏珠克图 20 号墓出土马面形鎏金当卢及髹黑漆车轮，德尔利格 M2 车轮、车毂也髹黑漆，按规制约属高等级軺车或轩车。

可见，匈奴贵种墓葬中的葬车之间也有等级高低之别。查拉姆 M7、康德拉梯耶夫墓、苏珠克图 1 号、6 号、25 号墓封堆、墓坑规模都大于高勒·毛德Ⅰ号墓地 M20、德尔利格 M2，这与它们葬车的等级差异基本吻合。至于匈奴葬车车制具体如何，还需要进一步发掘来揭示。

7.3.2.2　日常乘车

安纬先生认为漠北地理环境不利于行车，也没发现匈奴车辙痕迹，从而推断匈奴人的车只作为下葬用，象征墓主身份的尊贵，同时也有承载墓主人进入冥界的含义。[1] 但史书记载，西汉早期“匈奴之来者，家长已上，固必衣绣，家少者必衣文锦，将为银车五乘，大雕画之，驾四马，载绿盖，从数骑，御骖乘。且虽单于之出入也，不轻都此矣。”[2] 而且，在前引文献中，匈奴自己也称要“作穹庐及车”。另外，匈奴墓葬出土车器虽无使用痕迹，但制作精良，还铺设了毛毡等物，与真车无异。同时，额吉河 BT－79、查拉姆 M7 的桦树皮制木器上都刻画着双轮封闭式有伞盖的辎车图案。其中 M7 木刻的辎车旁还刻画圆顶穹庐，有的旁边还插着旌旗，显然是表现现实中的生活场景。长城沿线出土透雕饰牌中有一类专门表现车、马及人物的题材。这些图像资料及文献都

〔1〕安纬，奚芷芳：《蒙古匈奴贵族墓地初步研究》，第 82－83 页。

〔2〕《新书》卷 4《匈奴》。

表明,匈奴贵族在日常生活中一定也驾车,尤其喜好有“银黄丝漆之饰”的汉式车。

匈奴人用车下葬的习俗,当承自早期铁器时代的游牧民,而非汉地。首先,两地葬仪中葬车的位置、对车的处理方式不同。汉地多将整车连同马匹一起随葬在墓道内,马匹的数量、位置基本符合现实中的驾辕方式;匈奴则将车埋葬在木椁以上墓坑内的填土中,马匹数量多寡不均、骨骼也不完整,只有头骨及部分肢骨。马匹的数量、位置与现实中驾辕方式无对应关系,只具有部分象征意义。其次,匈奴墓葬中的车均无使用痕迹,是专用作葬仪的明车。再次,汉王公贵族葬车,多有导车、主车、从车之制,匈奴贵族葬车则无此制。以明车随葬的习俗在早期铁器时代阿尔泰北麓的屈射部落以及甘肃东部西戎部落都有发现。巴泽雷克5号墓出土的单辕四轮篷车的前轴为死轴,说明不是实用马车;〔1〕甘肃张家川马家塬M1、M3出土马车的车厢上满饰金、银箔片、车轮上满饰青铜牌饰。车軎、伞杠箍、盖弓帽等也无明显使用痕迹,显然也不是实用车。〔2〕

古典文献明确记载黑海北岸斯基泰人的车既用于日常生活,是流动、居住的工具,同时也用于葬仪。古希腊医学之父希波克拉底(Hippocrates of Cos II, 460 - 377B. C.)在其专著《空气、水与地域》中记载:“斯基泰人……没有房屋,住在篷车里。轻一点的篷车是四轮的,也有些是六轮的。篷车周围都盖着毛毡,而且像房子一样,有的隔成两间,有的隔成三间。雨、雪、风都透不进去。每辆篷车套两对或三对无角犍牛,无角是因为太冷被冻掉了。妇女坐在车里,男人骑马行走。”〔3〕希罗多德(Herodotus of Halicarnassus, 484 - 425B. C.)也称斯基泰贵族死去的时候要用四轮牛车承载,运往墓地。〔4〕此外在黑海北岸公元前

---

〔1〕德国学者耶特马尔认为这辆车是仿汉式的明车(Karl Jettmar, *The Art of the Steppespp*, p116 - 117)。

〔2〕甘肃省文物考古所等:《2006年度甘肃张家川回族自治县马家塬战国墓地发掘简报》,第4 - 28页。

〔3〕Hippocrates, “Airs, Waters, Places”, *Hippocratic writings*, London: Penguin Books, 1978, p163.

〔4〕〔古希腊〕希罗多德著,王以铸译:《历史》,北京:商务印书馆,1959年,第4卷。

8—7 世纪的奥什希图(Aushkhitu)斯基泰贵族墓葬中就曾发现随葬的驷马驾辕的战车,另有一些斯基泰墓葬还出土四轮篷车的模型明器。

总之,制作精良、朱轮华毂汉式车辆深受匈奴贵族喜好。他们不仅在日常生活中驾乘汉式车辆,也将一些专门定制的汉式明车随葬在墓坑内。一方面彰显死者高贵的身份、等级,同时也可能包含某种特殊的丧葬涵义。匈奴人葬仪中对车辆的设计、制作、埋葬方式与汉地不同,是承袭了早期游牧人的葬仪传统。

7.4 匈奴的装束与饰物

7.4.1 服装

匈奴的服装被称为"胡服",《汉书·匈奴传》载匈奴人"衣其皮革,被旃裘",这种皮毛制的衣服既可御寒,又比较结实。王国维在《胡服考》中称匈奴的穿着"冠则惠文,带则具带,履靴。其服,上褶下袴"。[1] 诺彦山苏珠克图墓地 6 号墓和 24 号墓出土了多件保存完好的匈奴衣物,为我们了解匈奴服饰提供了许多线索。

7.4.1.1 帽

诺彦山墓葬共出土了三顶帽子,形制各不相同。

(1)尖帽

其中 6 号墓出土的 1 顶尖顶宽檐帽外覆丝绸、里衬毛毡,厚实保暖。帽子是用两片毛布从中缝合制成,两端垂下的帽檐可遮住耳朵,中部以桦树皮为骨架,是匈奴人冬季御寒的冬帽。同类形制的毛织尖帽在蒙古阿尔泰的奥珑库林河(Olon - Kurin - Gol)10 号墓就发现过 1 件,两片毛布分别染成棕黄色和红色,帽顶及帽缘还装饰多根垂絮。奥珑库林河 10 号墓的年代被发掘者定在战国晚期,属巴泽雷克文化晚期墓葬。[2]

---

〔1〕王国维:《观堂集林》(外二种),石家庄:河北教育出版社,2003 年,第 528 - 550 页。

〔2〕В. И. Молодин, Исследования Российско - Германско - Монгольской Зкспедиции на Северо - Западе Монголии летом 2006 г. // Российская Археология 2007, No. 4. - РАН, Москва. - С. 42 - 50.

这里需要说明一下,尖帽在欧亚大陆早期铁器时代的斯基泰及塞种民族中比较流行,但形制与匈奴民族的尖帽有一定差异。斯基泰及塞种民族尖帽是由一片毛布或毛皮围合缝制而成,顶尖而细长,帽子向下延伸、覆盖人的脖颈。其制作方式及形制有别于巴泽雷克文化奥珑库林河 10 号墓及诺彦乌拉 6 号墓中的尖帽。总体而言,这两种尖帽的样式、功用接近,应属同一类帽子。两者的差异体现了这类帽子在早晚不同时期里演化、发展的不同阶段。

这种尖帽,在西汉以前蒙古高原、中国北方的图像及实物资料中非常少见。奥珑库林河地处蒙古国西鄙,属阿尔泰山地区的巴泽雷克文化,可能属战国晚期至西汉初期被匈奴征服的屈射部落。前文提到匈奴的动物纹装饰艺术、毛织业都受到该部落的影响,那么,诺言乌拉墓地出土的这顶尖帽,很可能是由巴泽雷克文化遗民工匠或掌握该文化毛织技术的匈奴工匠制作的(图 7-4,1、2)。

山东临淄的齐国历史博物馆收藏了一尊两米多高的石雕像。这尊雕像呈跪姿,双手交叉于腹前,头顶尖帽,颧骨宽,鼻细长,口大张。腰部着一条装饰菱格和圆圈纹的腰带。人前额帽缘部位浮雕一朵四瓣柿蒂纹,研究者据此将这尊石像的年代断在汉代。[1] 受汉文化影响,柿蒂纹在匈奴装饰艺术中十分流行。除了棺饰以外,苏珠克图 6 号墓出土的裤子上也缝制柿蒂纹。临淄这尊带尖帽的石人,很可能表现了匈奴人的形象(图 7-4,3)。

(2)平上帻

24 号墓出土的 1 件平顶圆筒状的丝面棉帽十分轻薄,与其他几件迥然不同。据孙机先生考证,东汉时期汉地才开始流行一种"平上帻"。多为将军、武士佩戴,作为"武弁"的内衬,也可单独使用(图 7-5,1)。[2] 诺彦山 24 号墓出土的这件平顶丝面棉帽,应该就是汉地制作的"平上帻"(图 7-5,2)。鲁金科认为这顶帽子是由匈奴妇女佩戴的,恐有误。

---

〔1〕详细图片资料由林梅村先生提供。

〔2〕孙机:《中国古舆服论丛》(增订本),北京:文物出版社,2001 年,第 162-172 页。

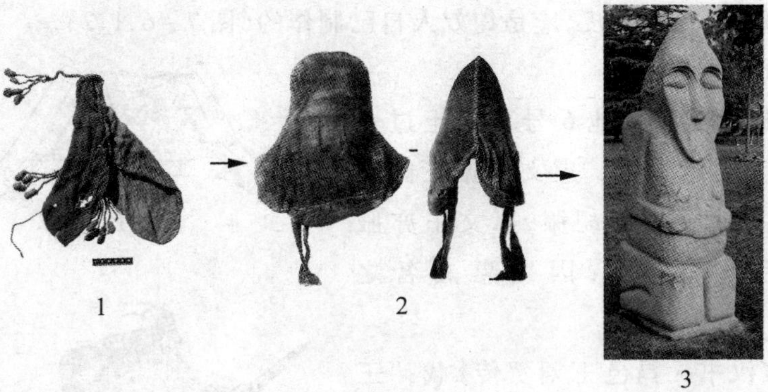

图 7－4　匈奴冠帽(一)

1～3. 尖帽;(1. 奥珑库麟河 10 号墓;2. 苏珠克图 6 号墓;3. 临淄齐国历史博物馆藏石人)

(3)弁帽

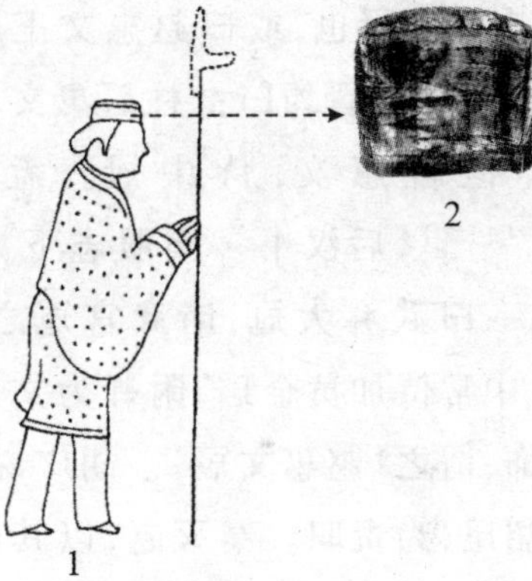

图7-5　匈奴冠帽（二）

1~2.平上帻（1.山东汶上孙家村东汉画像石；2.苏珠克图6号墓）

6 号墓还出土 1 件梯形、带有两条丝带的毛皮帽子。以往以鲁金科为代表的学者均因它与蒙古时期的披肩相似,但形体小,因而称其为短披肩。但其实它是盖在头顶,用丝带束于下颌的一种弁帽。先秦时期洛阳金村古墓出土铜镜上的骑士就佩戴着这种弁帽,其上还插着两根羽毛,象征勇猛,标明身份。沈从文、孙机两位先生均考订它是"鹖冠"。[1] 6 号墓出土的这件弁帽以毛毡为里,

[1]沈从文先生起初认为鹖冠是头盔上插羽毛,孙机先生则认为是弁帽上插羽毛,将苏珠克图出土实物比较来看,应是弁帽无疑。"惠文冠"与"鹖冠"都指赵武灵王效仿胡服使用的官帽,详细考辨参见王国维《胡服考》。孙机先生认为"鹖冠"是华夏族传统的冠帽,对此我们还无法确认,因为这种金村骑士头戴的方巾式的弁帽与汉地其他考古学资料中弁帽的形制差异很大。至于这种方巾式弁帽的最初发明者、使用者是谁,还需进一步研究来证实。[沈从文:《中国古代服饰研究》(增订本),上海:上海书店出版社,1997 年,第 75 页;孙机:《中国古舆服论丛》(增订本),2001 年,第 157 页。]

外覆丝绸，内缝貂皮，应是匈奴人自己制作的（图7－6，1、2）。

7.4.1.2　惠文冠

诺彦乌拉墓地6号墓出土过一顶精美的惠文冠。惠文冠据王国维考证："武灵王服胡服，惠文王亦服之，后世失其传，因以惠文名之矣。"[1]

图7－6　匈奴冠帽（三）

1～2. 弁帽（1. 苏珠克图6号墓；2. 金村古墓出土的金银错狩猎纹镜）

《汉书·昌邑王刘贺传》载："王年二十六七，……衣短衣大绔，冠惠文冠。"颜师古注："苏林曰：'治狱法冠也。'孟康曰：'今侍中所著也。'服虔曰：'武冠也，或曰赵惠文王所服，故曰惠文。'晋灼曰：'柱后惠文，法冠也。但言惠文，侍中冠。孟説是也。'"[2]《后汉书·舆服志下》："武冠，一曰武弁大冠，诸武官冠之。侍中、中常侍加黄金珰，附蝉为文，貂尾为饰，谓之'赵惠文冠'。胡广说曰：'赵武灵王效胡服，以金珰饰首，前插貂尾，为贵职。秦灭赵，以其君冠赐近臣。'建武时，匈奴内属，世祖赐南单于衣服，以中常侍惠文冠，中黄门童子佩刀云。"胡广注曰："北方寒凉，以貂皮暖额，附施于冠，因遂变成首饰。"[3]这段话后来被清代的平步青引用，并说"此即抹额之滥觞。按以貂皮暖额，即昭君套抹额，又即包帽，又即齐眉，伶人则曰额子。"[4]汉朝人并不使用抹额，也无专称。抹额一词也是唐代才始出现，多为武士佩戴。如《新唐书·娄师德传》载唐高宗时，"募猛士讨吐蕃，（娄师德）乃自奋，戴红抹额来

[1]王国维：《观堂集林》，第528－529页。

[2]《汉书》卷63。

[3]《后汉书·舆服志》"武冠"条。

[4]参见清平步青《霞外捃屑》卷10，"齐眉、包头、昭君套"条。

应诏。”〔1〕李贺《画角东城》诗云:“水花沾抹额,旗鼓夜迎潮。”〔2〕

诺言乌拉墓地6号墓东回廊出土的这件惠文冠前高13厘米,直径22厘米,周长70厘米,两侧护耳长17厘米;里衬毛毡,外缝蓝色、红色丝绸,前额表面缝红色水貂皮,上面又以黄、灰、白三色绣左右两个圆圈纹。这件惠文冠无顶,展开的两侧的丝带可在脑后系结、固定。两护耳下方的丝带也可在颌下系结,以往不少学者也称之为帽。惠文冠与帽应存在一定差别,前者可拉开铺平,佩戴时像束带一样覆盖在额前并于脑后系结;而后者则相对封闭,佩戴时自上而下套在头顶。这件以“貂皮暖额”、做工精细的惠文冠不仅能起到御寒的功用,更重要的是体现了其拥有者高贵的身份。

“貂皮暖额”惠文冠还有一种轻便的样式。诺彦乌拉墓地6号也出土过1件,里衬薄毡,外缝丝绸,四边的四根带子可绕于脑后系结、固定,使其覆盖在额头、两鬓来御寒。与前1件不同的是,这件惠文冠没有护耳,前额也未缝貂皮。日本学者梅原末治曾绘制过复原图来说明它的使用方法(图7-7,1、2、3)。

图7-7 匈奴冠帽(四)

1、2、3. 惠文冠[2. 苏珠克图6号墓;3.(金)宫素然《明妃出塞图》]

7.4.1.3 上褶下袴

苏珠克图6号墓出土了两件长袍、3条裤子。这两件长袍均为窄、短、直襟的褶,其中一件单薄,用丝绸制成,长1.17米;袖窄长,两袖展开1.94米,袖口窄紧,仅宽7厘米。另一件厚重,内衬4层毛毡。3条裤子中两条为合裆袴。袴腿宽大、袴脚紧收,袴面用丝绸或毛布缝制。还有1条为分裆袴,仅余1条袴腿,采用丝绸面料,裤脚紧收,其下缝着一条毡袜。鲁金

〔1〕《新唐书》卷108《娄师德传》。

〔2〕《李贺诗歌集注》卷3《画角东城》。

科曾认为这条分裆袴是汉人在汉地制作的,对此我们仍无法确定。汉代分裆袴的实物在中国境内尚未发现。东汉尼雅遗址只出土过合裆袴,但裤腿都较窄。孙机先生最早指出"直襟"、"无裙裾"是匈奴褶、袴有别于汉深衣的最突出的特点。[1]

7.4.1.4 靴

匈奴人多穿皮靴,汉地人称之为"胡履"。苏珠克图6号墓就出土了过内衬毛毡、外裹皮革、最外层缝丝绸的靴子。另外在12号墓、24号墓还各出土1件毡制靴子底,上面绣着两组云纹。可见匈奴贵族穿着之奢华。

由此看来,诺彦山匈奴墓葬中出土的衣冠除了那件丝制"平上帻"外,其余都应是按照匈奴本民族习惯设计、制作的。可见,他们已经能熟练掌握贴花、刺绣的工艺了。同时我们也注意到这些衣物上大量用彩缎覆面或作内衬,足见匈奴人对汉地丝绸的喜好。其实在西汉早期,匈奴贵族就已经很喜欢汉地用丝帛、缯絮制作的衣服。"老上单于好汉缯絮食物",[2]贾谊在《新书》中称"匈奴之来者家长已上,固必衣绣;家少者必衣文锦。"

7.4.2 发式

《淮南子·齐俗训》载:"胡貉匈奴之国,纵体拖发,箕踞反言。"但《汉书·李陵传》载:"卫律持牛耳劳汉使,博饮,两人皆胡服椎结。……"对此,孙机先生曾正确地指出,匈奴人披发但不散发,而是将额头、两鬓的头发都绺梳向脑后,在末端束结。因其形体似椎,汉代人称之为"椎髻"。这种"椎髻"、"直襟"的匈奴形象在客省庄M104、西丰西岔沟、倒墩子M101的饰牌上都能见到。这些拖"椎髻"的均是匈奴男性,而匈奴妇女则习惯留两股或3股头发编成的1根"麻花辫"。为装饰及保护头发,她们往往还在发辫外包裹丝绸制的发套。在匈奴贵族死去后,她们会将发辫剪下当做随葬品。这种发辫在诺彦山墓葬中出

---

[1]孙机:《中国古舆服论丛》(增订本),第157页。

[2]《汉书》卷94《匈奴传》。中行说曾劝说老上单于不要使用汉地衣食,"其得汉絮缯,以驰草棘中,衣袴皆裂蔽,以视不如旃裘坚善也"表明当时匈奴人喜用汉丝帛、衣物风气已很盛。

土总数已超过120根,其中多数都裹覆发套。“麻花辫”应是欧亚游牧民早先就流行的一种发式,战国时期的巴泽雷克墓地2号墓妇女就留两股“麻花辫”,就连1号、2号、3号墓殉马的尾巴也编结成“麻花辫”的样式。[1] 查拉姆M7外回廊内随葬的人俑头部粘贴1根或多根发辫,这些发辫也编结呈“麻花辫”样式,但很细。类似突厥石人披在脑后的辫发,人俑头均选用婴儿及儿童头颅替代,可以推测匈奴人的儿童可能是披多根发辫的。

由此看来,匈奴发式应有三种:男性的椎髻、女性的粗股“麻花辫”以及儿童的多根细股辫发(图7-8)。

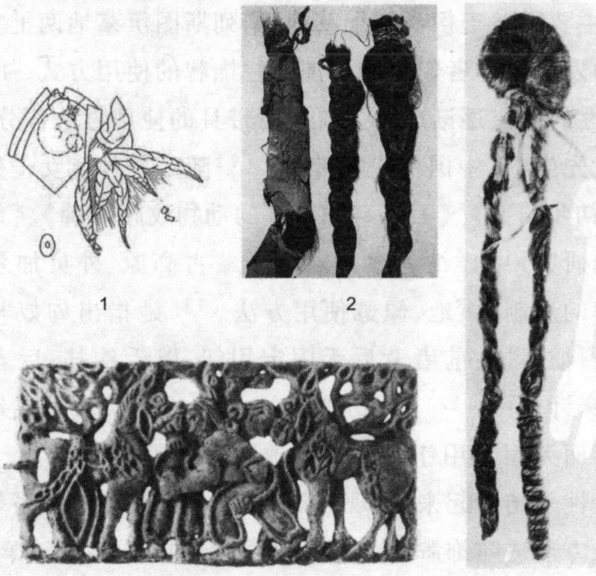

图7-8　匈奴的发式

1.查拉姆M7的3号人俑的辫发;2.苏珠克图墓地发辫;3.客省庄M140饰牌男性的“椎髻”;4.巴泽雷克2号墓女性“麻花辫”

[1]S. I. Rudenko, *Frozen Tombs of Siveria: the Pazyryk Burials of Iron Age Horsemen*, Berkeley and Los Angeles: University of California Press, 1970, pl. 69, 71.

7.4.3 饰物

匈奴人十分重视外在的装饰，稍有财力便穿金戴银。这一习俗在早期铁器时代的游牧部落中就已经十分流行。其中最有特色的是匈奴的带具和串饰。

7.4.3.1 带具

关于匈奴的带具，以往国内外许多研究者都曾作过讨论，相关著述已数不胜数，无法枚举。大家多从图像学出发，以题材、形制、制作工艺分类总结出匈奴带扣、腰饰牌的特征。其中搜罗物品最广泛、分类最细的是台湾史语所的杜正胜。〔1〕 近年来这项领域的研究已有许多重要的突破，这主要得益于伊沃尔加墓地、德列斯图伊墓地两批完整的科学发掘资料的发表。学者们开始更加关注饰牌的使用方式、使用者身份、性别，背景性的研究逐渐成为主流。对带具的使用方法作分类、解释的最早是孙机先生的《中国古代的带具》，〔2〕随后单月英女士先后在她的《匈奴墓葬初步研究》、《西汉墓葬出土的动物纹腰饰牌》、《匈奴腰饰牌及相关问题研究》中详细考察并对比了蒙古高原、外贝加尔及西汉境内出土饰牌的形制、质地、佩戴使用方法。〔3〕 她指出匈奴与汉腰饰牌使用方式、习惯不同：前者背后无固定用钮，以舌钩挂；后者有固定用钮，多配合穿针使用。〔4〕 两种饰牌在中国北方的长城沿线地带交汇进而形成了背面无固定用钮的长方形透雕饰牌。〔5〕 潘玲女士将饰牌题材与佩戴者性别结合起来，发现装饰牛、马、羊、骆驼等家畜等写实动物纹题材的长方形透雕饰牌多为女性佩戴；装饰鹰、兽、鹿、羊、牛等动物

---

〔1〕杜正胜：《欧亚草原动物文饰与中国古代北方民族之考察》，载《历史语言研究所集刊》1993 年第 64 本第 2 分册，第 231 – 408 页；杜正胜：《动物文饰与中国古代北方民族之考察》，载《内蒙古文物考古》1993 年 1、2 期合刊，第 49 – 80 页。

〔2〕孙机：《中国古舆服论丛》（增订本），第 253 – 252 页。

〔3〕单月英：《匈奴腰饰牌及相关问题研究》，第 130 – 158 页。

〔4〕单月英的这一思路显然受孙机先生研究的启发，参见孙机先生《中国古代的带具》一文。

〔5〕单月英将匈奴墓葬中出土的饰牌分作两组：第一组包括马蹄形、“P”字形、“B”字形、“凹”字形孔等四类匈奴传统的饰牌。第二组均为长方形饰牌、分无钮有舌透雕、无钮无舌透雕、有钮无舌浮雕、有钮凹陷纹边框透雕等四类。其中后两类属汉文化系统，而前两类是在汉匈两种文化系统融合的产物。

搏斗场面的饰牌，男性和女性都有佩戴，而以男性居多。[1] 单月英、潘玲都注意到，表现人物、车辆的带扣，多在西汉时期长城沿线以匈奴为主的部落中流行。

德国波恩大学学者布鲁赛德女士（Ursula Brosseder）以更加宽广的视野比较了动物纹饰牌在欧亚大陆流行、使用的情况。她发现各地游牧部落使用的腰带、饰牌尽管在形制上存在一定程度的差异，但都作为贵族身份等级的象征。这种观念在欧亚草原是相通的。[2]

在此，我们补充三条新材料：

(1)额吉河流域布尔汗·托勒郭依27号墓出土的长方形宽缘环状带扣。这件器物为铁包金，周缘锤揲出两条蛇缠绕的纹样，一条蛇身镶嵌玻璃珠、另一条蛇身镶嵌红珊瑚。同样形制的带扣在宁夏倒墩子M4出土1对，但倒墩子带扣为青铜制、透雕，做工差了许多。[3] 这种镶嵌水滴状红玉髓、绿松石的制作工艺源自中亚。[4] 同种形制的带扣在中亚及以西地区很少发现，由此我们推断，这种长方形宽缘环状带扣也是匈奴式带扣的一种。额吉河这件精美的带扣的制作，很可能有中亚工匠的参与。

(2)苏珠克图20号墓出土的一对叶形鎏金银带扣，表面以浮雕形式表现出一只神兽的形象。神兽头长两角，口鼻粗短；肩部有火焰状飞翼。身躯弯曲呈S形；四爪前后交替，作爬行状。发掘者认为这是一条龙，确实没错，但我们发现这种“龙”的造型与汉地的并不相同。汉代长角的瑞兽除了龙以外，还有天禄与辟邪。以前孙机、林梅村两位先生曾对天禄辟邪作过考证，可知汉代的天禄指长两只角的翼兽、辟邪是长

[1]潘玲：《伊沃尔加城址和墓地及相关匈奴考古问题研究》，第183-189页。

[2]U. Brosseder, “Studying Interaction with the West — The Distribution of ‘Xiongnu’ Belt Plaques”, pp. 82-87.

[3]宁夏文物考古研究所等：《宁夏同心倒墩子匈奴墓地》，第17-20，插图9，11。

[4]U. Brosseder, “Studying Interaction with the West — The Distribution of ‘Xiongnu’ Belt Plaques”, pp. 82-87.

1只角的翼兽。[1] 此后李零先生以“有翼神兽”为题考证出天禄、辟邪的原型是狮子。先秦时期西亚地区以它的形象为元素创造出一种带翼长角的神话动物——“格里芬”。[2] 有了这样的概念,我们就清楚了天禄与龙在形体上有着本质的差别:天禄是狮身,龙是蛇身;天禄无鳞,龙有鳞。同时通过观察汉代考古学图像资料我们发现,龙的头部狭长,上吻突出,多向上卷起,而下吻多短于上吻;天禄的头部粗大,上颌与下颌等长。再来看这件饰牌上浮雕的神兽,长着粗大的狮头,额头上长有两只羚羊的角,与狮形格里芬的头部特征十分接近;躯体及尾细长、呈S型,长有鳞片,又符合龙身标准。由此可见,这件饰牌应是天禄与龙的复合体。是匈奴人在吸收汉艺术造型基础上自行创造出的新形象。同时,饰牌表面无孔无舌,两两相对,图像对称,原先应是固定在皮腰带上,作带扣之用。

(3)查拉姆M7棺南部出土的一套带具。它包括一条毛织腰带、1对圆首方底的带扣、两件勺形饰及1件卵形饰件。带扣及饰件都为金制,表面镶嵌绿松石。带扣表现一个头长两角,口大张,八字胡细长、末端向上卷起,髯浓密、卷曲的人面形象,毛织腰带从人口中穿过。发掘者米尼亚耶夫认为他是希腊罗马神话中的萨提罗斯(Satyrs),比较可靠。[3] 前述苏珠克图M20出土的马身饰牌上也有表现长尾巴的萨提罗斯追逐宁芙的场景,可见萨提罗斯题材在匈奴贵族中比较流行。卵形饰呈球体、镂空,表面透雕两只站立的山羊,山羊中间有1株树,两股藤枝相互缠绕、顶部有两片树叶。两只山羊守护生命树的题材在小亚细亚出现的年代很早,在阿契梅尼德波斯帝国时期融入袄教艺术。此后的帕提亚、萨珊波斯帝国仍流行这种题材。阿富汗北部希巴尔干4号坟冢还出土过金制山羊与生命树的圆雕。该墓地的年代一般认为在

---

〔1〕孙机先生引梅原末治《绍兴古镜聚英》著录的一面汉镜铭文,证实汉代对天禄与辟邪两种神兽有着清晰的概念。林梅村先生从语言学出发,考证出天禄是西域的叉角羚,而辟邪是独角的犀牛(林梅村:《天禄辟邪与古代中西文化交流》,收入《汉唐西域与中国文明》,北京:文物出版社,1998年,第96-101页)。

〔2〕李零:《入山与出塞》,第87-147页。

〔3〕С. С. Миняев, Л. М. Сахаровская, Элитный Комплекс Захоронений Сюнну в Пади Царам // Российская Археология 2007, No.1. - РАН, Москва. - С.159-166.

公元前1世纪下半叶至公元1世纪前半叶，是大月氏高级贵族墓地。[1] 总体看来，查拉姆M7的这套带具表现的希腊、西亚神话的题材，很可能源于希腊化的帕提亚帝国，也即安息。其镶嵌绿松石的制作工艺源自中亚。同时勺形饰不是匈奴的典型文化因素，而表现人形的装饰品在匈奴中心区内极少见。由此我们认为，这套带具的制作与设计主要由中亚工匠担任，其制作地点很可能在中亚。

匈奴等中国北方的胡人称装饰瑞兽等动物纹的带扣为"师比"、"胥纰"、"犀毗"、"鲜卑"、"私纰头"。额吉河BT-27、苏珠克图M20、查拉姆M7出土的包金或鎏金带扣、带具都是名副其实的"黄金师比"。[2]

另外，德列斯图伊、伊沃尔加等匈奴中小型墓葬出土的匈奴带具，除了各式带扣之外，还装饰圆形透雕饰环、勺形饰、熊面饰牌、青铜铃、五铢，以及海贝、煤精、石灰岩、玻璃珠等多种材质的饰件。一些圆形饰牌上表现的正面坐立的熊纹，据潘玲女士研究是匈奴吸收了汉地及中国北方地区的装饰题材，非常可信。除了她所列举的满城汉墓、南越王墓、高庄汉墓出土节约及铜扣的资料以外，汉甘泉宫也有表现同样题材的石雕。

正如诸多研究者所注意到的，带具不仅是佩戴者身份的标识，也有性别的区分。匈奴高等级贵族多佩戴黄金师比，普通贵族多佩戴青铜制动物纹带扣，级别更低者只有形制简单的铁制带扣。除了以往研究者认定的饰环、串饰、长方形饰牌及特殊的题材多是匈奴中心北区及北部边疆区女性带具的特征以外，我们在第2章关于德列斯图伊墓地的讨论中也发现：圆首方底的带扣及"凸"字形饰环是男性带具的典型特征。

---

〔1〕林梅村：《大夏黄金宝藏的发现及其对大月氏考古研究的意义》，收入《西域文明》，北京：东方出版社，1995年，第267-278页。

〔2〕《战国策·赵策》称"遂赐周绍胡服衣冠、具带、黄金师比"；《史记·匈奴列传》称"胥纰"；《汉书·匈奴传》颜师古注："犀毗，胡带之钩也；亦曰鲜卑，亦谓师比，总一物也，语有轻重耳"，张宴又说"鲜卑，郭落带瑞兽名也，东胡好服之。"有关带扣的定名、分类与使用方法参见孙机先生《中国古代的带具》一文[孙机：《中国古舆服论丛》（增订本），第251-253页]。

7.4.3.2 串饰

在匈奴中心北区的德列斯图伊墓地以及北部边疆区的伊沃尔加遗址群中,多发现用多种材质制成的精美串饰。包括玉髓制弯角形、扁担形饰件、圆环形石灰石制饰环以及玻璃、水晶、萤石、角、玛瑙、海贝、红玉髓、琥珀、煤精、蛇纹岩、绿松石等其他多种材质制作的串珠。这类串饰多出自女性墓葬。这里需要对其中的一类物品——"勺形饰"进行说明。

乌恩先生认为匈奴墓葬的"勺形饰"受到了东邻的鲜卑文化影响。[1] 潘玲女士发现"勺形饰"和"斜口铜、骨管"在三家子山、完工、龙首村等西汉早期墓地中都有出土,并将它们作为断代标准。[2] 首先,从功用来看,我们认为"勺形饰"与"斜口管"是一类器物。潘玲发现"斜口骨管"在伊沃尔加墓地、倒墩子 M4、西安北郊龙首村 M2 都与带具同出,推测其作为带具使用;芒砀山西汉梁王墓地柿园汉墓出土的斜口铜管放置在马鞍旁边,可能用作马的带具。[3] 她的推测是正确的,阿尔泰北麓巴泽雷克文化出土的"斜口管"为我们了解它们的具体使用方式提供了直观的证据。巴泽雷克 3 号出土的"斜口管"为木制,斜口部位朝上、管内穿一根毛绳。毛绳上端系于马胸勒带上、下端在穿过"斜口管"后打结、散开,形成缨穗状的饰物。该文化的乌兰德里克(Ulandryk)墓地 2 号墓、6 号墓也都出土过类似物品,它们是与带具同出,显然是腰带上的饰物。其穿系方式与马具一样,应该都是穿系在细毛绳、皮条的末端作为垂饰的。从奥其尔高莉阿耶娃收集的中亚、阿尔泰等地的"勺形饰"、"斜口管"资料来看,两者应属同类器物(图 3-4)。[4]

我们认为两者不仅是同类器物,而且可能具有形制的早晚演化关系。"斜口管"至少在战国中期就已经出现,见于阿尔泰及其以西的游

---

[1]乌恩:《匈奴文化的内涵、起源、发展及其文化联系》,第 350 页。

[2]潘玲:《伊沃尔加城址和墓地及相关匈奴考古问题研究》,第 148-152 页。

[3]潘玲:《伊沃尔加城址和墓地及相关匈奴考古问题研究》,第 67-68 页。

[4]E. M. Otchir-Goriaeva, "Das sarmatische Grab von Jaškul', Kalmykien", *Eurasia Antiqua*, *Bd*. 8. 2002, Mainz: von Zabern, pp. 725-762.

牧部落,广泛用于人身及马身的装饰。它们有些是用木、骨、角等物品制成,另有一些是用青铜片制成,青铜片一端两侧卷的叶片卷起形成管,另一端锤揲呈圆形,这便是"勺形饰"的雏形。此后"勺形饰"的制作更加精美,有的在勺背面锤揲出各种纹样,装饰性更强。

德列斯图伊墓地 M81 中青铜制装饰花纹的"勺形饰"、角制"斜口管"与其他马具、武器同出,应都是用作马具。同一墓地 M48 还出土铁制"勺形饰",另外上述查拉姆 M7 出土的金制"勺形饰"也与带具同出,应该是作为腰带的垂饰。总体看来,它们在功能上与早期铁器时代一致,其形制的细微差异是由材质的物理性能造成的:"勺形饰"质薄,多用青铜等金属制作;"斜口管"既可用骨、角制作,也可用金属打制。因此,两者可以通称为"勺形饰"。

从时代上来看,"勺形饰"在阿尔泰北麓的巴泽雷克文化及其以西的中亚游牧部落中出现较早,流行于战国中晚期,而在匈奴、中国北方及中原地区多出现在西汉时期。我们推测这类器物是战国晚期至西汉初随匈奴西征阿尔泰屈射部落后,才在匈奴部落中开始流行的。

7.4.3.3 佩玉

汉代人秉承儒家"贵玉"的思想,以玉比喻君子的六种美德。无论礼仪、丧葬、日用、装饰或作为艺术品,都离不开玉。[1] 这种风尚遂影响到一些匈奴上层贵族,他们也开始佩玉。最典型的例子是西沟畔 M4 出土的一套包金螭虎、蟠龙纹玉佩、龙虎纹石佩、龙纹石觿、双龙纹石璜、舞人石佩等。诺彦山大墓虽多数被盗掘,但还是出土了许多佩玉。比如玉璜在苏珠克图 1 号墓、20 号墓、24 号墓都各出土 1 件,其中 24 号墓出土玉璜透雕双龙纹,雕工精细,属上乘之作。关于这些玉器的来源,乌恩先生认为它们均出自汉工匠之手。像西沟畔 M4 这种普通匈奴贵族墓葬的佩玉,来自汉匈边境贸易;而诺彦山高级匈奴贵族的墓葬出土的精美玉器,应来自汉廷的馈赠。[2] 对此我们非常赞同。新发掘

[1]卢兆荫:《秦汉——南北朝玉器述要》,杨伯达主编:《中国玉器全集》,石家庄:河北美术出版社,2005 年,第 795 - 834 页。

[2]乌恩:《略论匈奴玉器的来源及相关问题》,载《内蒙古文物考古》2004 年 1 期,第 59 - 63 页。

的呼尼河高勒·毛德I号墓M1也出土一件玉觿,呈绿色半透明状,表面周缘及中心阴刻细线,上端有并排两个穿孔。潘玲女士曾对汉地的璜、觿进行编年,认为西沟畔M4的那种粗短的觿是王莽或东汉早期的形制。〔1〕高勒·毛德M1的这件玉觿虽然顶部已残,但尾部粗短,与西沟畔M4的那件石觿形制十分接近。前文已讨论过高勒·毛德M1的年代属东汉前期,从而证明潘玲女士的看法无疑是正确的。

7.4.3.4　护身符

2005年蒙古与美国联合考察队在中戈壁省伊赫琳·阿姆(Ихэрийн ам)发掘了一座封堆直径在6米左右的石圈墓。墓主是一位30~35岁的女性,仰身直肢北首葬,葬具为一具木椁,墓葬内出土一件底部有方形戳记的侈口平底罐,从而可确认其族属为匈奴无疑。墓葬年代据发掘者判定在公元前140—公元380年之间。

墓葬中还出土两件护身符,1件陶制,表现为五指抓握的人手臂。手臂长18.7毫米、宽7.9毫米、厚7.3毫米,底座直径6.9毫米,重13克;另一件为石制圆雕,表现为四肢粗壮、蹲坐的裸体小矮人,头部已残,高22.7毫米、肩宽15.6毫米,基座长12.2毫米,宽6毫米、重19克。据研究者分析,两者均为护身符。前者英语称"Fig"、意大利语称"Mano Fica"、拉丁语称"Manus Ficus",原产于埃及,埃及纳沃卡热提斯市(Naucratis)在公元前6—5世纪、公元前3世纪这两个制陶业发达时期曾生产过大量这类护身符。古罗马、南塔吉克斯坦等地都发现过。伊赫琳·阿姆匈奴墓葬出土的这件护身符与埃及纳沃卡热提斯市公元前1至公元2世纪的产品接近。这类护身符早期象征丰产,晚期则赋予了保护佩戴者身心免受恶魔侵害的作用。

另一件是埃及神话中的贝斯(Bes)。贝斯在埃及神话中具有佑助世人逢凶化吉,驱逐恶灵,助人分娩,并给世人带来好运的神力。其形象为一侏儒,罗圈腿,巨首,蓄须,或狮耳、狮尾,或裸体,或着短裙。装饰贝斯的护身符在地中海、西亚、黑海以及中亚等地已发现许多。〔2〕

〔1〕潘玲:《伊沃尔加城址和墓地及相关匈奴考古问题研究》,第141-145页。

〔2〕魏庆征:《古代埃及神话》,太原:北岳文艺出版社,1999年4月第1版,第351页。

据研究者推测，这两件护身符是在埃及制作并通过丝路贸易传至漠北匈奴的（图 7－9）。[1]

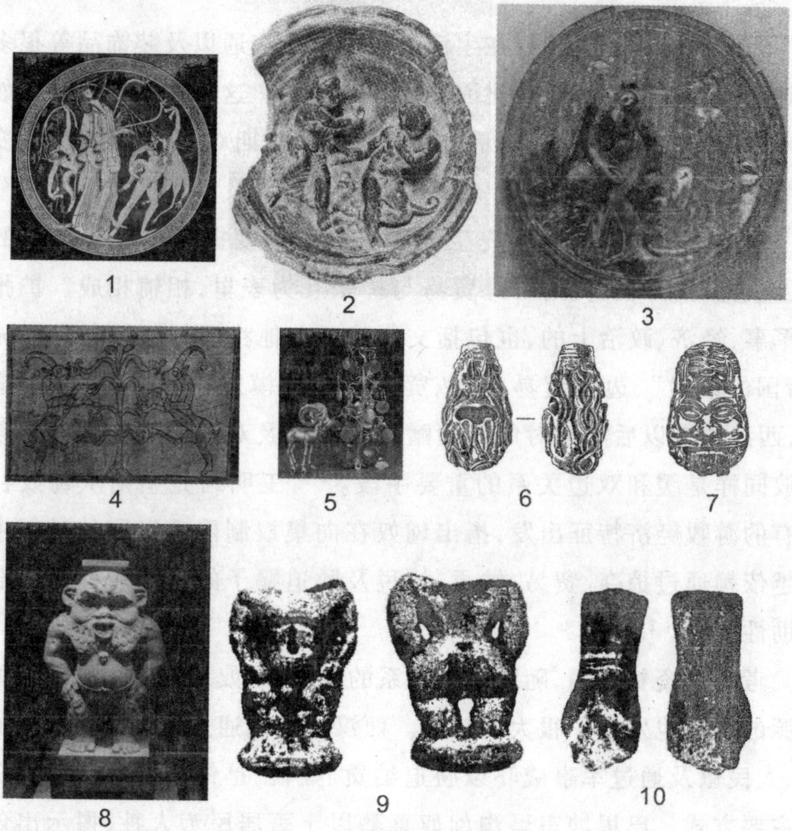

图 7－9　匈奴物品的域外题材

1. 狄奥尼索斯与萨提罗斯；2～3. 宁芙与萨提罗斯；4～6. 山羊守护生命树；7. 萨提罗斯；8～9. 贝斯；10. mano fica（1. 法国国家图书馆藏希腊陶耳杯内侧彩绘；2. 塔克希拉遗址出土化妆盒；3. 苏珠克图 M20 银饰牌；4. 土耳其安卡拉安娜托利亚文明博物馆藏壁画彩绘；5. 希巴尔干 4 号坟冢；6～7. 查拉姆 M7；8. 卢浮宫藏石雕；9～10. 伊赫琳·阿姆 1 号墓）

〔1〕П. Хатанбаатар, Б. Жаргалан, У. Ханичёрч, Ч. Амартүвшин, Хүннүгийн Булшнаас Илэрсэн “Харь Гаралтай” Олдворууд// Археологийн Судлол. II（XXII）. － Улаанбаатар, 2007. － С. 305－322.

7.5 考古所见匈奴的对外关系

上文我们讨论了匈奴在生活用具、武器、交通以及装饰品等很多方面对汉、西域、西亚等地文化因素的吸收问题。这一方面反映了匈奴对外来文化的融合,同时也揭示出在匈奴不同时期对外关系的发展、变化的情况。

余英时与王明珂两位先生分别从不同角度探讨过汉与匈奴的关系。余英时指出汉代的对外贸易与扩张互为表里,相辅相成。扩张既是军事、经济、政治上的,也包括文化渗透。他将汉匈间的贸易区分为"帝国的馈赠"、边境贸易、走私贸易等多种模式,并指出除了军事打击,西汉中期以后汉廷对匈奴馈赠的增加以及对汉匈边境贸易的逐步开放同样是缓和双边关系的重要手段。[1] 王明珂先生则从匈奴社会固有的游牧经济特征出发,指出匈奴在向集权制国家发展的过程中越来越依赖通过掠夺、贸易、纳贡、抽税及胁迫赐予的手段从外部获取的辅助性资源。[2]

考古学资料表明,随着汉匈关系的发展,匈奴对外关系及获取外部资源的手段也发生了很大的转变。西汉早中期通过掠夺周边民族的畜产、人民以及通过军事威吓以胁迫纳贡、抽税,是匈奴获取辅助性资源的主要方式。巴里坤东黑沟匈奴墓葬以土著居民为人牲,揭示出匈奴在早期扩张过程中的残忍与血腥。目前发现的西汉早中期的匈奴遗存中,通过贸易获取的域外物品非常少见。伊沃尔加遗址群发现的农具、石耳杯、陶器、螺旋桨形马镳以及瓮棺葬、墓地不分群的特点,表明移居或受胁迫迁入当地的汉人、丁零、原石板墓文化、屈射或戎人受到匈奴统一的管理。这些物品是由来自不同部族的成员参与设计和制作的,并非来自贸易。伊沃尔加及德列斯图伊墓地出土五铢钱是穿系在墓主人腰间作为装饰,并不是用于商贸流通。

---

〔1〕余英时:《汉代贸易与扩张》。

〔2〕王明珂:《游牧者的抉择:面对汉帝国的北亚游牧部落》。

西汉晚期至东汉前期，漠北匈奴墓葬中出土的域外物品明显增多，反映出对外贸易在匈奴经济中所占比重显著增加。不仅匈奴高级贵族墓葬普遍出土大量汉地制作的漆器、织锦、铜壶、铜盆、铜灯、铜镜、玉器以及车器零件、中亚制作的毛毯，中小型匈奴墓葬中也出土许多汉地制作的漆器、丝织品、铜镜、埃及制作的护身符。塔米尔河墓地出土穿系在铁芯上叠合的多枚五铢，显然是用于交易。这一时期匈奴墓葬中出土的仿制品以及融合多种文化因素创造出的新式物品也显著增多。匈奴高级贵族墓葬出土的权杖、汉式麒麟纹样、中亚工艺的金、银制装饰品，希腊化题材的带扣、饰牌，阿尔泰山北麓毛织工艺及装饰题材；中小型墓葬出土的陶灶、豆形和盘形铁、陶灯、仿汉镜等等，都反映出匈奴在与外界的商贸往来与文化交流过程中，对周边民族文化的了解和吸纳日益增进。此外，第 6 章所述匈奴葬仪等级制度在西汉晚期发生的重大变化，也与此文化背景相关。

西汉后期匈奴的对外关系从扩张、掠夺向贸易的转变主要出自三方面原因：一是汉匈势力对比发生转变。汉朝军事实力增强，多次反击匈奴，并取得了对西域的控制。二是汉朝对匈奴外交政策的变化。汉朝通过开放边境贸易、增加颁赐物品数量的手段使汉匈双边关系得到缓和。三是匈奴“国家”向集权制政体发展过程中，在对外扩张与掠夺失利的情况下，贸易成为他们获取外部资源的主要手段。

附录一 西里尔文用拉丁文转写标准

1. 俄文转写标准：以往俄文用拉丁字母转写的标准有多种，可参考林穗芳先生发表于《科技与出版》2003 年 1 期的《俄文用拉丁字母转写办法》一文。2002 年 7 月 1 日俄罗斯官方正式颁行代号为 ГОСТ 7.79－2000 的新规范——《西里尔文用拉丁字母转写规则》(ПРАВИЛА ТРАНСЛИТЕРАЦИИ КИРИЛЛОВСКОГО ПИСЬМА ЛАТИНСКИМ АЛФАВИТОМ)，这一方案实现了俄文与拉丁字母一一对应，根据拉丁字母可完整复原俄语。为方便查阅与交流，本文亦采用这种标准。

2. 新蒙文转写标准：此标准名为《新蒙文用拉丁字母转写规则》(Монгол кирил цагаан толгойн үсгүүдийг романчилах)，代号 MNS 5217 : 2003，系 2003 年 12 月 25 日由蒙古国家度量衡标准中心(Mongolian National Center for Standardization and Metrology)发布，并于 2004 年 1 月 1 日推行。

俄文用拉丁字母转写标准

俄文	拉丁字母	俄文	拉丁字母	俄文	拉丁字母
а	a	к	k	х	x
б	b	л	l	ц	cz(c) *
в	v	м	m	ч	ch
г	g	н	n	ш	sh
д	d	о	o	щ	shh
е	e	п	p	ъ	`
ё	yo	р	r	ы	y′
ж	zh	с	s	ь	`
з	z	т	t	э	e`
и	i	у	u	ю	yu
й	j	ф	f	я	ya

* Ц 有两种转换方案：一般在字母 I，E，Y，J 等前面用 C，其他情况下用 CZ 组合。

新蒙文用拉丁字母转写标准

新蒙文	拉丁字母	新蒙文	拉丁字母	新蒙文	拉丁字母
а	a	л	l	х	kh
б	b	м	m	ц	c
в	v	н	n	ч	ch
г	g	о	o	ш	sh
д	d	Ө	o'	щ	sch
е	ye	п	p	ъ	
ё	yo	р	r	ы	y
ж	j	с	s	ь	i
з	z	т	t	э	e
и	i	у	u	ю	yu
й	i	Ү	u'	я	ya
к	k	ф	f		

附录二　地名对照表

新蒙文	俄文	英文	汉文
А			
Абакан	Абакан	Abakan	阿巴坎(宫殿)
Алдибел	Алдибел	Aldybel	阿迪拜勒(文化)
Б			
Бага улзейт			小乌勒杰特(墓地)
Балыктыюл		Balyktyiul	巴里克提尤勒(河)
Баян Өнжүүл			巴彦·温珠勒(墓地)
Бор булгийн ам		Bor Bulgiin Am	包尔布拉格(墓地)
	Бурдун	Burdun	布尔冬(墓地)
Бурхан Толгой		Bulgan	布尔汗·托勒郭依(墓地)
Бэлхи			伯勒希(墓地)
Г			
Гол мод 1		Gol Mod 1	高勒·毛德Ⅰ号(墓地)
Гол мод 2(Байщинт)		Gol Mod 2	高勒·毛德Ⅱ号(墓地)
Д			
Дархан			达尔汗(墓地)
Дуулга уул		Duulga Uul	都勒尕山(墓地)
Дуурлиг нарс		Duurlig Nars	德尔利格(墓地)
Дэлгэрхаан уул			德勒格雷赫(墓地)
Дэрэстийн ам (Дэрестуй)	Дырестуй		德列斯图伊(墓地)
И			
Иволга	Иволга	Ivolga	伊沃尔加(城址及墓地)
Ильмийн ам	Ильмов		伊里莫瓦(墓地)
Ихэрийн ам		Ikheriin Am	伊赫琳·阿姆(墓地)

续表

新蒙文	俄文	英文	汉文
Н			
Наймаа толгой			纳依玛·托勒郭依(墓地)
Ноён уул(Нойн уул)	Ноин – Ула	Noin – Ula	诺颜山(墓地)
Нухтийн ам			努赫金阿姆(墓地)
П			
Пятого Пазырыкского		Pyatogo Pazyrkckogo	下巴泽雷克(墓地)
С			
Салхит ӨртӨӨ			萨勒希特(墓地)
	Селенга		色楞格河
	Судзуктэ		苏珠克图(墓地)
Т			
Тэвш уул(Тэбш уул)			特布什山(墓地)
Тэрэлжийн лӨрвӨлжин			特列津(城址)
У			
Улгут			乌勒古特(墓地)
Х			
Хаалатын завсар			哈拉腾·扎夫萨尔(墓地)
Худгийн толгоий		Hudgiin Tolgoi	胡德金·托勒郭依(墓地)
Хунуй гол		Hunui Gol	呼尼河
Хутаг уул		Hutag Uul	呼塔格山
Хүнхэрийн ам			浑海琳·阿姆(墓地)
Ч			
Чандмань уул			昌德曼山(墓地)
Чермуховын ам	Черемухов		切列姆霍夫(墓地)
	Чикой		奇科依(河)
Э			
Эгийн гол	Эгийн голын	Egiin Gol	额吉河(墓地)
Эмээл толгой			艾麦勒·托勒郭依(墓地)

附录三　外文人名译名表

译名准则说明：

1. 以学者已有的汉语名字为准

2. 优先考虑以前研究中流行的译名

3. 首次出现、无汉语名字的以《俄汉大词典》、《德汉大词典》、《法汉大词典》、《英汉大词典》所附译名表为准。同时也结合字母发音、参照以往考古学惯用的译法予以修订。

4. 未按新标准转写，但在学术界惯用的拉丁文译名，也列在原名下方的括号内。

西里尔文人名汉译

西里尔文	汉文	西里尔文	汉文
А		Кондратьев, С. А. (Kondratiev, S. A.)	康德拉梯耶夫
Акишев, К. А.	阿基舍夫		
Андреев, А. И.	安德烈耶夫	Коновалов, П. Б.	科诺瓦洛夫
Б		Кызласов, Л. Р.	科兹拉索夫
Баллод, А. Я.	巴勒洛德	М	
Бернштам, А. Н.	伯恩施坦姆	Мамонова, Н. Н.	玛莫诺娃
Боровка, Г. И. (Borovka, G. J.)	巴洛夫卡	Миняев, С. С. (Miniaev, S. S.)	米尼亚耶夫
Г		Могильникав, В. А.	莫吉丽尼科娃
Гришин, Ю. С.	格里申	Молодин, В. И.	莫勒丁
Гумилев, Л. Н.	古米列夫	Мошкова, М. Г.	莫什科娃
Д		Н	
Давыдова, А. В.	达维多娃	Новгородова, Э. А.	诺夫格罗多娃
ДоржсҮрэнгийн, Ц.	道尔吉苏荣	О	
К		Окладников, А. П.	奥克拉德尼科夫
Козлов, П. К. (Kozlov , P. K.)	科兹洛夫	П	
		Парцингер, Б. Г.	帕尔青格

续表

西里尔文	汉文	西里尔文	汉文
Полосьмак, Н. В. (Polos'mak, N.)	博罗斯马克	Т	
Пшеницына, М. И.	波舍尼切娜	Талько－Грынцвич, Ю. Д.	塔里克－格林采维奇（简称格林采维奇）
Пэрлээ, Х	佩尔列		
Р		Теплоухов, С. А. (Teploukhov, S. A.)	捷普楼霍夫
Руденко, С. И. (Rudenko, S. I.)	鲁金科	Трошкиной, Т. Е.	特洛斯基娜娅
С		Тугутов, Р. Ф.	杜古托夫
Сахаровская, Л. М. (Sakharovskaia, L. M.)	萨哈罗芙斯卡娅	Х	
		Хабдулина, М. К.	哈布杜里娜
Симуков, А. Д.	西姆克夫	Худяков, Ю.	胡德雅科夫
Смолевым, Я. С. (Smolev Ya. S.)	斯莫列维姆	У	
		Ухановой, А. В.	乌哈诺娃娅
Сорокин, С. С.	索罗金	Ц	
Сосновский, Г. П.	索斯诺夫斯基	Цэвээндорж, Д. (Tseveendorj, E.)	策温道尔吉
Стамбульник, Э. У.	什塔姆布里尼克		
Сунцовой, В. М.	苏妮措娃娅	Цыбиктаров, А. Д.	茨毕克塔罗夫

西文人名汉译

西文	汉文	西文	汉文
A		E	
Abdullaev, K.	阿卜杜拉耶夫	Ebeling, E.	艾伯灵
André, Guilheim	安纬	G	
B		Greenfeld, Liah.	格林菲尔德
Bokovenko, N. A.	博克文科	H	
Botalov, S. G.	波塔洛夫	Hippocrates	希波克拉底
Brosseder, U.	布鲁赛德	J	
C		Jamsranjav, B.	詹姆斯兰加夫
Christine, L.	克莉丝汀	Jettmar, Karl	耶特马尔
Colledge, M. A. R.	科勒奇	Jones, J.	琼斯
D		Joseph, V.	约瑟夫
Deguinges, J.	德基涅	K	
Di Cosmo, Nicola	狄宇宙	Kecmanovic, Dusan.	肯科马诺维茨
Kümmel, Otto	鄂图科摩	Kellas, James G.	克拉斯

续表

西文	汉文	西文	汉文
Kenk, R.	肯克	Pulleyblank, Edwin George	蒲立本
Khudyakov, YU. S.	胡德雅科夫		
L		Purcell, D. E.	珀塞尔
Louis, François	路易斯	R	
M		Ramstedt, G. J.	兰司铁
Makarewicz, C.	玛卡瑞维茨	Renan, Ernest.	热南
Miller, B. K.	米勒	Rudenko, S. I.	鲁金科
Miniaev, S. S.	米尼亚耶夫	S	
Mode, Markus	莫德	Sakharovskaia, L. M.	萨哈罗芙斯卡娅
N		Selby, Stephen	谢素芳
Navaan	纳万	Shahbâzi, A. Sh.	沙巴兹
O		Sulimirski, T.	苏里米尔斯基
Otchir - Goriaeva, E. M.	奥其尔高莉阿耶娃	Spurr, K. C.	斯普尔
		T	
P		Trever, Camilla	特列维尔
Pirazzoli - t'Ser - stevens, M.	赛尔斯铁文思	Tseveendorj, E.	策温道尔吉
		V	
Polos'mak, Natalya	博罗斯马克	Volkov	沃尔科夫
Pope, A. U.	波普	W	
Phillips, E. D.	菲利普斯	Waugh, Daniel C.	丹尼尔·瓦赫
Psarras, S. K.	渔圣爱	Williams, J. T.	威廉姆斯

参考文献

中文部分

〔古希腊〕阿里安. 亚历山大远征记[M]. 李活, 译. 北京:商务印书馆, 1979.

〔法〕安纬, 奚芷芳. 蒙古匈奴贵族墓地初步研究[J]. 考古学报, 2009(1).

〔日〕白鸟库吉. 匈奴民族考[C]. 何健民, 译//林幹. 匈奴史论文选集(1919－1979). 北京:中华书局, 1983.

(汉)班固. 汉书[M]. 北京:中华书局, 1983.

北京市文物研究所. 军都山墓地:玉皇庙[M]. 北京:文物出版社, 2007.

〔蒙〕策温道尔吉. 昌德曼文化[J]. 陈弘法, 译. 文物考古参考资料, 1984(6).

岑仲勉. 伊兰之胡与匈奴之胡[C]//林幹. 匈奴史论文选集(1919－1979). 北京:中华书局, 1983.

陈戈. 焉耆尉犁危须都城考[J]. 西北史地, 1985(2).

陈戈. 新疆发现的竖穴洞室墓[C]//中国社会科学院考古研究所. 中国考古学论丛. 北京:科学出版社, 1993.

陈世良. 乌孙原住地辨正[J]. 新疆历史研究, 1987(1).

陈世良. 浑邪考[J]. 新疆大学学报, 1989(2).

陈序经. 匈奴史稿[M]. 北京:中国人民大学出版社, 2007.

陈勇.《史记》所见"胡"与"匈奴"称谓考[M]. 民族研究, 2005

(6).

陈直.两汉经济史料论丛[M].西安:陕西人民出版社,1980.

程林泉,韩国河.长安汉镜[M].西安:陕西人民出版社,2002.

崔大庸.双乳山一号汉墓一号马车的复原与研究[J].考古,1997(3).

〔前苏联〕达维多娃.匈奴文化研究的基本问题[J].陈弘法,译.文物考古参考资料,1983(5).

〔前苏联〕戴甫列特.西伯利亚腰饰牌[J].陈弘法,译.文物考古参考资料,1983(5).

〔法〕丹尼,〔法〕马松.中亚文明史:第1卷[C].芮传明,译.北京:中国对外翻译出版公司,2002.

〔蒙〕道尔吉苏荣.呼尼河畔诺音乌拉山匈奴墓发掘记(1954—1957)[J].陈弘法,译.文物考古参考资料,1979(1).

杜林渊.朔方刺史部及其周围地区汉代墓葬研究[D].北京:北京大学考古文博学院,2003.

杜正胜.欧亚草原动物文饰与中国古代北方民族之考察[J].历史语言研究所集刊, 1993,64(2).

杜正胜.动物文饰与中国古代北方民族之考察[J].内蒙古文物考古, 1993(1/2).

杜正胜.周秦民族文化"戎狄性"的考察:兼论关中出土的"北方式"青铜器[C]//周秦文化研究编委会.周秦文化研究.西安:陕西人民出版社,1998.

段连勤.丁零、高车与铁勒[M].桂林:广西师范大学出版社,2006.

(宋)范晔.后汉书[M].北京:中华书局,1982.

方壮猷.匈奴语言考[J].国学季刊,1930,2(4).

冯恩学.俄国东西波利亚与远东考古[M].长春:吉林大学出版社,2002.

冯承钧.西域地名(增订本)[M].陆峻岭,增订.北京:中华书局,1982.

冯家昇. 匈奴民族及其文化[J]. 禹贡, 1937,7(5).

甘肃省文物考古研究所,张家川回族自治县博物馆. 2006 年度甘肃张家川回族自治县马家塬战国墓地发掘简报[J]. 文物,2008(9).

盖山林. 远去的匈奴[M]. 呼和浩特:内蒙古人民出版社,2007.

高崇文. 西汉诸侯王墓车马殉葬制度探讨[J]. 文物,1992(2).

高崇文. 试论先秦两汉丧葬礼俗的演变[J]. 考古学报,2006(4).

高崇文. 再论西汉诸侯王墓车马殉葬制度[J]. 考古,2008(11).

高明. 战国陶铭[M]. 上海:上海书画出版社,2000.

〔美〕格莱泽,莫尼汉. 民族与民族研究[C]//马戎. 西方民族社会学的理论与方法. 天津:天津人民出版社,1997.

〔前苏联〕格里申. 达尔罕山匈奴墓葬发掘记[J]. 陈弘法,译. 文物考古参考资料,1983a(4).

〔前苏联〕格里申. 蒙古匈奴墓中发现的彩绘陶器[J]. 陈弘法,译. 文物考古参考资料,1983b(4).

〔法〕格鲁塞. 草原帝国[M]. 魏英邦,译. 西宁:青海人民出版社,1991.

广西壮族自治区文物工作队. 1978. 广西西林县普驮铜鼓墓葬[J]. 文物,1978(9).

〔匈牙利〕哈尔马塔. 中亚文明史(第 2 卷)[C]. 徐文堪,译. 北京:中国对外翻译出版公司,2001.

韩康信. 塞、乌孙、匈奴和突厥之种族人类学特征[J]. 西域研究,1992(2).

韩康信. 丝绸之路古代居民种族人类学研究[M]. 乌鲁木齐:新疆人民出版社,1993.

韩康信,谭婧泽,张帆. 中国西北地区古代居民种族研究[M]. 上海:复旦大学出版社,2005.

河北省文物研究所. 河北定县 40 号汉墓发掘简报[J]. 文物,1981(8).

黑龙江省博物馆,齐齐哈尔市文管站. 齐齐哈尔市大道三家子墓葬清理[J].考古,1988(12).

洪石.战国秦汉时期漆器的生产与管理[J].考古学报,2005(4).

胡君伯.匈奴源流考[J].西北研究,1933(8).

湖南省博物馆,中国科学院考古研究所.长沙马王堆一号汉墓[M].北京:文物出版社,1973.

湖南省博物馆.长沙马王堆二三号汉墓发掘简报[J].文物,1974(7).

湖南省博物馆.长沙象鼻嘴一号西汉墓[J].考古学报,1981(1).

(汉)桓宽.盐铁论校注[M].王利器,校注.北京:中华书局,1992.

黄怀信,张懋镕,田旭东.逸周书汇校集注[M].上海:上海古籍出版社,1995.

黄文弼.论匈奴族之起源[J].边政公论,1943,2(3-5).

黄文弼.新疆考古发掘报告(1957—1958)[M].北京:文物出版社,1983.

黄文弼.前汉匈奴单于建庭考[C]//林幹.匈奴史论文选集(1919—1979).北京:中华书局,1983.

黄晓芬.汉墓的考古学研究[M].长沙:岳麓书社,2000.

黄展岳.中国古代的人牲人殉[M].北京:文物出版社,1990.

〔前苏联〕加里亚伊诺夫.南乌拉尔山洞中的匈奴墓葬[J].陈弘法,译.文物考古参考资料,1983(4).

(汉)贾谊.新书校注[M].阎振益,钟夏,校注.北京:中华书局,2000.

〔前苏联〕吉谢列夫.南西伯利亚古代史:上册[M].莫润先,等译.乌鲁木齐:新疆社会科学院民族研究所,1981.

〔前苏联〕吉谢列夫.南西伯利亚古代史:下册[M].莫润先,等译.乌鲁木齐:新疆社会科学院民族研究所,1985.

济南市考古研究所,等.山东章丘市洛庄汉墓陪葬坑的清理[J].考古,2004(8).

〔日〕江上波夫.匈奴的祭祀[C].黄舒眉,译//刘俊文.日本学者研究中国史论著选译(第9卷).北京:中华书局,1993.

江苏泗阳三庄联合考古队.江苏泗阳陈墩汉墓[J].文物,2007(7).

江应梁.中国民族史[M].北京:民族出版社,1990.

〔前苏联〕科诺瓦洛夫.关于若干匈奴青铜器收集品[J].陈弘法,译.文物考古参考资料,1983a(4).

〔前苏联〕科诺瓦洛夫.匈奴墓葬[J].陈弘法,译.文物考古参考资料,1983b(5).

孔祥星,刘一曼.中国古代铜镜[M].北京:文物出版社,1984.

孔祥星,刘一曼.中国铜镜图典[M].北京:文物出版社,1992.

兰司铁.阿尔泰语言学导论[M].周建奇,译.呼和浩特:内蒙古教育出版社,2004.

李高峰.天山至河西走廊地区早期铁器时代文化比较[D].北京:北京大学考古文博学院,2003.

(唐)李贺.李贺诗歌集注[M].〔清〕王琦,等注.上海:上海人民出版社,1977.

李零.入山与出塞[M].北京:文物出版社,2004.

李水城.沙井文化研究[J].国学研究,1994.

李水城.权杖头:古丝绸之路早期文化交流的重要见证[J].中国社会科学院古代文明研究中心通讯,2002(4).

〔俄〕李特文斯基.中亚文明史(第3卷)[C].马小鹤,译.北京:中国对外翻译出版公司,2003.

梁启超.《史记·匈奴传》戎狄名义考[M]//梁启超.梁启超全集.北京:北京出版社,1999.

林幹.匈奴史论文选集(1919—1979)[C].北京:中华书局,1983a.

林幹.匈奴诸王驻牧地考[C]//匈奴史论文选集(1919—1979).北京:中华书局,1983b.

林幹.匈奴历史年表[M].北京:中华书局,1984.

林幹.匈奴史料汇编[M].北京:中华书局,1988.

林惠祥.中国民族史.上海:上海印书馆,1936.

〔日〕林俊雄.欧亚草原古代墓葬文化[C].张志尧,译//张志尧.草原丝绸之路与中亚文明.乌鲁木齐:新疆美术摄影出版社,1994.

林梅村.祁连与昆仑[M]//林梅村.汉唐西域与中国文明.北京:文物出版社,1998.

林梅村.大夏黄金宝藏的发现及其对大月氏考古研究的意义[M]//林梅村.西域文明——考古、民族、语言和宗教新论.北京:东方出版社,1995.

林梅村.天禄辟邪与古代中西文化交流[M]//林梅村.汉唐西域与中国文明.北京:文物出版社,1998.

林梅村.楼兰国始都考[M]//林梅村.汉唐西域与中国文明.北京:文物出版社,1998

林沄.关于中国的对匈奴族源的考古学研究[M]//林沄.林沄学术文集.北京:中国大百科全书出版社,1998.

林沄.西岔沟型铜柄铁剑与榆树老河深,彩岚墓地的族属[M]//林沄.林沄学术文集.北京:中国大百科全书出版社,1998..

林沄.中国北方长城地带游牧文化带的形成过程[J].燕京学报(新14),2003.

卢兆荫.试论两汉的玉衣[J].考古,1981(1).

卢兆荫.再论两汉的玉衣[J].文物,1989(10).

卢兆荫.秦汉——南北朝玉器述要[C]//杨伯达.中国玉器全集.石家庄:河北美术出版社,2005.

罗家湘.《逸周书》研究[M].上海:上海古籍出版社,2006.

吕思勉.中国民族史[M].上海:世界书局,1934.

吕思勉.匈奴文化索引[J].国学论衡,1935(5).

马长寿.北狄与匈奴[M].上海:三联书店,1962.

马长寿.北狄与匈奴[M].桂林:广西师范大学出版社,2006.

马长寿.氐与羌[M].桂林:广西师范大学出版社,2006.

马健.公元前8—3世纪的萨颜—阿尔泰——早期铁器时代欧亚东

部草原文化交流[J].欧亚学刊(8).北京:中华书局,2008a.

马健.匈奴考古国际研讨会会议纪要[EB/OL].[2008-11-03].中国社会科学院历史研究所中外关系史研究室.欧亚学研究网.http://www.eurasianhistory.com/data/articles/k02/1869.html

马戎.西方民族社会学的理论与方法[C].天津:天津人民出版社,1997.

马雍.新疆佉卢文书中之Kosava即氍毹考——兼论"渠搜"古地名[M]//西域史地文物丛考.北京:文物出版社,1990.

麦高文.中亚古国史[M].章巽,译.北京:中华书局,2004.

蒙文通.周秦少数民族研究[M].上海:龙门联合书局,1958.

孟春舫.蒙古[M]//中国大百科全书·世界地理卷.北京:中国大百科全书出版社,1986.

孟凡人.论鄯善国都的方位[J].黄盛璋.亚洲文明(2).合肥:安徽教育出版社,1992.

孟世杰.戎狄蛮夷考[J].史学年报,1929(1).

内蒙古文物工作队.内蒙古陈巴尔虎旗完工古墓清理简报[J].考古,1965(6).

内蒙古文物工作队.毛庆沟墓地[C]//田广金,郭素新.鄂尔多斯式青铜器.北京:文物出版社,1986.

内蒙古文物考古研究所,鄂尔多斯市文物工作站.内蒙古准格尔煤田黑岱沟矿区文物普查述要[J].考古,1990(1).

内田吟风.《史记·匈奴传》笺注[C]//余太山.北方民族史与蒙古史译文集.余大钧,译.昆明:云南人民出版社,2003.

宁夏文物考古研究所,宁夏固原博物馆.宁夏固原杨郎青铜文化墓地[J].考古学报,1993(1).

宁夏文物考古所,西吉县文管所.西吉县陈阳川墓地发掘简报[C]//宁夏考古文集.银川:宁夏人民出版社,1994.

宁夏文物考古研究所,中国社会科学院考古研究所宁夏考古组,同心县文物管理所.宁夏同心倒墩子匈奴墓地[J].考古学报,1988(3).

宁夏文物考古研究所,同心县文管所.宁夏同心李家套子匈奴墓清理简报.考古与文物,1988(3).

宁夏回族自治区文物考古研究所,彭阳县文物站.宁夏彭阳县张街村春秋战国墓地[J].考古,2002(8).

潘行荣.内蒙古陈巴尔虎旗完工索木发现古墓[J].考古,1962(11).

潘玲.蒙古和外贝加尔地区匈奴墓地的等级差别[J].内蒙古文物考古,2006(2).

潘玲.伊沃尔加城址和墓地及相关匈奴考古问题研究[M].北京:科学出版社,2007.

潘其风,韩康信.内蒙古桃红巴拉古墓和青海大通匈奴墓人骨的研究[J].考古,1984(4).

潘其风.从颅骨资料看匈奴族的人种[C]//中国考古学研究——夏鼐先生考古五十年纪念论文集(第二集).北京:科学出版社,1986.

庞昊.翁牛特旗发现两汉铜牌饰[J].文物,1998(7).

(清)平步青.霞外捃屑[M].上海:上海古籍出版社,1982.

〔加〕蒲立本.匈奴语[M]//〔加〕蒲立本.上古汉语的辅音系统.徐文堪,译.北京:中华书局,1999.

〔俄〕普加琴科娃,等.贵霜艺术[C]//〔匈牙利〕哈尔马塔.中亚文明史(第2卷)[C].徐文堪,译.北京:中国对外翻译出版公司,2002.

祁小山,王博.丝绸之路·新疆古代文化[M].乌鲁木齐:新疆人民出版社,2008.

青海省文物考古研究所.上孙家寨汉晋墓[M].北京:文物出版社,1993.

〔日〕秋山进午.内蒙古高原的匈奴墓葬[J].汪宇平,译//文物考古参考资料,1983(4).

任邱,王桐龄.中国民族史[M].北京:北京文化学社(民国十七年),1928.

〔日〕三宅俊彦,加藤真二.关于蒙古国鄂嫩河中游地区的匈奴墓地调查[J].内蒙古文物考古,1996(2).

山东大学考古系,等.山东长清县双乳山一号汉墓发掘简报[J].考古,1997(3).

陕西省考古研究所.陕西铜川枣庙秦墓发掘简报[J].考古与文物,1986(2).

陕西省考古研究所,榆林市文物管理委员会办公室.神木大葆当——汉代城址与墓葬考古报告[M].北京:科学出版社,2001.

陕西省文管所,陕西省博物馆,咸阳市博物馆.咸阳杨家湾汉墓发掘简报[J].文物,1977(10).

单月英.匈奴墓葬初步研究[D].北京:北京大学考古文博学院,2001.

单月英.西汉墓葬出土的动物纹腰饰牌[J].考古与文物,2007(4).

单月英.匈奴腰饰牌及相关问题研究[J].故宫博物院院刊,2008(2).

单月英.匈奴墓葬研究[J].考古学报,2009(1).

沈从文.中国古代服饰研究(增订本)[M].上海:上海书店出版社,1997.

石家庄市图书馆文物考古小组.河北石家庄市北郊西汉墓发掘简报[J].考古,1980(1).

(宋)司马光.资治通鉴[M].北京:中华书局,1973.

(汉)司马迁.史记[M].北京:中华书局,1982.

孙机.几种汉代的图案纹饰[J].文物,1982(3).

孙机.汉代物质文化资料图说[M].北京:文物出版社,1990.

孙机,杨泓.文物丛谈[M].北京:文物出版社,1991.

孙机.中国古舆服论丛(增订本)[M].北京:文物出版社,2001.

(清)孙希旦.礼记集解[M].沈啸寰,王星贤,点校.北京:中华书局,1989.

(清)孙诒让.周礼正义[M].王文锦,陈玉霞,点校.北京:中华书局,1987.

〔日〕藤田丰八.焉支与祁连[M]//杨炼,译.西域研究.北京.商务印书馆,1937.

田广金,郭素新.内蒙古阿鲁柴登发现的匈奴遗物[J].考古,1980a(4)

田广金,郭素新.西沟畔匈奴墓反映的诸问题[J].文物,1980b(7).

田广金,郭素新.鄂尔多斯式青铜器[M].北京:文物出版社,1986a.

田广金,郭素新.桃红巴拉墓群[M]//鄂尔多斯青铜器.北京:文物出版社,1986b.

田广金,郭素新.阿鲁柴登发现的金银器[M]//鄂尔多斯青铜器.北京:文物出版社,1986.

田广金,郭素新.北方考古论文集[M].北京:科学出版社,2004a.

田广金,郭素新.近年来内蒙古地区的匈奴考古[M]//北方考古论文集.北京:科学出版社,2004b.

田广金,郭素新.匈奴墓葬的类型和年代[M]//北方考古论文集.北京:科学出版社,2004c.

田广金,郭素新.北方文化与匈奴文明[M].南京:凤凰出版社,2005.

仝涛.论青海大通上孙家寨汉晋墓出土银壶的异域风格[J].考古,2009(5).

王炳华.新疆东部发现的几批铜器[J].考古,1986(10).

王国维.观堂集林[M].石家庄:河北教育出版社,2003.

王建新.中国西北草原地区古代游牧民族文化研究的新进展——古代月氏文化的考古学探索[C]//周秦汉唐文化研究.第三辑.西安:三秦出版社,2004.

王明珂.匈奴的游牧经济:兼论游牧经济与游牧社会政治组织的关系[J].历史语言研究所集刊,1993,64(1).

王明珂.游牧者的抉择:面对汉帝国的北亚游牧部落[M].桂林:广西师范大学出版社,2008.

王振铎.东汉车制复原研究[M].李强,整理.北京:科学出版社,1997.

王钟翰.中国民族史[M].北京:中国社会科学出版社,1994.

魏坚.内蒙古中南部汉代墓葬[M].北京:中国大百科全书出版社,1998.

魏庆征.古代希腊罗马神话[M].太原:北岳文艺出版社,1999a.

魏庆征.古代埃及神话[M].太原:北岳文艺出版社,1999b.

魏嵩山.中国历史地名大辞典[M].广州:广东教育出版社,1995.

〔前苏联〕沃尔科夫.乌兰固木古墓群[J].陈弘法,译.文物考古参考资料,1984(6).

乌恩,莫润先.塔加尔文化[M]//中国大百科全书·考古卷.北京:中国大百科全书出版社,1986.

乌恩.论匈奴考古研究中的几个问题[J].考古学报,1990(4).

乌恩.略论匈奴玉器的来源及相关问题[J].内蒙古文物考古,2004(1).

乌恩.北方草原考古学文化研究——青铜时代至早期铁器时代[M].北京:科学出版社,2007.

乌恩.匈奴文化的内涵,起源,发展及其文化联系[M]//乌恩.北方草原考古学文化比较研究——青铜时代至早期铁器时代.北京:科学出版社,2008.

〔英〕伍德福德.古代艺术品中的神话形象[M].贾磊,译.山东画报出版社,2006.

〔古希腊〕希罗多德.历史[M].王以铸,译.北京:商务印书馆,1959.

夏鼐.关于考古学上文化的定名问题[J].考古,1959(4).

谢端琚.试论我国早期土洞墓[J].考古,1987(12).

谢剑.匈奴社会组织的初步研究[J].历史语言研究所集刊,1969,

40(下).

谢剑.匈奴政治制度的研究[J].历史语言研究所集刊,1969,41(2).

谢剑.匈奴宗教信仰及其流变[J].历史语言研究所集刊,1971,42(4).

新疆文物考古研究所,和静县文化馆.和静县察吾乎沟三号墓地发掘简报[J].新疆文物,1990(1).

新疆文物考古研究所,等.交河故城——1993—1994年度考古发掘报告[M].北京:东方出版社,1998.

新疆文物考古研究所.新疆察吾呼——大型氏族墓地发掘报告[M].北京:东方出版社,1999.

新疆文物考古研究所.交河沟西——1994—1996年度考古发掘报告[M].乌鲁木齐:新疆人民出版社,2001.

新疆文物考古研究所,吐鲁番地区文物局.鄯善县洋海一号墓地发掘简报[J].新疆文物,2004(1).

新疆文物考古研究所,吐鲁番地区文物局.鄯善县洋海二号墓地发掘简报[J].新疆文物,2004(1).

新疆文物考古研究所,吐鲁番地区文物局.鄯善县洋海三号墓地发掘简报[J].新疆文物,2004(1).

新疆文物考古研究所,西北大学文化遗产与考古学研究中心.2006年巴里坤东黑沟遗址发掘[J].新疆文物,2007(2).

新疆维吾尔自治区博物馆,新疆文物考古研究所.中国新疆山普拉——古代于阗文明的揭示与研究[M].乌鲁木齐:新疆人民出版社,2001.

熊存瑞.先秦匈奴及其有关的几个问题[J].社会科学战线,1983(1).

严文明.关于考古学文化的理论[M]//严文明.走向21世纪的中国考古学.西安:三秦出版社,1997.

杨宽.战国史料编年辑证[M].上海:上海人民出版社,2001.

杨宁国,祁悦章.宁夏彭阳县近年出土的北方系青铜器[J].考古,1999(12).

杨泓.中国古兵器论丛[M].增订本.北京:文物出版社,1985.

杨泓.古代兵器通论[M].北京:紫禁城出版社,2005.

杨泓.中国古代兵器论丛[M].增订本.北京:中国社会科学院出版社,2007.

杨泓,孙机.寻常的精致[M].沈阳:辽宁教育出版社,1996.

杨建华.东周时期中国北方文化带形成初探[J].燕京学报,2003.(新14).

杨建华.春秋战国时期中国北方文化带的形成[M].北京:文物出版社,2004.

鄂尔多斯市文物工作站,内蒙古文物工作队.西沟畔汉代匈奴墓葬[M]//田广金,郭素新.鄂尔多斯式青铜器.北京:文物出版社,1986.

鄂尔多斯市文物工作站.补洞沟匈奴墓葬[M]//田广金,郭素新.鄂尔多斯式青铜器.北京:文物出版社,1986.

〔蒙〕伊什詹茨.中亚东部的游牧人[C]//〔匈牙利〕哈尔马塔.中亚文明史(第2卷).徐文堪,译.北京:中国对外翻译出版公司,2001.

余太山.乌孙考[J].西北史地,1988(1).

余太山.大夏和大月氏综考[J].中亚学刊,1990(3).

余太山.塞种史研究[M].北京:中国社会科学院出版社,1992.

余太山.两汉魏晋南北朝正史西域传研究[M].北京:中华书局,2003.

余太山.两汉魏晋南北朝正史西域传要注[M].北京:中华书局,2005.

余太山.匈奴的崛起[J].欧亚学刊,2005(5).

余英时.汉代的对外关系[C]//剑桥中国秦汉史.北京:中国社会科学出版社,1992.

余英时.汉代贸易与扩张[M].邬文玲,等,译.上海:上海古籍出版社,2005.

俞伟超. 汉代诸侯王与列侯墓葬的形制分析[C]//先秦两汉考古学论集. 北京:文物出版社,1985.

张碧波,董国尧. 中国古代北方民族文化史[M]. 哈尔滨. 黑龙江人民出版社,1993.

张全超,朱泓. 关于匈奴人种问题的几点认识[J]. 中央民族大学学报,2006(6).

张英. 从考古学看我国东北古代民族毁器习俗[J]. 北方文物,1990(3).

赵化成. 周代棺椁多重制度研究[J]. 国学研究,1998.

赵化成,高崇文. 秦汉考古[M]. 北京:文物出版社,2002.

赵化成. 从商周"集中公墓制"到秦汉"独立陵园制"的演化轨迹[C]//汉唐陵墓制度研究. 待刊.

赵化成. 从"周制"到"汉制"——先秦两汉墓制的变革与发展[C]//汉唐陵墓制度研究. 待刊.

郑滦明. 西汉诸侯王墓所见的车马殉葬制度[J]. 考古,2002(1).

(汉)郑玄,注.(唐)贾公彦,疏. 周礼注疏[M]. 赵伯雄,整理. 王文锦,审定. 北京:北京大学出版社,1999a.

(汉)郑玄,注.(唐)孔颖达,疏. 礼记正义[M]. 龚抗云,整理. 王文锦,审定. 北京:北京大学出版社,1999b.

中国大百科全书总编辑委员会. 中国大百科全书. 考古学[M]. 北京:中国大百科全书出版社,1986.

中国科学院考古研究所. 洛阳烧沟汉墓[M]. 北京:科学出版社,1959.

中国社会科学院考古研究所. 沣西发掘报告[M]. 北京:文物出版社,1963.

中国社会科学院考古研究所. 汉长安城武库遗址发掘的初步收获[J]. 考古,1978..

中国社会科学院考古研究所大葆台汉墓发掘组. 北京大葆台汉墓[M]. 北京:文物出版社,1989.

中国社会科学院考古研究所新疆队,新疆巴音郭楞蒙古自治州文管所.新疆和静县察吾呼沟口三号墓地发掘简报[J].考古,1990(10).

中国社会科学院考古研究所.汉长安城武库[M].北京:文物出版社,2005.

周连宽.苏联南西伯利亚所发现的中国式宫殿遗址[J].考古学报,1956(4).

朱泓.人种学上的匈奴,鲜卑与契丹[J].北方文物,1994(2).

日文部分

梅原末治.蒙古ノイン・ウラ発見の遺物[M].東京:东洋文库,1960.

江上波夫.匈奴文化論考[M].東京:山川出版社,1948.

白鳥庫吉.塞外民族史研究[M].東京:岩波書店,1970.

内田吟风.古代遊牧民族の農耕國家侵入の真因——飢餓と侵入との關係につぃての再檢討[M]//内田吟风.内陸アジアの研究:ユーラシア學會研究報告,1954(Ⅲ).

内田吟风.北アジア史研究:匈奴篇[M].京都:同朋舍,1988.

藤川繁彦.中央ユーテシアの考古学[M].東京:同成社,1999.

于志勇.光り輝きつづける火の光——新疆で発掘した火鑽具について[M]//中日共同尼雅遺跡學術調查報告書(第三卷).京都:真陽社,2007.

西文部分

Abdullaev K(阿卜杜拉耶夫). Nomadism in Central Asia. The archaeological evidence (2nd – 1st centuries B. C.), In the land of the gryphons. Papers on Central Asian archaeology in antiquity. Ed. by A. Invernizzi. Firenze, 1995.

André G(安纬). L'aristocraite Xiongnu[C]//Mongolie: les Xiongnu de L'Arkhangaï. Oulan - Bator: [s. n.]: 2007.

Bokovenko N A(博克文科). Tuva during the Scythian period[C]// Normads of the Eurasian Steppes in the Early Iron Age. Berkeley CA: Zinet Press: 1995a.

Bokovenko N A(博克文科). Scythian Culture in the Altai Mountains [C]// Normads of the Eurasian Steppes in the Early Iron Age. Berkeley CA: Zinet Press: 1995b.

Bokovenko N A(博克文科). The Tagar Culture in the Minusinsk Basin[C]// Normads of the Eurasian Steppes in the Early Iron Age. Berkeley CA: Zinet Press: 1995c.

Botalov S G(波塔洛夫). The Xiong - nu and the Huns[J]. Archaeology, Ethnology & Anthropology of Eurasia, 2003,1(13).

Brosseder U(布鲁赛德). Les Xiongnu et leurs relations internationals [C]// les Xiongnu de L'Arkhangaï. Oulan - Bator: 2007,[s. n.].

Brosseder U(布鲁赛德). "Studying Interaction with the West—The Distribution of 'Xiongnu' Belt Plaques", International Conference of Xiongnu Archaeology, Ulaanbaatar, 16 - 18 October 2008.

Colledge M. A R(科勒奇). Parthian Art[M]. London: Paul Elek. 1977.

Deguinges J(德基涅). Memoire sur l'origine des Huns et des Turcs [M]. Paris: 1748[s. n.].

Deguinges J(德基涅). Histoire Générale des Huns , des Turcs , des Mongols et des autres Tartares Occidentaux: 4 tomes[M]. Paris: 1756—1759[s. n.].

Di CosmoN(狄宇宙). Ancient China and its enemies: the rise of nomadic power in East Asian history[M]. New York : Cambridge University Press,2002.

Ebeling E(艾伯灵). Die Rustung eines babylonischen Panzerreiters nach einem Vertrage aus der Zeit Darius II[J]// ZA N. F. 1952.

Greenfeld L(格林菲尔德). Nationalism: Five Roads to Modernity [M]. Cambridge: Harvard University Press,1992.

Guolong lai. The Date of TLV Mirrors from the Xiongnu Tombs[J]. The Silk Road, 2006,4(1).

Hippocrates(希波克拉底). Airs, Waters, Places[M]// Hippocratic writings. London: Penguin Books,1978.

F. T. Hiebert(希伯特). Pazyryk Chronology and Early Horse Nomads Reconsidered[J]. Bulletin of the Asia Institute,1992(6).

Jones J(琼斯), Joseph V(约瑟夫). Excavation of a Xiongnu Satellite Burial[J]. The Silk Road,20085(2).

Jettmar Karl(耶特马尔). The Art of the Steppes[M]. New York: Crown Publishers, 1967.

Kecmanovic D(肯科马诺维茨). The Mass Psychology of Ethnonationalism[M]. New York: Plenum Press.

Kenk R(肯克). 1984. Das Gr? berfeld der hunno - sarmatischen Zeit von Kokel´, Tuva, Süd - Sibirien[M]. München: 1996 [s. n.].

Kellas J G(克拉斯). The Politics of Nationalism and Ethnicity[M]. New York: St. Martin's Press,1991.

Khudyakov YU S(胡德雅科夫). Problems of the Genesis of Culture of the Hunnic Period in the Altai Mountains[J]. Ancient Civilizations, 1996,3(2-3).

Khudyakov YU S(胡德雅科夫). Reconstruction of female costume among the nomads of the Hun period in the Altai Mountains[J]. Ancient Civilizations, 2001,7(1-2).

Louis Fran? ois(路易斯). Han Lacquerware and the Wine Cups of Noin Ula[J]. The Silk Road, 2006,4(2).

Ma Rong(马戎). 1987. Migrant and Ethnic Integration in Rural Inner Mongolia[D]. [S. L.]Brown University.

Makarewicz C(玛卡瑞维茨). 2008. Documenting Complex Subsistence Strategies in Xiongnu Economic Systems", International Conference of Xiongnu Archaeology, Ulaanbaatar, 16 - 18 October 2008.

Miller B K(米勒), Jamsranjav B(詹姆斯兰加夫), Tseveendorj(策温道尔吉), et al. 2008. Xiongnu Elite Tomb Complexes in the Mongolian Altai: Results of the Mongol - American Havd Archaeology Project, 2007 [J]. The Silk Road, 5(2).

Miniaev S S(米尼亚耶夫), Sakharovskaia L M(萨哈罗芙斯卡娅). Niche grave burials of the Xiong - Nu period in Central Asia[J]. Information Bulletin, 1990,17.

Miniaev S S(米尼亚耶夫), Sakharovskaia L M(萨哈罗芙斯卡娅). Investigation of a Xiongnu Royal Tomb Complex in the Tsaraam Valley[J]. The Silk Road, 2006,4(1).

Miniaev S S(米尼亚耶夫), Sakharovskaia L M(萨哈罗芙斯卡娅). Investigation of a Xiongnu Royal Tomb Complex in the Tsaraam Valley: Part 2: The Inventory of Barrow No. 7 and the Chronology of the Site[J]. The Silk Road, 2007,5(1).

Mission archéologique fran? aise en Mongolie. Gol Mod: Nouvelles découvertes en Mongolie 2000 - 2001/Gol Mod[M]. Paris: 2002[s. n.].

Mission archéologique fran? aise en Mongolie. Mongolie: Le premier empire des steppes[M]. Arles: Actes sud,2003.

Mission archéologique fran? aise en Mongolie. Mongolie, les Xiongnu de L'Arkhangaï[M]. Oulan - Bator: 2007,[s. n.].

Mode Markus(莫德). Heroic fights and dying heroes - The Orlat battle plaque and the roots of Sogdian art, Transoxiana - Journal de Estudios Orientales, 2003.

(http://www.cais - soas. com/CAIS/Art/sogdian_heroic_art. htm)

Otchir - Goriaeva E M(奥其尔高莉阿耶娃). Das sarmatische Grab von Jaškul', Kalmykien[J]. Eurasia Antiqua, 2002,8:725 - 762.

Purcell D E(珀塞尔), Spurr K C(斯普尔). Archaeological Investigations of Xiongnu Sites in the Tamir River Valley: Results of the 2005 Joint Amaerican – Mongolian Expedition to Tamiryn Ulaan Khoshuu, Ogii nuur, Arkhangai aimag, Mongolia[J]. The Silk Road, 2006,4(1).

Phillips E D(菲利普斯). The Legend of Aristeas: Fact and Fancy in early Greek notions of East Russia, Siberia, and inner Asia[J]. Artibus Asiae, 1955,18(2).

Phillips E D (菲利普斯). New Light on the Ancient History of the Eurasian Steppe[J]. American Journal of Archaeology, 1957,61(3).

Phillips E D (菲利普斯). The Argippaei of Herodotus[J]. Artibus Asiae, 1960,23(2).

Phillips E D (菲利普斯). The Royal Hordes: Nomad Peoples of the Steppes[M]. New York: McGraw – Hill,1965.

Pirazzoli – t' Serstevens M(赛尔斯铁文思). A Chinese Inscription from a Xiongnu Elite Barrow in the Tsaraam Cemetery[J]. The Silk Road, 2007,5(1).

Polos' mak Natalya(博罗斯马克). Xiongnu Culture According to the Material of Tomb 20 from Noyon – uul[J]. International Conference of Xiongnu Archaeology, Ulaanbaatar, 16 – 18 October 2008.

Pope A U(波普). A Survey of Persian Art[M]. New York: Oxford University Press,1967.

Psarras S K(渔圣爱). Exploring the North: Non – Chinese Cultures of the Late Warring States and Han[J]. Monumenta Serica, 1994(17).

Renan Ernest(热南). Qu'est – ce qu'une nation? [C]//Hutchinson J, Smith A D. In Nationalism, 17/18. New York: Oxford University Press,1994..

Rudenko S I (鲁金科). Die Kultur der Hsiung – Nu und Die Hügelgr? ber von Noin Ula[M]. Bonn: Rudolf Habelt Verlag GMBH, 1969.

Rudenko S I(鲁金科). Frozen Tombs of Siveria: the Pazyryk Burials of Iron Age Horsemen[M]. Berkeley: University of California Press, 1970.

Selby Stephen(谢肃芳). Two Late Han to Jin Bows from Gansu and Khotan[EB/OL]. ATARN Newsletters, Apr.; Sept. http://www. atarn. org/chinese/khotan_bow. htm

Shahb? zi A Sh(沙巴兹). 1998—2008 The ancient Iranian army [DB/OL]. Encyclopaedia Iranica. http://www. cais - soas. com/CAIS/Military/ancient_iranian_army. htm.

Sulimirski T(苏里米尔斯基). The Sarmatians[M]. London: Thames and Hudson, 1970.

Trever Camilla(特列维尔). Excavations in Northern Mongolia: 1924 - 1925[M]. Leningrad: 1932[s. n.].

Waugh D C(瓦赫). The Challenges of Preserving Evidence of Chinese Lacquerware in Xiongnu Graves[J]. The Silk Road, 2006, 4(1).

Williams J T(威廉姆斯). The Tahilt Region: A Preliminary Archaeological Survey of the Tahilt Surroundings to Contextualize the Tahilt Cemeteries[J]. The Silk Road, 2008, 5(2).

Yun Hyeung won. Royal Tombs of the Xiongnu in East Mongolia: Excavations at Durlig Nars[J]. International Conference of Xiongnu Archaeology, Ulaanbaatar, 16 - 18 October 2008.

Zagd Batsaikhan. Foreign Tribes in the Xiongnu Confederation[J]. The Silk Road, 2006, 4(1).

俄文部分

缩略表(Список сокращений):

Археол. Сб. — Археологический Сборник(《考古学论文集》).

МИА — Материалы и исследования по археологии СССР(《苏联考古学资料与研究》).

ПИЛО — Проблемы истории докапиталистических обществ (《资本主义社会以前的历史问题》).

РА — Российская Археология.(《俄罗斯考古学》).

СА — Советская археология.(《苏联考古学》).

ТКОПОРГО — Троицко - Савское отделение Приамурского отдела Русского - географического общества.(《俄罗斯地理协会阿穆尔分部特洛依茨克 - 萨夫斯克分会著作集》)

РАН — Российская академия наук(俄罗斯科学院).

БКНИИ — Бурятского комплексного научно - исследователь ского института(布里亚特综合科学研究院)

ГумилевЛН(古米列夫). Хунну, срединная Азия в Древниев ремена[M]. Москва: 1960[s. N.].

ДавыдоваАВ(达维多娃). Иволгинский Археологический Комплекс. Том Ⅰ: Иволгинское Городище[M]. Санкт - Петербург: 1995[s. n.].

ДавыдоваАВ(达维多娃). Иволгинский Археологический Комплекс. Том Ⅱ: Иволгинский Могильник[M]. Санкт - Петербург: 1996[s. n.].

ДоржсҮрэнЦ(道尔吉苏荣). Раскопки Могил Хуннув Горах Ноин - Ула на Реке Хуни - гол: 1954—1957 гг [C]// Монгольский Археологический Сборник. Москва: Издательство Академии Наук СССР: 1962.

КоноваловПБ(科诺瓦洛夫). Хунну в Забайкалье: Погребальные памятники[M]. Улан - Удэ:Бурятское Книжное Издательство,1976.

КызласовЛР(科兹拉索夫). О памятниках ранних гуннов: Древности Восточной Европы[J]МИА, 1969.

КызласовЛР(科兹拉索夫). Древняя Тува[M]. Москва: 1979[s. n.].

КызласовЛР(科兹拉索夫). Гуннский дворец на Енисее[M]. Москва: 2001[s. n.].

Молодин В И(莫勒丁). Исследования Российско - Германско - Монгольской Зкспедиции на Северо - Западе Монголии летом 2006 г [J]. Российская Археология,2007(4).

Мамонова НН(玛莫诺娃), Тугутов Р Ф(杜古托夫). Раскопки гунисского могильника в Черемуховой пади[C]// Археол. Сб. БКНИИ вып. I. Улан – Удэ: 1959[s. n.].

Миняев С С(米尼亚耶夫), Сахаровская, Л М(萨哈罗芙斯卡娅). К проблеме происхождения Сюнну[J]// Информационный бюллетень Выпуск,1985(9).

Миняев С С(米尼亚耶夫), Сахаровская, Л М(萨哈罗芙斯卡娅). К проблеме《раннич》и《поздних》памятников Сюнну[C]// Древние памятники северной Азии и их охранные раскопки. Новосибирск: 1988[s. n.].

Миняев С С(米尼亚耶夫), Сахаровская, Л М(萨哈罗芙斯卡娅). Дырестуйский Могильник, Санкт – Петербург: 1998[s. n.].

Миняев С С(米尼亚耶夫), Сахаровская, Л М(萨哈罗芙斯卡娅). Сопроводительные Захоронения《Царского》Комплекса No. 7 в Могильнике Царам[J]. Археологические Вести,2002(9).

Миняев С С(米尼亚耶夫), Сахаровская, Л М(萨哈罗芙斯卡娅). Ханьская колесница из Могильника Царам[J]. Археологические Вести, 2007a(14).

Миняев С С(米尼亚耶夫), Сахаровская, Л М(萨哈罗芙斯卡娅). Элитный Комплекс Захоронений Сюнну в Пади Царам[J]. Российская Археология,2007b(1).

Мошкова М Г(莫什科娃). Степная полоса Азиатской части СССР в скифо – сарматское время[C]. Москва: 1992[s. n.].

МогильникавВ А(莫吉丽尼科娃). Хунну Забайкалья[C]//Степная полоса Азиатской части СССР в скифо – сарматское время. Москва: 1992[s. n.].

Новгородова Э А(诺夫格罗多娃). Древняя Монголия[M]. Москва: 1989[s. n.].

Парцингер Б Г(帕尔青格). Новые исследования погребений знати

скифского времени в Южной Сибири[J]. Российская Археология,2007(4).

Полосьмак Н В(博罗斯马克). Некоторые аналоги погребениям в могилнике у деревни Даодунцыи проблема происхождения сюннуской культуры[C]// Китай в эпоху древности. Новосибирск: 1990[s. n.].

Пшеницына М И(波舍尼切娜). Тесинский этап[C]// Степная полоса Азиатской части СССР в скифо－сарматское время. Москва: 1992[s. n.].

Руденко СИ(鲁金科). Культура Хуннов и Ноинулинские Курганы[M]. Москва－Ленинград: Издательство Академии Наук СССР,1962.

Сорокин С С(索罗金). Погребения зпохи Великого переселения народов в районе Пазырыка[J] Археол. Сб. БКНИИ вып,1977(I8).

Сосновский ГП(索斯诺夫斯基). Дэрстуиский могильник[C]// ПИДО(1/2),1935.

Сосновский ГП(索斯诺夫斯基). Раскопки Ильмовой Пади[J]. СА., 1946.

Стамбульник Э У(什塔姆布里尼克). Новые памятники Гунно－Сарматского времени в Туве[C]// Древние культуры Евразийских степей. Ленинград: 1983.

Талько－Грынцвич Ю Д(塔里克－格林采维奇). Суджинское доисторическое кладбище в Ильмовой Пади[J]. Тр. ТКО ПОРГО, 1898.,1(2).

Теплоухов С А(捷普楼霍夫). Раскопки кургана в горах Ноин－Ула[C]// Краткие отчеты экспедиций по исследованию Северной Монголии. Ленинград: 1925[s. n.].

Хабдулина М К(哈布杜里娜), Акишев К А(阿基舍夫). Хуннский могильник Бериктас I[C]// Археология, палеоэкология и палеодемография Евразии. Москва: 2000[s. n.].

Худяков Ю(胡德雅科夫). Новый памятник хуннского времени в

Горном Алтае[J] Инфопмационный Бюллетень,1991(18):60－67.

Цыбиктаров А Д(茨毕克塔罗夫). Культура плиточных могил Монголии и Забайкалья[M]. Улан－Удэ:1998[s. n.].

Цэвээндорж Д(策温道尔吉). Новые данные по археологии хунну: по материалам раскопок 1972—1977 гг. [C]// Древние кулитуры Монголии. Новосибирск:1985[s. n.].

新蒙文部分

ДоржсүрэнЦ(道尔吉苏荣). Хараагийн ноён ууланд археологийн шинжилгээ хийсэн тухай. －ШУ[J]. Улаан－баатар,1954(4).

ДоржсүрэнЦ(道尔吉苏荣). онд Тов Ьо Ьаруун аймгуудад археологийн шинжилгээ хайгуулын ажил явуулсан тухай[J]. ШУХЬ нийгмийн ухааны анги,1957(2).

ДоржсүрэнЦ(道尔吉苏荣). Умард Хүннү. эртний судлалын шинжилгээ[M]. Улаан－баатар:1961[s. n.].

ДоржсүрэнЦ(道尔吉苏荣). Ц. Доржсурэн Археологийн Судолгаа Эрдэм Шинжилгээний Бүтээлийн Эмхтгэл[M]. Улаан－баатар:2003[s. n.].

Ерөөл－эрдэнэ Ч(厄尔欧勒·艾尔戴奈). Гол Модны Хүннү булшны судалгааны зарим үр дүн[J]// Археологийн Судлол, 2004,22(2).

Монголын Үндэсний Түүхийн Музей(蒙古国家博物馆), Шинжлэх Ухааны Академийн Археологийн Хүрээлэн(蒙古科学院考古研究所), Солонгосын Үндэсний Музей(韩国国家博物馆). Худеийн Толгойн Хүннүгийн Үеийн Булш[M]. Сол:2003[s. n.].

Монголын Үндэсний Түүхийн Музей(蒙古国家博物馆), Шинжлэх Ухааны Академийн Археологийн Хүрээлэн(蒙古科学院考古研究所), Солонгосын Үндэсний Музей(韩国国家博物馆). Мон－Сол төслийн 2002—2004 оны судалгааны ур дун[M]. Сол:2004[s. n.].

Хатанбаатар П(哈坛巴托尔), Жаргалан Б(冉尔尕兰), Ханичёрч(哈尼切尔奇) У, et al. Хүннүгийн Булшнаас Илэрсэн “Харь Гаралтай” Олдворууд[J] Археологийн Судлол, 2007,22(2).

Цэвээндорж Д(策温道尔吉). Эгийн голын сав Нутаг Дахь Археологийн Дурснаоууд: Хурлийн уеэс Моноголын уе[M]. Улаанбаатар: 2003[s. n.].

Цэвээндорж Д(策温道尔吉). Археология Mossнголии[M]. Улааньаатар: 2008ss[s. n.].

索 引

A

阿巴坎 17,185,187,188,228,285,328

安车 56,159,160,244,303 - 307

奥克拉德尼科夫 8,9,135,330

奥珑库林 198,248,299,309,310

B

巴泽雷克 17,23,24,26,31,50,54,72,81,107,113,149,180 - 182,197,198,200,208,228,247,248,279,299,300,303,308 - 310,315,320,321,329

白鸟库吉 1,2,5

包尔布拉格 14,17,37,121,126,127,169,171,226,228,235,260,275,276,328

俾丘林 2,121

弁帽 109,113,311,312

辫发 315

补洞沟 13,17,211,219,220,226,228,295

布尔冬 2,17,228,328

C

策温道尔吉 9,14,15,18,68,91,122,194,331,332

查拉姆 3,15,17,19,37,80,127,135,157,159,161,162,164,171,173 - 176,189,191,193,215,226,228,235,237,240,242,243,247,255,256,260,269 - 273,276,

277，280，285，293，297，302，303，306，307，315，318，319，321，323
察吾呼沟　17，37，203，207，209，211，213，218，226，228，251，261，262，288
鋌　290，295－297
陈序经　8，11，34，35

D

达维多娃　14，178，179，181，286，330
大保当　17，18，29，131，182，220，221，226，228，286
大葆台　159，160，235，242，301，303，305，306
大饭铺　13，17，220，226，228
蹭林　6，32
单月英　8，17，57，120，133，178，196，204，216，218，221，224，263，264，316，317
当卢　54，93，101，103，132，243，299，301，307
倒墩子　13，17，203，211，212，218，219，226，228，251，295，314，317，320
道尔吉苏荣　8，9，15，43，46，68，72，86，88，89，91，111，120，189，232，239，258，263，330
德尔利格　9，14，15，17，37，58，121－123，126，127，135，160，169－171，173，174，226，228，234，235，237，240，242，243，247，248，257，260，262，270，274－277，282，285，289，295，297，303，304，307，328
德基涅　1，2，331
德列斯图伊　2，3，7－10，14，17，37，64，74，81，126，137，138，140，142－144，147－150，154－156，162，164，169－171，175，176，180，182，185，187，189，197，198，209，214，224，

226，228，232，248，255，257，261，262，264 – 267，280，284，285，288，293 – 296，299，300，316，319，321，324，328
狄宇宙　11，12，331
丁谦　1，3
东黑沟　17，18，26，29，37，181，191，207 – 209，214，226，228，255，256，261，266，280，324
湩酪　283

E

额吉河　14，17，18，25，37，43，47，52，56，63，64，67 – 69，72 – 75，78，79，81，83，85，86，94，99，115，125，126，130，134，136，144，146，156，162，168，171，180，185，189 – 191，196，208，211 – 213，218，226，228，239，250，251，253 – 255，266，283，287，297，301，307，317，319，329
鄂图科摩　6，96，331

F

服匿　39，75，285 – 287

G

盖弓帽　55，93，104，105，124，303，308
高勒·毛德Ⅱ号墓地
15，17，44，46，48，59 – 61，63，103，168，171，175，190，226，228，270，274 – 276
高勒·毛德Ⅰ号墓地
9，15，17，44 – 47，49，51，57 – 61，64，100，103，121，125，160，168，171，175，176，191，198，209，214，215，222，226，228，237 – 240，242，243，248，250，259，260，269，273，274，276，286，295 – 297，300，303，307
格里芬　26，106，107，110，149，154，167，198，200，208，211，214，223，224，229，248，318
弓弣　63，74，80，81，86，132，146，148，164，168，172，

174,179,193,194,196,198,201,204,211,214,229,291-293
弓弭　63,74,80,81,86,132,146,148,149,156,164,168,180,193,194,196,198,201,204,211,214,219,221,229,257,291-293
古米列夫　10,330
郭素新　7,11,13,18,147,154,181,216,232,233,250,253,255,257,263

H

胡德金·托勒郭依　15,17,19,37,43,61,63,64,86,87,171,176,194,209,226,228,234,255-257,261,262,280,285,289,291,329
护身符　322,323,325
护胸　101,102,296,299,301
惠文冠　112,113,311-313

J

加藤真二　14,58,122,123,125-127,275
尖帽　113,198,309,310
江上波夫　4-6,10,283
交河沟北　207,209,214
交河沟西　205,207,209,213-215,226,228
捷普楼霍夫　4,6,88,119,155,231,259,331
径路　5,245,290,295

K

凯拉斯　27,28
铠甲　101,118,146,181,233,248,273,296,297
考里克　17,37,200,204,226,228,261,262,280,292
科诺瓦洛夫　8-10,14,128,133,135,137,221,231,330
科兹洛夫　4,6,9,87-89,98,119,120,330
克拉普罗特　1,2
客省庄　17,217,226,228,314,

315
盔甲 50,53,297

L

兰司铁 8,332
雷慕沙 1,2
李家套子 13,17,218,219,226,228
林幹 12,38,96,277
林胡 30,31,253,264
林惠祥 4,5
林沄 11,13,21,181,216,218,220,223,233,234,251
楼烦 30,31,253,264,279
鲁金科 10,88,89,91,94,97－99,101,104,107,109,110,112,113,115,117,119,121,198,286,293,310,311,313,331,332

M

麻花辫 314,315
马长寿 8,11,24,31－33,111,221,240,241,269
马戎 27
麦高文 4,6,277
梅原末治 6,10,91,96,111,113,120,313,317
米勒 193,332
米尼亚耶夫 11,14,19,32,137－139,143,144,147,154,156,157,159－162,164,203,232,253,255,264,265,272,303,304,306,318,330,332
煤蠡 283
鸣镝 146,148,164,168,201,204,291,293,294
抹额 312,313
木垒东城 17,209,226,228

N

内田吟风 8,10,24,31,32,283
努赫金·阿姆 17,87,171,226,228,261
弩 66,68,289,290,294,295
诺彦乌拉 6,10,21,37,87－89,103,124,125,211,248,259,310,312,313

P

潘玲 18,20,32,58,120,136,

145,148,154,156,178 - 182,184,216 - 218,220, 223,254,257,260,286, 293,316,317,319,320, 322
平上帻　113,310,314
蒲立本　8,9,283,332

Q

麒麟　54,58,102,103,167, 175,215,229,243 - 245,260 - 262,268, 281,302,325
切列姆霍夫　9,17,131,132, 134 - 136,169 - 171,174,226, 228,261,285, 329
青河阿热勒乡　215

R

日月崇拜　240

S

三宅俊彦　14,58,122,123,125 - 127,275
山普拉　109,290,293
上林　65,96,121,285,289
上孙家寨　13,17,29,53,182, 203,221,222,226, 228,255,263,287
上褶下袴　309,313
勺形饰　81,147,150,154,156, 162,164,172,184, 187,198,218,229, 230,318 - 321
师比　319
石板墓　10,24,180 - 182,232 - 234,245,248,254, 257,258,279,293,324
石人子沟　37,207
秫蘖　285
蜀郡　65,96,121,164,285
斯基泰　23,24,109,110,200, 296,308 - 310
苏贝希　26,203,211,251,293
苏吉类型　7,10
燧　99,288,289
索斯诺夫斯基　4,7,9,10,128, 132,133,155, 178,231,263, 331

T

塔加尔文化　31,180 - 182, 184,185,188,

189,201,202,204,226,236,246－248,258,279
塔里克－格林采维奇　2,331
塔米尔　15,17,25,32,37,43,61,64,96,168,171,174,226,228,261,285,289,294,325
塔希特　15,17,37,61,70,89,124,134,189,191,193,194,215,226,228,234,237－240,242,247,250,256,259,260,262,269－271,273,282
特布什山　17,194,195,226,228,261,329
藤田丰八　1,2
田广金　7,11,13,18,147,154,181,216,232,233,250,253－255,257,259,263

W

王国维　3,4,309,311,312
王明珂　11,12,18,183,225,277,278,284,324
王庭　32－34,38,39,220
乌恩　11,13,17,18,20,178,182,184,194,196,197,200,201,204,205,216,220,223,224,228,232－234,250,253,257,259,263,320,321
乌兰固木墓地　9,17,37,194,226,228,255,280

X

西沟畔　13,17,58,197,220,226,228,321,322
谢剑　11,277
匈奴本地　56,297
匈奴别部　182,213,221
轩车　56,304,305,307

Y

洋海　26,288,291－293
轺车　56,104,124,303－307
伊里莫瓦　2,3,7,9,17,37,81,99,125－132,134－137,162,169－171,173－176,182,189,190,221,226,228,236,237,239,242,247,251,258－260,

262,269,276,280,285-290,300,301,328
伊沃尔加城址　14,18,20,26,32,37,58,120,136,145,148,154,156,178,180-182,184,185,217,218,220,223,254,257,284-286,293,296,299,316,320,322
伊沃尔加墓地　14,17,118,125,126,156,164,179-182,185,197,214,226,228,254-256,258,259,262,280,285,299,316,320
有翼神兽　318
余英时　11,12,39,281,324
鱼鳞甲　53,181,296,297

Z

杂金簪　238-240,260-262,268,269,279
扎滚鲁克　288,293
张穆　1,3
枕　93,97,98,290
直襟　313,314
椎髻　314,315